楚系墓葬研究

郭德维 著

楚學文庫

张正明 主编
刘玉堂 执行主编

長江出版傳媒
湖北教育出版社

图书在版编目（CIP）数据

楚系墓葬研究 / 郭德维著. -- 武汉 : 湖北教育出版社, 2024.5
（楚学文库）
ISBN 978-7-5564-4399-4

Ⅰ. ①楚… Ⅱ. ①郭… Ⅲ. ①墓葬(考古)－研究－中国－楚国(?-前223) Ⅳ. ①K878.84

中国国家版本馆CIP数据核字(2023)第111566号

楚系墓葬研究 CHUXI MUZANG YANJIU

出品人	方　平	责任编辑	万　婵　邓珍珍
封面设计	蔡立国	责任校对	李庆华
美术编辑	李　枫　何亦明	责任督印	刘牧原

出版发行	长江出版传媒	430070　武汉市雄楚大道 268 号
	湖北教育出版社	430070　武汉市雄楚大道 268 号
经　销	新华书店	
网　址	http://www.hbedup.com	
印　刷	湖北新华印务有限公司	
地　址	武汉市硚口区长风路 31 号	
开　本	787mm×1092mm　1/16	
印　张	24	
字　数	340 千字	
版　次	2024 年 5 月第 1 版	
印　次	2024 年 5 月第 1 次印刷	
书　号	ISBN 978-7-5564-4399-4	
定　价	128.00 元	

总　　序

光阴荏苒，岁月不居，弹指间《楚学文库》初版问世已近三十个春秋。蓦然回首，当年的盛况仍历历在目：《楚学文库》甫一亮相，即在北京召开了出版座谈会与楚学研讨会，著名学者季羡林、张岱年、何兹全、任继愈、邹衡、庞朴、黄展岳、俞伟超、黄景略、瞿林东、刘梦溪、王渝生、徐敏、白翠琴和主编张正明等先生欣然赴会，畅所欲言，对《楚学文库》给予了高度评价，称其“是本世纪楚文化研究成果的一次重要总结和集中展示”，为“区域文化研究树立了里程碑”，“对其他地域文化的研究必将产生强大的推动作用”，《光明日报》以《光彩神州，丰润中华》为题，整版刊发了与会学者的精彩发言。李学勤先生因故未能莅临盛会，特意致函主编张正明先生，盛赞《楚学文库》“不愧为楚文化研究的集大成之作”。社会反响异常强烈，文化史学界更是好评如潮，虽多次重印，某些专著仍一书难求。

然而，自《楚学文库》出版以来，有关楚文化的考古发现层出不穷，出土文献联翩而至，相关研究成果亦如雨后春笋，学术界对楚文化的认知已由量的积累上升到质的飞跃，加之初版《楚学文库》已难以购全，因此，增补、修订《楚学文库》成为学术界和广大读者的共同心愿。湖北教育出版社审时度势，毅然决然对《楚学文库》进行增修，堪称远见卓识之举！

相较于原版《楚学文库》，增修版至少有如下优长。

一是体量增大，即所收专著数量增加。初版《楚学文库》共有专著18部，除《楚人的纺织与服饰》尊重作者意愿未纳入外，其他17部全部纳入增修版，并在此基础上增加了3部专著，即张正明先生的《楚文化史》，刘彬徽、刘长武先生的《楚系金文汇编》和宋公文先生的《楚令尹制研究》，共计 20 部。其中，《楚系金文汇编》弥补了初版有简帛文字研究而无铜器铭文研究的缺憾，与原《楚系简帛文字编》可谓珠联璧合，便于人们在一套丛书中得窥楚文字之全豹；《楚令尹制研究》不仅填补了楚令尹制度研究的空白，还为楚官制研究向纵深推进提供了有益的借鉴，二书的重要意义不言而喻。尤其值得关注的是张正明先生《楚文化史》的收入，该书堪称海内外第一部全面、系统、深入研究楚文化的精品力作，不仅在楚学界具有开榛辟莽之功，而且在中国区域文化乃至中华传统文化研究领域享有盛誉，其影响力并未因时光流逝而消减。回想起 1987 年《楚文化史》横空出世，旋即在历史文化学界掀起一股先睹为快的热潮，书中锦句如“从楚文化形成之日起，华夏文化就分成了北南两支：北支为中原文化，雄浑如触砥柱而下的黄河；南支即楚文化，清奇如穿三峡而出的长江……”等，一时为楚文化研究者和爱好者广泛征引传诵，几近“有井水处皆歌柳词”之情状。正是由于《楚文化史》一书思接千载，视通万里，新意纷披，文采斐然，故虽屡屡再版，依然洛阳纸贵。此次其被纳入增修版，与初版中的《楚史》相映生辉，更利于人们对楚国历史文化的全面认识和整体把握。

二是内容增加，即每部专著都增添了新的内容。近 30 年间，随着湖北枣阳九连墩楚墓、河南新蔡葛陵楚墓、湖北宜昌万福垴遗址等的发掘，尤其是湖北荆门郭店楚简和上海博物馆、清华大学、安徽大学珍藏的战国竹简等出土文献陆续问世，极大地丰富了楚文化的内容。各位作者秉持精益求精的态度，对新资料悉心梳理、精细甄别，进而充实到原书相关部分，从而使原著更加丰满。

三是精度更高，即匡谬正误，推陈出新。随着新材料的出现、新方法的运用和新技术手段的推广，楚文化研究高潮迭起。增修版各位作者在充分吸收最新研究成果的基础上，提出了一系列新的见解，纠正了原著中存在的谬误，廓清了初版中某些模糊的认识，调整了不甚合理的结构，文字表述也更加准确、精炼和畅达。

人们常常以章太炎先生的“前修未密，后出转精”来形容作品的初版和修订版的差别，我们虽不敢如此自诩，但增修版的质量超越初版则是毋庸置疑的。时值《楚学文库》初版问世29周年和主编张正明先生仙逝18年之际，湖北教育出版社历经9年艰苦细致的工作，郑重推出《楚学文库》增修版，充分体现出该社对学术的尊崇、对事业的执着和对楚文化研究一如既往的关心与支持，其中也饱含着对张正明先生的敬重和缅怀。

作为忝列张正明先生门墙的弟子，我承蒙湖北教育出版社真诚而盛情的邀请，有幸主持了《楚学文库》的增修工作。受命之日，我即摒弃其他琐务，全身心恭奉其事，未敢有丝毫懈怠。因为从某种意义上说，我把这项工作当作是恩师张正明先生布置的一次特殊作业，只不过评判这次作业的不再是恩师，而是广大热心的读者。

因我学识浅陋和能力有限，各位作者增修的时间也较为仓促，增修版错讹之处在所难免，诚望读者诸君不吝指正。

刘玉堂

2024年4月28日

于武汉东湖之滨

编者献辞 *

楚学是一个正在开拓中的学术园地，从初辟草莱到蔚成气象，还不满半个世纪。

楚学的任务是对楚国的历史和文化做多层面的、全方位的研究，需要众多志士仁人为它献出智慧和辛劳。

楚学的对象自成一个博大精深的体系，从神话、传说到信史，从石器时代、铜器时代到铁器时代，从天文、历法到地理，从物质形态的、精神形态的到制度和风俗，从民族、语言到文字，到玉帛到干戈，从科学到巫术，从老、庄的“玄览”到屈、宋的“流观”，从事象到模式，等等，凡上古文化涉及的一切，无所不包。只靠一个学科或者几个学科的力量，断难窥其堂奥而得其神髓。

中国的古代文化是多元复合的，它的主体华夏文化是二元耦合的。所谓二元，就方位来说是北方与南方，就流域来说是黄河与长江，就代表性的始祖来说是黄帝与炎帝，就象征性的灵物来说是龙与凤，就学术的主流来说是儒家与道家，就风格的基调来说是雄浑、谨严与清奇、灵巧。早在先秦，就形成了这样的格局。春秋战国时代的华夏文化，北方以晋（韩、赵、魏）为表率，南方则由楚独领风骚。近数十年来，学术界论及中国古代文化，大抵重北轻南，重河轻江，重黄轻炎，重龙轻凤，重儒轻道，总之，不免失之偏颇。要全面地认识中国古代文化，不可不研究楚学。

世界的古代文化更是多元复合的，它的主体即旧大陆的古代文化也是二元耦合的。这个二元，简单地说来，就是西方与东方。从公元

* 本文系 1995 年版《楚学文库》编者献辞。

前 6 世纪中到公元前 3 世纪中，西方的希腊与东方的楚竞辉齐光，宛如太极的两仪。然而，近百余年来，学术界论及世界古代文化，往往重西轻东，也不免有偏颇之失。要全面地认识世界古代文化，也不可不研究楚学。

我们奉献给读者的这套《楚学文库》，结集了晚近的楚学专著，总计有书 18 部。出齐之后，则非仅一斑，而足使读者获睹楚国历史文化的全豹。

对于学术问题，见仁见智是正常的现象。我们的编纂宗旨是择善而取，不拘流派，不分门户，不求千口一腔。各部专著分开来看，都自成一家言。整套文库合起来看，则可谓：“纷总总其离合兮，斑陆离其上下。”

《楚学文库》编委会

目　录

序

奉献给读者的这本书，是专门探讨楚系墓葬及其反映的若干问题的研究著作。

狭义的楚文化是指居住在楚地的楚人所创造的具有独特风格的物质与精神文化。但就广义而言，凡受楚文化影响，具有楚文化某些基本特征的文化都应划入楚文化的范畴。从空间上说，楚周围的小国、小族，受着楚的强烈影响或受楚控制，其文化因素及其墓葬（如曾侯乙墓）自然应列入楚文化范畴；从时间上说，公元前223年楚灭亡之后，南方一些地区仍保留着浓烈的楚文化因素，一直到西汉前期，这些因素在一些墓葬中仍有反映，这也应属楚文化的范畴。我们把这种广义的楚文化，称为楚系文化；对其墓葬，则称为楚系墓葬。

现今发掘的东周时代的墓葬中，楚系墓葬最多，保存也最好。楚系墓中出土的文物十分丰富、品类齐全。它们的形制、纹饰、文字等，反映了当时社会政治、经济、军事、文化、风俗等生活的许多侧面。大量精美的楚文物不断涌现，愈来愈引人注目，深深地吸引了国内外广大爱好者。楚系墓中一些极珍贵的资料如竹简、帛书、帛画等，对解决一些重大学术问题，发挥着愈来愈明显的作用。对楚文化感兴趣的人越来越多。楚文化的研究，也越来越为人们所重视。这既促进了楚文化研究的深入开展，也提出了加快研究步伐的迫切要求。

历来对中国传统文化的研究，都以黄河流域或中原文化为核心，现代中国考古学研究，也是从中原地区开始的。直到20世纪30年代，提到楚文化，仅知有庄、骚。1933年安徽寿县楚王墓被盗掘，大量精美的楚国铜器出土，轰动了当时社会各界，使人耳目为之一新。20世纪40年代，楚国绚丽的漆器在长沙等地因盗墓而面世，又大大开阔了人们的眼界。当时根据这些盗掘材料所进行的研究，自然不可能很深入。20世纪50年代开始，才在长沙等地对楚墓开展了正规的、科学的发掘，研究能够依靠的仅有20世纪40年代极薄弱的基础，并且，只能借助于中原地区的墓葬材料来进行对比研究，显然，这是远远不够的。

直到20世纪60年代初，号称楚国中心的湖北在楚文化研究方面还没有取得一定的成果。为什么没有楚墓与楚文物发现？这是一个令人困惑的疑团，我就是带着这一疑团到江陵去开展考古工作的。楚庄王有句名言："三年不蜚，蜚将冲天；三年不鸣，鸣将惊人！"江陵的楚文化考古一旦开展，就举世瞩目！一桩桩惊人发现，一件件奇珍出土，令人刮目相看！江陵的楚文化宝库崭露头角，楚文化的真正面目才初露端倪。

从20世纪60年代到70年代，我一直投身于楚系墓葬的发掘。湖北省发现楚系墓葬的重点地区，我几乎都去发掘过，如江陵、当阳、宜城、随县（今随州市）等地。非常幸运的是，一些特别重要的墓，如江陵望山楚墓，天星观1号墓，擂鼓墩1号（曾侯乙）墓、2号墓和凤凰山秦汉墓，我都参与了发掘，许多珍贵的楚文物，由我亲自发掘出土。"近水楼台先得月"，我最先观赏到了许多楚系墓及文物的气势与风姿，深感荣幸。

随着经验的不断丰富和资料的大量积累，我发现有两个问题，必须认真解决。

第一个问题，如何才能获得真正有价值的科学资料，也就是方法论的问题。讲求发掘方法在20世纪五六十年代，还认真提倡过。现在发掘技术已普及了，似乎用不着再提了。其实不然，我参观过一些发掘工地，也看到过一些发掘现场与简报，感到有些问题并非老生常谈。普及技术，探讨发掘方法，提高发掘水平，仍属当务之急。

第二个问题，资料积累多了，如何去认识，也就是认识论问题。本书的甲编和乙编中的一些章节，就是集中讨论这些问题的。不过侧重点不一，甲编以楚墓中一些问题为中心，乙编以曾侯乙墓为中心。

认识源于实践。接触实践多，发现的问题也就多，有问题就得去寻求解答。我先是拿自己发掘出来的东西，去和别人发掘出来的东西进行对比，希望靠别人的结论来解答我的问题。我们获得的资料越多，就越觉得别人总结出来的一些规律，尤其是中原地区的一些规律，对楚系墓就不一定适用。如有人总结：东周墓中，陶器出鼎的不出鬲，出鬲的不出鼎，出鬲的墓必定早于出鼎的墓。出鬲的墓最晚到春秋，出鼎的墓最早到战国。正是根据这一点，以前凡出鬲的墓一律定为春秋墓。这一看法从20世纪50年代到20世纪70年代，从无人提出疑问，几乎已成了定论，至今仍有同志受其影响。而我通过对江陵楚墓的研究，发现用鼎、用鬲，主要是由于墓葬的类别不同，而并不是由于时代的差别。我还发现，陶鬲可以晚到战国，陶鼎也可以早到春秋。出鼎的墓可以早于出鬲的墓。别人总结的经验，对楚墓既已不能适用，就只有去寻求楚墓本身的规律。如关于楚墓的分区、分类和分期，都是楚墓研究中最基础性的工作，也是学术界较关心的问题，而这些前人没有固定的结论，都必须靠我们自己去摸索。

学术界为什么特别关心，道理很简单：楚文化研究的开展，是以楚文化考古为前提的；而楚文化考古，又是以楚墓的发掘与研究为中心的。虽然对楚都纪南城及其他楚城、楚遗址也开展了调查、勘探与试掘，但考古界的主要力量，仍然是用在楚墓的发掘与研究上。这方面也取得了突破性的成果，正是根据这些成果，才开展了楚文化研究。换句话来说，离开了楚墓与楚墓出土的楚文物研究，就谈不上楚文化研究。因此，从这个意义上来说，楚文化的研究是以楚墓研究为基础的。如果楚墓中一些基础性问题不解决好，楚文化的研究也就难以前进。如上举因鼎、鬲的问题，致使一些楚墓的时代定错了，许多结论也就随之而错，对许多问题自然也难有正确的看法。拿已发掘的两万多座楚系墓来说，除极个别墓有明确的墓主与年代外，绝大多数墓的墓主与年代是不明确的。如果不找出它们的发展变化规律，确定这些墓的墓主身份与相对年代，研究工作又如何进行呢？而任何事物都受时间、空间的限制，都有它发生、发展、变化的规律，楚文化与楚系墓也不例外。我在本书中，对这方面的问题进行了初步的摸索与探求。

本书的乙编，是集中研究和讨论曾侯乙墓的。曾侯乙墓木椁规模之大，出土文物之多，器物保存之完美以及发掘技术之复杂，均为历年来所罕见，因此，备受各界的重视。我参加了此墓的发掘，并负责拟定了此墓的发掘方案；发掘完后，又负责此墓资料的整理，主持编写了《曾侯乙墓》大型考古报告。在发掘、整理资料和编写报告过程中，遇到了许多问题：如该墓的国别、年代与墓主；这么大的墓如何发掘，发掘有何意义，有何收获，解决了哪些学术问题，等等。有些问题，不只国内学者感兴趣，一些国外学者也非常关心并展开了热烈讨论。我认为，如果不把这些问题弄清楚，或者不对有些问题提出明确看法，不仅在学术上视野不清，而且对曾侯乙墓本身的研究也难以深入下去。

开展对墓葬的研究和把墓葬中一些问题弄清楚，其目的在于：一方面，为楚文化的研究提供坚实的基础；另一方面，归根结底是要研究当时的社会，即通过墓葬中的一些材料来解释当时的一些社会现象或阐述社会发展中的若干问题。本书有的章节就是在这方面进行探索。当然，这仅仅是开始。

本书分章节按问题进行探讨，而不是全面地、系统地去论述所有的楚系墓，重点在楚墓和曾侯乙墓及其相关问题上。一般每章以讨论一个问题为主。因对各个问题研究的深入程度不一，各个问题又因资料等因素的限制，有的章分了节，有的章没有分节。分节的多少及每节的字数，均依内容而定。就一个问题而言，只就自己研究较深的方面展开讨论，不求面面俱到。也就还有许多问题没有涉及，望读者见谅。

本书中有部分章节过去曾以论文的形式发表过，此次出版时，均做了修改和补充。书中有些章节只是提出了问题，或者只在某些领域或某些方面提出了自己的看法，问题远没有解决。公之于众，希望能引起对楚文化感兴趣的人们的关心，展开讨论，从而促进楚文化研究的深入开展。

限于水平，书中定有不少缺点、错误，敬请同仁赐教。

本书得以付梓，与湖北教育出版社的全力支持是分不开的，我要向社长武修敬先生和为此书付出了辛勤劳动的张国平先生、胡伟先生致谢。张正明先生对此书修改提出了许多宝贵意见，湖北省文物考古研究院黄凤春、胡志华同志为此书绘制插图，湖北省博物馆郝勤建同志、宜昌博物馆高应勤馆长、荆州博物馆金陵同志，为本书提供了照片，在此一并致谢。

这次修订又得到湖北教育出版社孙艳魁、万婵、邓珍珍同志大力帮助，湖南博物院刘彬徽、安徽博物院宫希成、湖北省博物馆朱俊英、荆州博物馆张万高等先生提供了新发掘的楚墓数字和资料，在此一并向他们致谢。

郭德维

1990 年 5 月 1 日初稿　1991 年 11 月改定

2017 年 5 月修订

甲编

楚墓研究

第一章　绪论

第一节　楚墓的发现

楚国是我国两周时代南方的一个诸侯国家。从公元前 8 世纪起，逐渐强大，不再受周王朝的束缚，成为春秋时期（前 770—前 476）的五霸之一，战国时期（前 475—前 221）国势更强，是七雄之一。国力最盛时，领土东至江苏、浙江沿海，南至湖南南部，北至河南中部、东北部和山东南部，西至四川东部和重庆市，几乎南半个中国，悉受其统辖。楚国经过八百多年的经营开拓，在中国南方创造了很高的精神文化与物质文化。

考古学上楚文化的发现，首先从安徽开始。20 世纪 20 年代中期，安徽寿县出土了一批战国晚期的楚国铜器和秦汉之际到王莽前后的铜镜，当时在蚌埠的瑞典工程师 O. Karlback 得到这批东西，将它们分售欧美等地，楚器才开始被人所知。

楚文物第一次大发现，是 20 世纪 30 年代安徽寿县朱家集李三孤堆楚幽王墓的盗掘，[①] 仅第一次盗掘，被盗文物便达数千件，青铜器达数百件，其中大铜鼎重四百多千克，中等鼎重数十千克，不少铜器上都有铭文，这一发现轰动了当时的新闻界，国内外人士为之震惊！

20 世纪 20 年代至 20 世纪 40 年代，湖南长沙有人盗掘了一些古墓，出土了许多战国至西汉早期的漆器。楚国精美的漆器，也渐被人所知。20 世纪 50 年代，中华人民共和国成立后不久，便开始了对长沙楚墓的

① 李景聃．寿县楚墓调查报告［M］// 田野考古报告：第一册．上海：商务印书馆，1936；邓峙一．李品仙盗掘楚王墓亲历记［J］．安徽文史资料选辑，1960；郭德维．关于寿县楚王墓椁室形制复原问题［J］．江汉考古，1982（1）．

正规科学发掘，[①] 先后发掘的地点有十几处，共发掘墓葬上千座；此外，在湖南的衡阳、常德等地，也发现了大量的楚墓。20 世纪 50 年代的重要发掘除湖南外，还有河南信阳长台关 1、2 号楚墓，[②] 墓坑木椁规模宏大，出土大量精美的漆木器，还出土有不少的青铜礼、乐器，如我国第一颗人造地球卫星上的《东方红》乐曲，就是由信阳楚墓出土的编钟演奏的。

然而作为楚国中心地域的湖北，20 世纪 50 年代仅在大冶、松滋等地，发现有零星的楚墓。当时的考古工作者对这一现象十分不解：为什么湖北东边的安徽、北边的河南与南边的湖南，都发现有重要楚墓，出土了大量精美的楚文物，而处于楚之中心的湖北，几乎近于空白呢？

根据《史记》《汉书》等文献记载：公元前 689 年，楚文王熊赀始都郢，郢就是现在湖北的江陵。郢都纪南城，在现荆州城北 5 千米，城垣犹存，周长 15 100 余米，十分雄伟。至公元前 278 年，秦将白起拔郢，楚都迁至河南陈城（今淮阳），后又迁往安徽寿春。根据这些记载，江陵 [③] 是楚国全盛时期政治、经济、文化的中心。在楚的中心地域，怎么会没有楚墓和楚文物呢？

20 世纪 60 年代在楚郢都周围开展的考古工作，很快就解开了这一谜题：不是没有楚墓、楚文物，而是以前没有进行考古工作。自此以后，在江陵地区不仅发现了数十处累计数千座的小型楚墓，而且还找到了一些地面上有封土的大型、中型楚墓。江陵的楚墓与长沙的比较起来，一是棺椁等保存较好，没有遭到近代的盗扰；二是一些墓的规模更大、规格更高，因而出土的资料也就更完整、更丰富。江陵楚墓的发

① 中国科学院考古研究所．长沙发掘报告［M］．北京：科学出版社，1957；湖南省博物馆．长沙楚墓［J］．考古学报，1959（1）．

② 河南省文物研究所．信阳楚墓［M］．北京：文物出版社，1986．

③ 从战国、秦汉一直到 1993 年，江陵的地点，一直未变，1993 年，将原江陵县北部改为荆州市荆州区，纪南城八岭山属其所辖，本书按考古惯例仍称江陵楚郢都，江陵楚墓。

掘，大大开阔了楚文化研究者的眼界，也大大加深了人们对楚文化的认识。可以说，20世纪60年代以后，楚文化研究的中心，开始移到湖北。

20世纪70年代以后，除江陵外，湖北的当阳、襄樊（今襄阳）、宜城、鄂城（今鄂州）、黄冈等地，也发现和发掘了大量的楚墓；同时，在河南的淅川、淮阳、固始，湖南的临澧、益阳、澧县、长沙、湘乡、资兴、溆浦，安徽的寿县、长丰等地，也都发现了一些重要的楚墓。正是因为楚墓的大量发现与发掘，楚文化的资料大为丰富，这就为楚墓与楚文物的研究创造了极优越的条件，并取得了一些可喜的科研成果。

第二节　楚墓研究的有利条件

研究楚墓有许多有利条件，缘由在于：

一、楚墓分布范围广

东起上海，北达山东、河南，西至重庆、四川，南迄两广（图1-1），在这么辽阔的疆域内，都发现过楚墓。有的墓虽未必是楚墓，但与楚的关系密切，因为它们既有楚墓的一些明显特征，又有其他特征。如江苏六合程桥东周墓，[①] 河南固始白狮子地楚墓，[②] 四川新都木椁墓 [③] 等。对于这些墓的墓主与族属，学术界分歧颇大，有的学者径直称楚墓，有的学者则不同意。本书称之为楚系墓葬（楚文化系统或楚文化范畴的墓葬），似较妥帖。若把这些墓葬也算进来，分布的范围就更广，远远超出了楚统治的地域。当然，楚墓分布最集中的是楚的中心地区，主要是湖北、湖南、安徽和河南南部。尤其是湖北和湖南，发现了大量

① 江苏文管会．江苏六合程桥东周墓［J］．考古，1965（3）．

② 欧潭生，詹汉清，刘开国．固始白狮子地一号和二号墓清理简报［J］．中原文物，1981（4）．

③ 四川省博物馆．四川新都战国木椁墓［J］．文物，1981（6）．

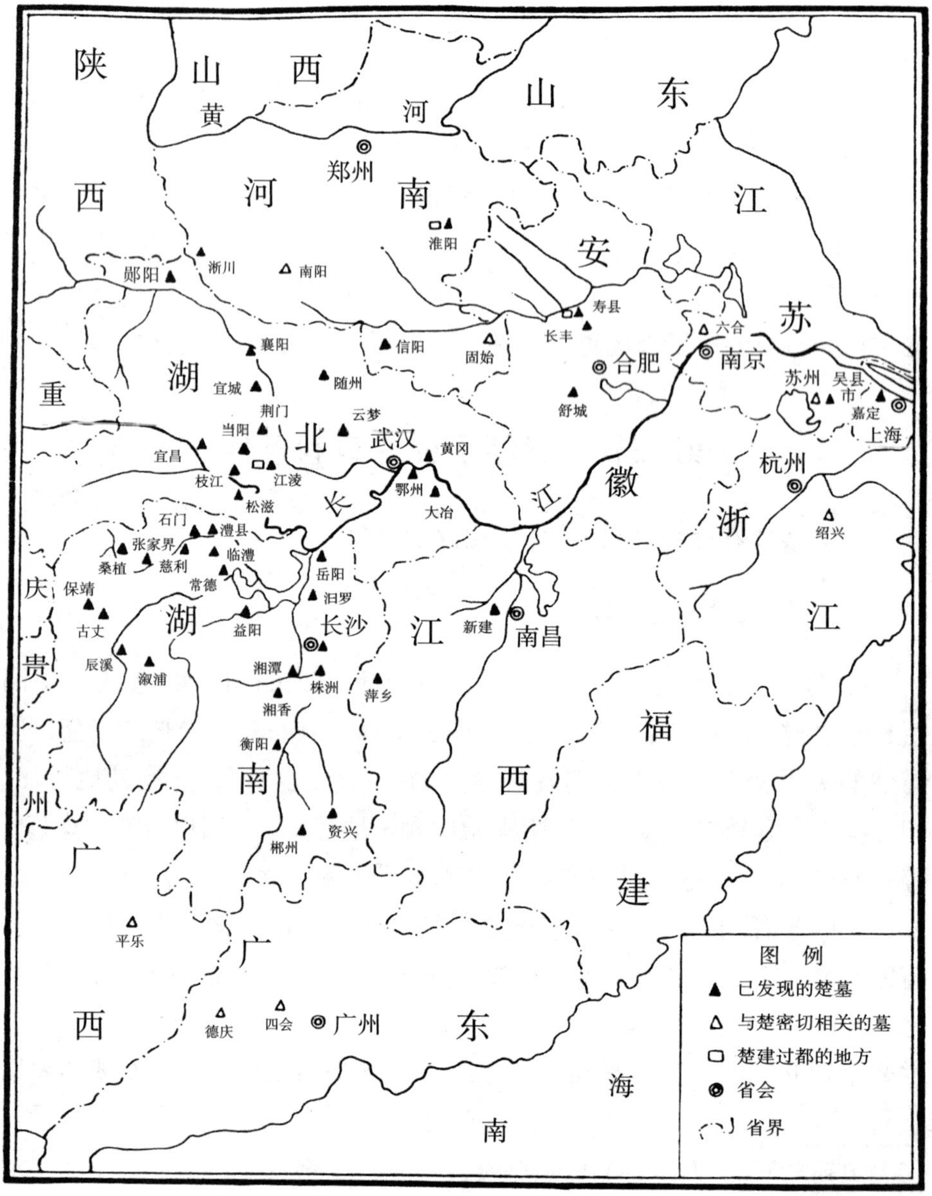

图 1-1 楚墓发现地点分布示意图

楚墓。楚墓分布的广泛性与复杂性，丰富了楚墓研究的内容，但也增加了研究的难度，从而，学界提出了对楚墓进行分区研究等课题，这是其他东周墓研究还不曾遇到的问题。

二、楚墓发现和发掘的数量多

1980年，王世民先生就全国发掘的东周墓作过统计，共发掘5 000座左右，而楚墓占其中的70%，即3 500座左右。1990年统计，全国发掘的东周墓约8 000多座，而楚墓占了其中的75%，即6 000座左右。截至目前，湖南发掘的楚墓有8 000多座，安徽发掘的有2 000多座，湖北发掘的有8 000多座，河南约2 000余座，四省总计已发掘楚墓20 000余座。已发掘的楚墓，以湖北、湖南两省为多。尤以湖北江陵、湖南长沙两地最集中，仅此两处发掘的楚墓数已接近8 000座。此外，湖北当阳、宜城、襄阳、鄂城（今鄂州）、黄冈，湖南益阳、常德、临澧、澧县、湘乡、古丈、资兴等地，各发掘数十座或数百座墓葬不等。

已发现的楚墓比已发掘的楚墓要多得多。就地面所见而言，有两种情况：一种地面上仍然隆起有封土（即拱起的坟包），常称为冢子，这多半是战国时代的楚国贵族墓。到目前为止，已发现有封土的楚墓约2 000座，以楚都纪南城四周数十千米的范围内最多，包括江陵、荆门、当阳、枝江、沙市等地一带，共发现1 500多座，尤以纪南城北的纪山，纪南城西的八岭山，楚冢分布最密集。此外，在湖北宜城、襄阳，湖南临澧、湘乡，河南信阳，安徽长丰等地也有发现。

楚冢有大、中、小之分。大型者，封土高数米，直径数十米；小型者，封土高1米—2米，直径数米至十余米不等。一些特大型楚冢，封土高十余米，直径一百多米，远看像一座小山，当地有以“X山”来命名这些封土的。如江陵的五山村，就因其境内有五座大楚冢而得名，其中最大者，是已发掘的天星观1号楚墓（该封土上，清代曾修建过一座很大的道观——天星观）。江陵八岭山还有座楚冢名“落帽台”，即走到跟前抬头仰视其顶，戴的帽子便要掉下来，故称落帽台。由这些命名，可想见其高大。特大型的冢子，有的为孤冢，有的为双冢，即旁边没有很多陪葬冢。而其他的大中型冢子，有的三五成群，有的与小型冢子结合，数个或数十个密密麻麻埋在一起，一个紧挨一个，蔚为壮观，这些多半是楚国贵族的家族墓地。小型楚冢，一般分布都比较密集。冢子越大，分布越稀；冢子越小，分布越密，这是楚冢分布的普遍规律。荆门市纪山的尖山墓地，在一条长不到700米、宽不到150米的小山冈上，密密麻麻分布楚冢近百座，可以分出七八个群落，此一群与彼一群之间，有一定距离（空隙）。这一群一群，很可能表示一代一代或一个一个家族。

一些楚墓的封土已经风化蚀平或者本来就没有封土，地面上已看不到任何痕迹，墓地或在荒野，或在农田，或在堰塘之中，或在现代建筑或后代坟墓之下。要发现它们自然很困难。但只要发现了一座，四周一定还有很多座。就江陵等地所见，楚国的墓地，原来都是很大一片，一处墓地可以多至数千甚至数万座墓。分布一般也很稠密，墓与墓之间有的相距仅几十厘米甚至几厘米。如1975年，在纪南城东雨台山一条渠道工程中，在东西长1 050米、南北宽80米的范围内，共发现楚墓700余座，已发掘558座。根据地理形势及楚墓分布的情况看，渠道线外的南北两边，更是楚墓埋葬之所。只因工程紧急，未对两旁进行钻探。若按渠道线内楚墓密集分布的情况来计算，整个雨台山面积为12平方千米，则至少分布楚墓有50 000座以上。在江陵，像雨台山这样的墓地已发现有30多处，再加上江陵以外其他地方的发现，已知的楚墓数量就更是惊人！

在楚以外的其他诸侯国家，发现有封土与无封土的墓也不少。然而，不论规模、数量，还是密集程度，都难以和楚墓相比。

三、楚墓类别齐全

所谓类别齐全，就是从最高统治阶级的楚王到上、中、下层贵族，到平民，甚至到最底层的奴隶墓葬，都有发现。就楚国的王墓来说，有

1933年盗掘的楚王墓[①]，有1981年在河南淮阳发掘的马鞍冢南冢，这可能是顷襄王的墓[②]。楚王以下，楚墓中墓主身份明确的有封君墓、令尹墓、左尹墓，还有一些中层贵族墓。发掘最多的是下层贵族士和一般平民的墓。最难得的是发现了楚国的奴隶墓。

奴隶是没有正规墓地的。有些平民墓地也可能发现一无葬具、二无随葬品的墓，如江陵拍马山墓地就发现了仅用芦席裹尸的墓，[③]这只能是一贫如洗的平民，不会是奴隶。奴隶不应葬入平民墓地和平民埋在一起。平民与奴隶有严格的区别，奴隶也不可能有正规的墓地。已发现的属于奴隶的墓，有这样几种情况：一种是奠基祭祀。如纪南城南水门建筑奠基时，用陶器，用牛、羊（骨），同时还用一人，人骨旁还有麻鞋2双，木梳、木篦各1，陶罐1，[④]大概是此人的随葬品。和牛、羊一起用于奠基，显然只能是奴隶。二是乱葬于丘壑。在纪南城西北角外，1981年，曾发现一条长数百米的古代“沟”，在沟内发现横七竖八毫无规律的棺数具，棺内棺外无任何随葬品，[⑤]因此不能视为正规的埋葬，死者的身份显然不如正规墓地的平民。三是作为人殉。人殉不同于陪葬，有些贵族墓，外有陪葬冢，椁室内有陪葬棺；有的陪葬冢内所埋葬的本身就是贵族；那些与墓主同处一室的陪葬者，有的是死者生前的姬妾，有的可能是贴身的奴婢，这些人实难视为最下贱的奴隶。用奴隶殉葬与人殉有本质区别，他们有的葬于墓坑之外，如淮阳马鞍冢南冢的四角各殉一人；有的埋于墓坑之中，却在椁室之外，如当阳赵巷4号墓[⑥]所见。像这种作为人殉的人显然地位低下。

楚墓中发现的类别如此齐全，对研究当时社会的阶级结构，无疑起

① 刘和惠以为可能是考烈王后之墓，见所著《寿县朱家集李三古堆大墓墓主的再认识》，四省楚文化会第五次年会论文。
② 曹桂岑，马全，张玉石．河南淮阳马鞍冢楚墓发掘简报［J］．文物，1984（10）．
③ 湖北省博物馆，等．湖北江陵拍马山楚墓发掘简报［J］．考古，1973（3）．
④ 湖北省博物馆．楚都纪南城的勘查与发掘［J］．考古学报，1982（3）．
⑤ 此为笔者亲自调查所见。
⑥ 高应勤，余秀翠，卢德佩．湖北当阳赵巷4号春秋墓发掘简报［J］．文物，1990（10）．

着极重要的作用。而在其他东周墓中，这些发现则是少有的。

四、楚墓的保存普遍较好

由于气候、土质、水位和埋葬方法等方面的原因，我国北方墓葬的棺椁及一些有纤维物品的随葬品，都保存不好或者根本没有保存下来。而楚，地处我国南方，在这方面有特殊有利条件。棺椁及纤维物质如丝麻、竹木等要保存较长时期需要有一定的条件：要么很干燥，并且最好低温，如新疆等地所出土的汉唐丝织品；要么如楚墓，墓主尸身深埋、密封，墓中有水，构成一个与空气隔绝（缺氧）的环境。东周墓、楚墓和其他列国墓都是深埋。列国处北方，多为沙质土，带碱性；楚国处南方，多为黏质土，带弱酸性或中性。黏质土比沙质土密封好；弱酸性土质比碱性土质对纤维物质腐蚀性、破坏性小。楚墓在木椁四周和椁顶之上一般均填白膏（青膏）泥，这种泥密封性能好。中原列国墓多不用白膏泥，填土中有积石和积炭。这利于防盗，但不利于密封。南方雨量多，地下水位高，有的墓因地下水长年渗漏或地下水位上涨，木椁处于积水之中，墓内器物亦泡于水中。这实等于处在一种与氧隔绝的状态。事实上，深埋 5 米以下，地下气温变化较小，在南方几乎不可能冰冻，这也实处于一种较低温（一般为 13℃）[①] 的恒温状态。这些对器物、棺椁等的保护极为有利。正因如此，在中原和北方地区东周墓中不易见到的棺椁、漆木竹器、丝麻织品等，在楚墓中有保存极完好者，甚至连铜器、铁器等也极少被锈蚀。

保存完好的墓，当封土、填土去掉之后，可见到椁顶上铺有竹席（有的小型墓为芦席）。揭去竹席（或芦席），可见横铺的一块块木椁盖板，拼合大多很严密。揭去椁盖板，春秋楚墓即可见到椁室。战国楚墓在各个椁室之上还分别铺有顶板，顶板一般较薄，但拼合极严密，有的甚至严密到无插针的缝隙。揭去各室顶板，常是一椁清水，有的墓内少

① 此数据为发掘一些墓葬时实际测量所得。

数漆木器漂浮于水面，多数漆木器沉于水底。当椁内清水被去掉之后，棺与随葬品才显露出来，有些棺的捆绑与随葬品的放置，宛如刚下葬时一般。这不仅可以帮助我们了解当时一些器物的配备情况，更可以了解当时的葬俗、礼仪、棺内衣衾及裹尸状况。如丝绸保存极好的江陵马山1号墓即是一例。

正因棺椁完整，墓中各类器物的保存完好程度都要超过没有棺椁的墓。如青铜器，没有棺椁就容易压碎、变形，稍好者，也有严重的土锈和铜锈，铭文字迹容易模糊。棺椁墓中，铜器完整，少锈蚀，花纹、铭文清晰。再如陶器，没有棺椁更易破碎，器上的彩绘也不易保存；棺椁墓中的陶器，不仅有极完整和精美彩绘者，有的甚至连器上的封泥、印章等都还在。再如兵器戈、矛之类，在其他列国墓中，只见矛头、戈头和附属件矛镦、戈镈等。矛、戈的长度必须根据矛和镦或戈和镈之间的距离测量，若出土件数多或（矛、戈）头与镦（或镈）不在一个平面上，这种测量就很容易出误差。自汉以后，人们对戟制、殳制争论了几千年；宋代以后，还一直对戈头的捆扎方法在进行探索。苦于见不到实物而得不出明确的结论。这些，随着完整的楚器出土，才得以彻底解决。再如漆木、竹器、丝麻织品，目前仅见于楚墓，特别是其中的竹简，截至目前，共出土约30余批，[①] 累计字数10万余字。楚简内容丰富，涉及当时的社会制度等史实，弥补了文献之不足，这对研究先秦史特别是楚史来说，是极其珍贵的资料。

保存完整的墓之所以特别重要，是因为：

1. 资料的完整性

资料不是残缺的、零散的、支离破碎的。这不仅表现在墓葬本身从封土到墓内文物的保存完整，还表现在文物的单元组合，文物和棺椁结构十分清楚，并且，墓与墓之间相互关系因保存完好而十分清楚。如荆

① 李天虹．出土战国楚简及其研究价值［N］．中国社会科学报，2016-03-01．

门包山 2 号墓[①] 不仅本身保存好，就连周围的几座墓保存也好，是一处完整的家族墓地。这就具有典型性和代表性，不仅有利于研究其中的一座，更有利于研究整组墓。

2. 资料的科学性

所获楚墓资料特别是一些完整楚墓资料，都是经过正规考古手段发掘的，资料完备。对一些较大型的重要楚墓，还运用了录像等记录手段，这就便于全面观察和综合对比研究。

五、楚墓的时代序列比较明确

已发掘的两万多座楚墓，除极少的几座墓以外，都是没有明确纪年的，因而分期断代是墓葬研究中必须首先解决的问题。先秦古代史、科技史的研究，要想利用考古材料，最关键的，也必须把握准时代，不然真有可能“差之毫厘，失之千里”。东周列国墓葬中，目前以楚墓的分期断代的研究最深入、最明晰。原因是楚墓发掘的数量多，可供对比研究的资料丰富。有两点比其他诸侯国墓的断代研究更有利：（1）东周时期的墓葬中，只有极少数墓有可考的绝对年代。这几座墓绝大多数为楚系墓葬，如淅川下寺 2 号墓、蔡侯墓、曾侯乙墓、荆门包山 2 号墓、楚幽王墓等。这就为楚墓断代提供了极好的标尺。（2）对于没有绝对纪年墓葬的断代，特别是对绝大多数中小墓的断代，主要依据墓中随葬器物的共存关系以及各类器物发展变化的情况来推断。对中原地区东周墓做这种推断就比较困难了，原因是一般出土铜器的大墓不出陶器，出陶器的小墓又不出铜器，只有依据各自特点、器物演变去推断相对年代，陶器墓、铜器墓无法直接联系起来。楚墓则不然，有些类别很高的贵族墓也出土日用陶器和仿铜陶礼器，这就在大墓与小墓之间，架起了一座桥梁。因陶器使用的周期短，变化大，断代时相对铜器要准确。这对无纪年铜器墓的断代，显然增加了依据。而对那些无纪年可考的小型墓，正

① 湖北省荆沙铁路考古队包山墓地整理小组．荆门市包山楚墓发掘简报［J］．文物，1988（5）．湖北省荆沙铁路考古队．包山楚墓［M］．北京：文物出版社，1991.

因有一些年代明确铜器墓的陶器作比照，对它们的断代，也增加了可靠性，从而能将楚墓断代引向更深入的研究。

第三节　楚墓的基本特征

目前，基本上可以把已发掘的楚墓分为春秋和战国两大阶段。就这两个阶段而言，战国墓的发现与发掘较多。

已发掘的春秋楚墓，墓地主要分布在河南淅川与湖北当阳。此外，在湖北襄阳、江陵与湖南澧县、常德等地也有发现。现以淅川下寺[①]与当阳赵家湖[②]两处为例，说明春秋楚墓的一般特征。

淅川下寺位于丹江下游丹水与淅水交汇之处，此处丘陵起伏，是一处楚国上层贵族墓地。1979 年进行发掘，已发掘贵族墓 9 座，殉葬墓 15 座（原简报为 16 座，正式发掘报告《淅川下寺春秋楚墓》为 15 座）。均为土坑竖穴墓，坑上没有封土，墓坑不设台阶，也无墓道，头均向东。这些墓的分布有一定规则，共分 5 组，从南到北安排在一山冈之上，组与组间相距 20 米—40 米，每组之中有一座主墓，主墓南北两旁有陪葬墓（可能是墓主的亲属），主墓之西相距 10 米有一车马坑（图 1–2），有的还有殉葬墓。主墓和陪葬墓内都是一椁两棺（即均随葬一人），随葬品主要为青铜礼器、乐器、车马器、兵器及装饰品等。其中最大的 2 号墓，墓主为令尹子冯（一说为令尹子庚），出土 150 多件重器，以及 5 000 余件装饰品。其中，鼎 15 件（包括显示身份的升鼎 7 件）、编钟 26 件、编磬 13 件，铜器大部分都有铭文。殉葬墓内也有一

① 河南省丹江水库发掘队．河南省淅川下寺春秋墓［J］．文物，1980（10）；河南省博物馆，等．河南淅川县下寺一号墓发掘简报［J］．考古，1981（2）；河南省文物研究所，等．淅川下寺春秋楚墓［M］．北京：文物出版社，1991．

② 高应勤，王光镐．当阳赵家湖楚墓的分类与分期［M］// 中国考古学会第二次年会论文集（1980）．北京：文物出版社，1982；高仲达．当阳赵家塝楚墓发掘简报［J］．江汉考古，1982（1）；湖北省宜昌地区博物馆，等．当阳赵家湖楚墓［M］．北京：文物出版社，1992．

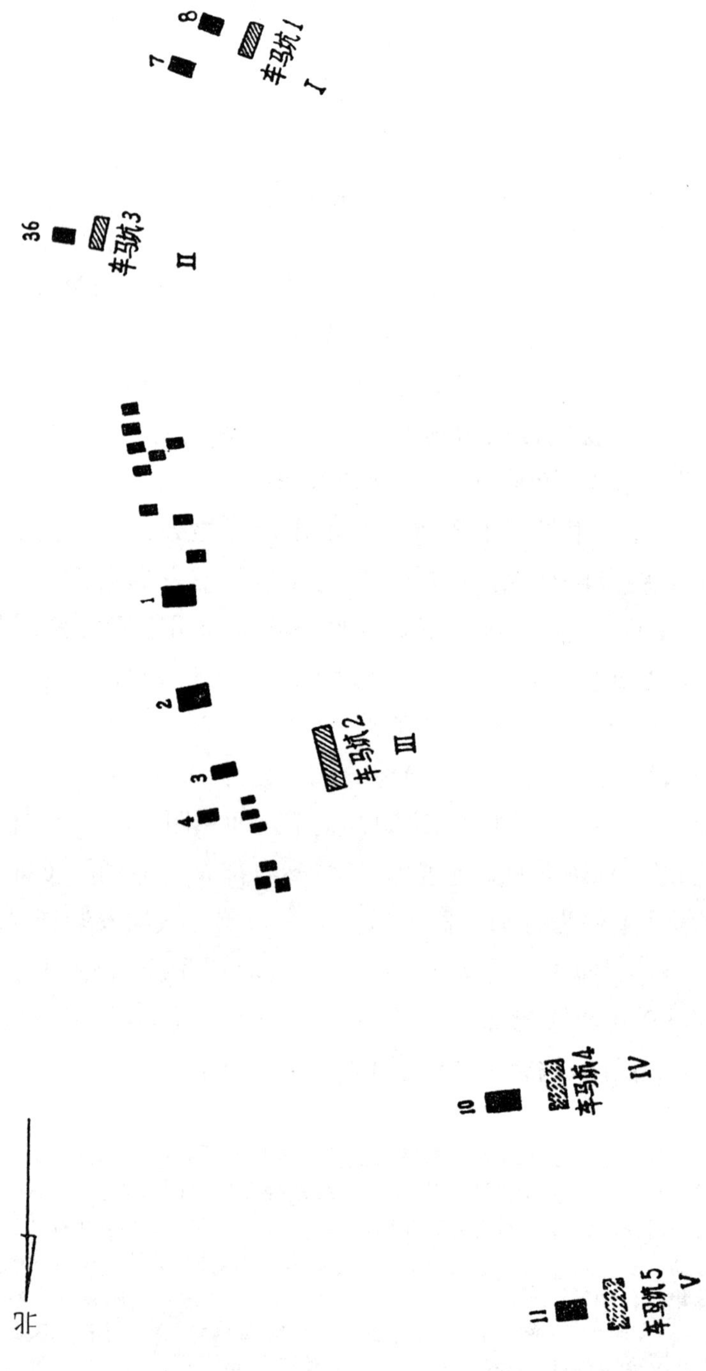

图 1–2　淅川下寺春秋楚墓群分布示意图

具棺，出一两件玉器。

9 座贵族墓中时代最早的为春秋中期，最晚的为春秋晚期，各墓中青铜器的最基本组合为鼎、簠、缶、盘、匜，有的还兼出浴鼎和镳壶（盉），春秋晚期有的墓出敦。这些独具风格的器物与组合是当时楚国贵族墓的最基本特征，而这些特征又为江陵等处战国墓所继承。

当阳赵家湖，距郢都纪南城的直线距离只有 30 千米，是目前已发现的一处年代最早、规模较大的楚国中下层贵族和平民的墓区。1975 年冬至 1979 年在赵家湖南岸一项水利渠道工程中，共发现了 6 个墓地，发掘了近 300 座楚墓。除以上 6 个墓地外，在其附近 10 余千米范围内的一些丘陵岗地上，也分布着密集的楚墓群，估计其墓葬总数至少在数千座以上。这些墓的时代从两周之际一直延续到战国中期后段，以春秋阶段的楚墓最为重要，早、中、晚三期俱全。墓主的身份有中下层贵族，也有一般的平民和一贫如洗的贫民，除部分中层贵族墓早年被盗（主要被盗走青铜器）外，其余皆保存较好。

这些墓亦为土坑竖穴墓，均没有封土、台阶、墓道。墓向以南北方向为主，头以向南居多。分布有一定的规律性，不同的身份等级埋葬于不同的墓地。墓主身份较高的墓，墓坑多为长方形宽坑，长约 5 米，宽约 4 米，规模较大，有棺，有椁，多保存较好。在椁顶之上和椁之四周，均填塞青膏泥（白膏泥），因这种泥能起到密封保护作用，泥填得愈厚，棺椁保存愈好。这种泥之上，墓坑内再以原坑土回填，并经夯实，没有积石积炭。墓主身份不高的墓，墓坑多为长方形窄坑，墓坑浅小，有的有棺，有的无棺，有的填一层较薄的青膏泥，有的仅用原坑土回填，也不夯实，故棺多保存不好。有的有壁龛，多半为头龛，设于南壁，壁龛内放置少量随葬品；有的没有壁龛，也没有随葬品。

椁室的平面呈Ⅱ型，盖板横置，底板竖铺，底板下有横垫木。椁的特点是没有用隔板分隔头厢、边厢和棺室，因此也没有门窗和立柱，既无分室，也就无各室之上的顶板。棺为长方形，悬底，盖分上、下两层，上盖多为完整的枋木，下盖多为长方木框架，上、下盖之间施用束腰榫使之接合牢固（图 1–3）。

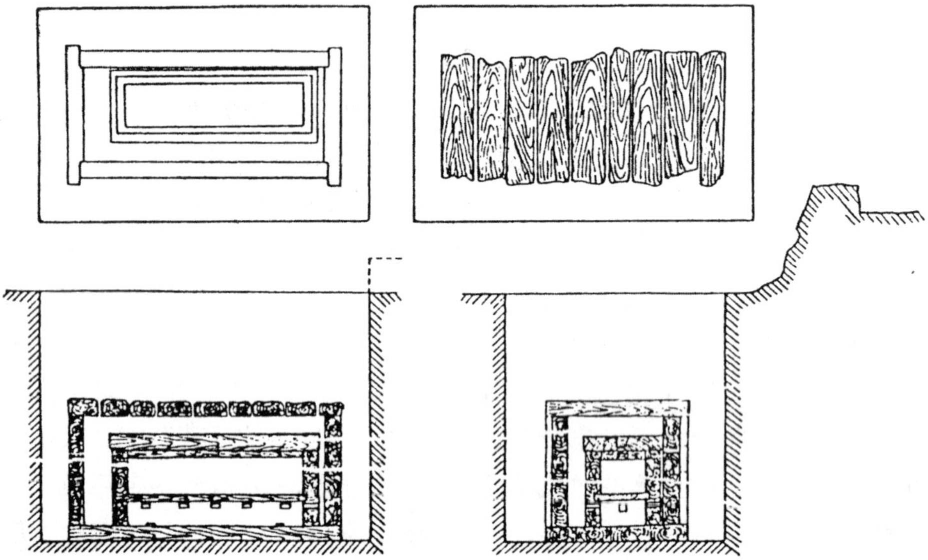

图 1-3　当阳赵家湖春秋墓棺椁结构图

中下层贵族随葬品仍以青铜礼器为主，然早中期组合不同于淅川下寺墓为鼎、簠、缶，而为鼎、簋，到晚期，一些仿铜陶礼器才为鼎、簠、缶或鼎、敦、壶。它们与淅川下寺上层贵族墓另一不同之处是，淅川的上层贵族墓都不用陶器随葬，而这些墓里则伴出精美的磨光黑陶和陶生活用品。仿铜陶礼器从春秋早期开始在中下层贵族墓里就已经见到，不过每个墓里都是零星的，不成套的。这一现象远比同时期中原地区中下层贵族墓要普遍。中原地区中下层贵族墓到春秋早中期仍很少见仿铜陶礼器。个别高级贵族墓如沣西张家坡 222 号墓，甚至在西周中期就出现仿铜陶鼎，然而仅是极个别的特例。成套的仿铜陶礼器在赵家湖楚墓始见于春秋晚期，主要为鼎、簠、缶，也有鼎、敦、壶。这些墓里，车马器、兵器很少见，少数墓出土有一些木器，仅个别墓出土漆器（生活用具）。一般的平民墓，只有陶生活用品，最主要的为鬲、盂（或称钵、盆）、豆、罐，不见陶礼器。

战国楚墓在湖北、湖南、河南、安徽、江西、江苏和上海等省市都有发现，发现的地点近百处，进行过发掘的最主要地点有湖北的江陵、当阳、襄阳、鄂城（今鄂州），湖南的长沙、常德、益阳、临澧、古丈、湘乡、衡阳、资兴，河南的信阳、淮阳与安徽的长丰等地（图 1–1）。已发掘的楚墓约有 20 000 余座，仅湖南已发掘 8 000 余座，湖北也已发掘 8 000 余座。综合这两万多座墓葬，我们对战国时期的楚墓便有了较深的认识。

战国楚墓亦均为土坑竖穴墓（在长沙、江陵仅发现战国晚期个别洞室墓），方向有较强的规律性，而且也有一定的地域性。较高层的贵族墓，多为向东或向南两种，一般的贵族与平民墓，江陵的绝大多数头向南，长沙的则多数向东、向北，向南者极少。中层以上的贵族墓，墓坑之上都有封土，这在湖北的江陵、荆门、当阳、枝江，湖南的临澧、湘乡，河南的淮阳，安徽的长丰等地都有发现。墓越大，封土也越大，仅在江陵所见，封土直径 40 米—100 米，高 6 米—10 米的大墓就有 60 多个，在这些大型封土墓之旁，有的还有一至数个封土墓陪葬。这种墓都有长斜坡墓道，多数为一条，极少数的有两条，如河南淮阳马鞍冢南冢（图 1–4，可能为楚顷襄王墓）。[①] 到战国晚期，如安徽长丰个别墓 [②] 的墓道作阶梯形。

战国楚墓的墓圹，中上层贵族墓往往有多级台阶，台阶一级一级往内收缩。这种台阶的设计可能与防止崩塌有关，因为在江陵等地，土质不好，掘进较深，就容易崩塌，只有做成台阶，才不易塌毁。然而淮阳马鞍冢，可能因为当地地下水位较高，不便掘进很深，台阶除了向下挖掘数级，还从平地上往高处一级一级夯筑出来。显然，这是为了表现一种传统的制度，即显示身份。墓主身份愈高贵，权势愈大，墓坑愈深，

① 河南省文物研究所，周口地区文化局文物科．河南淮阳马鞍冢楚墓发掘简报［J］．文物，1984（10）．

② 安徽省文物工作队．安徽长丰杨公发掘九座战国墓［M］// 考古学集刊：第 2 集．北京：中国社会科学出版社，1982．

台阶就愈多，墓道就愈长。从现有资料看，台阶似无一定数限，最多的如江陵天星观 1 号墓，[①] 达 15 级，少的如信阳长台关 1 号墓只有 4 级。至于一般贵族的小型墓，有的也有墓道、台阶，但无封土。平民墓则无封土、台阶、墓道。

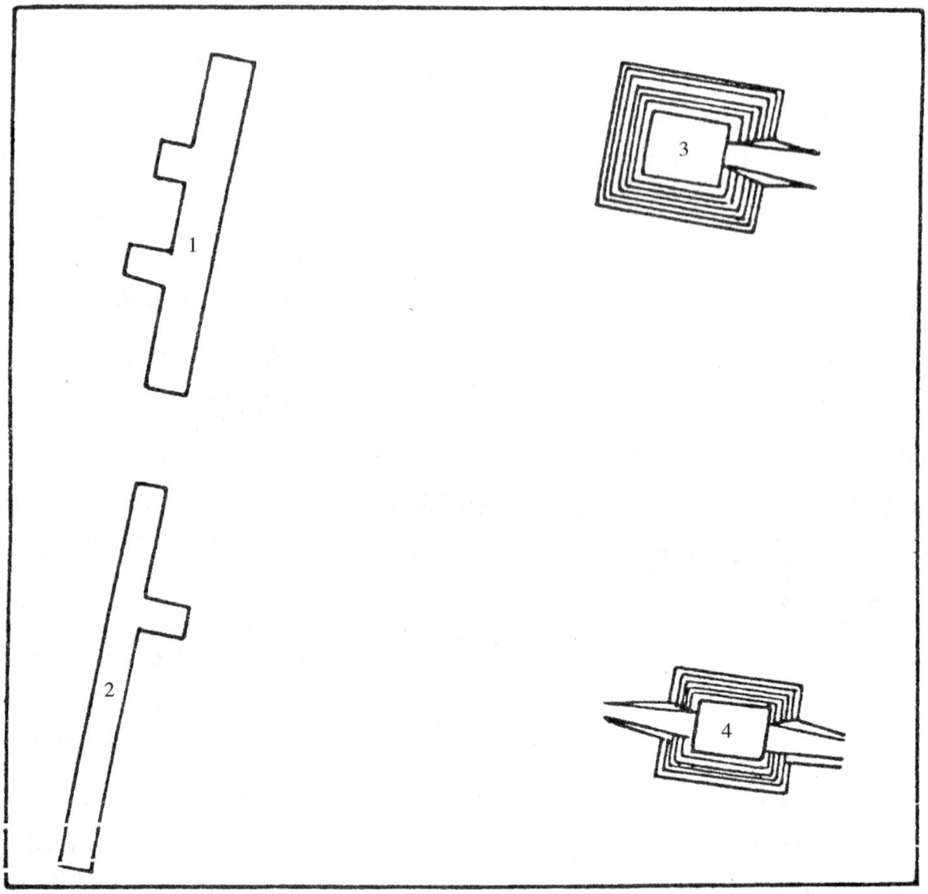

1. 一号车马坑　2. 二号车马坑　3. 北冢　4. 南冢

图 1–4　淮阳马鞍冢楚墓及车马坑平面示意图

① 湖北省荆州地区博物馆．江陵天星观 1 号楚墓［J］．考古学报，1982（1）．

封土和填土均经夯打，靠近棺椁均填青膏泥，墓愈大，封土、填土愈严，青膏泥也填得愈厚；就是小型墓，亦填有青膏泥，也比春秋时期的同类墓填得厚。所有楚墓均不见中原地区墓的积石积炭情况。

较高层的贵族墓，椁分多室，棺有多层。如安徽寿县楚幽王墓，据复原推测，椁多至9室；河南信阳长台关1号墓与江陵天星观1号墓，椁分7室；此外还有分为5室、3室的。椁室一般为长方木垒成，仅安徽长丰发现了一座战国晚期石椁墓。椁室的外形，一般均呈Ⅱ形，在其内再分隔各室。不过，湖南临澧有个别墓不呈Ⅱ形而作其他形状。[①] 正因分室，就出现了隔墙、隔板、门窗、立柱以及各室之上的顶板（或称为分板）。一些较小的墓，椁室内有的也分隔成头厢与边厢。在椁盖板之上，往往都铺满竹席或芦席。棺的形状，则因时因地而异，如河南、湖北除继承当阳那种长方形悬底棺以外（此时盖板均只有一层，没有下盖），更多的是使用一种弧形棺，即其盖及两侧壁板均朝外弧凸。这两种棺共同的特点是底板较薄，悬空度较高，一般悬空度占棺身的1/3到1/2。整个棺身只用榫卯结合，不用暗楔栓钉。战国中后期时，还出现了一种长方盒状棺，这种棺底板加厚（一般与壁板等厚），并且底板也不悬空。这种棺在湖北多半出现于多层棺中，有的还与悬底棺混合使用，如望山1号墓，外棺长方盒状，内棺为悬底弧棺；天星观1号墓，外棺、中棺为长方盒状，内棺为悬底弧棺；望山2号墓，外棺、内棺为长方盒状，中棺为悬底弧棺。[②] 还有少数内、外棺均为长方盒状，如雨台山555号墓。只有个别的墓如马山1号墓，单独使用长方盒状棺。[③] 在湖南，情况恰好相反，使用悬底弧棺的，仅

① 湖南省博物馆，常德地区文物工作队．临澧九里楚墓［M］．湖南考古辑刊：第三集．长沙：岳麓书社，1986．

② 湖北省文化局文物工作队．湖北江陵三座楚墓出土大批重要文物［J］．文物，1966（5）．

③ 荆州地区博物馆．江陵马山一号墓［M］．北京：文物出版社，1985年．

仅是个别的情况，如长沙浏城桥1号墓；[①] 而大量的普遍的是长方盒状棺。临澧楚墓的棺虽两旁及盖顶均作弧凸形状，然而底不悬空，可以视为一种特殊情况。把当阳春秋楚墓的棺连接起来，可以看到楚国木棺的发展是由悬底方棺发展到悬底弧棺，再发展到长方盒状棺。到了秦汉时期，长方盒状棺成为极普遍的形式，悬底棺完全被它取代并绝迹了。

战国时代楚墓的随葬品，具有更明显的特征。上层贵族的随葬品虽然仍以青铜礼器、乐器、车马兵器、玉器等为主，然而也少不了仿铜陶礼器，并且有的还随葬一些实用陶器，如信阳长台关楚墓及淮阳马鞍冢墓的车马坑，都出土了不少陶礼器，这就说明陶礼器的应用已非常普遍。春秋时期，一些上层贵族是不使用仿铜陶礼器的，随着礼制的被破坏，上层贵族也使用起仿铜陶礼器来，这是一个很大的变化。另一方面，仿铜陶礼器又是一步一步向中下层推广的，或者说，这种礼是一步一步被僭越、被取代的，最后连一般的平民也都使用了仿铜陶礼器。然而，这些仿铜陶礼器，也还是有等级差别的，一般的平民大概能用一套至两套陶礼器，即鼎、簠、缶或鼎、敦、壶；最下层的贵族能用的套数比平民稍多，并还配镳壶（相当铜礼器盉）、小口鼎（相当浴鼎）、盘、匜、罍（相当盥缶）、豆等。中层以上的贵族，不仅陶礼器套数多，器型也加大，除下层贵族所有的器类全有外，同时还出无盖的大陶鼎（相当镬鼎）和束腰大平底鼎（升鼎），此外还有簋、鉴、甗、盥缶，等等。战国楚墓的兵器相当多，这是另一个特点，不只是比春秋楚墓的品种、类别、数量都大大增加，而且比邻近地区（如洛阳中州路等处）的东周墓的兵器数量也要多得多。兵器中一个突出特点是：用剑随葬非常普遍。当阳春秋墓，几乎没有剑；到战国时，剑急剧增加，从上层贵族到一般平民，都喜欢用剑。如江陵天星观1号墓出土剑32件，望山2号墓出土剑7件，一般平民墓，能判明为男性的，几乎一人一剑。战国楚墓的漆木器数量多而且很精美是另一个显著特征。前已提到，春秋时期

① 湖南省博物馆．长沙浏城桥一号墓［J］．考古学报，1972（1）．

仅少数墓出土木器，很少有漆器。战国时，墓主身份稍高的，几乎每墓必备漆木器，连一些一般的平民墓，甚至不出陶器而只出漆木器。漆木器中最具楚文化风格的是头插双鹿角，下为一怪兽的镇墓兽；由双伏虎上立双凤组成的悬鼓座以及虎座飞鸟，等等。这些器物在旁处见不到，因而成为最具特色的东西。此外，东周的丝织品，大都已腐烂，在春秋楚墓中就没有保存下来，别处的东周墓亦很少见到。而在江陵、长沙的战国墓中，出土过一些残片，特别是 1982 年江陵马山 1 号墓出土了大量精美丝绸，堪称战国时期的“丝绸宝库”。

所有这些，就是战国楚墓的一般特征。

第四节　楚墓的时代序列

楚墓分期，是人们一向关心的问题，也是对楚文化进行研究的基础工作之一。20 世纪五六十年代，因为楚墓的资料还不够丰富，楚墓的分期或者说对一些楚墓的年代推断，主要是以中原地区东周墓葬的分期认识为依据来进行类比，这自然就有很大的局限性。20 世纪 70 年代以后，楚墓发掘量大大增加，并且不局限于一两个地点，因而从楚墓本身出发去进行分期研究，就具备了条件。

十分有意义的是，一些年代较明确的墓葬的发现，为分期断代找到了依据。这些墓葬如：淅川下寺 2 号墓，墓主为令尹子冯，死于公元前 548 年（一说为令尹子庚，死于公元前 552 年），属于春秋中期偏晚。寿县蔡侯墓①与随县曾侯乙墓②，前者多数学者认为是蔡昭侯墓，蔡侯死于公元前 491 年，曾侯死于公元前 433 年或稍晚。此二墓虽不属楚墓，但都属楚文化的范畴，与楚的关系十分密切，受楚的影响也极深，

① 安徽省文物管理委员会，安徽省博物馆．寿县蔡侯墓出土遗物［M］．北京：科学出版社，1956．

② 随县擂鼓墩 1 号墓考古发掘队．湖北随县曾侯乙墓发掘简报［J］．文物，1979（7）；湖北省博物馆．曾侯乙墓［M］．北京：文物出版社，1989．

由它们去推断其他楚墓的年代，是比较可靠的。荆门包山 2 号墓，墓主为左尹邵𪠨，根据所出竹简记载该墓应下葬于公元前 316 年。淮阳马鞍冢即楚顷襄王墓。发掘者未推断此墓之墓主为顷襄王，然以其在陈城附近的地望及巨大的车马坑来看，似非顷襄王墓莫属。如属于北冢的 1 号车马坑，长 35 米，宽 4.72 米，坑内随葬车 8 辆、马 24 匹、狗 2 只。属于南冢的 2 号车马坑，长 40 米，宽 3.7 米，坑内随葬车 23 辆、泥马 20 多匹、旌旗 6 面。还有 1933 年、1935 年、1938 年被盗掘的安徽寿县楚幽王墓，幽王死于公元前 229 年，已是战国末期了。这样一来，从春秋中晚期到战国早中晚各阶段的大型墓就都有了典型例子，以这些墓作标尺，把一些与之相近的墓去作比较，也就可以推算出它们的大体年代。

比如长沙浏城桥 1 号墓。在长沙地区，这是较为重要的一座楚墓。在很长时间里，长沙尽管发掘了两千多座楚墓，却缺少明确时代依据的典型例子，若能把此墓的时代定得准确，就可以解决一大批长沙楚墓的时代问题。因为：第一，它规模较大，规格较高，随葬品既有青铜礼器，仿铜陶礼器，也有陶生活用品，这就便于与单出陶礼器和单出陶生活用品的墓去对比；第二，它很接近江陵楚墓，通过它就能将江陵楚墓和长沙楚墓作同类比较；第三，它时代较早，目前长沙所见中型楚墓中很少有能早过它的，确定了它的时代，也就基本上确定了长沙楚墓的上限。关于此墓的时代，过去一直很难判断，但发掘出曾侯乙墓后，可看出浏城桥 1 号墓应比曾侯乙墓略晚，最早与它同时，这样多数学者就把它确定为战国早期的墓。又如信阳长台关 1 号墓与江陵望山 1 号墓，最初发掘者曾认为其属春秋晚期或战国早期，也因以曾侯乙墓等作标尺，可知其应定在战国中期为宜。

另一方面是从类型学研究等方面，找到了几组不同器物组合的连接关系和一些器物形态变化的内在联系。如楚墓中常见鼎、簠、缶（壶）和鼎、敦、壶的组合，在 20 世纪 60 年代时，有人曾认为鼎、簠、缶（壶）要早于鼎、敦、壶，后来看到这两组器物不断在同一墓中出土，方知这两组器物是一种平行的关系。又如陶生活用品鬲、盂（钵）、壶

（或罐）与仿铜陶礼器鼎、簠、缶（或鼎、敦、壶），最初人们在很长一段时期内认为出陶生活用品的墓一定早，但江陵雨台山有三组器物鼎、簠、缶，鼎、敦、壶与鬲、盂（钵）、壶（罐）同出。[①] 再如浏城桥 1 号墓与望山 1 号墓也是仿铜陶礼器与陶生活用品同出，也就可以看出单出陶生活用品的墓不一定比出仿铜陶礼器的墓早。

在使用类型学进行分期断代的研究时，是以陶器为其核心的。因为陶器数量多，各个阶层的人都在广泛使用，绝大部分墓中都有出土；陶器易破碎，使用时间短（不似铜器可以传几代人），发展变化明显；况且除墓葬以外，遗址中也大量出土，可以与墓葬出土的器物互相印证。这里，可以举出两份分期图表来表示目前对楚国中小型（中下层贵族和一般平民）墓葬的断代认识。一份是当阳赵家湖楚墓分期图表（表 1–1），[②] 它可以表示出春秋阶段一些主要器物的发展变化。另一份是江陵楚墓陶器分期表（表 4–3），[③] 能反映出战国阶段陶器的变化情况。这两份表侧重点不同，可以互相补充。如加以概括，一些代表性器物的变化规律是清楚的，如鼎，开始为直耳、柱足，逐步发展到附耳兽蹄足，足由实心，到修削、空足；又如鬲，由卷沿、高颈到方唇到折沿、矮颈，三足由尖锥到柱状，足与裆的关系是由直伸到内收；壶、罐则由折肩平底到圆肩圜底内凹，再到圈足，然后变为假圈足，最后为假圈足平底。其纹饰，在春秋阶段，陶生活用品上主要盛行绳纹，少数的罐、豆上则施暗纹；到战国阶段，陶生活用品还施绳纹，但绳纹较细。在仿铜陶礼器上，从春秋晚期到战国早期（少数到战国中期前段）盛行戳印纹；战国中期以后，则盛行彩绘。从陶器的组合来说，中下层贵族墓春秋早中期为鼎、簋、鬲、罐、豆；春秋晚期到战国中期，变为鼎、簠、缶，鼎、敦、壶，多数墓不见鬲、罐、豆，而代之以镳壶、盘、匜、罍

① 荆州地区博物馆．江陵雨台山楚墓［M］．北京：文物出版社，1984．

② 高应勤，王光镐．当阳赵家湖楚墓的分类与分期［M］// 中国考古学会第二次年会论文集（1980）．北京：文物出版社，1982．

③ 郭德维．江陵楚墓论述［J］．考古学报，1982（2）．

表 1–1　当阳赵家湖楚墓分期图表

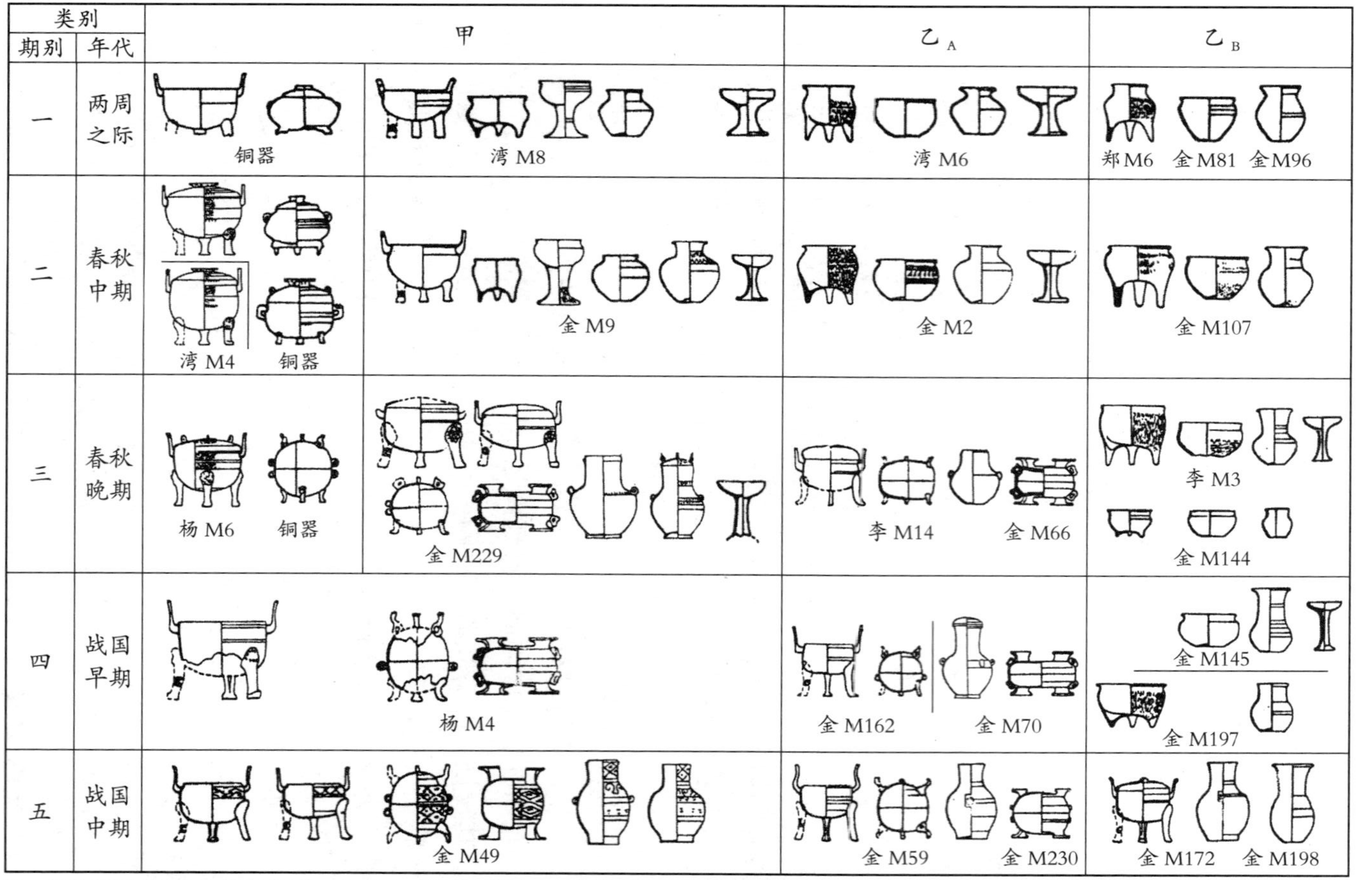

注：当阳赵家湖共发现赵家湾、金家山、郑家坳子、李家坳子、杨家山、曹家岗六个墓地，图上金 M9 等，为金家山等墓地的简称。

（盥缶）。一般平民的墓，从春秋早期一直到战国早期均为鬲、盂（钵）、罐、豆。只是器物形态有变化。到战国中期开始用鼎、敦、壶（在江陵也有的用鼎、簠、缶）。

江陵的楚墓，时代仅到公元前278年，即秦将白起拔郢之时。但河南淮阳与安徽长丰的楚墓，则补上了战国晚期楚墓的资料。这些楚墓的形制基本继承了江陵楚墓的传统，陶器的组合，主要的还是鼎、簠、缶和鼎、敦、壶，只是簠、敦的形态都已简化。但也出现了一些新器物，如秦式矮腿鼎、盒、钫、高柄壶形器等，还出现了鼎、盒、壶的组合，这可能是受秦文化的影响，但一直没有占到主导地位。

楚墓陶器和中原地区比较，其特点是明显的。如当阳春秋墓中的磨光黑皮陶、高锥足小口鬲、高兽蹄足鼎等，在中原皆少见。到战国阶段就更具自身特点，如鼎、簠、缶或鼎、敦、壶的组合与中原不同，中原盛行的是鼎、豆、壶组合。又如中原地区的鬲、鼎都是由高足到矮足，而楚相反，鬲足、鼎足皆由矮变高，战国晚期，在淮阳、长丰虽出现了矮腿秦式鼎，但仍以高足的楚式鼎为主。

第五节 楚墓的等级类别

在很长时间内，对楚墓进行分类研究并未深入研究不同等级的墓各自是怎样发展变化的，也没有分析此一等级与彼一等级之间是怎样互相联系或互相影响的。实际上，墓的规模不同，随葬品的品种各异，都标志着墓主的身份不同，因而通过墓葬分类就可以找到当时的社会等级划分情况。在分类研究中，首先应当做到的一项是区分当时的贵族与平民，然后才便于细分贵族与平民的不同等级。在春秋战国时代，贵族与平民都必须严格按规定的制度行事，这个制度，当时就叫作“礼”。楚国的礼是本源于周礼的。根据周礼在丧葬制度方面的规定：天子棺椁七重，诸侯五重，大夫三重，士再重，即士为一椁一棺。也就是说，凡贵族皆有椁。周礼还规定：天子九鼎、诸侯七鼎、大夫五鼎、士三鼎或一鼎。也就是说：贵族皆有礼器。还有所谓“礼不下庶人”，即庶人不能用礼器。从墓葬材料中可以看到，在春秋阶段，特别是在春秋早期至中期，楚人基本上是按周礼办事的，即从椁与礼器的有无可以区分贵族墓与非贵族墓；从礼器特别是其中正鼎的多少可以区分贵族的高低等级，尤其是高层贵族所用的青铜礼器更是严格按周礼行事的。然而，从春秋晚期开始，随着成套陶礼器的出现，礼制也就乱套了，一些本来不具备使用礼器资格的人，虽然不能用青铜礼器，却用上了陶礼器。这就打破了“礼不下庶人”的界限。这一情况到战国时更为明显，一些庶人也用上了椁，他们也是棺椁俱全。因此就不能再拿椁的有无与鼎数的多少来区分贵族与平民了。

目前，已发掘了一些墓主身份非常明确的东周楚墓。因此，尽管文献对这一阶段丧葬礼制的记载，尤其是对楚国葬礼的记载不太明确，却可以通过这些墓看到可靠的情况。这里有楚国的王，如楚顷襄王和楚幽王；仅次于王的最上层贵族令尹（楚国令尹相当于以后的宰相，总管政治、军事、财政大权），如令尹子冯墓（淅川下寺 2 号墓）；再下有封君墓，如江陵天星观 1 号墓墓主为邸阳君番勑，以及与天星观 1 号墓相当的信阳长台关 1 号墓与临澧九里 1 号墓；之下的有包山 2 号墓，墓主为左尹邵㡭，从出土竹简看，主管司法工作；再下有江陵望山 1 号墓，墓主是尚未封爵的与王族同姓的大夫等。对这些墓进行归纳或作综合考察，就可以看出不同等级的贵族之墓，确有不同的规模、规格。如王墓，便有大型封土堆，附近还有大型的一条至数条车马坑，下葬真车、真马；有殉葬墓、殉葬人、祭祠坑。墓坑有墓道一条至两条，有多级台阶，有巨大的木椁，长宽至少应在 10 米以上。椁内用长条枋木隔成九室。随葬青铜重礼器，最突出的是少不了束腰大平底鼎（即正鼎，自铭鼾，一般称升鼎）9 件。其他的鼎也很多，礼器品种齐全。有成套或好几套编钟、编磬以及数量很多的鼓、琴、瑟、笙等乐器。有大量的兵器、车马器、甲胄，有竹书，其他金、玉、漆、木，种类和数量极多。墓坑内还有殉葬人，有数十人或更多。令尹一级仅次于王，上面所述各项的规格都比王略次一等。如王能有贵族陪葬，令尹不能，王能用九室、九鼎（升鼎），其他贵族不能超过，令尹最多用七鼎。显然，在中国古代十进位制中，九是“最尚”的数字，所以用它来表示最高的等级，其他贵族则不能逾越。然后又是一级一级低下来的。在最低的贵族与平民之间，到战国时虽然还有一些差别，如贵族能用青铜礼器、车马器、仿铜的陶升鼎、陶镬鼎等，平民一般不可用，但已并不是不可逾越的鸿沟了。

同时还应看到，随着时间的推移，以上各个等级的墓坑规模与随葬品是在不断变化的。总的趋势是：墓坑越变越大，随葬品也越变越多，然而，最基本的器类规格没有变。如上面提到的束腰大平底的升鼎，是楚国上层贵族独有的正鼎，从春秋到战国末楚墓中都可见到。除楚以外，这种鼎仅在蔡侯墓与曾侯乙墓中见到过，而蔡、曾正是受楚的影响才使用这种铜鼎，可以说这是楚国独有之器。一些中下层的楚国贵族，战国时期只使用仿铜的陶升鼎，而镬鼎愈晚愈大，鼎与其他器物组成的套数是越来越多。总之，在考察各个等级的葬制规格时，不能不注意其时代特点，而这种规格的变化，战国早期至战国中期之间是极为明显的。

这就是说，在考察楚墓时，既要注意时代特点，还要注意墓葬类别的特点。强调墓葬类别的意义在于，其一，可以弄清墓主生前的等级与社会地位，便于深入研究当时的社会面貌。如果能够对同一个时期各阶层的墓，做出全面的分类归纳，就可以了解到当时社会各阶层的组成情况。这对研究当时人们之间的相互关系以及整个社会的结构是极为重要的。

其二，通过不同时期分类状况的变化，能更进一步了解到许多社会现象的变化规律。就拿上面已提到过的僭越问题来说，仅据赵家湖墓地材料就可以看到：大约相当于上士这一等级的人们在春秋早中期不仅使用着铜礼器，还开始使用陶礼器；而大约相当于下士这一等级的人则还不能使用礼器，只能使用讲究一点的陶器；一般的庶民更只能用陶生活用品。到了春秋晚期时，下士一级就使用陶礼器了，而庶民仍只能用陶生活用品。到战国早期，较富的庶民也用陶礼器了。到战国中期，则一般的庶民也用上了陶礼器。由此可见，这样的僭越是一级一级逐步发生的。也就是说，原有的一些礼制限制是一级一级被逐步打破的。这种情况，显然正是通过以上的分类研究，才能看得比较清楚。

当然，这些僭越，并不会真正做到不同等级之间毫无差别。如各层贵族的僭越，本身自然是尽量想仿效高层贵族的规格，下层贵族希望能达到中层的水平，即都希望能达到高一级的水平，但又因财力与新的规格的限制，绝不能完全达到高一层的水平，诸如封土、台阶、墓道、椁室、棺制、随葬品等方面，都是这样。也就是说，无论什么时候，各等级之间总还存在着一定的差距，旧的框框突破了，又出现了新的框框、新的限制。这种新的框框，应该说是出于周礼而又有时代、民族特点的新的楚礼、楚制，它是反映了楚的特点的礼制。

其三，可以更正确地把握分期。例如过去往往一见以陶鬲等生活用品作随葬品的小型墓，就认为时代一定很早，最晚不会晚于战国初年。殊不知单用陶生活用品随葬的，首先不是因为时代的限制，而是身份等级的限制，一些日用器物，如鬲等，春秋时期能用，战国时期亦还在使用，而且，像上文提到的那种下一等级僭用上一等级礼制的情况，还是一个不断波及的过程。这就是说在不同地域，同类礼制的器物各地僭用时间不会完全一样。只有当某一国被另一国所灭，由于强加的各种政治上的限制，才可能出现某种礼制的突然变化。如楚向东、向南扩张，楚的势力扩展到哪里，哪里就出现楚式的鼎、敦、壶之类。同样，公元前 278 年，楚都郢被秦攻破，此后江陵这一带墓葬中的所见就不再是楚文化的属性了，更多的是秦文化的特征。然而在正常情况下，某些器物出现得迟或早，消失得迟或早，在各地不会完全相同。如楚墓中常见的鬲、盂（钵）、罐或鼎、簠、缶（鼎、敦、壶）在各地出现与消失的时间就不一样。只有区分类别，分类寻找各类墓的变化序列，才能把楚墓分期分析得更准确。

第六节　楚墓的地域差别

我们在研究中，除了注意到各地楚墓的一些共同点外，也注意到了一些区域特点。如以楚墓比较集中的长沙和江陵来说，共同点有木椁四周填白膏泥，椁室形制一致，随葬品大部分器类相同，陶礼器都有鼎、敦、壶等，漆木器、兵器等类物件的品种类别相似等，总之，都具备了楚墓、楚器的基本特征。然而，各地楚墓之间也有很大的不同：一是许多已发掘的江陵楚墓的级别比长沙楚墓高。级别高的墓中的许多特点在长沙墓中不易见到，如封土、台阶等在长沙楚墓中不见或极少见，墓道亦较少；随葬品中青铜礼器和钟、磬等乐器，以及车马器、漆木虎座飞鸟、镇墓兽等都远不及江陵墓中的丰富、精美。总的来说，长沙楚墓和江陵楚墓相比，其规模较小、规格较低，随葬品的数量、品种与精美程度，都比较逊色。二是江陵许多楚墓的时代比长沙的早，而往后延续的时间不及长沙楚墓的长，江陵楚墓特点到公元前 278 年秦拔郢以后就断线了，长沙一直延续到秦汉。这样一来，江陵墓中许多较早的特点，在长沙墓中见不到；而长沙墓中许多偏晚的特点，在江陵墓中也见不到。

如墓的方向，江陵大型墓以向东为主，中小型墓以向南为主，与淅川、当阳春秋楚墓基本一致。而长沙墓的墓向不是很固定，正南北或正东西向的亦少，只是以大体向东或大体向北（都有些偏）的居多。这种情况和秦文化有些类似。如棺的形态，江陵多悬底棺，长沙多晚出的长方盒状棺。又如随葬品中的陶礼器，江陵鼎、簠、缶与鼎、敦、壶共存，基本没有鼎、盒、壶的组合，这些陶礼器还常配以盘、匜、镳壶、小口鼎；而长沙墓中鼎、敦、壶较普遍，鼎、簠、缶极少，而鼎、盒、壶却不少。长沙的鼎、盒、壶组合，可以视为两种情况：一种和淮阳、长丰一样，是受秦文化的影响；一种是长沙被秦占领之后，仍属战国晚期，可能还保留一些楚文化因素，但已不能算是楚墓了。这两种情况在长沙晚期墓中都存在，只是难以严格区分开。总的说来，长沙晚期墓秦文化因素较浓，这是长沙墓有别于江陵墓的一个最明显的特点。

除了以上一些级别、时代的特征外，楚墓还有一些不同的地域特征，如江陵墓陶器中出长颈罐（壶）、镳壶、环耳小口鼎，这在长沙墓中不见或极少见。又如长沙墓铜镜很多、铜带钩较少；江陵墓则铜镜极少、铜带钩较多。在长沙一些墓坑的填土中甚至随葬品中，出了不少铁器；在江陵楚墓中这种现象极少；但在纪南城遗址中包括一些水井中，出土过不少铁器。此外，还有一些器物尽管器名器类相同，但形态变化却不一样，如陶鼎、陶敦在长沙墓中品种、式样较多，而在江陵墓中变化少，式样也少，然江陵墓中鬲、壶、罐的变化却比长沙多。

正是根据这样一些差别，据现有发现，可以归纳出一些有地域特征的典型墓区，这一点下一章将予专门论述。

第二章 楚墓的分区

第一节 楚墓分区的依据

截至目前，发现楚墓的地方有湖北、湖南、河南、安徽、江西、江苏、浙江、上海、四川、重庆、广东、广西等省（直辖市、自治区），其中尤以湖北、湖南、河南、安徽发现和发掘的地点和数量为最多。在这么辽阔的地域中，发现的楚墓时代早晚不同，数量多寡不一，规模大小不等，它们除了都有楚文化的共同特征外，或多或少地还有一些地域特征，这就为我们对楚墓进行分区研究提供了必备条件。

楚墓分区研究是随着楚墓的不断发现，地域的不断扩大而提出的新问题。20 世纪 30 年代，在安徽的寿县等地发现了楚墓，20 世纪 40 年代与 20 世纪 50 年代初叶，在湖南长沙发现了楚墓，这时都只能看到各地本身的特点，无需也不可能与外地楚墓、楚文物进行比较。到了 20 世纪六七十年代，情况就大不一样了。除安徽、湖南继续有发现外，在河南、湖北也发现了大量的楚墓，尤其是湖北和湖南两省，发现楚墓的地点越来越多，表现出来的地域差异愈来愈明显，互相进行对比显然是必不可少的了。在进行对比的同时，归纳出各地的一些特征，便为楚墓分区准备了前提。

为什么必须对楚墓进行分区研究呢？其一，应明确只有对各个区域楚墓的特点有较深入的了解，才有可能在此基础上对整个楚墓进行综合深入研究，从而促进各区楚墓研究向纵深发展。这两者是相辅相成、互为促进的。然而各地楚墓的发现与研究，情况不一，有的区域墓葬发现早一些，研究工作也开展得早一些；有的地方起步相应晚一点；有些地方虽起步迟，但对有些问题的研究却较深，阐述较透。通过分区研究，在一处一区不易看清的问题，通过他处他区材料的对比印证，便增强了清晰度。因此分区研究便于情况的了解与交流，从某种程度上说，分区是区域研究本身的需要。同时，随着发现楚墓的地域越来越广，数量越来越多，必然要提出区域特征问题，也只有划区才能体现其区域特征，故分区既是区域研究本身的需要，又是各区域研究必然要提出和必须要解决的问题。然而仅有分区研究是不够的，只有将各区的楚墓材料加以综合、归纳，进行深入研究，才能看清整个楚墓的特点，这又是整个楚文化研究中必不可少的一项基础性工作。而分区研究是基础的基础，是前提，没有分区研究，就没有各个区域楚墓资料的系统整理与综合研究，整个楚墓的研究就难以深入下去，从这个意义上说，分区是促进楚墓研究乃至整个楚文化研究向纵深发展的重要环节。

其二，进行分区研究，是为了更好地了解楚国不同时期、不同地域的发展进程与变化情况。

楚地的不断扩大并逐渐得到巩固是随着军事占领得以实现的，既有时代早晚的不同，也有重视程度的不一，有的一开始就成了楚的腹心，有的到后来才成为楚的封君领地，有的是重要的军事驻点，有的是繁华的工商业区……不同地域发掘出来的楚墓无不深深地打上了时代、地域和本区特点的烙印。整个东周阶段，楚的统治中心也是不断变化的，因政治、经济、军事中心的转移，它对各地的作用，无疑也在变化，各地对中心的反作用随着这些变化而变化，各地的楚墓也随之变化。虽然，各地变化的大小与强烈程度不尽一样，有的突变，有的渐变；变化的情况也不尽相同，或由衰而盛，或由盛而衰，但不论怎么变化，都会在各地的楚墓中明显地表现出来。如公元前 278 年，秦将白起拔郢，江陵这一带被秦占领，改为南郡。这一年以后，江陵一带墓葬中反映出来的突变是秦文化特征大大增强，原有的楚文化特征几近绝迹。因此，进行分区研究，还便于了解不同地区、不同时期的各种变化情况，包括其地位与作用。

其三，进行分区研究，是为了更好地了解楚境内的少数民族。楚国在东周时代是地域最广的国家，又地处南方，是“群蛮”“群舒”“百越”“百濮”的集中之地。所谓“群”与“百”，都是指多，亦即少数民族最集中、最多的地方。这些少数民族聚居的区域，先后均被并入了楚的版图，各少数民族也成了楚民族大家庭的一员，楚的势力伸向哪里，楚的影响也就到达哪里。当少数民族区域并入楚的版图以后，有的民族逐渐被楚所同化；有的民族虽受楚的强烈影响，却仍然保留着许多本民族的特点。一些民族保存自身特点的程度与强弱和楚在那一带统治时间的长短及强弱直接有关。这些特点最容易在墓葬中反映出来，墓葬的墓坑构造、方向、葬式、随葬品等，都和民族的习俗息息相关。因此，我们在一些墓区容易见到，时代稍早的墓，自身的特点多一些，愈往后就和楚墓完全一致了。在一些边远地区，虽有楚墓的共同特点，却又有更多的本民族文化因素。进行分区研究，正是为了研究它们所反映的民族特点及其渊源脉络。

其四，进行分区研究，既是为了区别楚墓本身的一些区域类型特点，也是为了分析楚文化与其他文化的关系。尤其是在一些边缘地区，往往几种文化互相交融，互相渗透，像北部与中原文化、齐鲁文化，东部与徐舒文化、吴越文化，南部与杨粤文化，西部与巴蜀文化等关系都很密切，因此，有时难以区分这些界限，如在湖南南部和湘西一带，有些墓葬就难以分辨它们是否为楚墓。又如在湖北襄阳和当阳赵家湖等地的春秋墓中所出土的一些青铜器和 1929 年新郑郑伯墓所出的青铜器器形、纹饰极为类似，故有人说楚受了郑的影响。因为，在当时，楚墓中出土的青铜器是零星的，而郑伯墓中出土的青铜器是大量的。直到 1979 年，河南淅川下寺春秋楚墓中，出土了大量的青铜器，数量多而时代早，无疑是楚国的作品，且这些青铜器与郑国铜器亦有许多相似之处，故又有郑受楚影响之说。究竟是谁受谁的影响？这一类问题只有深入开展分区研究，找出一个区域内楚文化自身的特点，才有可能把别的文化因素区分清楚。

关于楚墓分区的问题，湖南的同志从20世纪60年代起已着手进行研究。而从考古学角度入手并最早明确提出这个问题的是俞伟超先生。1981年6月，在楚文化研究会成立大会上，俞先生指出，对楚墓资料，今后理应进行较大规模的综合研究，而分区问题是考古学研究中的基础性工作之一。他说："分区问题，这里讲的当然是楚文化内部的分区，而不是指楚文化和秦文化、三晋文化、吴越文化等这种大的文化分区。"他还进一步指出："讲楚文化分区，就是考察楚文化内部的区域差别。在考古学文化中，往往距离很近的地点，就存在一定差别，如果一见差别就划分为两个区域，会过于琐碎。但楚国疆域尤其是东周时的疆域相当广阔，倘若根本不考虑分区问题，就不容易把楚文化同周围其他文化的关系分析清楚。"① 这样，俞先生不仅指出了分区的必要性，还提出了如何分区的问题。

第二节　构成墓区的条件

如何分区即如何科学地符合客观实际地划分墓葬区域，这的确是一个值得深入探讨和认真研究的问题。我们初步认为，要构成一个墓区，必须具备下列三个基本条件：

1. 地域相近

这里提及的一个墓区，不是指发现楚墓的某一地点，而是指一定的地域。在一定的地域范围内，墓地可以有很多处，在墓地与墓地之间，距离应该较近，这样，就不受现有省界、县界的限制。但距离是有一定限度的，因为一个区域的范围是有限度的。至于此一墓区和彼一墓区是否都是一样大小，需视各区的具体情况而定，而各区的情况是不可能完全一致的，那么，要各区的大小完全相同也几乎是不可能的。因此，强调地域相近，也是强调地域的特点，只有很邻近的地域，楚的势力影响

① 俞伟超．当前楚文化的考古学研究问题［M］．湖南考古辑刊：第一集，长沙：岳麓书社，1982．

才可能同时到达或同时消失，这样墓区的特点才会基本相同。

2. 文化内涵相同

这里说的文化内涵指除了具有楚文化一些共同特点外，还有各地在此基础上赋有的一些地方文化特点。如长沙、江陵、淮阳等都是楚地，这些地方的楚墓里有陶鼎、敦、壶等一类的器物组合，这是楚文化的共同特征。但是，这些器物的形态、式样、纹饰乃至变化在各地又不完全相同，具有其时代与地域的特点，这就是地域的文化内涵，不同地域内的墓葬在葬俗、葬制（如墓坑方向、填土、棺椁）、随葬器物（如品种、器类、式样、纹饰）等方面都可能不同。特别是在边缘地区出土的墓葬，除有楚的共同特点外，还有更多的受其他民族影响的内容。因此，地域不同，各地各区的地域文化的内涵也不会完全一样，具有各自的特征。当然同一墓区的区域文化的内涵应是基本相同的。

3. 有自身的特点

这里所指的特点，是指此区此地所独有的特点。区域文化内涵的不同，其本身虽也表现了各地区的一些特点，但并不等于就是它们独特的地方。如两地同出鼎、敦、壶，两地鼎、敦、壶的形态各异，这显然反映了各地文化内涵的特点，但很难说它们有明显的个性。要有突出的明显的地域特征，就必须有不同于他区他处的个性。如湘西一带楚墓中的陶豆特别多，而湘中等地最常见的陶鬲却不见；又如湘南一带墓中的敦、豆不共出，兵器与纺轮不共存。就文化内涵来说：鬲、敦、豆等都是楚文化习见之物，然而到了某地就赋予它们一定的地域特征了。这既是它的个性，也是区别于其他地域的明显特征。一些鲜明的区域文化个性，常常与少数民族聚居地有关。当然，区域特征并不都是因为民族不同造成的。

具备了上述三个条件，就构成了一个墓区。显而易见，墓区是一个较大范围的概念，而不是一个狭小的定义。这样一来，也容易出现一些问题，因为一个墓区比较大，并且，肯定有中心地域与边缘地域。这样甲墓区的边缘地域与乙墓区的边缘比较接近，而它们与其地区中心地域的距离相反还要远一些，对于这种情况，该如何处理呢？前述构成一个墓区的三个基本条件中，侧重点应是第二点和第三点，作为一个墓区来说，它们的基本文化内涵与基本特点应是相同的，它们的边缘地区也应具备这些基本条件。然而，正是这些边缘地区又可能有其他区的一些因素，这就要看这些边缘地域的主导文化因素是属甲区还是属乙区，如主导因素（即基本文化内涵）与甲区相同，就应划入甲区，否则，应划入乙区。基于此，当我们提到一个区域的基本特征时，常以中心区域或典型墓地而论。

中心地域是客观存在的，在一个墓区内应只有一个中心。当然，中心区域不会只有一两个墓地，在多个墓地中，就可以选择最有代表性的为典型墓地。当然，一个墓区的墓地不会是一次同时发现的，一个墓地也不会是一两次能发掘完的，这样，中心地域与典型墓地也就不那么容易把握。只有随着时间的推移，墓葬不断地被发现与资料的不断丰富，中心地域才可能判断准确，真正典型的墓地才可能选择好。也就是说，现在所定的是否为真正的墓区中心，需待今后的资料来验证。今天的典型墓地，能否被确立为典型，也需今后丰富的资料来说明，否则，就会被其他更典型的墓地所代替。我们说中心，说典型，都有时间上的相对性，不是固定的，一成不变的。然而在一定的时间内，选择好墓区中心、典型墓地乃至典型墓例，都是我们对楚墓进行分区研究的主要内容之一。

第三节　分区需要探讨的问题

此前，湖南与湖北的一些同志对楚墓分区进行过尝试，并做了大量的工作，但还有一些问题值得讨论。

1. 对楚墓的分区，应不应该突破现有的省界、县界

过去一些同志对楚墓分区，都是以现有省界甚至县界为前提的。至于现有的省界、县界在楚的时候是什么样的建置，却考虑得不多。当然，楚国的建置现在不一定能完全搞清楚，但肯定没有现代这么细，也没有这么明确。如郢都江陵附近的好几个县（市），到秦汉一直都属于南郡，所属范围相当广泛。现在这些地方发现了楚墓，若以现代县界为依据，有些文化内涵完全相同的墓葬，可能会因现代地域所属不同而被划为四五个或更多的墓区。这种划分显然不妥，未必符合古代实际。类似情况，在省与省邻界的地方也不少，如在河南的淅川与湖北的郧县（今郧阳），湖北的松滋与湖南的澧县，湖南的株洲与江西的萍乡等地发现的一些楚墓都很相似，这就不能以现有的省界将其分为几个墓区。而现代地域的不同所属，在古代又可能是同一地域所属，它们共同的文化特征正说明了这一点。

2. 关于墓区的命名

是以现代地名为主，还是应尽量去采用古代地名？当然以现代地名为主，比较简单方便，地点也比较明确，如提长沙、江陵或湘中、鄂北等，人们便会很自然地联想到这些地点在什么地方。但这并不是没有缺点。其一，现代的地域所属有的和古代不一样，这样做不易反映古代面貌。我们研究楚国的历史文化，研究楚国的墓葬，应尽量体现或尽量反映楚国的历史面貌。其二，现代的地名和隶属关系变动性较大。如曾侯乙墓发掘时所在地属随县，当时我们称“随县曾侯乙墓”，不久，随县改名为随州市，若把它改称“随州曾侯乙墓”就不合适，也不符考古惯例。而用古代地名就不会出现这样的问题。1993 年，原江陵北部改为荆州市荆州区，本书仍称江陵纪南城、江陵楚墓。其三，用现代地名无法解决一些邻界墓区的称呼，如上述所举江陵、枝江、当阳、荆门等一些邻界地点的楚墓，用其中任何一地命名，都难以概括全面，而用郢都墓区来称这一带的楚墓，就非常贴切。由此可见，若能用古代地名来命墓区的名称，更为有利。

当然，有些地方在楚时称什么，属什么，也并不都很明白，有的地名甚至还有争论，要用其命名也就非常困难。然而，有一些楚地是非常明确的，或者说为大多数学者所公认的，如郢（江陵、陈城和寿春）、黔中、汉中、洞庭等。因此我们认为：以那些已明确了的或者大多数学者都能够接受的楚地来命名楚墓区，也许更合适些。而对那些不明确或一时还难以考证出一致意见的楚地，以其他时代比较合适的地名来命名，也比以现代地点命名好。对一些生僻古代地名用现代地名加注当然也是必要的。这种以古代地名为主，用现代地名加以适当说明的命名办法，在当前应是切实可行的。今后，随着资料的丰富和楚文化研究的深入，一些以其他时代地点来命名的墓区很可能会被原来楚地的命名所代替。

另外，与上述问题相关联的还有一个问题即提到某个墓区时，是以现代出名的地点还是应以当时较重要的地名来概括？现在一般的提法都以现代出名的地点为中心。

比如不少同志提到鄂北区，包括襄阳、宜城、谷城、枣阳一带发现的楚墓。提到这一墓区时，人们常以襄阳为中心。不外三个理由：一是襄阳比其他地方更有名。二是襄阳是地区（专署）所在地，是这一带政治、经济、文化中心。三是襄阳发现了不少楚墓。然而，就楚文化考古来说，宜城发现的楚墓更多，有的楚墓规格相当高，说明宜城在楚国时地位远比现代襄阳要高要重要得多。这样，我们就以宜城——楚国时的鄢郢来命名这一带的墓区。依此类推，临澧、澧县、常德、松滋一带的楚墓以临澧发现的大墓为中心，也应是顺理成章的事。

第四节　楚墓区的划分

根据上述分区的条件与命名的想法，结合现在已有的楚墓资料，我们认为可以初步分为如下楚墓区：

1. 纪郢①区

纪郢区即郢都江陵纪南城四周的楚墓区，包括江陵、沙市、当阳、

① 纪郢之名出现较晚，但已为学者广泛采用，如顾观光《七国地理考》："楚自昭王徙都后，以都为鄢郢，而故都之在江陵者，谓之纪郢。"《辞海》上也有这一提法。本文亦打算用此区别鄢郢、陈郢、寿春郢。

枝江、荆门等地境内的一些楚墓，中心地域是以纪南城为中心的数十千米的范围。这一墓区目前已发现的墓地有 80 多处，累计发现的墓数（墓口已暴露在外，一座一座可数之数）有 9 000 多座。每一处墓地，墓葬分布均很密集，有的一处估计就可达万座以上，数十处墓地，估计墓葬总数当多达数十万座以上。已发掘的楚墓，就有 5 000 座，仅江陵已有 4 600 多座。

此区楚墓的特点是数量多、类别全、时间长、保存好，具有典型性、代表性，最能反映楚文化的特点。从类别来说：既有上层贵族墓，也有中下层贵族墓，还有一般平民甚至奴隶的墓。中上层贵族墓，主要分布在荆门纪山、江陵八岭山、枝江青山等地势较高的地方；一般平民墓以纪南城四周 5 千米的范围内最为集中。从延续时间来说，自两周之际到战国中晚期（前 278 年以前）的墓葬均有发现，其中，当阳赵家湖一带墓地的楚墓时代较早，其他墓地以战国时期的为多。

除江陵发现有极个别洞室墓外，都是土坑竖穴墓，春秋墓没有封土、台阶、墓道，级别稍高的战国贵族墓，均有封土、台阶和长斜坡墓道，级别愈高，封土也愈高，墓坑愈大，有的还有封土墓陪葬，方向以向东、向南为主。级别不高的，有的也用墓道，方向以向南为主。棺椁上下四周填青膏（白膏）泥，故多数保存较好。春秋时期椁没有分隔椁室，棺盖多有两层，多为方形棺，棺底悬空度不高。战国时期级别高的墓，椁用隔墙、隔板分隔椁室，椁室之上有顶板。棺多为悬底弧棺，也有悬底方棺。春秋、战国均用竹（芦）席裹尸。值得注意的是，春秋时期有一类无椁、无棺、无任何葬具、无一件随葬品之墓，这类墓在战国时期少见。

随葬器物的组合有三类：一类以青铜礼器为主，春秋早期为鼎、簋；春秋中晚期为鼎、簠、缶；战国时期为鼎、敦、壶。二类以仿铜陶礼器为主，春秋早期出现陶礼器鼎等不成组合；春秋中期至战国为鼎、簠、缶和鼎、敦、壶，另加镳壶、盘、匜、豆、罍（盥缶）等，战国时期一墓可出数套陶礼器、鼎等，常成双出现。三类为实用陶器，春秋早中期为鬲、盂、罐、豆，春秋晚期至战国，主要为鬲、盂、长颈壶（罐）。此区所出磨光黑皮陶、环耳小口鼎、簠、锥壶等，为此区最富地方特点之器。上述三类器物在一些级别较高的墓里可能全出，这在他处少见。

漆木器出土较多，有的墓专用漆木器而不用其他器物随葬。漆木器中以镇墓兽、虎座飞鸟和虎座鸟架鼓最具特色。

战国墓兵器很普遍，尤以铜剑为多。

纪郢区楚墓的这些基本特点，为其他墓区提供了参照、比较的标尺。

2. 鄢郢区 ①

鄢郢区包括宜城至襄阳一带的楚墓，目前发现，主要有两片，一片是宜城楚皇城（鄢郢）附近，另一片在襄阳市邓城附近。

楚皇城附近的楚墓（图 2-1），在其近郊与远郊都有分布。远郊主要在楚皇城的西部，在南北长约 30 千米的冈地上，分布着 20 多座有封土的东周大墓，封土直径大者 60 余米，小者也有 20 多米。均系纪郢等地所见的“白山土”夯筑，有的进行过勘探，发现有台阶、墓道，形制与已发掘的楚墓完全相同。棺椁多已腐烂，保存不及纪郢区好。远郊做过小规模发掘，最重要的墓地有两处，一处是楚皇城南 10 千米台子岗（村）的凤凰山，已发掘从春秋中期至战国早期楚国中下层贵族墓 15 座。墓坑均没有封土、台阶和墓道，分布较有规律，皆为夫妻异穴合葬，南北两两并列，两墓间相距两米左右。头均向西，男性居右（南边），有的在夫妻墓的两侧，各另有一殉葬坑殉葬一人；也有的殉葬者置于墓主墓坑之内。棺椁保存不好，为单棺或一棺一椁。随葬品有铜陶礼器、兵器、车马器和装饰品。

---

① 鄢郢之名，战国时已出现。《史记・春申君列传》：“取巫、黔中之郡，拔鄢郢。”《水经注・沔水》：“城，故鄢郢之旧都，秦以为县，汉惠帝三年，改曰宜城。”

图 2-1　宜城楚墓车马坑

另一处在楚皇城东南约 7.5 千米的璞河镇护州村的罗岗，已发掘了一战国时期的较大型的车马坑，坑长 22.2 米，宽 4.2 米—4.8 米，深 1.5 米—1.6 米，坑内横置有车七辆，自南至北排列有序。车均为单辕双轮、有车舆，其中四辆车为二马驾驭，两辆车为三马驾驭，一辆车为四马驾驭。马骨保存基本完好。

鄢郢近郊的墓地，有城西的魏岗、雷坡，西南的双龙和东南的骆家岗等处，这些都是战国中晚期楚国下层贵族和一般平民的墓地，然其中地位稍高（或富有）者，也有了小型封土、1—2 级台阶和斜坡墓道。和纪郢区比较，除随葬器物基本组合为鼎、敦、壶这些共同点外，它们还有如下特点：（1）方向不似纪郢以南为主，向东较多见，次为向南；（2）墓口不太大的墓，台阶多于江陵，有的仅设一级台阶；（3）陶鼎的形式、种类变化较多，但彩绘陶器不及纪郢发达；（4）埋葬不及纪郢深，白膏泥不如纪郢楚墓厚，棺椁多保存不好；（5）随葬品不及纪郢区精美。

鄢郢区的另一片重要的楚墓墓地在襄阳邓城附近，也有一些封土大墓，目前发掘重要的有襄阳陈坡10号墓，附近还有两座大型冢，此是其中最小的一座。此墓规模大，出土大量的青铜礼器、车马器、玉石器，一件鼎内刻有"大司马"字样。此墓不太可能是大司马墓，很可能是大司马的家族墓地，墓主是家族中的一员。小型墓地有马棚、蔡坡、山湾等。只是封土墓没有纪郢区高大、密集，小型墓地也没有纪郢区那么稠密。此区共发掘楚墓数十座，均为小型土坑竖穴墓，级别不高，基本情况和纪郢区类似，如方向、葬制、随葬品等都基本相同，战国墓稍大者亦有斜坡墓道和台阶。本区特点为：棺椁多保存不好，出青铜礼器的墓不出陶礼器和陶生活用器；青铜礼器主要组合为鼎、簠、缶，也有少数鼎、敦、壶；陶礼器主要组合为鼎、敦、壶，鼎、簠、缶却极少。春秋青铜器具有中原文化的一些特点，也容易见到"汉阳诸姬"如邓、鄀等国的一些铜器；战国陶鼎、敦变化形态较多。鄢郢区墓葬时代主要为春秋中期至战国，其下限与秦汉墓相接，也不似纪郢区分割明显。

3. 丹淅[①]区

此区指豫、鄂交界的丹江口一带，包括丹、淅二水交汇处，即现在河南淅川与湖北郧阳一带。目前发现楚墓的地点主要有淅川下寺、毛坪和郧阳。尤以下寺墓地最为重要，是一处春秋时期楚国上层贵族墓地。坑上没有封土，墓坑不设台阶，也无墓道，头均向东，墓坑一组一组由南到北有一定规则，每组之中有一座主墓，主墓南北两旁有陪葬墓，主墓之西有车马坑，有的还有殉葬墓，主墓和陪葬墓都随葬一人。随葬品主要为青铜礼器、木器、车马器、兵器及装饰品等。青铜礼器的基本组合为鼎、簠、缶、盘、匜，有的还兼出浴鼎和盉，春秋晚期有的墓出

① 《史记·屈原贾生列传》："大破楚师于丹淅。"《索隐》："皆县名，在弘农，所谓丹阳、淅。"《舆地广记》："楚之白羽邑后改为析，汉属弘农郡。"

敦。这批墓的时代为春秋中期至春秋晚期。

4. 城阳[①]区（信阳区）

目前已发掘新蔡葛陵 1001 号墓，原有大型封土被破坏，早年多次被盗，仍出土数量可观的竹简。此墓为楚国封君平夜君成之墓，椁室呈“亞”字形（图 2–2），较少见。还发掘了信阳长台关 1、2 号大型木椁墓，其地位应相当于楚国的封君。此外，在附近还发掘了一些小型楚墓。墓葬形制、随葬器物和纪郢区楚墓多所类似，然繁杂的木椁、巨大的镇墓兽为别处少见，随葬的陶器亦有很多地方特色，只是目前发掘的数量少，有些特征尚未充分体现。

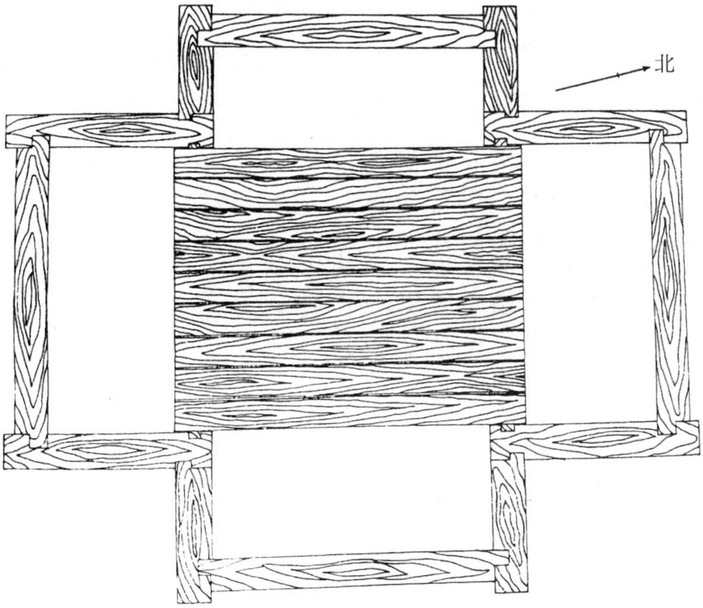

图 2–2　新蔡葛陵楚墓内椁盖板及四室平面图

① 相传楚武王灭申城城阳。《战国策 · 楚策四》“襄王流掩于城阳”指此。

5. 东鄂[①]区

这一墓区包括湖北的鄂州、大冶、黄冈等地。发现的墓地主要在鄂州市郊、大冶鄂王城和黄州禹王城（邾城）附近，主要为一些无封土的小型土坑墓，同时也发现了一些中小型的封土墓。现已发掘了数十座墓，总的特点是级别不高，时代偏晚，墓坑方向不似纪郢区有规律，东西向稍多，南北向略少；随葬器物虽仍以鼎、敦、壶（陶礼器）为主，但器型与江陵等地的有较大差别，陶簠极少，而晚出的壶形器等较普遍。此区另一突出之点是：有的墓中有越式鼎等铜器，有的还出原始的瓷器，这是受到百越文化影响的反映。同时，铜镜比纪郢区多。

6. 洞庭区

这一墓区包括湖南岳阳、汨罗和益阳等地，目前以益阳发现和发掘的墓数为最多，已发掘 1 000 多座，汨罗也已发掘 60 多座。从已发掘的墓葬来说，均为小型墓，级别不高，时代主要为战国墓（有的虽可以早到春秋，但是否为楚墓，尚待研究）。墓葬方向不太固定，稍早一点的墓，墓坑较窄，多有二层台和壁龛，其中随葬器物（如越式鼎、兵器等）有一定的越文化因素。楚文化因素中，陶鬲较少，与纪郢区等地显然不同，而鼎、敦形式富于变化，铜镜比东鄂区有所增加，不少墓中还出土铁工具和兵器，这在纪郢区等地也很少见。

7. 澧州区（临澧区）

这是楚墓较集中的又一大型墓区，以临澧九里附近发现的楚城为中心，主要包括隋唐以来的澧州（或澧阳郡）即现代的澧县、临澧、石门、慈利以及常德、汉寿、松滋等地。目前发现与发掘楚墓最多的是常德德山等十多处，已发掘楚墓近 900 座。临澧九里主要是有封土的大型墓，其次是汉寿、松滋等地，汉寿已发掘 700 多座。再次是松滋大岩嘴和澧县。

临澧九里有封土的大墓区，范围纵横 15 千米，其数量与规模仅次

① 《史记·楚世家》："乃兴兵伐庸、杨粤，至于鄂。"《正义》："地名，……今东鄂州是也。"

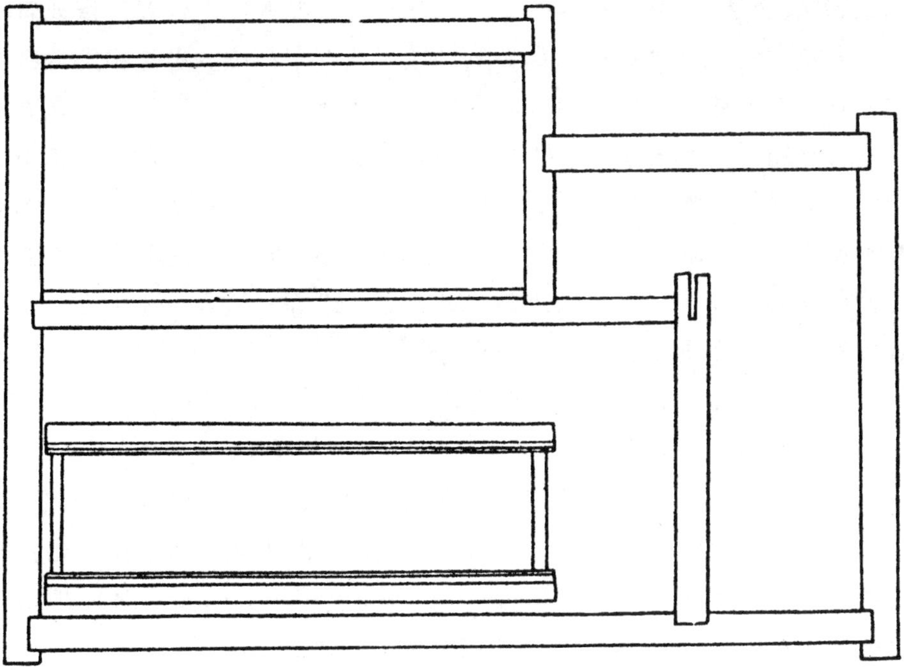

图 2-3　临澧九里 4 号墓椁室平面结构图

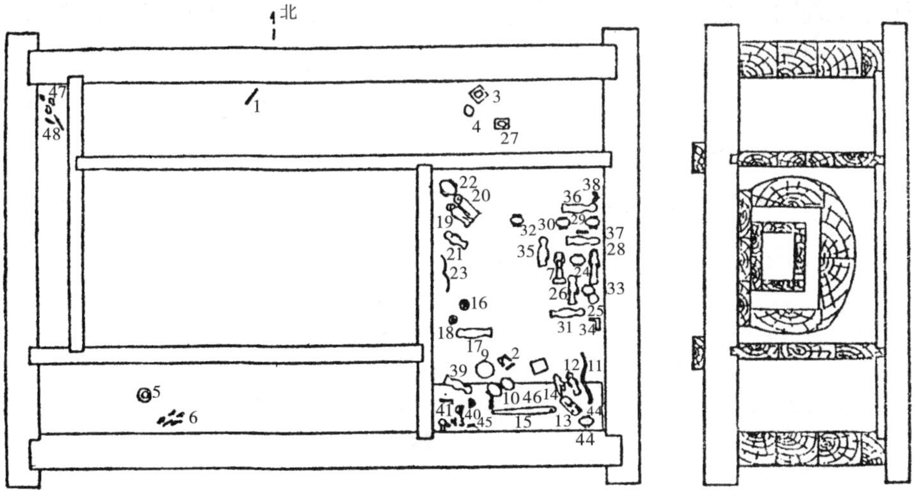

图 2-4　临澧九里 79M1 棺、椁平剖面结构图

于纪郢区，[1]且分布有一定规律，一般向东，夫妻异穴合葬，依死者头向，男左女右，有陪葬墓和殉葬墓，在下首有车马坑。虽和纪郢等区一样，有长斜坡墓道，椁多室，棺多层，然在此区，椁室有的不是在方框内进行分隔，而是在方框外另外加室（图 2–3、图 2–4）。此区的棺虽和纪郢区一样多为弧形棺，然而底板着地，且较厚，这些特点仅见于本区而不见于他地。随葬器物、漆木器与纪郢区多相同，而陶器有很大的地方特色，如陶豆较多，并构成鼎、敦、豆、罐等的组合，还出甗、釜形豆、米字方格纹硬陶罐等别处少见之器。

此区墓葬除澧县的可早到春秋外，其余主要为战国时期。

8. 长沙区[2]（湘中区）

指湘水下游地区，亦即隋唐以来的潭州地区，包括湘乡、湘潭、长沙、株洲、浏阳以及江西萍乡等地。级别最高的为湘乡牛形山一带，有一些封土的中型墓，形制与纪郢、临澧等地相同。然而此区发现最多最普遍的是一些级别不高的小型墓，以长沙最为集中，已发掘 2 000 余座，加上其他地方，共发掘 4 000 多座，发掘数仅次于纪郢区，因此具有一定的代表性。[3]和纪郢区比较起来，它们除有楚文化的共性外，还有许多鲜明的地方特点。总的来说此区墓葬比纪郢区级别偏低，时代偏晚。除少数可以早到战国早期外，绝大部分为战国中晚期墓，时代偏晚的特征明显。如方向不规则，偏北偏西者稍多，棺的形态以长方盒状为主，并出鼎、盒、壶等组合，说明是受到了秦文化影响。同时，封土、台阶、墓道少见，青铜礼器、钟磬乐器、车马器、虎座飞鸟、镇墓兽等均很少，陶鼎、敦式样变化多，簠少见，这些又是它自身的特点。

---

① 纪郢区仅江陵、枝江一带，据调查有封土墓近 700 座，其中大型者 70 余座。临澧区共有封土墓近 100 座，中型以上者约 20 座。

② 《战国策·楚策四》有“长沙之难”。又《史记·越王勾践世家》，齐使对越王说：“复雠、庞、长沙，楚之粟也。”说明长沙之名楚已有之。

③ 湖南省博物馆等．长沙楚墓［M］．北京：文物出版社，2000．

9. 黔中区

此区主要指现在的湖南湘西地区，包括张家界、桑植、桃源、保靖、古丈、辰溪、溆浦等地。这些地方发现的楚墓，级别均不高，形制与湘中等地相同且较简单，出土物也不及湘中等地丰富。时代早的可到战国早期，主要器物为绳纹圜底罐、盂（钵）、豆，尤以陶豆为多，而不见其他地区常见的陶鬲。战国中期以后，仍随葬鼎、敦、壶，但铜镜很少。此区最大的特点是楚巴文化共存，巴人墓的形制与楚墓相同，但随葬器物有别。有的楚墓中也有巴人器物，很可能是楚战胜巴人的战利品。

10. 苍梧[①]区

这是楚国的南疆，包括衡阳、耒阳、郴州、资兴等地。这些地方发现和发掘的楚墓，级别均较低，均无墓道，有的有头龛，有的有边龛，有的有二层台，有的有腰坑。随葬器物既有楚文物，又有百越文物，形成楚越文化共存的现象。有四种器物组合：（1）以绳纹圜底罐为主；（2）以鼎、敦（豆）、壶为主；（3）出鼎、盒、壶或鼎、豆、钫；（4）以瓮、罐、碗、杯为主，这类器物多为印有米格纹的硬陶。前三类组合与湘中等地战国中晚期墓中的器物组合形式基本相同。前两种是明显的楚人墓器物。第三种，有的是受秦文化影响的楚人墓器物，有的亦可能是秦人墓器物。第四种为百越文化遗物。这些墓与楚墓混葬，没有截然分开，形制又与楚墓相同，共存物中也有楚人之物，很可能是为楚人所征服的越人墓。这些墓还有一些地域特征，如敦、豆一般不共出，纺轮与兵器不共存，可用二者区分墓主男、女性别。

11. 陈郢区

即公元前 278 年至公元前 241 年楚迁都陈城（今淮阳）的墓葬区，以淮阳平粮台楚国中上层贵族墓地最为重要。上层贵族墓与纪郢区基本相同：有封土、台阶，墓道向东。但也有变化：有的墓有东西两条墓

① 《战国策·楚策四》，苏秦说楚威王：“楚地西有黔中、巫郡……南有洞庭、苍梧。”由此可见苍梧是楚的南疆，范围应相当广泛。

道；台阶一部分为向下掘成，一部分为平地向上夯筑而成；墓坑西侧有大型车马坑。随葬器类也和纪郢区等基本相同，只是鼎、敦、簠等类器物均已蜕化或简化，有明显的偏晚时代风格（图 2–5）。因此，这是一处时代特点非常明显的墓地。

12. 寿春郢区

目前发现楚墓比较集中的是寿县、长丰，此处距郢都寿春 20 千米，距李三孤堆楚幽王墓仅 3 千米，是一处典型的战国晚期楚国中层贵族墓地。除墓葬形制和主要随葬品与以上的楚墓基本相同外，突出之点是：（1）出现了一座阶梯式墓道墓；（2）出现了一座石椁墓；（3）兵器矛、盾分列墓道两壁。随葬品中陶礼器仍以鼎、敦、壶为主，然仍有簠，并出现了盒、钫等具战国晚期特征的器物（图 2–6），有些显然是受到秦文化的影响。

在安徽的其他地方，也发现与发掘了一些楚墓，截至目前，已发掘 2 000 余座，① 只是资料尚未公布，很难确定还有哪些新墓区。

除了以上 12 个主要墓区外，其他地方也发现过一些有楚特征的墓葬，如河南固始白狮子地、湖北随县擂鼓墩，但这些墓目前还很难判断是否是楚墓，故分区时暂未考虑。有些地方，只发现了零星的楚墓，资料尚不充分，故暂时无法划区，或无法明确归入哪一区。以上的分区，也只是初步的，今后随着资料的不断充实，分区才可能更准确。

① 以上数字由安徽考古部门负责人提供。

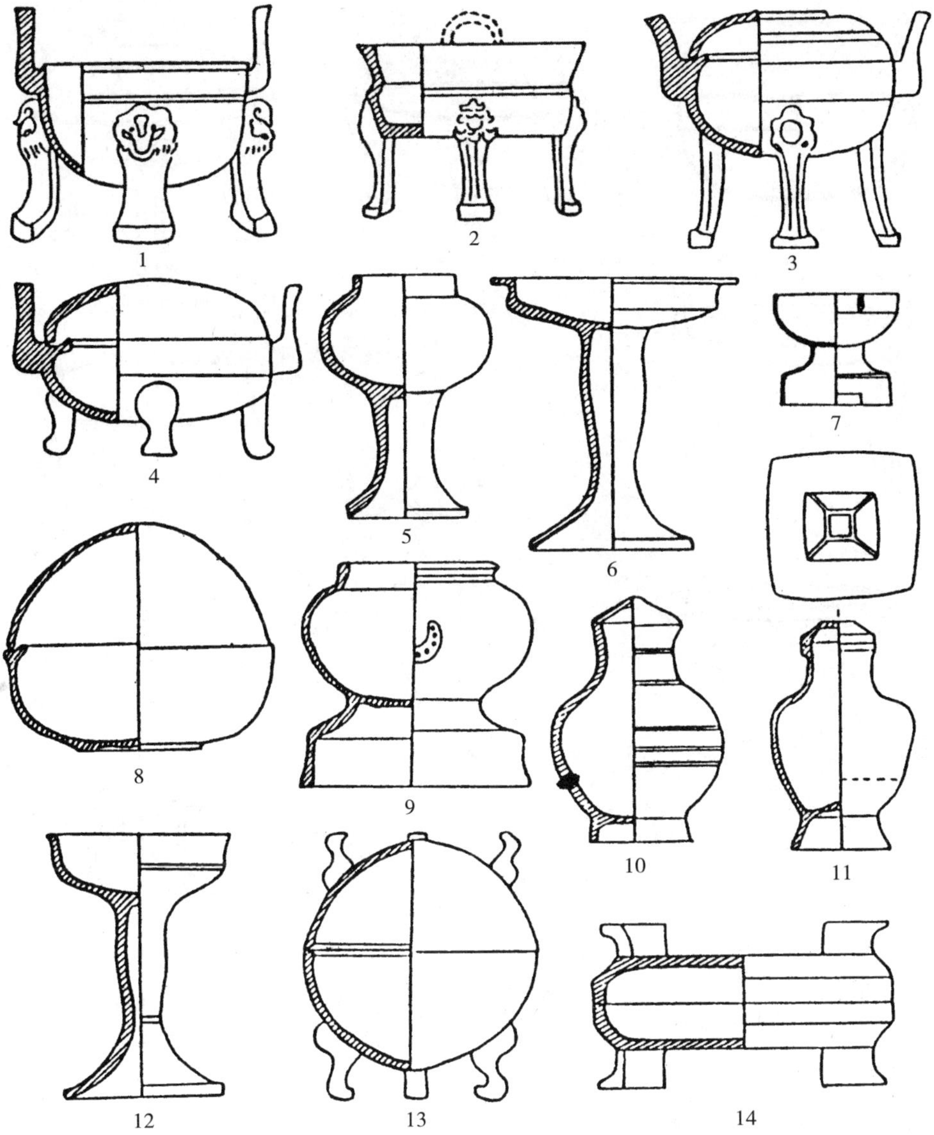

1. 鼎（314）　2. 鼎（341）　3. 鼎（394）　4. 鼎（330）　5. 高足壶（344）
6. 豆（463）　7. 方座簋（291）　8. 盒（360）　9. 圆座簋（357）　10. 壶（326）
11. 钫（323）　12. 豆（447）　13. 敦（393）　14. 簠（392）

图 2–5　淮阳马鞍冢楚墓 1 号车马坑出土陶器摹绘图

1. 盒（M8：8） 2. 敦（M8：20） 3. 盖鼎（M8：33） 4. 大鼎（M9：40）
5. 钫（M8：1） 6. 小口鼎（M8：9） 7. 圆座簋（M8：16） 8. 豆柄壶（M8：25）
9. 箽（M8：12） 10. 鼎（M5：15） 11. 鼎（M5：14） 12. 壶（M6：19）

图 2-6 安徽长丰杨公楚墓出土陶器摹绘图

第三章　楚墓的分类

第一节　楚墓分类问题探讨

到目前为止，据不完全统计，各地已发掘的楚墓超过两万座。这些楚墓，从墓坑规模、棺椁大小以及随葬品的多寡来看，有些是有显著差别的，说明墓主的身份不一样。不少研究者已经注意到这一点，有的还撰文讨论，但看法颇不一致，出现分歧的最大原因是楚墓分类所凭借的依据不同。有的以墓坑的规模并主要以墓口的大小为主要依据；有的以鼎制为主要依据；还有的以棺椁的层数为主要依据。为了便于讨论，现将几种看法列出来，并提出个人不同的意见。

第一，就墓口而言，过去有人认为墓口 5 米以上就算大墓。后来许多资料证明：墓口 5 米左右，在楚墓中只能算小墓，不能算大墓。如长台关 1 号墓，墓口长 14.5 米，宽 12.5 米；① 望山 1 号墓，墓口长 16.1 米，宽 13.6 米。② 发掘材料已证明，像长台关墓、望山墓的墓口大小，在楚墓中，只能算是中等的。而且墓口的大小与椁室不一定成正比例，有的墓口大，木椁不一定大；有的墓口小，木椁不一定小。如长台关 1 号墓比望山 1 号墓墓口小，但木椁却要大得多；天星观 1 号墓墓口为长台关 1 号墓的 8.5 倍多，但木椁却略小。这些都表明墓口的大小不能说明木椁的规模，也难说明墓主的身份。

第二，有的研究者主张按用鼎制度来确定墓主的身份。俞伟超、高

① 河南省文物研究所．信阳楚墓［M］．北京：文物出版社，1986．

② 湖北省文化局文物工作队．湖北江陵三座楚墓出土大批重要文物［J］．文物，1966（5）；湖北省文物考古研究所．江陵望山沙冢楚墓［M］．北京：文物出版社，1996．

明认为："周代各级贵族的用鼎制度，是以升鼎为中心。"他们根据《公羊传·桓公二年》何休注："礼祭：天子九鼎，诸侯七，卿大夫五，元士三也。"解释为东周"诸侯用大牢九鼎""卿、上大夫用大牢七鼎""下大夫用少牢五鼎""士用牲三鼎或特一鼎"。并指出："用五鼎还是三鼎，通常讲是大夫礼还是士礼的界限。"[①]

我们结合楚墓的实际来看，一些比较大型的贵族墓，都出有大平底附爬兽的升鼎，级别高的用铜升鼎，级别不太高的用陶升鼎。除楚以外，就只有蔡侯墓、曾侯墓出这种形式的升鼎，因此这种鼎应是楚的风格，蔡和曾不过是受楚的影响罢了。再从数量来看，楚幽王墓出铜升鼎9件，淅川下寺2号墓据考证为令尹子冯墓，[②]出铜升鼎7件，这与文献记载是相符的。包山2号墓，墓主为左尹邵𩵦，出铜升鼎2件，与文献记载不符。[③]此外，楚墓出陶升鼎的还有望山1号墓、浏城桥1号墓，[④]这两墓各出陶升鼎3件，长台关1号墓、望山1号墓、望山2号墓和沙冢1号墓各出陶升鼎2件。藤店1号墓[⑤]比沙冢1号墓略大，出有越王州勾剑，这也应是贵族墓，但不出陶升鼎。按上述用鼎制度，长台关1号墓、包山2号墓、望山1号墓、望山2号墓、沙冢1号墓、浏城桥1号墓都只够士一级，连下大夫也不是。包山2号墓，墓主官为左尹，显然要超过下大夫，其他几座墓的墓主身份比士显然要高。这样，用升鼎的制度，除极少数较高级的贵族墓能符合外，其他大部分的墓就不相符了。

另一方面，不以这种升鼎为中心，把墓中所出的鼎一起计算，问题就更多。楚墓中最常见的一种小口鼎，从淅川下寺墓所出，自铭为浴

① 俞伟超，高明．周代用鼎制度研究（上）[J]．北京大学学报：哲学社会科学版，1978（1）．

② 李零．"楚叔之孙倗"究竟是谁——河南淅川下寺二号墓之墓主和年代问题的讨论[J]．中原文物，1981（4）．

③ 湖北省荆沙铁路考古队．包山楚墓[M]．北京：文物出版社，1991．

④ 湖南省博物馆．长沙浏城桥一号墓[J]．考古学报，1972（1）．

⑤ 荆州博物馆．藤店一号墓发掘简报[J]．文物，1973（9）．

鼎，应是水器而不是礼器，因此，楚墓所出的小口鼎不应计入礼器中。包山2号墓出铜鼎18件，其中镬鼎2件、升鼎2件、盖鼎14件，凑不成礼制的鼎数。望山1号墓出铜鼎8件、陶鼎13件。计大鼎1件，深腹铜鼎、陶鼎各8件，升鼎3件，平沿鼎1件，这样共有礼器鼎21件，无论怎样搭配，都难凑成符合礼制的鼎数。藤店1号墓出铜深腹鼎2件、陶深腹鼎4件、陶大鼎1件；浏城桥1号墓出铜鼎4件、陶升鼎3件、陶大鼎1件、深腹鼎4件，这些不论怎样搭配，也难凑成按周礼等级所规定的件数。

从上述楚墓与其他一些楚墓中可以看出，楚墓所出以深腹鼎为最多，也最常见，那么，能否把这种鼎看作升鼎呢？看来是不可能的。因为，它们与楚幽王墓、令尹子冯墓所出升鼎不同，再者凡出两件以上的鼎往往都成偶数出现。除上述较大的楚墓以外，一般小型楚墓也是如此。所以我们认为不能按周礼的用鼎制度来作为楚墓分类的依据。

第三，有人主张以棺椁的层数，作为分类的依据。引用《荀子·礼论》《庄子·天下》“天子棺椁七重，诸侯五重，大夫三重，士再重”，[①]《礼记·檀弓上》“天子之棺四重”郑玄注“诸公三重，诸侯再重，大夫一重，士不重”（郑玄指棺而言，未及椁）作为依据，认为“楚墓的棺椁种类除诸侯级墓葬有待新的发现，一椁三棺文献记载混乱外，其余的均与文献所记相符”。[②]其实事实并非如此。目前见到棺椁层数最多的是临澧九里1号墓[③]与湘乡牛形山1、2号墓[④]，都是二椁三棺即棺椁五层，按文献记载为诸侯级。这3座墓是否都够得上诸侯级，看来还是问题。这3座墓的棺椁大小和随葬品的多少，差别很大，不应是一个等级的。而荆门包

① 史为指出，今本《荀子》将“七”误作“十”，见《长沙马王堆一号汉墓的棺椁制度》，《考古》1972年第6期。

② 彭浩．楚墓葬制初论［M］// 中国考古学会第二次年会论文集（1980）．北京：文物出版社，1982．

③ 参见湖南省博物馆出版的《临澧九里1号墓发掘资料》。

④ 湖南湘乡牛形山一、二号大型战国木椁墓［M］// 文物资料丛刊：第3集．北京：文物出版社，1980．

山 2 号墓[①]为一椁四棺，也是五层棺椁，墓主明确为左尹，不是诸侯。

一椁三棺的墓，目前见到的有天星观 1 号墓[②]和望山 2 号墓，它们之间的悬殊也很大，墓主的身份是否相同，也很难说。

一椁二棺的墓见到的颇多，如望山 1 号墓，沙冢 1 号墓，藤店 1 号墓，雨台山 354、555 号墓，[③]长台关 1 号墓，浏城桥 1 号墓，鄂城百子畈 5 号墓，[④]长沙 406 号墓，[⑤]等等。其中最大的是长台关 1 号墓，木椁长约 9 米，宽约 7 米；次大应该是望山 1 号墓，木椁长约 6 米，宽约 4 米，随葬器物都有数百件。最小的是雨台山 555 号墓，木椁长约 3 米，宽约 1.5 米，随葬器物仅 30 件，显然不能把这些墓都视为一个等级。

目前所知楚墓级别最高的是楚幽王墓，此墓于 1933 年、1935 年、1938 年三次被盗，最后一次是邓峙一现场指挥的，他在《李品仙盗掘楚王墓亲历记》一文中说："棺材是朱红色的，色泽鲜艳如新，长约九尺，高约三尺，宽也约三尺左右。上面及四周都饰有浮雕的龙。棺材没有封钉，揭开盖，里面有头发一束……全部骸骨已化成灰了。……棺材只有内棺，没有外棺，重约三四百斤。"[⑥]邓峙一虽然不是搞考古的，但若此墓有三四层棺，他肯定能够识别出来，显然该棺没有这么多层数，这与文献记载也是不符的。

受楚墓影响的曾侯乙墓，其主棺也只有两层，而不是按文献记载的诸侯棺为三层或四层。

由此可见，若以棺椁层数来说明墓主身份，作为分类的依据，矛盾太多，不足为据。

周的礼制，对楚不一定有很大的约束力，除上述外，墓道也是一个明显的例子。

---

① 湖北省荆沙铁路考古队．包山楚墓［M］．北京：文物出版社，1991．

② 荆州博物馆．江陵天星观 1 号楚墓［J］．考古学报，1982（1）．

③ 荆州博物馆．江陵雨台山楚墓［M］．北京：文物出版社，1984．

④ 鄂城县博物馆．鄂城楚墓［J］．考古学报，1983（2）．

⑤ 中国科学院考古研究所．长沙发掘报告［M］．北京：科学出版社，1957．

⑥ 参见 1964 年《安徽文史资料选辑》第一辑。

《左传·僖公二十五年》《国语·周语》都有晋文公定周襄王于郏，“请隧”以葬，竟遭到周王拒绝的记载，这是为什么？贾谊在《新书·审微》中解释道：“古者周礼，天子葬用隧，诸侯县下，周襄王出逃伯斗，晋文公率师诛贼，定周国之乱，复襄王之位。于是襄王赏以南阳之地，文公辞南阳，请即死得以隧下。襄王弗听，曰：‘周国虽微，未之或代也。天子用隧，伯父用隧，是二天子也。以地为少，余请益之。’文公乃退。”也就是说，按周的礼制，只有天子才能用墓道，用墓道乃是“王礼”，诸侯若用墓道，就是“二天子”，这是周所不能容许的。在考古发掘中，除极个别例子外，[①] 像蔡侯墓、曾侯墓这些姬姓诸侯墓，也都没有用墓道。顾铁符先生说：“这正是他们遵守周的礼制。”[②] 但在楚墓中，至迟从战国早期开始，有的就使用了墓道。这与中原地区有显著区别。中原地区到战国中期以后，才使用墓道，而且限于墓主身份较高的墓，一般中小型墓从未发现墓道。但楚墓却不一样，最早见到墓道的墓，并不大，墓主身份等级也不一定高，相反有些时代较早身份较高的大墓不一定使用墓道。这一情况依我们判断，不能说是对周礼的僭越，而只能说楚不一定沿用周的礼制。

综合上述材料，可以说：文献上关于“礼”，实际是指周礼的一些记载，楚墓并不能完全相对应。早在西周夷王的时候，楚的先君熊渠就说：“我蛮夷也，不与中国之号谥。”到楚武王的时候，更公开称王。这在当时，应该视为最大的叛逆，也是对周礼的最大挑战。因此，周的礼制在楚国起不了多大作用，这是可想而知的。

既然周的礼制对楚起不了多大作用，但楚墓中却仍然可以见到与周礼制有关的墓道、棺椁、礼乐器等，这就不能不考虑事物发展的另外一面。楚国为了维护自身的统治，必须有自己的典章制度。《左传·宣公十二年》有芀敖为宰“能用典矣”，说明楚国是有自己的礼制的，只

---

① 在考古发掘中，陕西宝鸡茹家庄西周早中期的強伯夫妇墓有墓道，这是目前中原西周贵族墓中发现有墓道的绝少墓例。见《文物》1976 年第 4 期。

② 顾铁符．随县曾侯乙墓无隧解［J］．考古与文物，1980（1）．

可惜没有被保存下来。今后有可能从出土的楚国竹简中获得这方面的资料。楚国的礼制，应有两个来源：一是本身的传统习俗或成文与不成文法规；二是从西周的典章制度中部分借用过来。楚超越不了当时的历史条件与生产发展水平，与邻近地区又有文化交流，互相影响，反映在丧葬制度方面也有相同或相近之处。然而，楚毕竟有自身的特点，这种特点，有时又起着主导的作用，因此我们就不能比照周礼，也不能按中原地区所见的周墓葬礼去对照，对楚墓的分类必须寻找楚自身的标准。根据所掌握的楚墓材料分析，我们认为楚墓的分类，最主要有两条：第一条是墓葬的规模与规格；第二条是随葬品的品种与数量。

墓葬的规模包括封土的大小高低，墓坑的大小深浅，墓道的宽窄长短，填土的选择与夯实，木椁的大小与分室等。在这些方面，我们认为木椁是最主要的。木椁越大，墓坑就要求大，相应地，墓道就要宽，封土就要高大。木椁小或者无木椁的墓，墓坑就窄小，而且不一定要有墓道与封土。无疑，只有社会上地位最高的人，他们的木椁才会最大，墓的规模也就会最大，甚至可以作出规定，其他人不准超过某种规模。因此关于椁的规模即椁的大小就能说明身份等级，是比较容易理解的。

然而，在我们接触到的许多楚墓资料中，木椁除大小不一以外，还有分室的不同。木椁的分室有什么意义，能否跟墓主的身份等级联系起来呢？这是一个值得注意的问题，因此需要认真研讨。

我们先来看看楚墓木椁分室的现象。有作单室的，如太晖观 6 号墓；[①] 有二室的，如太晖观 50 号墓；[②] 有三室的，如望山 1 号、2 号墓；有四室的，如牛形山 1 号墓；有五室的，如荆门包山 2 号墓、长沙 406 号墓；有七室的，如天星观 1 号墓、长台关 1 号墓；有九室的，如寿县

① 郭德维．湖北江陵太晖观楚墓清理简报［J］．考古，1973（6）．

② 湖北江陵太晖观 50 号楚墓［J］．考古，1977（1）．

楚幽王墓。[①] 总的来说，分室越多，木椁的规模越大，随葬品越多，墓主的身份应越高。木椁的规模与分室的多少，究竟依据什么？俞伟超先生认为："木椁本是作为地上居室的象征而出现的。"[②] 这一意见很正确。当时的人有等级尊卑的差别，房屋也有大小多少的不同。仿地上建筑来造墓，木椁就有规模间数的差别（参见表 3-1）。最明显的例子如望山 1 号墓用立柱隔室；太晖观 50 号墓，雨台山 554 号墓、166 号墓，有门和窗。[③]

木椁仿地上的居室，在文献上也可以找到旁证。《礼记・丧大记》："君殡用輴，欑至于上，毕涂屋。"郑注："天子之殡，居棺以龙輴，欑木题凑象椁，上四注如屋以覆之，尽涂之。"这里讲的是天子的椁上要像四注屋覆盖，可见椁内也应按房子一样来布局。又《礼记・檀弓上》："池视重霤。"孔疏：天子"生时既屋有重霤以行水，死时柳车亦象宫室，而在车覆鳖甲之下，墙帷之上，织竹为之，形如笼衣……以象重霤方面之数，各视生时重霤"。这里指的虽是柳车，但可以看出死后墓穴要像生前的宫室。既如此，把宫室之制用于造墓，应是无疑义的了。

然而，关于明堂宫室制度，这是一个争论了几千年而没有得到解决的问题，王国维说："古制中之聚讼不决者，未有如明堂之甚者也。"[④] 通过对楚墓椁室制度的研究，或许会有益于这个问题的解决。

---

① 根据李景聃《寿县楚墓调查报告》与邓峙一的《李品仙盗掘楚王墓亲历记》，对楚幽王墓的椁室进行复原，估计此墓应为九室，木椁长约 13 米，宽约 12 米。参拙稿《关于寿县楚王墓椁室形制复原的问题》，发表于《江汉考古》1982 年第 1 期。

② 俞伟超．汉代诸侯王与列侯墓葬的形制分析［M］// 中国考古学会第一次年会论文集（1979）．北京：文物出版社，1980．

③ 荆州博物馆．江陵雨台山楚墓［M］．北京：文物出版社，1984．

④ 王国维．观堂集林［M］．北京：中华书局，1959．

表 3-1　一些重要楚墓形制、葬具简表

墓号	方向	墓口（长·宽）（米）	墓底（长·宽·深）（米）	墓道（米）	台阶级数	椁			棺	
						室数	层数	长·宽·高（米）	层数	长·宽·高（米）
枣阳九连墩 M1[①]	105°	38.1×34.8		20.9 入口处宽 4 上宽 15	14		五	外椁 8×6.82 内椁 3.25×2.2	二	外棺 2.86×1.7 内棺 2.48×1.06
枣阳九连墩 M2[②]	107°	34.7×32		20.15	14		五	外椁 7.45×6.8 内椁 3.25×2.2		
淅川下寺 M2	79°	9.2×6.5	9.2×6.5 — 3.00	无	无	不明	不明	7.7×4.5×1.8	不明	并列 2.4×1.14 2.3×0.93
长台关 M1	东	14.5×12.3	10×7.6 — 10.35	14×（4—5.2）	4	7	一	8.9×7.58×2.5	二	外 2.25×1.18×1.1 内？
天星观 M1	185°	41.2×37.2	13.1×10.6 — 12.2	18.8× 北 12.4	15	7	一	8.2×7.5×3.16	三	外 3.84×2.48×2.30 中 3.26×1.94×1.8 内 2.50×1.2×1.21
临澧九里 M1	90°	34.5×32.8		19× 上 5.15	11	5	二	外 8.8×8.8×4.1 内 3.8×2.48×2.37	三	外 3.18×1.96×1.88 中 2.80×1.62×1.6 内 2.3×1.12×1.30
包山 M2	东	34.4×31.9	7.8×6.85 — 12.45	19.8×4.65	14	5	一	6.32×6.24×3.1	四	外 3.76×2.36×2.24 二 3.19×1.78×1.72 三 2.38×1.06×1.09 内 1.84×0.46×0.46

① 九连墩 1 号车马坑，位于 1 号墓西壁外 25.2 米处，坑口呈长方形，长 52.7 米，宽 9.5 米，残深 2.3 米，西壁开斜坡坑道 3 个，坑内葬车 33 辆，马 72 匹。

② 九连墩 2 号车马坑，位于 2 号墓西壁外 26.8 米处，坑口长 22.2 米，宽 6.2 米，残深 1.7 米，坑内葬车 7 辆，马 16 匹。

续表

墓号	方向	墓口（长·宽）（米）	墓底（长·宽·深）（米）	墓道（米）	台阶级数	椁			棺	
						室数	层数	长·宽·高（米）	层数	长·宽·高（米）
马鞍冢北冢[①]	104°	16.6×15.3		有一条墓道						
马鞍冢南冢[②]	100°	14.5×13.48		墓道二条	5					
新蔡葛陵M1001	103°	25.25×22.5—23.25	13.4×11.7 — 4.1	残长 16×3.5 — 6.4	7	5		10.7×9.3		
襄阳陈坡M10	88°	20.2×18.2	6.85×4.85 —9.05	14.9×2.22 —5.8	7	?	?	5×4.05×1.35	二	棺椁无存，据痕迹复原
湘乡牛形山M2	东	20.6×18.3		20余 × 上4.6	9	5	二	外5.2×3.9 内？	三	报告未说明
长沙406	85°	5.0×4.2	4.8×3.75 — 7.50	6.0×2.10	无	5	一[③]	4.2×3.2×1.8	二	外2.38×1.02×1.02 内2.08×0.68×0.63
鄂城百子畈M5	90°	6.92×5.9 —1.4	4.94×3.94 —4.65	无	无	5	一	4.66×3.22×1.94	二	外2.34×1.12×1.08 内2.02×0.96×0.84 另有陪葬棺2个
湘乡牛形山M1[④]	106°	13.75×11.78	6.32×5.24 —10.4	有	5	4	二	外4.9×3.65×2.2 内不明	三	报告未说明

① 西边有1号车马坑，长宽35米 ×4.72米，坑内有车8辆，马24匹。

② 2号车马坑，长宽40米 ×3.7米，坑内有车23辆，马20多匹。东墓道残长6.5米，宽4.2米。西墓道残长8.6米，宽3.6米。

③ 原《报告》为内外椁两重，但从剖面图看，内椁应是各室的隔墙，故不能算内椁。

④ 湘乡牛形山M1的方向与椁的尺寸，是根据发表的图量的。

续表

墓号	方向	墓口（长·宽）（米）	墓底（长·宽·深）（米）	墓道（米）	台阶级数	椁			棺	
						室数	层数	长·宽·高（米）	层数	长·宽·高（米）
浏城桥 M1①	85°	8.65×7.02	5.84×3.97－7.00	有	现存 4	3	一	4.5×2.88－2.04	二	外 2.57×1.26×1.26 内 2.17×0.82×0.94 另有陪葬棺 1 个
江陵望山桥 M1	89°	34×32－10	另有腰坑葬羊一只	残	13	5	二	7.19×6.5×2.15 3.25×2×1.52		外 2.9×1.8×1.5 内 2.5×1.35×1.3
藤店 M1	90°	11×9.8	4.85×3.05－6.6	残长 5.6×（1.9－2.9）	5	3	一	4.26×2.42×2	二	外 2.6×1.51×1.39 内 2.25×0.96×1.07
望山 M2	94°	11.84×9.4	5.6×3.20－6.59	11.7×（1.8－3.6）	3	3	一	5.04×2.82×2.26	三	外 2.82×1.66×1.58 中 2.46×1.28×1.28 内 1.95×0.56×0.54
望山 M1	100°	16.1×13.6	6.68×3.9－7.98	15.87×（2.7－5.14）	5	3	一	6.14×3.98×2.28	二	外 2.8×1.68×1.42 内 2.36×1.05×1.08
沙冢 M1	98°	9.96×7.8	4.3×2.26－5.68	9.1－（1.8－2.45）	3	3	一	4.02×2.34×1.56	二	外 2.56×1.12×1.08 内 1.84×0.5×0.47
雨台山 M555	196°	4.5×3.75	3.25×1.85－7.1	有	无	3	一	3.1×1.52×1.40	二	外 2.20×0.84×0.82 内 1.92×0.50×0.56
太晖观 M50	66°	残 4.1×3.05	3.4×1.85－7.23	有	无	2	一	3.3×1.34×1.23	一	2.13×0.67×0.78
太晖观 M21	203.5°	3.36×1.50－2.0	3.03×1.22－4.4	无	无	2	一	2.9×1.12×1.15	一	2.20×0.78×0.70

① 浏城桥 M1 的墓口尺寸、台阶级数和有无墓道是长沙市文物工作队提供的。

续表

墓号	方向	墓口（长·宽）（米）	墓底（长·宽·深）（米）	墓道（米）	台阶级数	椁			棺	
						室数	层数	长·宽·高（米）	层数	长·宽·高（米）
楚幽王墓①	90°	41.2×40.2	20.3×18.2－10	22.4×（10.3－15.6）	9	9	一	约 13×12×4	一	3.0×1.3×1.3
马王堆M1（附）	0°	19.5×17.8	7.6×6.7－16	长（？）×上口宽 5.4	4	5	一	6.73×4.81×2.78	四	
侯古堆M1②	87°	12×10.5	10.8×9－16	11×4－9.56	无		二	外 5.2×4.3×2.2 内 2.76×2.2×1.3	一	2.4×0.96×0.98

① 楚幽王墓椁的尺寸系推测复原。

② 另有木棺 17 具，放于棺椁之间；还有附葬坑，在主墓北侧 13 米处，口长 9.4 米 ×5.4 米，底长 8.66 米 ×4.86 米－11.5 米。青铜礼器和生活用器均置于附葬坑内。墓顶有高大封土堆，径 65 米，高 7 米，墓主为宋景公（前 516—前 451）的妹妹勾敔夫人，时代在春秋末至战国初。

尽管历代注家有各种不同的看法和解释，但有几点却可以肯定，即前堂后室，室之左右为房。在堂、房、室之间，室是最主要的。《说文》："室，实也。"在楚墓中，木椁内不论分几个室，而以安放墓主的地方为主室，这无疑是正确的。楚墓中有两室者，应即是前堂后室，前堂多半为头厢，是放置主要随葬品的地方。有三室者，除堂、室外，还有一房。这样的墓通常称为头厢、边厢、棺室，边厢即相当于房。五室以上，即室前有堂，室后有下室（王国维叫庭，湖南一些农村至今叫退堂），左右有房。这就像《礼记正义·月令》所说："宫室之制，中央为正室，正室左右为房。"又江永《乡党图考》："左右房以夹室，使室居中。"考古上对这类墓通常称为头厢、足厢、左右边厢和主室。

椁室的多少，应体现墓主不同的身份与等级。结合一些具体墓例，就更能看出一些问题。楚幽王墓椁分九室，"九"在古代为"最"，只有王这一级才能有九室。这与《周礼·冬官考工记》提到"周人明堂……内有九室，九嫔居之"，有相同与不尽相同之处。所相同者，只有天子、王才能使用九室；不同者，墓中的九室，实只是一个单元，即前堂、后室、左右房等为一套，移至地面上，可能只相当于宫殿的一个部分。墓的木椁以九室为最多，故在同一个时期九室墓的规模也应最大，楚幽王墓木椁复原起来长约 13 米，宽约 12 米，可证。

长台关 1 号墓（图 3–1）和天星观 1 号墓为七室。俞伟超先生对这二墓发表过看法，他认为："信阳长台关 1 号墓出陶大牢九鼎，使用的是春秋至战国早期的列国之内的卿制，江陵天星观 1 号墓的墓主又知是邸阳君番勳。这二例可证这类椁制是封君或卿一类贵族之制。"①

① 俞伟超．汉代诸侯王与列侯墓的形制分析［M］// 中国考古学会第一次年会论文集（1979）．北京：文物出版社，1980．

图 3-1　信阳长台关 1 号楚墓木椁

五室墓在楚墓中身份明确的，有包山 2 号墓，墓主为左尹邵旅，其地位不及邸阳君番勳。然另有几座墓，也是五室，情况就不一样了。一是新蔡葛陵 1001 号楚墓，墓主为平夜君成。此墓墓坑之上，原有大型封土，被破坏。在墓坑西 15 米处，发现有车马坑，被破坏，未作清理。墓口东西长 25.25 米，南北宽 22.5 米—23.25 米，方向 103°，带长斜坡墓道，残长 16 米。有七级台阶。墓室长 13.4 米、宽 11.7 米、深 4.1 米。外椁呈“亞”字形，表面看，它和别的楚墓木椁完全不一样，似是很特殊的。仔细一剖析，不难发现它是在楚墓木椁的基础上加以扩充的。实际上将原来木椁的长方框，隔成头厢、棺室和足厢。再在棺室的两边各加一室（左右房），这才构成东、西、南、北、中五个室。东西长 10.7 米、南北宽 9.30 米，椁室面积 99.50 平方米。东室放置漆木器。南室有车马器和兵器，竹简也出于南室。西室出土器物少，主要是一些小型的玉饰器，还发现八具人骨架，其中一为男性，七为女性，男性应是墓主，是从中室移过来的，女性都很年轻，20 岁左右，应为陪葬者。

北室有编钟、编磬架的残件，原来可能主要放置乐器。棺室内被盗掘一空，棺等被拆移位。中室外有内椁，东西长 5 米、南北宽 4.2 米，内椁平面面积 21 平方米。总之，此墓被多次严重盗扰，重大的礼乐器等，被洗劫一空，幸竹简还未破坏殆尽。①

平夜君也是楚国的邑君，其地位应与邸阳君相同，其名声可能更大，在同时期的两批竹简中就见到过。一批是曾侯乙墓的竹简，提到楚王、太子、令尹为曾侯乙送葬礼，而同时送葬礼的有平夜君和一些别的邑君。曾侯乙死于公元前 433 年，此墓的墓主据有的专家考证死于公元前 398 年，距曾侯乙去世的年份仅只有 35 年，因此为其送礼者，可能正是此墓的墓主或他的先君。能和王、太子一起去送礼，可见其名声显赫。另一批是包山 2 号墓的竹简，提到平夜君是墓主的近祖。包山 2 号墓墓主死于公元前 316 年，距平夜君成去世有 82 年，称为近祖当然可以说得过去。包山 2 号墓祭祀的，应是第一代平夜君，平夜君成可能是第二代或第三代，也就是说至少还要提早 30 年—40 年，有 100 多年，称为近祖更合理。

还有三座墓的木椁也只有五室，这几座的墓坑、木椁规模宏大，并都随葬青铜礼器且规格很高，其地位当不亚于封君。这些是：

襄阳陈坡 10 号墓。墓口东西长 20.2 米，南北宽 18.2 米，墓底长 6.85 米，宽 4.85 米，方向 88°，东边有长斜坡墓道，坑壁设七级台阶。棺椁已经腐烂，椁痕长 5 米，宽 4.05 米，高 1.35 米。据痕迹，椁分为五室。随葬遗物十分丰富，共约 1 522 件（套），仅青铜器有 605 件（套），其中礼器有 95 件（套）。礼器中，鼎有 30 件，之中升鼎 4 件，镬鼎 1 件（口径 64 厘米，通高 72.8 厘米），卧牛纽盖鼎 18 件，环纽盖鼎 6 件，虎纽盖鼎 1 件。值得注意的是，在虎纽盖鼎内有针刻的“大司马”三字。墓中没有其他材料能证明墓主是大司马，因此应不会是大司马的墓。②

① 河南省文物考古研究所．新蔡葛陵楚墓［M］．郑州：大象出版社，2003．

② 湖北省文物考古研究所等．襄阳陈坡［M］．北京：科学出版社，2003．

在 10 号墓的附近，还有两座更大的墓，大司马的墓，可能是这两座中的一座。这样，这里可能是大司马的家族墓地，10 号墓主是家族成员中的一员。这种推断是否正确，有待今后发掘来证实。

还有两墓是枣阳九连墩 1、2 号墓。[①] 两墓之上原都有大型封土，被破坏。两墓墓坑平行并列，规模相当，相距 18 米，可能是夫妻墓。都带长斜坡墓道，各有 14 级台阶，方向一座为 105°，一座为 107°。坑口 1 号墓东西长 38.1 米，南北宽 34.8 米，深 12.8 米；2 号墓东西长 34.7 米，南北宽 32.5 米。均为二椁二棺，椁分五室，1 号墓外椁长 8 米，宽 6.82 米；2 号墓外椁长 7.45 米，宽 6.8 米。仅 1 号墓南室曾被盗扰，其他保存完好。随葬遗物十分丰富，1 号墓出土各类器物初步统计共 617 件（套）。东室主要放置各类青铜礼器，数量多，品类全，组合完整。其中一件镬鼎口径 82 厘米，通高 96 厘米，重 400 多千克，是科学发掘楚墓中镬鼎最大者。东室还有大量漆木器。南室放置车马兵器，西室放置盥洗用具和一些饰品，北室放置编钟等乐器，棺内随葬有铜剑和玉饰器。2 号墓随葬各类器物共 587 件（套）。东室除放置成组成套的青铜礼器外，还有大量的漆木礼器，也都成组成套。南室有竹简 1 000 余枚，还有大量漆木生活用品和木俑等。西室有青铜器、漆木竹器。北室主要放置编钟、编磬等乐器，种类很多，还有一批木俑和木升鼎等漆木器，其中有一辆形体较大的木车。总之，是礼乐俱全。

此外，两墓都有殉葬真车马的大型车马坑。1 号车马坑位于 1 号墓西壁外 25.5 米，坑口长方形，南北长 52.7 米、东西宽 9.5 米、残深 2.3 米。坑内葬车 33 辆，呈南北向双排横列；有一车六马、四马、两马和无马的区别，坑中共葬马 72 匹。2 号车马坑在 2 号墓西壁外 26.8 米处，坑南距 1 号车马坑 19.5 米。坑口长方形，南北长 22.2 米、东西宽 6.2 米、残深 1.7 米。共葬车 7 辆、马 16 匹，其中一为一车四马，余为一车两马。

① 湖北省文物考古研究所．湖北枣阳市九连墩楚墓［J］．考古，2003（7）．

如此巨大的车马坑，像1号墓随葬这么多真车马，目前所知仅次于楚王。可见墓主的身份不亚于上卿。然墓主的木椁只有五室。

由上述情况可知，上卿或封君的墓，木椁可以多至七室，也可以少至五室。就五室墓来说，墓主应是少卿，这与包山2号墓的墓主身份相符。包山2号墓，墓主为左尹卲𢘽。其地位不及平夜君成和邸阳君番勳。长沙马王堆1号汉墓为五室，汉初没有建立礼制，马王堆1号墓因袭楚制，墓主是长沙王丞相利仓的妻子。当时天子属第一等级，长沙王属第二级，利仓当属第三级。故此，楚五室的墓，应该相当于这个等级。鄂城百子畈5号墓，木椁长4.7米，宽3.2米，规模不算太大，随葬品主要是陶器，但墓内陪葬二人（有棺），说明死者身份并不太低。

仔细分析楚墓椁室结构，不难发现，九室、七室都是在五室基础上增加的。九室属于王这一级，任何人不能逾越；五室至七室，虽有区别，但结构基本相同，故应同属于上大夫以上。

三个椁室的墓有望山1号墓、2号墓及藤店1号墓等。望山1号墓墓主身旁葬有越王勾践剑；藤店1号墓中葬有越王州勾剑，说明墓主生前有一定地位。望山1号墓所出竹简“祷辞”中，记载墓主生前“侍王”；望山2号墓外棺板上有“佐王柩正”的烙印文字，应系职掌王室棺木的有司之印。从木椁规模及随葬品来看，这些墓的墓主，生前显然是贵族，其身份比天星观1号墓和包山2号墓墓主低，可能属于下大夫一级。

一室与二室的墓，一般应属士级的墓。无椁的墓，应属庶民的墓。

木椁分室的多少，大体上标志着墓主身份等级的高低，可以作为分类的主要标尺之一，但不是唯一的因素。我们认为还应从葬制方面去作探索，才能较好地解决这个问题。

所谓葬制，是指哪些等级该用什么，哪些等级不该或不能用什么。这当中最主要的有两点：一是陪葬与人殉的问题，二是殉葬车马器的问题。

陪葬与人殉，在发现的楚墓资料中，见过一些实例。一是淅川下寺一批贵族墓，每一个墓内有棺两具，其中一具应是为另一具殉葬的；二是长沙浏城桥 1 号墓，除主棺以外，在器物箱内，还有一具殉葬棺；三是鄂城百子畈 5 号墓，在边厢与足厢内，各有一具殉葬棺；四是固始白狮子地 1 号墓，在椁内外有十三具殉葬棺；[①] 五是当阳曹家岗 5 号墓[②]，在椁室内有两具殉葬棺；六是当阳赵巷 4 号墓，[③] 在椁内外有五具殉葬棺；七是新蔡葛陵 1001 号楚墓，在椁西室，发现八具人骨架，其中一为男性，可能是墓主人，其他七人显然是为他殉葬的，墓主不在棺室，可能是盗扰所致。此外，在江陵楚墓区的一些大冢子旁，有的还有一个至数个陪葬冢。一些特大型冢，有的还有数十甚至上百座陪葬冢。前已提到，有些家族墓地，数个冢子聚在一起，其中必有一座主墓冢子较大，旁边其他冢子，应该是陪葬墓。能够用人来殉葬的，无疑都是贵族，能够用陪葬冢的，应该是最高级的贵族，有的可能就是楚王。因为陪冢本身葬的就是贵族，有的还可能是较高级的贵族。我们曾对江陵熊家冢的陪冢作过钻探，其规模近似天星观 1 号墓，可见其身份不会很低。能用贵族来陪葬，这自然只有更高的贵族或王才能做到。唐余知古撰《渚宫旧事》，记载楚庄王冢在江陵，“前后陪葬数十冢，皆自为行列也”。[④] 这种情况，江陵已有发现（详见第四章第二节）。另在荆门纪山已发现一处南北向冈地，其南为两座大型冢，在北大冢之北，排列 4 行 10 排整整齐齐 40 个殉葬小冢。这和余知古所说情况有些类似。[⑤]

然而，随着社会的进步，生产力的发展，用人来殉葬，受到愈来愈多的非议。结合楚的具体情况来看，进入战国以后，用人来殉葬的现象愈来愈少。故此战国一般楚贵族墓中，多半用木俑代替殉人。有的楚墓

---

① 对于此墓，有的学者认为不一定是楚墓，但至少应算楚系墓。欧潭生，詹汉清，刘开国．固始白狮子地一号和二号墓清理简报［J］．中原文物，1981（4）．

② 赵德祥．当阳曹家岗 5 号楚墓［J］．考古学报，1988（4）．

③ 高应勤，余秀翠，卢德佩．湖北当阳赵巷 4 号春秋墓发掘简报［J］．文物，1990（10）．

④ 《渚宫旧事》见商务印书馆丛书集成，编号三一七五。

⑤ 详见本书第四章第一节。

虽无殉人，也无木俑，但其规模与随葬品之丰富却与那些殉人墓或葬有木俑的墓差不多，像这样的一批墓，应可视为贵族墓。至于在贵族墓里它应定为哪一级，这就需要考虑其他条件。

作为贵族墓还有一个明显的标志，是用车马器随葬或用真车活马随葬（即车马坑）。淮阳马鞍冢 1、2 号墓（墓主可能是顷襄王）随葬真车马，淅川下寺贵族墓使用车马坑，其他一般用马衔、马镳、车軎等车马明器，但数量很不一致。可见有陪冢和车马坑的墓主，应该是楚国高级的贵族；仅能用木俑及车軎、马衔的，应该是一般的贵族；而不能用殉人（包括木俑）与车马器的，自然多数不是贵族。雨台山已发掘的 558 座楚墓，仅 11 座出木俑，两座出车马器。可见雨台山 558 座墓的死者，身份等级都不高。

下面我们还要讨论一下随葬品的品种和数量问题。随葬品包括礼器、乐器、金玉服饰、兵器及生活用品等，其中最能说明身份等级的是礼乐器（表 3–2）。

能不能用礼乐器，按礼制是贵族与一般庶民的主要区别，所谓“礼不下庶人”。在实际发掘中，进入战国中期以后，一些很小的楚墓，也用仿铜的陶礼器，这些墓数量不少，愈往后愈普遍，因此可能不会都是没落的贵族，而多数应是一般庶民。不过，出成套青铜礼器的墓，这在一般中小型楚墓中是较难见到的，雨台山 558 座楚墓，只有极少数墓出组合不全的铜礼器。因此，能不能使用青铜礼器，尤其是成套的青铜礼器，作为贵族墓与一般庶民墓的区别，应是可以成立的。

表 3-2 一些重要楚墓主要随葬品简表[①]

墓号	青铜礼器	乐器	车马器	陶礼器	漆木器	兵器	玉器	备注
枣阳九连墩 M1	很多，组合完整	编钟、鼓、琴瑟等俱全	有大型车马坑车 33，马 72 匹		大量	很多，品类全	大量	此墓被盗过，仍出土各类器 617 件(套)
枣阳九连墩 M2	很多，类别全	编钟、编磬、鼓等俱全	有车马坑		除生活用器，还有漆木礼器数套		有各类玉器共 41 件	
淅川下寺 M2	鼎 15、簋 2、鬲 2、浴缶 2、 尊缶 2、盘、匜、鉴、舟等共 52 件	甬钟 26、石磬 13	衔 24、害 24，另有车马坑			矛 16、戈 8、镞 9	有大量玉器	此墓被盗文物不全
长台关 M1	鼎、敦、壶、盘、匜、奁、镜、炉等 30 余件	编钟 13、鼓 2、瑟 3	有	大鼎、深腹鼎 8、升鼎 2、圜底鼎 2、小口鼎、簠、壶、方鉴、圆鉴、盘、匜	镇墓兽等 150 件、竹简	有	有	
天星观 M1	主要为青铜器	编钟、编磬、鼓、瑟	衔 87、害 45、车伞 3	有陶实用器，无礼器	漆木器共 110 件、竹简	兵器共 166 件	有	此墓被盗文物不全
临澧九里 M1	主要为青铜器	编钟、编磬、鼓、瑟	有	残鼎、豆	镇墓兽 6、俎 19	有	有	此墓被盗文物不全

① 器物名后数字为件数，未注明者为一件。

续表

墓号	青铜礼器	乐器	车马器	陶礼器	漆木器	兵器	玉器	备注
包山 M2	鼎 19、簠 2、敦 2、缶 6、壶 6 等共 59 件	铙、瑟、鼓等 14 件	伞 5、軎 22、衔 24、镳 56、车部件	罐 14	床、枕、案、盒、杯等 21 种 100 余件	共 15 种 70 余件	有	
湘乡牛形山 M2			伞、衔 2		木俑 4、镇墓兽等	有		此墓被盗
长沙 406	壶、盘、钫等			鼎、敦	木俑、竹简等			被盗
新蔡葛陵 M1001	有	有	有	无	有共 267 件无完整器	共 54 件	有	此墓严重多次被盗
襄阳陈坡 M10	鼎 30（其中升鼎 4 镬鼎），各种器类俱全，共 95 件		各类器均有，共 298 件	有陶生活用器、豆等共 27 件		各类兵器共 145 件（其中剑 12）	共 40 件	一件鼎内有“大司马”三字
鄂城百子畈 M5	壶盖	鼓		鼎 6、小口鼎、簠 2、敦 2、罍 2、盖豆 3、高柄壶形器 2、绳纹罐 2			璧	
湘乡牛形山 M1		鼓	模型车、衔 2	大鼎、鼎 10（分两组，每组 5，大小依次）、敦 2、壶 4、钫 2、甗 2、簠、罐 3	漆器 62、木器 99、其中木俑 18			被盗

续表

墓号	青铜礼器	乐器	车马器	陶礼器	漆木器	兵器	玉器	备注
浏城桥M1	鼎4、勺	瑟、大鼓、小鼓、笙2	伞、衔6、軎4	大鬲2、小鬲8、升鼎3、大鼎、圜底鼎、小口鼎2、敦2、壶4、簋6、簠3、鐎壶、鉴2、盘2、豆2、匜2、勺	几2、案、俎7	剑4、戈7、戟、矛4、镞46		
藤店M1	鼎2、豆2、壶2、盘、匜	大鼓、小鼓、瑟	伞、衔4、軎4	大鼎、小口鼎、盖鼎4、盖豆2、豆9、簠2、壶4、罍、罐2、盘、匜、勺、鐎壶	豆2、案、耳杯7、镇墓兽、竹筒			
望山M2	鼎5、敦4、缶、壶4、尊、灯2、盘2、匜2、勺6	瑟、鼓	伞、軎8、衔4	大鼎、深腹鼎6、升鼎2、小口鼎、匜2、敦2、簠2、缶2、壶2、鉴2、鐎壶、盘、钵4	镇墓兽2、木俑16、案5、俎19、竹筒	剑7	有	被盗
望山桥M1	有，多为一些附件	瑟、鼓	53件，有軎、马衔等伞构件、辕		282件，俎、豆壶、耳杯、座屏等	共29件，有剑戈戟等	58件璧、珩、玦、佩等	此墓严重被盗，竹简15枚
望山M1	深腹鼎8、小口鼎、敦2、缶2、壶4、鐎壶、罍、盘2、匜2、箕	瑟、鼓	軎5、衔5、伞	大鼎、深腹鼎8、小口鼎、升鼎3、平沿鼎、绳纹鬲、小鬲6、敦2、簠2、方座簋6、盖簋2、豆2、缶2、壶2、方壶2、鐎壶、盆、鉴2、匜、炉等，共69件	镇墓兽、豆、耳杯、俎、案几等，竹筒	剑4、戈6、矛5、镞50	有	

续表

墓号	青铜礼器	乐器	车马器	陶礼器	漆木器	兵器	玉器	备注
沙冢 M1			伞、衔 2	大鼎、深腹鼎 8、小口鼎、升鼎 2、簠 2、带盖簋 2、缶 2、壶 2、方壶 2、鉴 2	豆 8、耳杯 18、镇墓兽等	镞 14	玉璧	被盗
雨台山 M555		鼓		鼎 2、敦 2、壶 2、盒 2、钫 2、勺、鐎壶、小口鼎、罍	俑 2、镇墓兽、几、耳杯 5		玉环	
太晖观 M50				鼎 4、敦 2、簠 2、壶 2、缶 2、罍、鐎壶、豆 4、盘、匜	镇墓兽、梳、篦			
太晖观 M21				鼎 2、敦 2、壶 2、豆 3				
楚幽王墓	升鼎 9、鼎、簠、簋、甗、缶、壶、盘、匜、鉴、豆	编钟、编磬		无	有	有	有	盗掘
马王堆 M1（附）		瑟竽		鼎 6、盒 6、壶 4、钟 2、钫 2、瓿、豆 2、鐎壶、熏炉 2、甑、釜、罐 23	漆器 184、木俑 126、竹简 312			

前已提到，楚国的高级贵族，用铜鼎还是较为严格的，其他的墓，很难说用鼎制度是符合周的礼制的。不过有几个现象值得注意：

一个现象是，级别较高的贵族，都用青铜礼器，就是到战国中期以后，一般也不用仿铜陶礼器，有的只用一些陶生活用品。如天星观 1 号墓与临澧九里 1 号墓就是这样。

另一个现象是，级别越高，用铜礼器越多，铜鼎越大、越重。所谓礼器多，主要是指礼器中的鼎数量多，礼器的类别多，品种齐全以及组合的套数多。据已有资料，出鼎最多的是寿县楚幽王墓，据李景聃《寿县楚墓调查报告》，[①] 散存各地的楚鼎就有近 30 件，承安徽博物院同志见告，现存于该馆的就有 30 多件。其次是襄阳陈坡 10 号墓，出各种铜鼎共 30 件，其中升鼎 4，镬鼎 1，其他鼎 25 件。再次是包山 2 号墓，出铜鼎共 19 件。再次是淅川下寺 2 号墓，虽经盗扰，尚出铜鼎 15 件。再次就是望山 1 号墓、2 号墓，浏城桥 1 号墓。就品类来说，也是墓越大，品类越全。一些小型楚墓主要使用陶生活器皿，而在大中型楚墓中，这些陶生活器皿仍然存在，有的还超过一些小型楚墓。望山 1 号墓随葬的陶器品类，超过雨台山的 558 座墓，像升鼎、大鼎、甗、高柄盖豆、高柄壶形器、鉴、炉、漏勺等器，小墓中都没有发现；而小墓中的所有器类，却可在一个大墓里找到。更不用说铜器了。

小型楚墓的器物组合，主要有鬲、盆（钵）、豆、罐（或长颈壶），鼎、簠、缶，鼎、敦、壶；战国晚期在长沙等地还有鼎、盒、壶。然而，一些稍大的楚墓还可以见到两组以上不同类型的组合，在江陵最常见的是鼎、敦、壶与鼎、簠、缶同出一墓。在一些大型的级别更高的墓中，除陶器的组合外，还有铜器的组合，除上面提到的组合形态外，还有更高的组合形态如鼎、簋、簠（或敦）、缶、鉴、盘、匜、匕等。

如果仔细观察，并进行详细对比，就会发现：一般的小型楚墓，都没有那种缺盖的特大鼎（有人称为镬鼎），而一般的大型墓，都少不了这种鼎。只是在使用上，有的是铜大鼎，有的是陶大鼎，时代相近的

① 田野考古报告［M］：第一册，上海：商务印书馆，1936.

墓，所出的鼎越大越重，说明该墓主级别越高。为说明问题，笔者把受楚影响很深的蔡侯墓、曾侯乙墓的物品列表对比如下（参见表 3–3）：

表 3–3　楚系重要墓葬出土鼎数统计简表 [①]

墓号	铜鼎数（个）	陶鼎数（个）	铜大鼎			陶大鼎	
			高（厘米）	口径（厘米）	重量（千克）	高（厘米）	口径（厘米）
淅川下寺 2 号墓	15		52	45			
蔡侯墓	18		69	62			
曾侯乙墓	21		63.3 56.5	64.2 59.4	54.8 41		
包山 2 号墓	19		75.2	63.4	33.4		
长台关 1 号墓	5	13					
襄阳陈坡 M10	30		72.8	64	36.05		
枣阳九连墩 1 号墓	19		96	82	40.03		
望山 1 号墓	8	13				57	54
望山 2 号墓	5	9					50
沙冢 1 号墓	被盗	11				55.5	45
藤店 1 号墓	2	6				48.5	41.4
楚幽王墓	30 余		113	87	400 多		

从表 3–3 不难看出：全用铜礼器（鼎）比铜陶混合使用的级别要高；使用铜大鼎比使用陶大鼎级别要高。而铜或陶大鼎越大（主要指口径）、越重（主要指铜器），级别越高。《左传·宣公三年》记载“楚子问鼎之大小、轻重焉”，可见楚至少从庄王的时候起，是按鼎之大小、轻重来衡量等级的。我们认为，在同一时期，可能有明确的规范，即一般的贵族不得超过高级贵族，高级贵族不得超过王。限于目前资料，在楚墓中还难找到同一时期各个级别较完整的墓葬，要具体对比还有困

① 王传厚，吴兴汉．楚大鼎及其出土后的经历［J］．文物天地，1981（2）．

难。不过，有些墓例，可供参考。春秋中晚期，楚王墓应超过令尹子冯与蔡侯墓，鼎数估计应有 20 多件，最大的鼎口径可能在 70 厘米左右。到战国早期，楚王墓不应亚于曾侯乙墓，鼎数估计为 25 件左右，最大的鼎口径可能在 70 厘米—80 厘米。战国中晚期，已有楚幽王墓为标尺，鼎数 30 多件，最大的鼎口径达 90 厘米左右。

我们还可以根据以上几座墓推知乐器的一些情况。楚国较高级的贵族都使用编钟，天星观 1 号墓、临澧九里 1 号墓、长台关 1 号墓、淅川下寺 2 号墓都有编钟，曾侯乙墓出土编钟 65 件，内含楚王的镈钟 1 件。出编磬的有淅川下寺 2 号墓、临澧九里 1 号墓与天星观 1 号墓。看来能随葬编镈与编磬的，级别应该更高。发掘的楚墓中，可以见到如下情况：

一是编钟、编磬俱全，如淅川下寺 2 号墓、天星观 1 号墓、临澧九里 1 号墓；二是仅有编钟而无编磬，如长台关 1 号墓；三是没有编钟，有铜铙一件，如包山 2 号墓；没有编钟，而有鼓、琴、瑟，如望山 1 号墓等。这几个墓显然是有等级差别的。

其他的随葬品，如金器、玉器、丝麻织品、漆木竹器、兵器，因等级不同，其数量与品种也不相同。

综上所述，试将各类楚墓的规模及随葬品归纳如下：

一、楚王墓。从战国时起有大封土堆，有陪葬冢和殉葬冢；也有的可能为特大型孤冢，四周很远无陪葬冢。墓道一条或两条。木椁长宽 10 米以上，分为九室。随葬品有：（1）青铜重礼器，其中鼎可以多达 30 件以上，最大的鼎口径 80 厘米—90 厘米，且必有升鼎 9 件；（2）数套编钟、编镈以及编磬，另有各类乐器；（3）设车马坑一条或数条，殉葬真车真马；（4）陪葬坑和殉葬人；（5）重要的竹简（书）；（6）其他，如金器、玉器、漆木器、兵器，品类齐全。

二、封君或上大夫墓。也有大封土堆，多为家族墓地，主冢之旁聚集一些陪葬冢，有一条墓道；木椁长约 7 米—10 米，分五室至七室。随葬品有：（1）青铜礼器为主，数量比上一类墓少，有的还使用陶礼器；（2）有编钟、编磬，一般无编镈；（3）有车马器，封君和上卿多设车马坑，其他多不设车马坑；（4）有的仍有陪葬坑与殉葬人；（5）有竹简，内容大多是遣策或祷辞；（6）其他，玉器、漆木器、兵器，也都俱全。淅川下寺2号墓、天星观1号墓、临澧九里1号墓、长台关1号墓等应属这一类。

三、大夫墓。其封土、墓坑都很接近封君墓，然而各方面又都要略逊一筹，无殉葬墓，无车马坑，有青铜礼器，却无编钟、编磬，像包山2号墓及新近发掘的望山桥1号墓①应属此类，它们又明显高于下大夫墓。

四、下大夫墓。有的有封土，一般有一条墓道，木椁长约4米—7米，分三室至五室。随葬品有：（1）青铜礼器或青铜礼器与仿铜陶礼器混合使用，一般有鼓、琴、瑟，无钟、镈、磬；（2）一般用车害、马衔、马镳象征车马具；（3）无陪葬坑，一般有木俑，少数仍有殉葬人（如百子畈5号墓、浏城桥1号墓）；（4）个别有竹简，少数有遣策；（5）漆木器、兵器基本俱全，但数量较少。像望山1、2号墓，藤店1号墓，牛形山1、2号墓，浏城桥1号墓，百子畈5号墓和白狮子地1号墓等，均应属于这一类。

五、士墓。一般无封土，有的有墓道，木椁长2.5米—3.5米，一室或二室。随葬品主要为仿铜陶礼器，仅个别墓出铜礼器，但器类不全；少数墓有鼓、瑟；一般无车马器，无竹简；一半以上的墓出兵器、漆木器。楚墓中的一椁一棺墓、少数一椁二棺的墓属此类。也有少数三室的，如雨台山555号墓，可能属于没落的下大夫，或仍当属士。

六、庶民墓。一般为单棺或无棺；战国中期以后，有的可能有椁。随葬品时代略早的多为实用陶器，战国中期以后，也使用仿铜陶礼器，一般有少量漆木器和兵器。

以上是以周礼为借鉴，在探索楚国礼制上以楚墓特点进行分类的一个大胆尝试。实际上，楚国的礼制是随着时间推移而不断发展的，它本身应有自己的发展规律，在楚国境内，也可能有一个不断僭礼的过程。因此，在各个不同的发展阶段，它的分类是不会完全一样的。限于目前

① 荆州博物馆．湖北荆州望山桥一号楚墓发掘简报［J］．文物，2017（2）．

资料，要想按时代顺序又按等级把全部楚墓排下来是有困难的。以上的分类，主要是依据战国时代的楚墓资料作大体划分，以期引起讨论。

第二节　江陵楚王陵初勘

对于楚王墓，我曾作过一些推测，①然限于当时的资料尚不充分，有些地方虽无大错，但与实际情况相距甚远。近年，因对一些特大楚冢（其中有的可能是王墓）进行了勘察，才弄清了楚王陵的实际情况。这里，我想就有些问题，发表一点看法：

一、封土

对于楚王墓的封土是什么形状，过去并没有明确的说法。近年勘察的一些特大型楚冢中，发现有的封土为覆斗形或谓截去顶尖的四方锥形。如江陵八岭山冯家冢，封土正是覆斗形。据所获的资料，将这座墓定为楚王墓，大概是没有问题的。②因此，可以说，这正是楚王墓封土的形状。这么说，还有其他依据吗？有！

第一，秦始皇陵的封土“为四方正锥台形，与现存封土的形状同”。③第二，关中地区西汉十三个帝王陵的封土，也均为正方（少数为长方）锥台形（图 3–2）。④但以上皇陵所处时代在楚以后，那些与楚时代相距较近的帝王陵封土的情况又是怎样的呢？目前经过考古发掘的只有河北省平山中山王墓。

中山王墓的封土，亦为方锥体，不过有三级台阶。⑤另外，《水经

① 郭德维．楚都纪南城复原研究［M］．北京：文物出版社，1989．

② 张万高，王明钦，赵晓斌，等．湖北荆州八岭山冯家冢墓地考古勘探简报［J］．文物，2015（2）．

③ 袁仲一．秦始皇陵兵马俑研究［M］．北京：文物出版社，1990．

④ 刘庆柱，李毓芳．西汉诸陵调查与研究［J］．文物资料丛刊：第 6 辑，1982；咸阳市文物考古研究所．西汉帝陵钻探调查报告［M］．北京：文物出版社，2010．

⑤ 河北省文物管理处．河北省平山县战国时期中山国墓葬发掘简报［J］．文物，1971（1）．

注·淄水》提到田氏四王冢也是“方基圆坟，咸高七尺（按：尺应为‘丈’之误）”。《水经注》此卷引《从征记》：“水西有桓公冢，甚高大，墓方七十余丈，高四丈，圆坟围二十余丈。”王世民在总结春秋战国时代各地的冢墓时提到：“北方燕齐等国的坟冢，夯筑痕迹比较清楚，形制明确的均作覆斗形（即截尖方锥体）。墓主多为国君或卿大夫这类高级贵族。”[①]

根据上述资料，以及已发现有楚王墓封土为截尖方锥体的实例，我们说，楚王墓的封土为覆斗形是没有问题的！问题是国君墓的封土为什么要做成这种形状，这到底有什么讲究，这是值得探讨的。王世民通过对文献资料和考古资料的全面梳理，指出我国有冢墓的出现是在春秋战国之际，那么，开始又是什么形状呢？《礼记·檀弓上》记载，子夏同远道来鲁国参加孔子葬礼的燕人讲道，从前孔子说过：“吾见封之若堂者矣，见若坊者矣，见若覆夏屋者矣，见若斧者矣。从若斧者焉。”郑玄解释这四种封土的形状是：“封，筑土为垄。堂形四方而高。坊形旁杀平上而长。覆，谓茨瓦也。夏屋……其形旁广而卑。斧形旁杀，刃上而长。”上述四种形状，说明了什么？说明的是“封之如屋形”，这就正如《荀子·礼论》所说：“故圹垅，其貌象室屋也。”

封之如屋形，还有实例可以证明，河北平山中山王墓，封土保存较好，平面呈方形，底边东西宽 92 米、南北长 110 米、高约 15 米，自下而上形成三级台阶，第一级是卵石铺的散水，第二级有壁柱、柱础等遗迹，顶部则有叠压成鱼鳞状的瓦片堆积。[②]这种封土如屋的形状，是再清楚不过的了。秦始皇陵的封土，“顶部略平，中腰部有两个缓坡状台阶，形成三层阶梯”。[③]有些近似中山王墓的封土。还有八岭山冯家冢，“早年调查时，看见封土中坡为二层台状”。[④]我去八岭山大平头冢调查，还见到封土的中坡，有一层平台，应与冯家冢的封土相同。

---

① 王世民．中国春秋战国时代的冢墓［J］．考古，1981（5）．

② 张守中，郑名桢，刘来成．河北省平山县战国时期中山国墓葬发掘简报［J］．文物，1979（1）．

③ 袁仲一．秦始皇陵兵马俑研究［M］．北京：文物出版社，1990．

④ 郭德维．楚都纪南城复原研究［M］．北京：文物出版社，1989．

这些，又有什么意义呢？和建筑有关吗？国君的房屋是宫殿，国君墓的封土就应像宫殿，难道当时的宫殿是方锥形的吗？封土的这种二层或三层台面，也和宫殿有关吗？

《礼记·檀弓上》在紧接上述子夏的话之后有“池视重霤”，孔颖达疏：“（天子）生时既屋有重霤以行水，死时柳车（按：指载天子灵柩之车）亦象宫室，而在车覆鳖甲之下，墙帷之上，织竹为之，形如笼衣……以象重霤方面之数，各视生时重霤。”重霤，实际就是重檐，一些古建筑上也多采用重檐。这是为了解决通光透气的问题。封土上做成二或三级台阶，正是象征二或三层重檐。为什么要做成方锥形？

《周礼·冬官考工记》：“殷人重屋，堂修七寻，堂崇三尺，四阿，重屋。”郑注：“四阿，若今之四注屋。”李如圭《仪礼释宫》：“人君之堂屋为四注，大夫则南北两下而已。”又说：“周制天子诸侯得为殷屋，四注。”

胡培翚《仪礼正义·士冠礼》注：“周制，天子诸侯，为殷人四阿之屋，东西南北皆有霤。”

由此可见，当时国君的宫殿，屋顶为四面散水，即所谓四阿或四注。到西周时，就成了一种礼制，只有天子诸侯才能用，其他人用了，就是非礼，会受到非议，甚至严厉制裁。现在用于作墓的封土，显然也只有国君的墓，才能有这样的封土。其他人做了，就是非礼了。这一情况，至少在楚的范围内和一定的时间段（如战国），是这么严格要求的。如很可能是王墓的冯家冢，其封土为截尖方锥形，而其陪葬冢（即可能是墓主的夫人墓）就不是方锥形。这一情况和西汉王陵是大不相同的。西汉王陵陪葬的后妃冢子，只是比王冢小一些，但都为方锥形。汉高祖的长陵有一些开国功臣陪葬，有的封土也为方锥形（覆斗形），只是规模更小，这种情况在楚冢中是不曾见到的。由此可见，楚冢中的方锥形，应就是楚王墓。

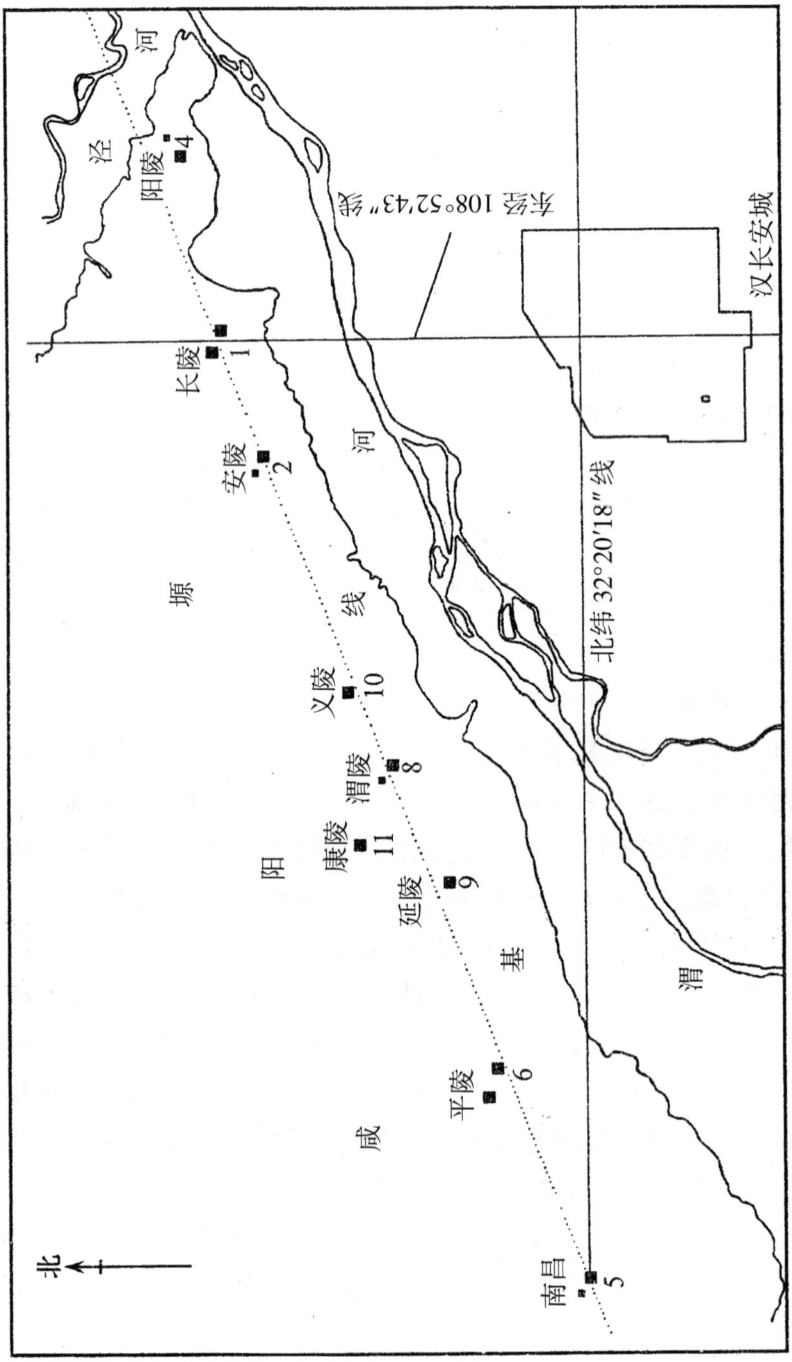

图 3-2　渭北西汉帝陵分布示意图

（此图引自《文物》2009 年第 4 期，第 63 页）

楚王墓距今已有两千多年，早期的楚王墓有没有封土，是什么形状，我们尚不清楚，不敢妄言。到了战国时代，尽管都有了高大的封土，并应呈方锥形。然因长年风吹雨打，加上人为的各种破坏，大多都棱角不清，变成圆馒头形。如经过勘察的八岭山熊家冢，[①] 基本可以确定为王墓，而其封土却看不出呈方锥形。如若复原，则应是方锥形，而不应是“不圆不方”或圆馒头形。

覆斗形封土，在江陵八岭山，目前仅见冯家冢一例，难道楚冢中再找不到第二例吗？也不是，据友人告知，枝江青山谢家冢，封土亦为覆斗形，经勘察墓坑规模应和冯家冢相当，亦有可能是王墓。

二、墓坑

墓坑包括方向、坑口、台阶、墓道等诸多方面，下面我们一一加以探讨：

1. 方向

八岭山已初步判明为王墓的熊家冢方向为 96°，冯家冢方向为 91°，也就是说，王墓的方向皆向东。墓向，一般指头向，与族属和信仰有关。查考古资料不难发现，凡楚公族的中高级贵族墓葬，方向皆为东。

据新蔡葛陵楚墓竹简记载，墓主的祖先是平夜文君子良，此墓方向为 103°，再如淅川下寺楚贵族墓地，[②] 其中 2 号墓，墓主一说为令尹子庚（公子午），一说为令尹子冯，不管怎样，他们都是楚王的后裔，是楚的公族。淅川下寺 2 号墓的方向为 79°，这里共葬有 25 座墓，显然是他们的家族墓地。除一座头向不明外，其余墓向皆朝东。再如包山墓地，[③]2 号墓的墓主为左尹邵𬨎，方向为 93°，这是以他为核心成员的家族墓地，其余墓向，也皆向东。我们知道，屈、景、昭是战国时期楚的

---

① 荆州博物馆．湖北荆州熊家冢墓地 2006—2007 年发掘简报［J］．文物，2009（4）．

② 河南省文物研究所，河南省丹江库区考古发掘队，淅川县博物馆．淅川下寺春秋楚墓［M］．北京：文物出版社，1991．

③ 湖北省荆沙铁路考古队．包山楚墓［M］．北京：文物出版社，1991．

三大姓。昭是楚昭王的后裔，邵即昭。我们再看另一处邵氏家族墓地，望山 M1，[①] 墓主邵固，生前侍王，方向 100°；望山 M2，方向 94°，棺上有官方烙印章文“佐王柩正”和“邵吕竹于”，此墓的竹简载，赠礼者有“长王孙”和“奉阳公”等贵族，说明墓主是邵氏家族的重要成员。附近的沙冢 M1，可能是一名武将，战死疆场，死后连头颅都没有抢回来，故墓中尸体没有头颅，此墓的规模比望山 M1、M2 略低，但随葬品较丰富，方向 98°。

还有一处虽然不知墓主的姓名，但应是楚公族成员的墓地，这即是荆门左冢墓地。[②] 在它以南 13 千米处，是有名的包山墓地，左冢墓比包山 2 号墓的冢子略小一点，虽然只发掘了三座墓，却仍可看出是一处重要的墓地。其中 3 号墓出土了“楚王孙渔”矛，因此可知是楚王后裔的墓。墓的方向皆为东，M1 为 93°、M2 为 95°、M3 为 80°。

我们再来看时代偏晚的两处楚贵族墓。一处是河南淮阳马鞍冢，[③] 可能是顷襄王夫妇的墓，分南冢与北冢，北冢东边有一条墓道，墓室呈“甲”字形，方向 104°，南冢东西两边都有墓道，墓室呈“中”字形，方向 100°。在两墓室的西边都有车马坑。再有一处是安徽寿县李三孤堆楚幽王墓，此墓 1935 年被军阀李品仙盗掘，幸有当时中央研究院李景聃事后作了一些调查，抢救回了一些资料。[④] 我根据他的调查，以及安徽博物院保存的一些实物，加上当事人的回忆，对此墓进行了复原，[⑤] 其中椁室的尺寸等，可能会有误差，但此墓的方向是准确的，为正东 90°。

---

① 湖北省文物考古研究工作所．江陵望山沙冢楚墓［M］．北京：文物出版社，1996．

② 湖北省文物考古研究所，荆门市博物馆，襄荆高速公路考古队．荆门左冢楚墓［M］．北京：文物出版社，2006．

③ 曹桂岑，马全，张玉石．河南淮阳马鞍冢楚墓发掘简报［J］．文物，1984（10）．

④ 李景聃．寿县楚墓调查报告［M］// 田野考古报告：第一册．上海：商务印书馆，1936．

⑤ 郭德维．关于寿县楚王墓椁室形制复原问题［J］．江汉考古，1982（1）．

以上是非常明确的楚国公族的贵族墓，墓向必朝东。而非楚公族的贵族墓，墓向则不朝东，最明显的例子是天星观 1 号墓。该墓墓主为邸阳君番勳，[①] 方向 185°。潘氏，在春秋时是大姓，有名的人物有：潘崇、潘子臣、潘党等，潘崇在成王时为太子商臣之师，后与商臣一起谋划杀害了成王，商臣夺得王位，是为穆王，潘崇被尊为太师。《通志 · 氏族略三》一谓潘崇是楚公族之后，一谓原本是潘国人。番勳是否为春秋时潘氏之后，无法确定，然据几批出土竹简资料，可看出天星观 1 号墓非楚公族墓。如包山 2 号墓的祭祀简，祭祀的远祖有老僮、祝融、媸酓、熊绎、武王等，近祖中，昭王列为首位，祭祷的礼遇也最高，先秦时期有以先王号为氏的习惯，昭王当是邵氏这一支的始祖。再如望山 1 号墓的竹简记载祭祀的先王有柬大王、圣王、悼王（即楚简王、声王和悼王）等，先君有东宅公、王孙喿等，而天星观 1 号墓墓主虽位至邸阳君，但祭祀祖先只有章公和惠公等，没有先王。由此可见，他并非楚公族，故墓向不朝东。

楚国一直盛行血亲选官制，全国高中级官位，几乎全为公族贵胄所垄断。在湖南临澧等地，还发现许多楚的大冢或大墓，有的墓主虽叫不出名字，但只要方向朝东者就应是楚公族之墓。我们来看一些实例：临澧九里 M1 木椁长、宽均为 8.8 米，方向 90°；信阳长台关 M1，木椁长 8.9 米，宽 5.8 米，分七室，方向 102°；还有湘乡牛形山 1、2 号墓，长沙 406 号墓，鄂城百子畈 5 号墓等，都是一些重要的楚贵族墓，方向均向东，都应是楚公族的后裔。

2. 坑口与台阶

墓坑中，我们先来看墓口，八岭山熊家冢的墓口，探明东西长为 67 米、南北宽 70 米，[②] 冯家冢的墓口东西长为 62 米、南北宽 58 米，[③] 都

① “番应就是潘”，此墓发掘报告结语如是说。详见湖北省荆州地区博物馆．江陵天星观 1 号楚墓［J］．考古学报，1982（1）．

② 荆州博物馆．湖北荆州熊家冢墓地 2006—2007 年发掘简报［J］．文物，2009（4）．

③ 张万高，王明钦，赵晓斌，等．湖北荆州八岭山冯家冢墓地考古勘探简报［J］．文物，2015（2）．

接近方形。还有两处可以参考：一处是马鞍冢的南冢（可能为顷襄王墓），墓口长为 14.5 米，宽为 13.48 米；另一处是楚幽王墓，复原墓口为 41.2 米 ×40.2 米，这两处也均接近方形。为什么要做成方形，一是为了方便与方锥形的封土相接；二是由方形的墓室（主要是椁室）所决定的。经勘探，熊家冢的椁室为 20 米 ×20 米，共 400 平方米，冯家冢的椁室为 18 米 ×18 米，共 324 平方米。楚幽王墓的木椁复原为 12 米 ×11.5 米。

较大型的楚墓，都有台阶。因为这样的楚墓都较深，有台阶才安全，不易垮塌。如熊家冢，墓口为 67 米 ×70 米，至椁顶深 14.5 米，挖掘这么大的墓，前期的准备工作不说，从开工到最后挖成，不论多少人来挖，都绝非一朝一夕能完工，加上南方雨水多，若在施工期间碰上几场大雨，挖得越深，塌方的可能性就越大。唯一的办法，就是修筑台阶，台阶窄，上部容易遮盖，防止崩塌。因此，墓坑愈大愈深，台阶的级数也就愈多。目前，台阶级数最多的是天星观 M1，此墓墓口为 41.2 米 ×37.2 米，深 12.2 米，有 15 级台阶；台阶次多的为包山 M2，墓口为 34.4 米 ×31.9 米，深 12.45 米，台阶 14 级。台阶的多少是根据墓坑大小、深度及土质等情况决定，与墓主的等级尊卑无涉，如长台关 M1、临澧九里 M1 和天星观 M1 的木椁规模相当，但墓坑台阶级数很不一样，分别是 4 级、9 级和 15 级。然事情总是发展的，愈往后，情况也有一些变化。如淮阳马鞍冢，两墓的墓室与台阶，全都是夯筑的。这就不是为了防崩塌，而是有意识要做成这个样子。有意识去做，就是为了显示身份。台阶的多少，可以显示出富有和尊贵，因为只有墓坑越大越深，台阶才会越多，但尚未形成定制，即还没有明确规定，什么样的人必须做多少级。国君的墓肯定会要大、要深一些，台阶的级数也肯定要多一些。

3. 墓道

已探明可能为王墓的熊家冢和冯家冢的墓道只有一条，楚幽王墓也只有一条墓道，他们的墓向东，故墓道也都在墓坑东侧。然河南淮阳马鞍冢的南冢，墓坑东西两侧都有墓道。我们知道，在殷代有两条墓道的“中”字形和有四条墓道的“亞”字形墓，那都是规格很高的墓，很可能是王墓。过去因对楚王墓的形制不太了解，当马鞍冢的南冢出现两条墓道后，就认为楚王墓一定也有两条以上的墓道。现在通过熊家冢和冯家冢等的验证，说明楚王墓还是以一条墓道为主的“甲”字形墓。出现两条及以上墓道的楚王墓是极个别现象。

三、陪葬墓

楚王墓一般都有陪葬墓，陪葬墓也都有冢子，如熊家冢的陪葬冢在东北，相距 14 米，已探明墓坑呈甲字形，东边有一条墓道，墓口东西长 36 米、南北宽 30 米，墓道长 18 米、宽 4 米—11 米。冯家冢的陪葬冢在其北侧，两封土相距约 6 米，探明墓坑亦呈“甲”字形，东边有一条墓道，墓口东西长 29 米、南北宽 28 米，墓道长 21.5 米。

从上述两墓情况看，都只有一座陪葬墓，在其北侧，其他楚王墓的情况是否也是这样，这就需要探讨。有否不只一座墓陪葬呢？从中山王墓出土的兆域图看，陪葬墓不只一座，有两三座之多。也就是说，这种情况，完全有可能在楚王冢中发现。20 世纪 80 年代初原江陵县文物工作组，对江陵县境内的楚冢进行了调查，[①] 发现有的大冢旁就不止一座陪葬冢，如属于八岭山墓区编号为 63 的周家冢，在它的南北两侧，就各有一座小冢陪葬（编号分别为 62、64），又如川店墓葬区的六抬冢，就是六个冢子葬在一个高岗上，故名六抬冢。这六个冢子，最大的一个冢子（即六抬冢，编号 243）封土高 8 米、周长 240 米。其他五个冢子都小，应是为这个冢子陪葬的。上述周家冢和六抬冢是否为王墓，有待今后进一步工作来证实。还有一个问题也需要探讨：是否有不用陪葬冢的王墓？这种情况也是有可能的，如秦始皇陵就没有陪葬冢。楚墓中，楚幽王墓也没有陪葬冢，故称李三孤堆。孤者，独也，即单独一个冢

① 江陵县文物工作组．湖北江陵楚冢调查［M］// 考古学集刊：第 4 辑．北京：中国社会科学出版社，1984．

子。下面将要提到的谢家冢也没有陪葬冢。

总体来看，从战国楚王冢到西汉王陵，有一座陪葬冢是普遍现象，有多座冢陪葬的和无陪葬冢的现象也存在，但不普遍。

四、殉葬墓

这是过去知之较少的，虽然文献上有过一些记载，但难知其详。如《墨子·节葬下》载："天子杀殉，众者数百，寡者数十。" 苦于找不到实证，就弄不清这些殉者，是怎样殉葬的。又如余知古《渚宫旧事》卷二原注引《荆南志》载："楚庄王冢在江陵西三十里，周回四百步，前后陪葬数十冢，皆自为行列也。"过去在江陵调查，一直未见，也不敢相信。直至 20 世纪 80 年代，有人在荆门纪山大薛家洼，无意中发现了 40 多座成行成排的冢子，后经考古人员确定，才知是附近大冢的殉葬冢，自此起，才怀疑大冢可能是王墓。这些小冢中，究竟埋葬的是人，是物，或车马，不得而知。后来，通过对熊家冢和冯家冢的勘探、试掘，才使这一问题得以彻底解决。

先看熊家冢的殉葬墓，在主墓南边发现 4 列 24 排计 92 座殉葬墓，排列整齐，间距基本相等，大小、方向基本一致。墓口长约 4.7 米、宽约 3.3 米、深约 4.7 米，方向 96°。已发掘 36 座，其中 35 座殉人，1 座殉狗。另外，在陪葬墓以北，勘探发现了 35 座殉葬墓，分布情况与主墓南边的殉葬墓基本相同，但规模略小。

再看冯家冢的殉葬墓，已发现 100 余座，坑口均呈东西向长方形，方向 90° 左右，长约 6 米、宽约 5 米。分三组分布，第一组为南殉葬墓，在主墓封土南侧，已探明 24 座，呈东西向 6 行、南北向 4 列整齐排列；第二组为北殉葬墓，在陪葬冢封土的北侧，已探明共 24 座，呈东西向 4 行、南北向 6 列整齐排列；第三组称"七行冢"，在北殉葬墓以北，已探明 70 座，呈东西向 10 行、南北向 7 列整齐排列。20 世纪 70 年代以来，大多数冢子被损毁，现可辨的仅 23 座，封土高约 1 米—1.5 米、直径 7 米—12 米。

有这么多（100座以上）排列整齐的墓坑、葬具和封土的墓为一两座墓殉葬，这是过去所不知的。尽管《渚宫旧事》中记载过“前后陪葬数十冢，皆自为行列也”，然因过去调查不够深入，加上种种因素的限制（如冢子上种植、长草被覆盖等），以致长期未能发现。现在既已发现了，又基本上完全弄清楚了，就是一重大收获！

五、车马坑

车马坑过去在一些较高规格的楚墓中，也发现过，如淅川下寺楚墓、淮阳马鞍冢、枣阳九连墩楚墓等，但更高规格楚墓的车马坑是什么情况，就不清楚了。熊家冢与冯家冢的勘探、试掘弥补了这个不足。我们先看熊家冢的车马坑，①位于主墓和陪葬墓的西侧，东距此两墓的墓口14米—39米，共发现40座车马坑，其中大型车马坑1座，小型车马坑39座，这之中有38座分两列呈南北向排列于大车马坑的西侧，1座在大车马坑坑口外约5米处。大车马坑总体保存情况较好，为长方形竖穴土坑，斜坑壁，东壁高、西壁低。坑口南北长132.4米、东西宽11.4米—12米，坑底宽9.6米—9.95米，东坑壁和西坑壁各有三个坑道。在坑内中东部坑口下1.34米处，发现三道东西向的短矮隔墙和一道南北向的长矮隔墙，短矮隔墙东连东坑壁，西与长矮隔墙相连，将坑内放置的车马分隔成三个独立的单元。已发掘部分长79米，面积约950平方米，出土车43乘、马164匹，皆舆东衡西，马头向西（图3–3）。

坑内的车分东西（前后）两排放置，排列有序。同类型的车放在一起，车辆的类型多样，有一般的战车、配件修理车、运送物资的车，还有出行带伞的礼仪车，这种车制作较精细，车厢的车栏饰有纹饰，应是妇女出行所乘之车。大部分为四马驾一车，也有二马驾一车和六马驾一车的。

小车马坑，已发掘的三座保存都不太好，一般坑口为4米×3米左

① 贾汉清，丁家元，李志芳，等．湖北荆州熊家冢墓地2008年发掘简报［J］．文物，2011（2）．

图 3-3 熊家冢车马坑发掘现场图

右，方向均接近 280°，坑内都是一车二马。此外，在车马坑的附近，还发现有专门的马坑。已发掘 6 座，1 座葬马 2 匹，4 座葬马 4 匹，1 座葬马 8 匹。为什么要在车马坑旁单独葬马，发掘者没有解释，我想这些应是驾车的预备马，即驾车的马匹出了问题，随时可以更换。

我们再来看看冯家冢的车马坑，经初步勘探，已发现两座车马坑，其中一座较大，长约 156 米，北端宽约 24 米、南端宽约 12 米，在主墓与陪葬墓封土西侧的坡地上，平面为南北向曲尺形，西侧边缘有 4 处凸出部分，疑为坑道。另一座在北殉葬墓西侧的坡地上，平面为南北向长方形，长约 48 米，北端宽约 10.5 米、南端宽约 11 米。西侧边缘有一处凸出部分，疑为坑道。

从以上两座墓可以看出，王墓的车马坑一墓不止一座，而大车马坑都在 100 米以上，这是其他贵族墓无法相比的。

此外，还有祭祀坑。熊家冢已发现 100 余座，主要分布在主墓南边、主墓与陪葬墓之间、主墓与车马坑之间以及车马坑北边。主墓南边的祭祀坑大体可分为 5 排，主墓与陪葬墓之间的祭祀坑分为 3 排，主墓与车马坑之间的祭祀坑以及车马坑北边的祭祀坑则零星分布。祭祀坑多为圆形，少数为方形。已发掘 5 座祭祀坑，在 2 座方形祭祀坑底部，各出土 1 件玉璧，在 1 座刀把形祭祀坑中出土 1 件玉璧、2 件玉珩，在 2 座圆形祭祀坑的 1 座中，发现少量木质器物。

冯家冢在陪葬冢和大车马坑之间约 20 米 ×38 米的范围内，有一些零散的五花土，推测可能为祭祀坑。

通过以上的介绍，我们对楚王陵的布局、规模等有了一个基本的了解，归纳起来：每一个楚王陵都独立地占领一个山头，高大的主冢和陪葬冢，占据最主要的位置，一般主冢（王墓）在南，陪葬冢（王妃墓）在北，两墓相距几米至几十米不等。主冢有高大的封土堆，应呈覆斗形（然因年代久远，水土流失，有的棱角不清，近乎圆形）。陪葬冢的封土相对略小，多呈圆馒头状。在主冢和陪葬冢的西侧，有大型车马坑，一般长 100 多米。此外，还有小车马坑。在主冢的南侧和主冢与陪葬冢之间以及陪葬冢的北侧，还有超过100座以上的殉葬墓，都是一些小冢子，成行、成排蔚为壮观。经勘探，主墓和陪葬墓的墓室均为一条墓道，呈“甲”字形，墓向东。墓口方形，每边长60米以上，坑壁有多级台阶，木椁平面呈方形，300平方米—400平方米，因未发掘，椁室内情况不明。每座主墓和陪葬墓还有100个以上的祭祀坑（图3-4冯家冢墓地主墓、陪葬墓、殉葬墓、车马坑等分布图）。

以上是构成楚王陵的主要因素或基本条件，如上述熊家冢和冯家冢就属王墓之列。八岭山等处，还有一些尚未勘探的大冢或特大冢，如若勘探，我想也必须从上述几个方面着手，如这些因素或基本条件均具备，应就是王墓，不具备则不可能是王墓。如前面提到的荆门纪山大薛家洼两座楚冢，原以为可能是楚王墓，2013年湖北省考古所对其作了进一步的勘探，结果是：①

> 勘探得知，整个墓地由南向北依次为主墓、陪葬墓和殉葬墓，在主墓和陪葬墓的西部各发现一座车马坑。主墓位于岗地中部偏南，现存有较大的覆斗形封土，为一座长方形、带一条斜坡墓道的“甲”字形竖穴土坑墓，方向100°，墓口东西长14.4米、南北宽13.6米，墓道位于墓坑东侧。陪葬墓位于主墓北部偏东……亦呈“甲”字形，方向98°，墓口东西长34.3米、南北宽26.5米。主墓西侧车马坑，距墓坑24.5米，呈南北向长方形，方向和主墓一致，南北长8.1米、宽3.6米、深2米；陪葬墓西侧车马坑，距墓坑22米，亦呈南北向长方形，方向和陪葬墓一致，南北长27.4米、东西宽3.8米。陪葬墓的北部，整齐排列40座殉葬墓，南北成行，东西成排，共10排4行，间距基本相等，大小、方向基本一致。……大薛家洼墓地的殉葬墓布局和熊家冢的极为接近，不同的是，从墓葬开口、车马坑规模和殉葬墓数量来看，大薛家洼墓地的等级明显

① 湖北省文物考古研究所．2013年湖北省文物考古研究所考古工作主要收获［J］．江汉考古，2014（1）．

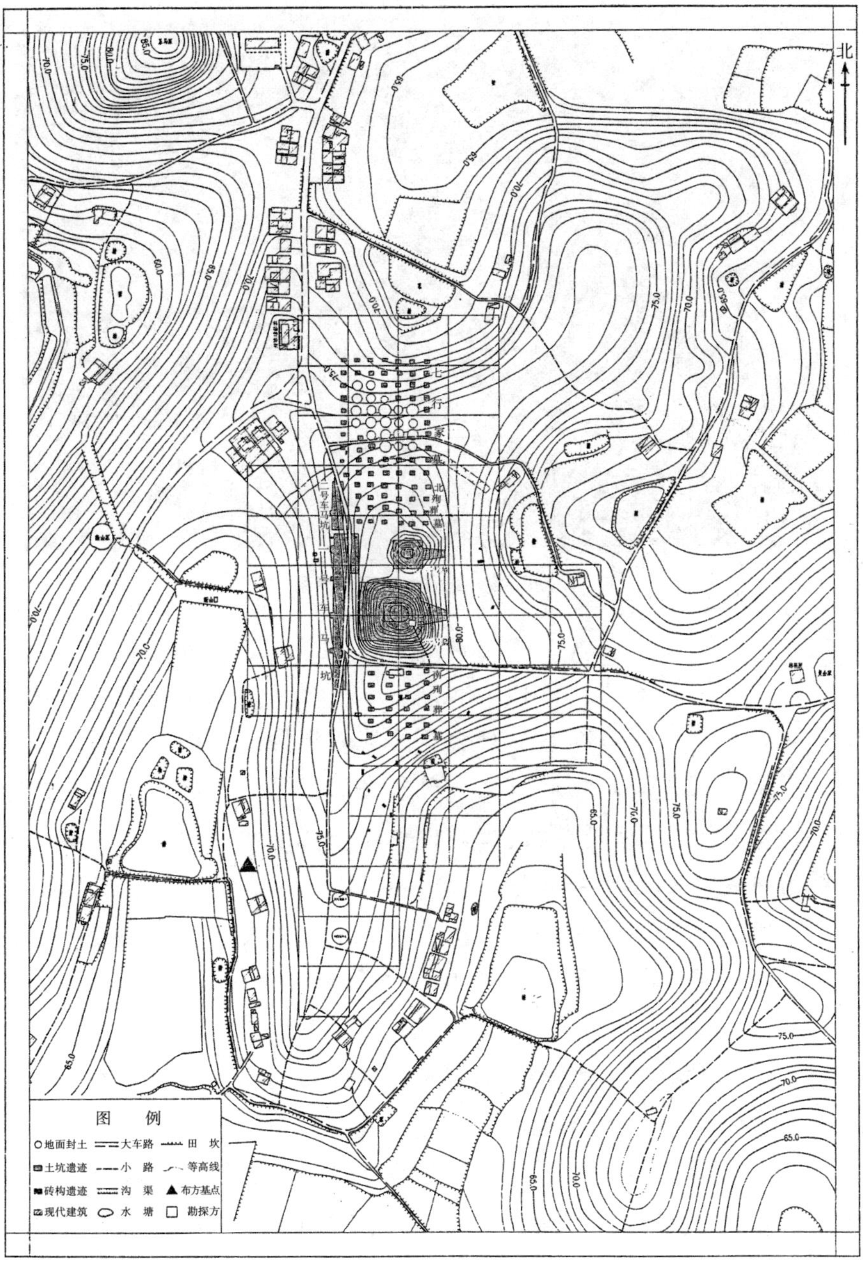

图 3-4　冯家冢墓地勘探遗迹分布图

资料来源:《文物》2015 年第 2 期，第 6 页

图 3-5　纪山大薛家洼楚冢

要低于熊家冢墓地。根据已发掘同级别楚墓，南冢和北冢应是夫妻异穴合葬墓，但北冢的墓口和车马坑的规格明显高于南冢许多，与熊家冢等墓地恰好相反。这一现象在已勘探或发掘的楚墓中尚属孤例，且第一次见到。我们推断出现这一现象的原因有二：其一，南冢为主墓，北冢为陪葬墓，但北冢墓主人生前的身份地位要高许多，所以死后下葬的规格高于南冢墓主人；其二，北冢为主墓，南冢为陪葬墓，而死后未按惯例将南冢葬于北冢以北。

对于这样的解释，尚难解除我的疑惑，我的疑惑是：南冢的封土那么高大（底径 68 米、高 10.5 米）[①] 且作覆斗形。北冢比它矮小许多（封土底径 55 米、高 7.6 米），为什么南冢大墓的墓口、车马坑反比北冢墓的要小，而且小那么多？会不会是勘探搞错了。我们知道，考古勘探，靠的是洛阳铲，铲头带上来的土，直径 8 厘米—10 厘米，地下的情况是

① 崔仁义．纪山楚冢调查［J］．江汉考古，1992（1）．

很复杂的，靠这一点土来判断，也难免有错，必须靠试掘，才能确定。如果勘探无误，我想也可作其他解释：

从大薛家洼墓地的规模与布局来看（图3–5），与熊家冢、冯家冢等处王陵是极相似的。我们知道，任何一座王陵，都是由该王本人生前认可，甚至作了规划营建的，自古以来，概莫能外。最明显的例子，如秦始皇，《史记·秦始皇本纪》载："始皇初即位，穿治骊山，及并天下，天下徒送诣七十余万人，穿三泉，下铜而致椁，宫观百官奇器珍怪徙臧满之。"秦始皇即位之年为公元前246年，当时他只有13岁，到他亲政时，也只有22岁。也就是说，他一上台就开始修陵墓，一直到他死（死时年龄50岁），修了几十年。再一个是汉武帝，他17岁即位，第二年即修建陵园，《汉书·武帝纪》载："（建元二年）初置茂陵邑。"他在位54年，就有52年在营建陵墓，因此，他的茂陵在西汉所有帝陵中是最高最大的。直到清末，慈禧太后还派翁同龢等人为她选址营建陵墓。

上述都是楚以后的帝王，楚王所处的战国时代又怎样呢？中山王墓出土的兆域图，本身就说明，这些都是经过中山王本人认可的。因此楚王陵的选址、布局、规模，也是经过了楚王本人认可的。根据这些情况，大薛家洼墓地很可能是某一楚王选中的，并作了初步的布局、安排，后来因某种变故，该王非正常死亡，也未正常入葬。

勘探者将此两墓的时代，定为战国中晚期，查《史记·楚世家》，这个时期只有怀王被骗入秦，怀王入秦后，楚立他的儿子为王，是为顷襄王。顷襄王三年，怀王客死于秦。"秦归其丧于楚，楚人皆怜之，如悲亲戚。"若此墓真是楚怀王墓，也可说得过去，其一，他此时已不在王位上，顷襄王已在位三年，故怀王就很可能不是以王礼下葬的；其二，楚此时国势已衰微到极点，和秦作战，连连不利，也拿不出更多的钱来修王墓。怀王在秦死可能已经多日，再运到楚国，时间就更长了，尸体腐烂，不宜再停留，只有急促下葬，这样，墓坑不能挖大，棺椁等也只能因陋就简。为什么陪葬墓反较大？陪葬的应是怀王夫人，她死时，怀王可能还在世，因此，她是以国君夫人礼下葬的，故其规格和冯家冢等的陪葬墓葬相若。他的封土为什么又那么高大呢？因怀王在秦受尽了折磨、威逼，要怀王割地，遭他坚决拒绝，表现出不屈不挠崇高的民族气节，因此，深受楚人的尊敬，怀念，故尊为怀王。将他墓的封土堆得高高的，大大的，就意味着楚人把他看作以前修过高大封土的国君一样。“如悲亲戚”，亲戚家办丧事，都是主动的、自愿去帮忙，怀王的封土，也可能是楚人（特别是民众）主动的、自愿甚至自发的去堆起来的。这一方面是表示对他的尊敬、怀念，另一方面也是表示对秦人的义愤。

勘探者将此两墓定为战国中晚期，若真是楚怀王和他夫人的墓，这样定无疑是正确的。然勘探者将另一座墓也定为战国中晚期，就值得商榷了，这就是枝江青山谢家冢。“谢家冢墓地……东南距季家湖楚城约 6.8 千米，东北距熊家冢墓地 14 千米，勘探得知，整个墓地由主墓、车马坑、祭祀坑和殉葬墓组成。在主墓的北部，发现有两座并列的祭祀坑，西部有一座殉葬墓，主墓南、北部都发现有东西成排、南北成列、排列整齐的殉葬墓，北部有 63 座、南部有 29 座。从墓地布局上来看，谢家冢墓地应为一处重要的东周楚国高等级贵族墓地，墓地的选址、规划和布局与已发掘的同时期大中型高级贵族墓保持一致，年代为战国中晚期。”[①]

我们知道，无论哪一个高级贵族墓，抑或王墓都有一个和纪南城或季家湖古城的关系问题，这涉及他们的年代。通过考古勘探已获知季家湖古城比纪南城早，二者有承接关系，已有学者认为它是春秋时的楚都。[②] 谢家冢距季家湖古城只有 6.8 千米，而距纪南城将近 40 千米，显然谢家冢和季家湖古城的关系要密切些。根据前述构成王墓的基本因素

① 湖北省文物考古研究所．2013 年湖北省文物考古研究所考古工作主要收获［J］．江汉考古，2014（1）．

② 郭德维．楚郢都辨疑［J］．江汉考古，1997（4）；又郭德维．楚都纪南城复原研究［M］．北京：文物出版社，1998；高应勤．春秋楚郢与季家湖古城［J］．华中建筑，1992（1）．

和主要条件，此墓也都是具备的，可能是王墓。前面王世民先生的文中提到，我国有冢墓的出现，是春秋战国之际，在楚国就正当平王（前528—前516）和昭王（前515—前489）之时，这就很可能是他们的墓，文献中昭王墓的资料见到最早。我国最早的类书，隋末唐初虞世南撰的《北堂书钞·冢墓》就载有“昭王墓”。孔广陶校注：“江陵县东南七十里有昭王墓，故王仲宣《登楼赋》‘西接昭丘’是也。今按陈俞本注，见《荆州图记》无南字，《说郛》六十一引《荆州记》：江陵县作当阳。”如以现在的里数计，谢家冢北略偏西距当阳正好七十里左右。又《水经注·沮水》：“沮水又南迳楚昭王墓，东对麦城，故王仲宣之赋登楼云：西接昭丘是也。”也就是说，昭王墓邻近沮水。这与谢家冢的大体位置也是基本吻合的。昭王十年，吴师入郢，昭王出逃，《左传·定公四年》载：“楚子涉睢（即今湖北之沮水），济江，入于云中。”若当时的郢在季家湖古城，昭王从这里逃出来，过沮水，后来复国中兴，季家湖还是楚郢都，直到他死，死后也就埋葬在附近。这些都是完全可能的，也合情合理。且这附近，也找不到气势比这更雄伟的冢子了。我到过两河口附近传说的昭丘，那里确有一座冢子，虽不算小，但很低矮，现在那里办了一所村办小学，和谢家冢相比，那真是小巫见大巫，显然不可能是真正的昭王墓。

谢家冢及其附近，据说还能采集到春秋或更早一些的陶片，说明时代较早。至于是否为楚平王或楚昭王，有待今后发掘来证实。勘探者把它的时代定为战国中晚期，不知根据的是什么，像这么高规格的楚贵族墓，如出现在纪南城附近，说它时代偏晚，可以理解，而出现在季家湖附近，就值得推敲了。下面，我想就熊家冢和冯家冢的时代作一个大胆的推测。熊家冢偏西，距季家湖比距纪南城还近，可能是战国早期的墓葬，应是惠王或其后人之墓；冯家冢在八岭山之中，它只和纪南城有关，时代当为战国中期或略偏晚，可能是楚宣王或威王之墓。对否？有待今后考古发掘来检验。

第三节　关于寿县楚王墓椁室的复原

1933年被盗掘的安徽寿县李三孤堆楚王墓，出土重要文物数千件，在当时曾引起巨大轰动。1935年，第二次被盗掘，挖出文物数百件，悉已失散。1938年，李品仙又对此墓进行了彻底的洗劫，以致连棺、椁等都被全部盗走，这就没有办法真正弄清此墓了。

然而对此墓的形制、规模，我们认为仍有探讨的必要。因为：第一，这是楚王墓，并且大部分学者认为是战国晚期楚幽王的墓。关于楚王墓，虽有过一些传说与记载，但没有一座弄清楚具体情况。而这座墓，既有确切的时代，又有明确的墓主，能尽量弄清，自然是很重要的；第二，这个墓的文物虽然有些失散，但不少仍存国内，安徽省的同志着手编这个图录，他们除搜集此墓在本省所存之器外，还搜集了外地所存之器，这样，若能把该墓的形制弄得清楚些，对图录的出版会更有好处；第三，楚文化的研究，已越来越被学术界重视，若能把楚幽王墓的形制规模弄得较为清楚，对楚文化的研究，肯定能起促进作用；第四，有利于今后在考古发掘中识别类似或相当于楚王墓的这类墓葬。鉴于上述理由，我们认为这项工作有必要做。

能不能对它作出比较科学的判断呢？这是可能的。其一，中华人民共和国成立后，在湖南、湖北、河南、安徽等地，据不完全统计，至今已发掘大小楚墓20 000余座，这就对楚墓的形制、规模及随葬器物，有了较充分的了解。在这一前提下去探讨楚王墓，就有了坚实的基础。其二，中华人民共和国成立后，还发掘了蔡侯墓、曾侯乙墓等诸侯墓，复原楚王墓就有了对比参考资料。其三，1934年，当时中央研究院的李景聃到现场作过一次调查，出了一份较系统、较详细的报告（以下均称《调查报告》），[①] 这对1933年被盗情况就有了具体了解。其四，邓峙一

① 李景聃．寿县楚墓调查报告［M］// 田野考古报告（第一册）．上海：商务印书馆，1936．

写了《李品仙盗掘楚王墓亲历记》(以下简称《亲历记》),[①]把1938年盗墓及见到的情况作了介绍。综合上述资料,楚幽王墓的形制规模已基本上有了轮廓,这就可以进行复原研究了。

据《调查报告》,墓坑上有封土,封土高出地面约2米,周长300余米,即直径90米左右。从江陵楚墓来看,直径90米的墓,并不算最大的墓。由此可以推论,直径上了90米的墓,有可能构成王墓规模。

又据李德文1981年的实地勘测,[②]墓坑方向正东。墓口东西长41.2米,南北宽40.2米。墓口以下有9级台阶,逐层内收,台阶的高度一般在0.55米—0.75米,宽0.65米—0.85米。最上一、二、三级台阶为熟土筑成,余为生土掘成。墓坑底距地表深15米左右。1933年盗墓时是从河南请了三个善于盗墓的墓师,由墓师指导挖掘,他们挖掘的方法是先从四面寻出墓壁,然后下挖。李景聃调查时,距盗墓时间已有一年多,上部坑已有垮塌,下部坑内已积水。

据李德文的勘测,墓道只有一条,在东壁正中,长22.4米,东端宽10.3米,两端宽15.6米。然李景聃调查时,据墓师的看法,墓坑在东北、西北两边有墓道,墓道(底)宽3米—4米。依我想,王墓可能有两条墓道,已发掘的顷襄王墓即淮阳马鞍冢南冢就有两条墓道。近年勘探得知,江陵有的王墓只有一条墓道,李德文的勘测应无误。

墓坑内填以五花土("五色土纹"),墓师"确认坑内土色与附近地带不同,断定为墓"。"坑内的土层极硬锹锄当致折口",可见经过严密夯实,"从木缝下探有黑泥",可见墓坑底部(包括椁的四周及椁顶)均填有青膏泥,实际就是白膏泥,因木腐烂,始变黑色。在江陵等地楚墓中,棺椁保存极好的,青膏泥不发黑,只有当棺椁保存不太好时,靠近棺椁部分才是黑颜色的。

① 邓峙一.李品仙盗掘楚王墓亲历记[J].安徽文史资料选辑:第一辑,1964.

② 李德文.朱家集楚王墓的形制与棺椁制度[M]//楚文化研究论集:第一集,武汉:荆楚书社,1987.

从以上情况看，墓坑及填土均与已发掘的楚墓差不多。需要推敲的是椁室的形状与规模。

1933年，安徽省图书馆馆员刘复彭实地勘查的情况是："现古物处所占空间约有七八间房屋之大，四周架以巨木，内分三层，古物置于层间，状似库窖而非墓形。"

李景聃听工人口述坑内的情形：

> 坑内中间为一大木堆，东西长一丈二三尺，南北宽约六七尺，均系四棱大木密密排比，现出者已深八尺，尚未及底，或有搾，或无搾，木缝排比极紧严，取出不易，仅去其三，一面黑漆具花纹，一面红漆之木板，即系夹于两大木间者。木堆西南、西北两角包以锡块，四面围以木头分间，式同箱笼，大小相差甚微，长与木堆相仿，宽度仅及其半，盖已腐朽，底部全系大木平铺，间隔不过二指，从木缝下探有黑泥，其下似仍为大木。南面箱子两个，平列并有口门，内藏铜缸、铜锅等件。西面箱子两个，亦系平列，石牛八座及其他石器多贮其中。东面箱子两个非并列，略向南北错开，贴近木堆之箱古物最多，大部铜器所自出，其东者遗物未全取出，大体铜器已现形，惜被虚土坍压，兼以禁令再掘，出土古物又须悉数呈缴，工人遂听其埋藏无意取出。北面箱子木墙毕现，未见遗物，似贮存衣服等类易腐物件，亦未到底。

李景聃根据这一口述，画了一张草图（图3-6）。这张图显然是错误的，因为他没有楚墓椁室的感性知识，只能凭主观想象。这样一画，既看不出"四周架以巨木，内分三层"，又看不出"木堆……四面围以木头分间，式同箱笼"。所谓"式同箱笼"者，应是箱笼格也，即一个室一个室隔开。而不会是他所想象的箱子，如果真是一个个的箱子，那么"平列并有口门"就不好解释了。只能是一个室一个室分隔，在室与室之间设门相通。在江陵战国中期楚墓中，已发现有头厢通主室

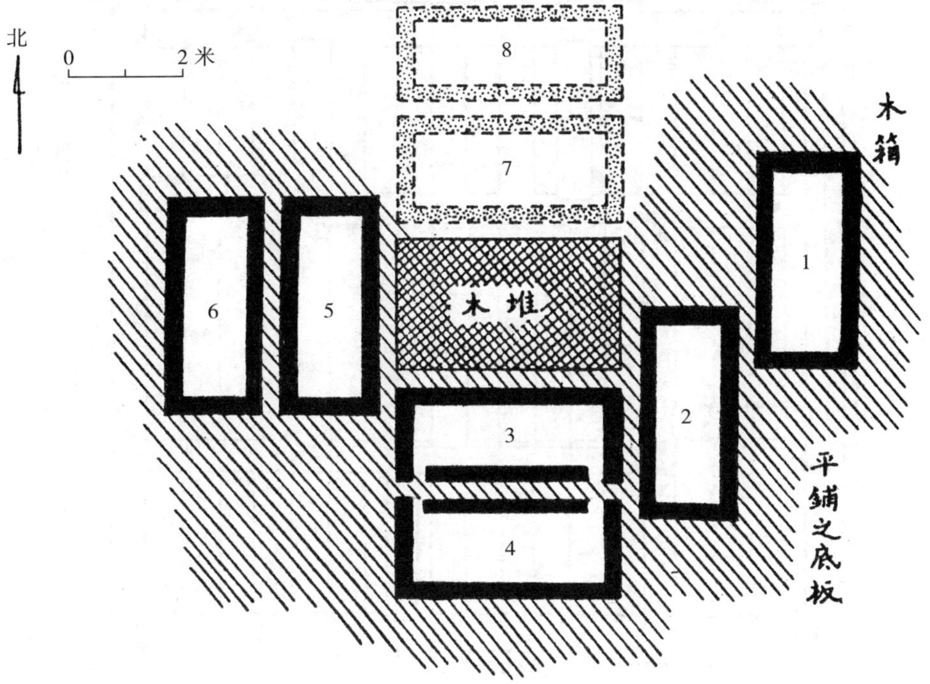

图 3-6　李景聃想象的楚王墓椁室结构平面图

的门，随县曾侯乙墓墓室之间也有门洞相通，江陵的秦与西汉早期墓中，设门就更普遍，[①] 正因既有“口门”，就更可证是一个室（或一个箱笼）与一个室（厢）的分隔。而这种箱格在已发掘的较大型的楚墓中，如信阳长台关 1、2 号墓，江陵天星观 1 号墓、江陵望山楚墓等中是屡见不鲜的。邓峙一在《亲历记》中说：“棺材放在木条中央的大方格中，周围排列成大小不同的十字方格。”按刘复彭记述，是“四周架以巨木，内分三层”，因此，结合已发掘的楚墓木椁资料，我把它复原成下列形状（图 3-7）。

① 湖北江陵凤凰山西汉墓发掘简报［J］. 文物，1974（6）；江陵凤凰山 167 号汉墓发掘简报［J］. 文物，1976（10）；江陵凤凰山 168 号汉墓发掘简报［J］. 文物，1975（9）.

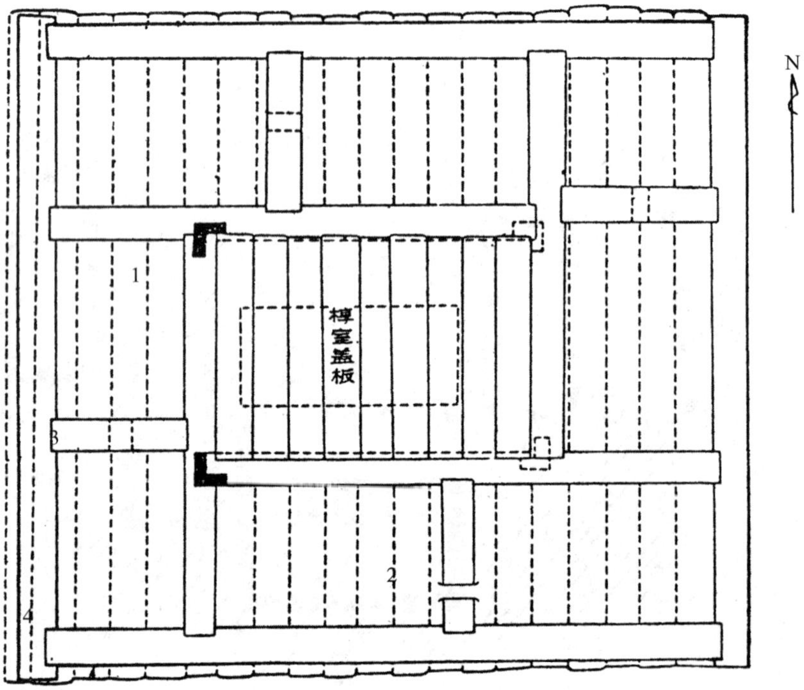

1. 锡钉　2. 门　3. 估计的门　4. 椁底板

图 3-7　楚王墓椁室复原平面结构图

这样一复原，就好解释工人口述的一些情况了，“中间为一大木堆”，当中应为主室（棺室），主室之上可能另外有盖木，像天星观 1 号楚墓等正是这样。当时的实际情况可能是椁室的盖板已腐烂，而主室的盖板没有烂。“系四棱大木密密排比……或有撑，或无撑”，四棱大木应指四方条木垒叠起来的椁墙，撑可能就是立柱，望山 1 号墓等均有立柱。“现出者已深八尺，尚未及底”者，是指椁室内的深，曾侯乙墓椁室深 3.3 米—3.5 米，估计此墓的椁室也不会比这浅多少，故深八尺，尚未及底。“木缝排比极紧严，取出不易”，可能有扣榫结构，因为当时的盗墓者见到“宝”就挖，墓坑因盖板已塌，椁室肯定塞满淤泥，他们只要“宝”，绝不会将淤泥清干净，不摸清结构，故而取出不易。

根据工人口述，每边两个厢，加上棺室，共应是九个室。已发掘的楚墓中，信阳长台关1号墓最大，木椁长8.9米，宽7.58米，天星观1号墓次之，木椁长8.2米，宽7.5米。它们都是七个室，现在复原的楚王墓比它们大，为九个室，应是合理的。九，在古代是最多的意思，如按礼制：天子九鼎、诸侯七鼎。椁室也许和用鼎制度一样，九室就是最多的了。据《调查报告》，还有两点值得考虑：一是提到主室仅西南、西北角有锡块，其他两个角估计原来也应是有的。二是只提到南边有口门，估计其他几个室（厢）之间也应该有。有的可能是因淤泥糊着，淤泥没有清到底，还没有完全露出来。

至于木椁的规模，根据已有材料，也可以推算出个大概。天星观1号墓，每根木料宽厚在0.4米左右，有的长近8米，长台关1号墓，木椁总长不小于此数。曾侯乙墓，每根巨木宽厚在0.5米—0.6米，有的长10米多；楚王墓的规模比天星观等墓大得多。天星观楚墓的主室为3.90米 ×2.64米。据《调查报告》，主室长约一丈二三尺，即4.5米左右，宽当在3米以上，《亲历记》说："棺材的周围，有约三丈长，两尺方的木条一百多根。颜色是板栗色的，它们堆成约2米高，排列成大小不同的十字方格。"根据这些来推测，整个木椁长11米—13米，宽10米—12米。每根木料宽厚0.5米，最长12米左右。这样巨型的木椁，在当时是相当惊人的，比信阳长台关等楚墓规模要大多了。但曾侯乙椁室面积为190多平方米，此墓按此规模复原也只有160平方米左右，比较起来，规模还是小多了，这也可能是楚国末期曾国的财力、物力已枯竭了。

1933年没有盗至棺室，没有发现棺，1938年李品仙把棺都取出来了，《亲历记》中说道："棺材是朱红色的，色泽鲜艳如新，长约九尺，高约三尺，宽也约三尺左右。上面及四周都饰有浮雕的龙。棺材没有封钉，揭开盖，里面有头发一束……全部骸骨已化成灰了。棺内周围是雪白色的，仍很鲜艳，没有变异。棺材只有内棺，没有外棺，重约三四百斤。"不用封钉的情况，在所有楚墓，乃至所有战国墓的棺都是共同的。"棺内周围是雪白色的"，是因很细腻的白膏泥慢慢渗入棺内沉淀，看上去呈白色，在江陵等地一些墓的棺内，都有这种情况。随县曾侯乙墓的墓主内棺长 2.49 米，宽 1.27 米，高 1.32 米，与邓峙一所记这口棺的大小是近似的。

关于随葬器物及其分布，实际上已经不能完全弄清楚了，能看出的问题如下：

能见到的主要文物有礼器，如有"大鼎七百余斤"[①]"中鼎重百余斤""小鼎重至七八十斤""此种古鼎大小共二十余件"，其中有四兽平底的升鼎九件，还有簋、簠、缶、甗、盘、匜、鉴等；这些器物上不少有铭文。其次有乐器，主要为编钟、编磬，《亲历记》谓"有铜铎三十余个，每个重二三斤"，依我想，很可能为小钮钟。他又说"还有许多颜色鲜艳的红红绿绿的花石七十多块，每块长约八寸，宽约三寸，厚约一寸五分，像砖一样，花石的底面是纯白色的，石质又细又坚"。这些应是编磬，江陵曾出土过 25 具编磬，上面就绘有红绿色花纹。[②] 再次有兵器，如戈、矛、剑、镞等；还有一些玉石器，总数数千件，重要的大件 200 多件。

以上文物，重礼器主要出于东部头厢，这就是工人口述的，"东西……贴近木堆之箱古物最多，大部铜器所自出"。其他各厢就放置乐器等。除了椁室各厢放置有文物外，在棺室内即主棺的周围还放置有一些文物，棺前正中放有"铜剑一把，长约三尺，剑柄上有浮雕的龙，擦去剑上的泥土，光彩仍然耀目，非普通的宝剑所能比拟"。"棺前还有铜鼎三件，每件重约二三百斤"。"还有球状的绿色翡翠一只，直径约有一尺"，棺旁"有两件大铜镫，每件重约百斤"。

然而作为楚王墓，还有一些重要文物没有见到。如竹简，楚王墓中

① 《文物天地》1981 年第 2 期载《楚大鼎及其出土后的经历》，提到第一次被盗"得古物四千多件"，楚大鼎"通高 113 厘米，重 400 多千克"。上引 700 余斤是《调查报告》的提法。

② 湖北省博物馆．湖北江陵发现的楚国彩绘石编磬及其相关问题［J］．考古，1972（3）．

应该是有的，既然青膏泥能保护好椁底与棺，这竹简也就能保存。竹简在当时不为盗墓者所重视，因此仍有可能在淤泥中没有取出来。同时应该有漆木器，李景聃搜集到一小块花纹漆板，纹饰极精美，而这些当时盗墓者并不知其重要，甚至视为不祥之物，故肯定还有在墓坑中没有取出来的物品。

此外，出土文物中兵器数量远远不够（当然，有的可能被盗走或隐匿了），但与曾侯乙墓仅铜镞就出 4 000 多件来比，数量相差太远了。同时也未见车马器的报道（有的也可能不认识），基于此，在四周也可能还有车马坑或陪葬坑。墓坑本身，因遭到了李品仙的彻底洗劫，看来再清理也不会有太大收获了，但对其四周，在可能的情况下，最好再进行一次彻底查勘。李德文在其勘查以后说："在附近 200 米范围内没有发现车马坑与陪葬坑。"安徽友人相告："这一次勘查还不能说无所疏漏。"也就是说，仍有遗漏的可能。

有同志对楚王墓椁室的复原提出了不同意见，有些问题也值得讨论。如胡顺利同志提出："从李景聃的记述可知，寿县楚王墓椁室内主室东面二个边厢中的西边一个与其南北错开的排放位置，可以是贴近主室的这个边厢往南错开一些，抑或是错向北一点，而其东边的那个边厢应随之而相对错开在其南其北。总之，不是南北向的一字排列，也不会是在主室东面齐头排列的。"[①] 我们认为，要正确解决这一问题，必须注意当时到过现场的一些人的意见与看法。前面已述及李景聃、刘复彭和邓峙一有三个不同的记录，反映出来的情况都是相同的，即"四周架以巨木"，从中再分若干个厢（室），也就是图 3–7 复原的情况。那么如何来解释"略向南北错开"呢？那就是东边的两个箱子不等大，略向南北错开。请注意，在李景聃的《调查报告》中，没有"东面二个边厢中的西边一个边厢"的提法，因此也不能这样来理解。

同时，中华人民共和国成立以后所发掘过楚墓的木椁形制，特别是

① 胡顺利，郭德维．寿县楚王墓椁室形制复原问题讨论［J］．江汉考古，1983（3）．

一些大型楚墓的木椁形制，如信阳长台关 1 号、2 号墓，临澧九里 1 号墓，江陵天星观 1 号墓，荆门包山 2 号墓等，可以帮助我们去理解并复原楚幽王墓的椁室形制。安徽省文物工作处的同志对楚幽王墓调查勘探以后还说："该墓为一长方土坑竖穴木椁墓。同该地区已发掘的十一座墓大体相同。"[①] 而该地区所发掘的 11 座楚墓的木椁形制，与其他楚墓无异。[②] 因此我们所作的木椁复原，应无疑义。

然李德文同志对此墓椁室规模及棺椁制度的看法与我们分析的差距较大，确有"商讨的必要"。[③]

李德文同志根据台阶以下的墓坑长 27.7 米，宽 26.7 米，深度 10 米，坡度 20 度算，其墓坑底面积接近 400 平方米。除去每边留 2 米宽的二层台，坑底面积不会小于 300 平方米。比天星观 1 号墓 140 平方米和曾侯乙墓 220 平方米的墓底面积都要大。李德文同志认为："该墓椁室面积绝不会小于曾侯乙墓规模，其面积只能在 190 平方米至 300 平方米之间。"

我们根据李德文同志提供的数据，进行了两种计算。首先推算出墓底尺寸应为长 20.3 米，宽 18.2 米，面积约 369.46 平方米。然后根据与楚王墓规模较接近的天星观 1 号墓墓坑底尺寸（138.86 平方米），与木椁面积（61.5 平方米）的比例来求楚王墓的木椁面积，得出此墓木椁为 163.63 平方米。

这是第一种计算方法。第二种计算方法，以最后一级台阶时墓坑的面积与木椁规模的比例来进行换算。当然这里有一个选择适当墓例进行比较的问题。笔者选择了李德文同志提到的，距离楚幽王墓最近，时代相同，属于"楚王室近族或显臣"的安徽长丰杨公 8 号、9 号墓。这两

① 见《安徽省考古学会会刊》第六辑。

② 安徽省文物工作队．安徽长丰杨公发掘九座战国墓［M］// 考古学集刊：第 2 集．北京：中国社会科学出版社，1982．

③ 李德文．朱家集楚王墓的形制与棺椁制度［M］// 楚文化研究论集：第一集，武汉：荆楚书社，1987．

座墓都有墓道，有台阶，木椁保存也基本完好，墓葬形制和结构等总的情况均和楚幽王墓差不多，但这两座墓也有不同之处，其中 8 号墓是墓坑口大棺椁小；如以这一座为标准来换算，楚幽王墓木椁面积不到 100 平方米，显然太小，但也并不能排除这种可能性，从墓坑上部的情况来看，楚幽王墓更接近于 8 号墓。而 9 号墓却是墓坑口小棺椁大，以它为标准进行换算，情况又怎样呢？

杨公 9 号墓最后一级台阶时面积为 8.834 米 ×11 米（约 97.17 平方米），木椁面积为 24.03 平方米；楚幽王墓最后一级台阶时面积为 27.7 米 ×26.7 米（约 739.59 平方米），按比例换算，得出楚幽王木椁面积为 182.89 平方米。

上已指出，9 号墓属墓坑口小棺椁大的类型，一般的墓都不易达到这种比例。也就是说，这样换算出来的结果要比木椁的实际面积大。楚幽王墓墓坑上部的情况更接近于 8 号墓，因此换算的结果小于 180 多平方米才是合理的，这样，两种换算的结果，就很接近了。而这种换算结果与我们前面推测，木椁规模可达 13 米 ×12 米（约 156 平方米），相差也并不很大。不论哪一种换算方式，都要小于曾侯乙墓的木椁规模（190 多平方米），李德文认为要超过曾侯乙墓的结论，也不一定能成立。

李德文“只以一椁一棺制度论王者之墓，似乎有商讨的必要”。这里笔者做两点说明：第一，笔者从没有说过一椁一棺是王墓的制度。至于具体到楚幽王只有一椁一棺，那是邓峙一在《亲历记》中讲到“棺材只有内棺，没有外棺”。邓峙一会不会将棺的层数搞错，这一点可以存疑，我想最多只可能把像曾侯乙墓那样巨大的外棺，看成不是外棺，而绝不可能把像天星观 1 号墓那样数层棺，看成只有一层棺。就我们而言：只有尊重亲眼所见者所提出的事实，而不能主观臆想该有几层棺。第二，不能以棺的层数来论楚墓墓主的身份，这一点在上一节中已经论述过，毋庸赘述。

总之，李三孤堆楚王墓的椁室复原成九室，约 160 平方米是能成立的。

第四节　楚国下层社会等级及其墓葬

《左传·昭公七年》无宇对楚灵王说："天有十日，人有十等。下所以事上，上所以共神也。故王臣公，公臣大夫，大夫臣士，士臣皁（按：皁同皂，下均写作皂），皂臣舆，舆臣隶，隶臣僚，僚臣仆，仆臣台。马有圉，牛有牧，以待百事。"对于这一记载中，士以上各级，历来认为较为明确，争论也较少，而对皂以下各级，看法却不太一致，有探讨的必要。

先谈皂。"士臣皂"的"皂"，有的注家解释成地位低下的人，如《广韵》就解释为"贱人也"。有的文章指出"皂、舆、隶、僚、仆、台属于奴隶"，排除在庶民之外，地位比庶民低。[①] 对于这一点，我们认为是值得商榷的。

皂，其本义是黑色。《集韵》："皂：黑色。"《广雅·释器》："皂，黑也。"《广韵》："皂亦黑缯。"正因此，有人把着皂衣的人，称皂。皂字之义还有一说为"枥"，《广雅·释器》疏证："《方言》：枥，梁、宋、齐、楚、北燕之间或谓之皂。"这个"皂"其意同"厩"。《管子·轻重戊》："殷人之王，立皂牢，服牛马。"又《吕氏春秋·权勋》载荀息之言，说晋国向虞公贿赂"屈产之乘"而假道伐虢，于晋国毫无损失，"犹取之内皂而着之外皂也"。正因皂有这两种意义，所以有的注家把这两者意义联系在一起。《史记·鲁仲连邹阳列传》："使不羁之士与牛骥同皂。"司马贞《索隐》案："言骏足不可羁绊，以比逸才之人。……韦昭云：'皂，养马之官，下士也。'案：养马之官，其衣皂也。"说皂为养马之官，这是有根据的。《周礼·夏官司马》："趣马，下士皂一人，徒四人。"又《周礼·夏官司马》："乘马一师，四圉；三乘为皂，皂一趣马；三皂为系，系一驭夫。"郑玄注："二耦为乘师，趣马、驭夫、仆夫帅之名也。趣马下士，驭夫中士。"这些都说明皂为养

① 程涛平．春秋时期楚国的平民阶层［J］．历史研究，1983（6）．

马之低级官，即下士。然穿黑衣的人，身份倒不一定很低贱。《琅玡代醉编·皂白》："汉官吏着皂，其给使贱役着白。"又《汉书·谷永杜邺传》："擢之皂衣之吏，厕之争臣之末"，又《汉书·萧望之传》："（张）敞备皂衣二十余年"，注："虽有五时服，至朝皆着皂衣。"又《三国志·魏书·高句丽传》："不得与王家使者皂衣先人同列。"那么，这种官吏着皂衣，是否为汉代之俗，在汉代以前，就不是这样呢？也并非如此。《战国策·赵策四》："左师触龙愿见太后……曰：'老臣贱息舒祺最少不肖，而臣衰，窃爱怜之，愿令得补黑衣之数，以卫王宫。'"由此可见，赵国左师公的儿子也要去补黑衣之数。肯定不是贱役之人，更不在奴隶之列。俞正燮在《癸巳类稿·仆臣台义》中认为："皂者，《赵策》所云：'补黑衣之数'卫士无爵而有员额者，非今之皂役也。士则卫士之长。"我们认为这一意见是正确的。

综上所述，皂是地位较低的官，或下士，或无爵而有员额的士，因此，他的社会身份地位应和士相近，比一般的庶民略高，而绝不是奴隶。

舆，舆的本意是多或众的意思。《广雅·释诂三》："舆，多也。"《广韵》："舆，多也。"《集韵》："舆，众也。"《周礼·夏官司马》："舆司马。"郑注："舆，众也。"正因此，舆人也就是指的众人。而在文献记载中，舆人的地位并不是很低。《左传·僖公二十八年》："晋侯……听舆人之谋。"《左传·僖公二十五年》："秦人过析，隈入而系舆人。"《左传·襄公三十年》："晋悼夫人食舆人之城杞者。"《左传·昭公四年》："山人取之，县人传之，舆人纳之，隶人藏之。"杜预注："舆、隶皆贱官也。"《国语·楚语上》及《晋语三》皆有"舆人诵之"等语。

由此可见，舆人可以直接跟君侯打交道，"听舆人之谋"，君侯有时还必须采纳他们的意见，甚至可以影响君侯的决策。可见舆人的地位并不低下，不是奴隶所能比拟的。

舆就是众，众也即是民。《战国策·赵策三》有一段话说得很清楚。

田单问赵奢曰："吾非不说将军之兵法也，所以不服者，独将军之用众，用众者使民不得耕作，粮食輓赁不可给也。"这样看来，舆应该放在民众或平民之列，而不能排除在外。有学者认为："楚'民'能够参与国家大事，甚至影响国君的废立、国家的兴亡。"这一看法是正确的。①

隶，其本意之一是附着的意思，《说文》："隶，附着也。"按这个意思，隶有附属、低贱的含义。《左传·成公十六年》："鲁之常隶也"，注："隶，贱官。"又《左传·定公四年》："社稷之常隶也"，注："隶，贱臣也。"都把隶解释成"贱"。

隶的另一含义是罪人。《仪礼·既夕礼》"隶人涅厕"注："隶人、罪人，今之徒役作者也。"俞正燮在《癸巳类稿·仆臣台义》中，正是这样来解释"舆臣隶"的隶的，他说："隶则罪人，《周官》所谓'入于罪隶'。"

其实，隶还有另外一个含义，即群辈。《列子·仲尼》："隶人之生、隶人之死"，注："隶，犹群辈也。"按这个意义，隶也就是众，或隶很接近于众。故《左传·昭公四年》有"舆人纳之，隶人藏之"，舆人、隶人是并列平行的。这样来理解"舆臣隶"之隶应是和舆接近的众。

总之，不论是贱官、贱臣，或罪人，或群众，隶都不能理解为奴隶，这几种人的地位都要比奴隶高。古代的罪人有的可以转化为奴隶，但这是有条件的，当没有完成这个转化以前，就不能说是奴隶。《周礼·秋官司寇》"罪隶"注："盗贼之家为奴者。"贾公彦疏："罪隶，古者身有大罪，身既从戮，男女缘坐，男子入于罪隶，女子入于舂槁，故云盗贼之家为奴者。"也就是说，一定是要"身有大罪"，而并不是所有的罪人都没收为奴，都是罪隶。

以上三种人，我们认为皂是楚国最底层的贵族，舆、隶是楚的平民。下列史料亦可证：

《左传·宣公十二年》，晋随武子说楚"民不罢劳……商、农、工、

① 程涛平. 春秋时期楚国的平民阶层［J］. 历史研究，1983（6）.

贾不败其业”。而在上文所述楚的十等级中，没有民，也没有商、农、工、贾，那么这些人应放在哪一级呢？《左传·襄公九年》记载楚国的子囊说：“当今吾不能与晋争，晋君类能而举之，举不失选，官不易方，其卿让于善，其大夫不失守，其士竞于教，其庶人力于农穑，商工皂隶不知迁业。”显然，士底下就是商、农、工、贾。按楚的十等级，士底下恰是皂、舆、隶。因此他们对应的社会地位应该是一致的。

士臣皂，是否表示皂必须臣服于士呢？恐怕也不完全是这个意思。《国语·晋语四》有一段话可以帮助我们去理解其含义：“公食贡，大夫食邑，士食田，庶人食力，工商食官（韦注：工，百工；商，官贾也。食官，官禀之），皂隶食职（韦注：士臣皂，皂臣舆，舆臣隶。食职，各以其大小食禄），官宰食加（韦注：官宰，家臣也。加，大夫之加田，《论语》曰：原宪为加邑宰）。”按这样来理解，皂、舆、隶只是供职与食禄大小不同而已。

无宇既已讲到了“人有十等，下所以事上”，因此应这样来理解：皂、舆、隶他们的社会地位比士以上各级要低；比僚、仆、台以下各级要高。在皂、舆、隶三者之间，皂的地位高于舆的地位，舆的地位又高于隶的地位。

下面我们谈僚、仆、台。僚，本是古代的牢字，《焦氏笔乘》：“僚，即古牢字。”又牢与劳相通。《后汉书·应劭传》：“多其牢赏”，注：“牢，或作劳。”杜预注“隶臣僚，僚臣仆”时说：“僚，劳也。”故僚的含义就是操劳役的人。俞正燮把“隶臣僚”的僚解释为“入罪隶而任劳者，若今充当苦差”，这也不无道理。总之其身份地位已接近或相当于奴隶。

仆，即使役之人。《说文》：“仆给事者也。”《广雅·释诂一》：“仆，使也。”《礼记·礼运》：“仕于公曰臣，仕于家曰仆。”《左传·僖公十五年》晋侯“使步物御戎，家仆徒为右”。仆或可解释为附着。《诗经·大雅·既醉》：“君子万年，景命有仆。”《毛传》曰：“仆，附也。”《庄子·人间世》：“夫爱马者，以筐盛矢，以蜄盛溺，适有蚊虻仆缘。"《集释》引王念孙曰："仆之言附也，言蚊虻附缘马体也。"司马相如《子虚赋》："欲夸仆以车骑之众"，注："《广雅》曰：仆，谓附着于人。"即仆是依附于人，听从差遣的。俞正燮解释为："仆则三代奴戮，今罪人为奴矣。"即仆没有人身自由。因此仆应该是奴隶。

台，原指高于四周的土台。《左传·昭公七年》"仆臣台"的下文说："若从有司，是无所执逃臣也，逃而舍之，是无陪台也，王事无乃阙乎？"俞正燮认为"罪人为奴又逃亡复获之，则为陪台"。按上引《左传》来看，这样解释是对的。由此可见，仆和台才是真正的奴隶。不过奴隶的获得，可以通过多种途径，不一定全由罪人转化而来。《论衡·书解》就有"人无文，则为仆人"。即穷困破产也是沦为奴隶的另一途径。通过战争获得奴隶，是更重要的途径。《周礼·秋官司寇》有"蛮隶"，郑注："征南夷所获"；"闽隶"，郑注："南蛮之别"；"貉隶"，郑注："征东北夷所获"。当然，这些"蛮隶""闽隶"和"貉隶"是否全为奴隶，还有待探讨，但其中有一部分人是奴隶，这大概是没有疑义的。

现在，结合考古材料来看，有些问题也许会更清楚。对于王、公、大夫甚至上士以上各级，在楚国的墓葬里，反映得十分清楚，这一点在本章第一节中已作过论述。而对士（包括士本身）以下各级，上节论述不详，而这恰好是我们现在要探讨的重点。

在墓葬中，依据什么来确定是否为士的墓？最主要的有两条：一是棺椁，主要是椁。一般认为一棺一椁为士之墓，《荀子·礼论》《庄子·天下》均载："天子棺椁七重，诸侯五重，大夫三重，士再重。"《礼记·檀弓上》："天子之棺四重"，郑玄注："诸公三重，诸侯再重，大夫一重，士不重。"郑玄指棺而言，未及椁。综合这些文献记载，都是指的士为一棺一椁，也就是说，有没有椁是士和庶民的主要区别。二是礼器，特别是礼器中用鼎的数量。《公羊传·桓公二年》何休注："礼，天子九鼎，诸侯七，卿大夫五，元士三也。"俞伟超、高明先生解释为：东周"诸侯用大牢九鼎"，"卿、上大夫用大牢七鼎"，"下大夫用少牢五鼎”，“士用牲三鼎或特一鼎”。[①]《礼记·曲礼上》“礼不下庶人”，也就是说，使不使用礼器，是贵族和庶民的又一个主要区别。还有一种情况，使不使用墓道是一般贵族墓与最高级贵族墓的主要区别，自然更是贵族墓与平民墓的区别。本章第一节已引文献论述按周的礼制，只有天子才能用墓道，用墓道乃是“王礼”，诸侯若用墓道，就是“二天子”，这是周所不能允许的。在考古发掘中，像蔡侯墓、曾侯墓这些姬姓诸侯墓，也均没有用墓道。照此，平民墓是更不能用墓道的。

楚墓的具体情况如何呢？一棺一椁的墓，大部分都有礼器，进入战国以后，主要为仿铜陶礼器，像这一类墓，定为士一级的墓，应无疑义。然而，有下列几种情况是需要深入研究和探讨的。一种情况是，有的一棺一椁的墓，不出礼器；另一种情况是，有些无椁的单棺墓，却又出仿铜的陶礼器；还有一种情况是，有的单棺墓却也用墓道。像这些与文献不尽相符或互相矛盾的情况，又作何解释呢？

对这一些现象，我们想只能作出如下几种解释：一种解释是，楚墓不完全受周礼的约束，如用墓道的问题，楚墓远比中原地区普遍，不只是一些规格高的墓葬用，规格不太高的一棺一椁墓也用，甚至个别单棺墓也用。而中原地区直到战国中后期以后，一些身份较高的墓，才使用墓道，一般中小型墓，均不使用墓道。这只能说是楚没有完全受周礼约束的一个表现。江陵雨台山 558 座楚墓中，单棺墓为 264 座，而其中仅一座单棺墓有墓道，其余有墓道的 30 座墓，均有椁。由此可见，单棺有墓道的墓属于特例。一般有墓道的墓，规格较高，随葬品较丰富，把这一类墓定为士以上身份的墓，问题应是不大的。

另一种解释是僭礼，即低一级享受了高一级的礼制。但礼制的僭越是有一个过程的。只有到了一定的时候诸侯才能僭天子之礼，卿僭诸侯之礼，大夫僭卿之礼，士僭大夫之礼。而不可能是卿、大夫僭天子之礼，大夫、士僭诸侯之礼。僭礼是随着时间的推移而进行的，是逐步

① 俞伟超，高明．周代用鼎制度研究（上）［J］．北京大学学报：哲学社会科学版，1978（1）．

的，是一级一级的。也就是说时代愈早，或者说春秋阶段吧，礼制的僭越破坏也愈少，那时作为士这一级，埋葬时既要有棺椁，又要有礼器。而仅有椁无礼器，或有礼器无椁是够不上士或至少够不上元士或上士的。然而，既然贵族与平民有这么一条界线，只要僭越一开始，这条界线就会慢慢被突破。而介于上士与平民之间的下士，即皂，就最容易表现这一种突破和变化。雨台山的墓葬材料就十分明显地反映了这一点。上文所有的墓有木椁而无礼器，或有礼器而无木椁，像这样的墓主，他们的身份显然比单棺（或无棺）又无礼器的墓的墓主要高，而比那些有棺、有椁又有礼器的属于士一级的墓的墓主要低，有的和那些士一级的墓的墓主又非常接近。像这一类墓的墓主，与我们上面论述皂的地位是相符合的。因此，我们认为这一类墓就属于皂的墓。那些比皂地位要低的墓主的单棺墓，很可能应属于舆、隶之墓。

仔细分析一下江陵雨台山楚墓的材料，我们不只会看到僭礼的过程，而且也会看到士、皂、舆、隶的一些变化。雨台山楚墓共 558 座，其中能分期的有 421 座，[①] 第一期（春秋中期）墓共 9 座，其中无棺无椁墓 2 座，单棺墓 7 座。第二期（春秋晚期）墓共 65 座，其中单棺墓 56 座，一棺一椁墓 9 座，第一、二期墓皆无礼器。第三期（战国早期）墓共 115 座，其中无棺无椁墓 6 座；单棺墓 45 座，使用礼器的 4 座；一棺一椁墓 54 座，使用礼器的 45 座，不使用礼器的 9 座；另有 10 座棺椁情况不明。第四期（战国中期早段）墓 139 座，其中单棺墓 20 座，使用礼器的 4 座；一棺一椁与一椁重棺墓 119 座，其中仅有 2 座不使用陶礼器。第五期（战国中期晚段）墓共 54 座，其中无棺墓 1 座；单棺墓 24 座，使用礼器的 3 座；一椁一棺或一椁两棺墓 29 座，不使用礼器的 2 座。第六期（战国晚期前段）墓 39 座，其中单棺墓 22 座，使用礼器的墓 16 座；一棺一椁墓 15 座，不使用礼器的 2 座；还有 2 座棺椁不明，亦使用礼器。上述这些情况说明：从春秋晚期开始，一些身份不太

① 荆州博物馆．江陵雨台山楚墓［M］．北京：文物出版社，1984．

高的墓主的墓，已开始使用了椁，但仍不能使用礼器，因此礼制的僭越先是从椁开始的。而到战国早期，大部分一椁一棺的墓都使用了礼器，极少数单棺墓也使用了礼器。这就是说，礼制的僭越又前进了一步，一些本来没资格使用木椁与礼器的人，其墓葬也都有了木椁与礼器。到战国中期，不只使用椁的墓葬明显地增加，而且有椁的墓葬几乎全都有了礼器，即使不用椁者，用礼器的也不少。而到战国晚期，就连大多数单棺墓都使用上了礼器。

在这样纷繁复杂的情况面前，又如何来看待士、皂、舆、隶呢？从上述情况可以看出，至少从战国早期开始，原有的士使用椁和陶礼器，随着礼制的逐步破坏或僭礼的不断推进，皂、舆、隶等也慢慢使用椁和礼器。正因此，到这个时候，要想用椁和礼器把士和皂的墓葬区分开来也是困难的。既然平民在向士僭越，那么，那些有声望或有钱的士，他们也肯定要向更高等级去僭越。要区分他们的墓葬就只有依据墓葬的规模（主要指木椁的大小，分室多少）、规格（有无台阶、墓道、封土等）以及随葬品的类别（如是否使用青铜礼器，是否使用数套陶礼器，是否使用车马器，是否使用木俑）等来区分。

由墓葬材料也可见，士、皂、舆、隶等，他们的墓葬礼制也不是固定不变的，而是随着时代的变化而变化的。然而，在整个东周阶段，在楚国境内，尽管同是使用木椁和陶礼器，其墓葬的规模、规格也是有区别的。一般认为士一级墓比较容易确定，只要确定了属士一级的墓，把接近于士的墓定为皂应不成问题。把那些够不上贵族的墓——到战国中后期，除了那些单棺墓外，有的墓葬也可能有木椁，有的还有陶礼器，定为舆和隶的墓，也应是没有问题的。

一些无棺无椁的墓，是否就是仆、台一类奴隶的墓呢？我看不见得。因为奴隶是不应和士、皂等低级贵族或一般庶民共墓地的，像这样的墓，很可能还是最低下最穷困的庶民墓，如僚的墓。

那么，楚国的奴隶墓在哪里呢？奴隶们是没有固定墓地的，可能为贵族殉葬、祭奠或填于丘壑。这在第一章第二节中已经论述了，值得注意的是，奴隶死后，有的有棺，有的还有少量随葬品。如纪南城南水门奠基的那具人骨之旁尚有麻鞋三双，木篦木梳各一，长颈罐一件，这些东西显然是给死者随葬的。① 像这一类奴隶墓，显然是属于仆和台的。

墓葬材料证明，上述十大等级是存在的，他们的随葬品种类及数目是随时间的变化而变化的。

第五节　楚国的“士”墓辨析

截至目前，已发掘的楚墓据不完全统计已达20 000余座，其中绝大多数墓主的身份等级都不高。因此，将这些墓葬材料进行分析研究，对探讨楚国的下层社会等级，无疑是很有益的。本章第一节对楚墓士以上各级墓葬，进行过分类探讨。上一节对士以下的等级，进行了一些分析，但对士研究得不够。这一节在以上几节的基础上，着重探讨楚国的士及其墓葬。

在许多考古报告里，认为很多墓的墓主身份是士。然而，对于这个极普遍的存在，并没有去深究：是否都是士墓？是属于哪一阶段哪一级士的墓？这样一来，对士这一级的墓就还有探讨的必要。同时，也只有把士这一级的墓基本上定下来，才好依此类推士以上或以下各级的墓。

士，《左传·昭公七年》疏：“能理庶事也。”也就是说：能替天子、诸侯做事的人，称士。这是士的泛称，即广义的士。狭义的士是指替天子、诸侯做事的官吏中的最下一级。《礼记·王制》：“王者之制禄爵，诸侯之上大夫卿、下大夫、上士、中士、下士凡五等。”这些“上士、中士、下士”即是本节要探讨的“士”。

士在春秋阶段，一般说来均出身于贵族，他们受过良好的六艺——礼、乐、射、御、书、数教育，他们的主要职业之一，就是军队中的甲士，而当不了甲士的士，是被人看不起的。春秋时期的战争主要靠车

① 楚都纪南城的考古勘查与发掘（上）[J]. 考古学报，1982（3）.

战，而车战，主要靠甲士。当时每乘战车，有十名甲士，古制是三名在车上，余七名在车下。[①] 兰永蔚估计，楚国在春秋中后期的兵力，有四千乘以上，[②] 不过依笔者看可能要超过这个数目，《国语·楚语上》在灵王城陈、蔡、不羹后说："今吾城三国，赋皆千乘。"仅仅这三个地方，它们的赋税，以兵车的乘为单位，就都在千乘以上，合起来即3 000乘，而以其他地方而言，就绝不会只有1 000乘了。当然，这是指的赋税，并不是指的常规军。然而，这些是楚的后备军，到临战要出征时，是能召之即来的。就按楚军4 000乘来算，甲士也有四万人，加上后备力量，则大大超过此数。可见士在楚国是多么重要的一种力量。

甲士，实际上是军队中的低级军官。《周礼·夏官司马》云："凡制军……百人为卒，卒长皆上士，二十五人为两，两司马皆中士，五人为伍，伍皆有长。"贾公彦疏："伍皆有长是比长下士。"此虽为周制，但《左传·宣公十二年》载楚"君之戎分为二广，广有一卒，卒偏之两"，又载"楚子为乘广三十乘，分为左右"。可见楚军的编制像卒、两、伍等，可能仍仿效周制。

士的另一项主要职业，是做国君或封君的小官吏，照孟子的说法："士之仕也，犹农夫之耕也""士之失位也，犹诸侯之失国也"。他们做各种官吏，帮助治理国家（或采邑），看起来是一项政治工作，然而在春秋阶段，军事与政治又是不能截然分开的。他们都有兼官的性质。"兼官者在乡为乡官，在军为军吏"，即军中的上士、中士、下士这些下级官吏，他们战时是军队中的下级军官，平时就是地方上的行政长官。

到战国阶段，战争的规模扩大，兵员也随之扩大。战争除了靠车兵以外，步兵越来越占主导地位并出现了骑兵。苏秦说楚威王"带甲百万，车千乘，骑万匹"，这就可以看出步兵占多大的比例了。正是军队规模与兵员大规模扩大，单单靠那些贵族出身的士作为中下级军官就远远不够了，那些作战勇敢或立有军功的庶民，也就有可能升为

① 金鹗．求古录礼说·军制车乘士卒考［M］．济南：山东友谊书社，1992．

② 兰永蔚．春秋时期的步兵［M］．北京：中华书局，1979：23．

士。《左传·哀公二年》载，晋赵简子与范氏、中行氏战，悬赏“克敌者……士田十万，庶人工商遂”（杜注：“得遂进士。”）。这一套做法，楚自然也能做到。这样一来士与庶民即君子与小人间不再有不可逾越的鸿沟了。同时，原来的贵族，亦有可能因贫困破产而沦为庶人。孙叔敖死后，“其子穷困负薪而食不足”。春秋时楚国的一些大姓如蒍、斗、伍、潘、成等氏，到战国时，基本上已不见。这样，在士与庶民之间，特别是最下层的士与上层庶民之间的界限，不那么容易划清，许多古籍就以“士民”统称之。这也是我们下面将要探讨的下士墓与庶民墓难以划清的一个原因。

战国时代的士，据范文澜的归纳主要有四种：一类是学士，如儒、墨、道等专门家；一类是策士，像苏秦、张仪这一类人；一类是方士或术士；最后一类是食客，或叫养士。[①] 可见进入战国以后，士虽然和军事还有一定的联系，但已远远不及春秋时密切。春秋时，可以说是军、政不分；而到战国，就有一部分人已脱离军事，专门投身到政治活动（有些甚至是学术活动——多数都有一定的政治目的）之中了。

下面我们来看士的经济收入。《国语·晋语四》有“士食田，庶人食力”。士食田就是食田禄，《礼记·王制》曰：“诸侯之下士，视上农夫，禄足以代其耕也。中士倍下士，上士倍中士，下大夫倍上士，卿四大夫禄。”也就是说，一个下士的收入，相当于一个上农夫。《礼记·王制》又曰：“制农田百亩，百亩之分，上农夫食九人。”《孟子·万章下》也有同样的记载。也就是说，当时的田分五等，上农夫（一夫一妇）耕上等田百亩，上好肥，所得之谷，足以养活 9 口之家。下士的收入和这相当，中士的俸禄则相当于养活 18 口之家的收入。上士则相当于养活 36 口之家的收入。

这一套制度，在春秋阶段是否完全照此执行，还很难说。不过有两点还是足以说明问题的，其一是：有明确规定，下士的经济收入同上农

① 范文澜．中国通史简编：第一编［M］．第 3 版．北京：人民出版社，1955：251.

夫，因此他们与上农夫的经济地位应是相等的；其二是：上士与下士或中士有明显区别。因此，真正应纳入统治阶级范畴的，应是指上士。这一套制度到战国时已基本上不执行了。当北宫锜向孟子请教时，孟子说："其详不可得闻也。"可见，到战国中期时，连孟子也搞不清楚了。

总的来说，到战国时期，士的政治地位有所提高。原因是当时各国都在争着用士和养士，用各种优厚条件招引士。魏文侯的老师田子方就很透彻地指出过："夫诸侯而骄人则失其国，大夫而骄人则失其家。贫贱者（指士），行不合，言不用，则去之楚、越。"正因士能够流动，政治地位提高，因此他们的经济待遇自然也随之提高。

综合以上情况，至少可以看出如下几点：第一，士是一个非常复杂的阶层，就其本身而言，可以分为上士、中士和下士，而只有上士这一层，才能真正算成是贵族。因此，我们在对待士这一级的墓葬时，也应尽可能地去将上士和其他士的墓分开。第二，从春秋到战国，士的变化是很大的，变化之一是不论军队中的士或从事政治活动的士，范围扩大，人数增多，也不一定都是出身于贵族了；变化之二是除了一部分旧贵族贫困破产之外，总的来说随着士的政治待遇与政治地位的提高，经济生活的改善，过去一些严格的等级限制，对他们也不适应了。这些都反映到墓葬上来。

《孟子·梁惠王下》里有一段话就十分清楚地反映了这个问题："曰：'孟子之后丧逾前丧，是以不往见也'。曰：'何哉，君所谓逾者？前以士，后以大夫；前以三鼎，而后以五鼎与？曰：'否，谓棺椁衣衾之美也'。曰：'非所谓逾也，贫富不同也。'"试想：孟子先替他的父亲办丧事，用三鼎，士之礼；而后替他母亲办丧事，却用五鼎，大夫之礼，为什么呢？前后贫富不同也。由此可见，到孟子这个时候（战国中期），办理丧事虽然还是讲棺椁及鼎数，亦即没有脱出旧礼制框框，然而丧事所依据的并不是礼制，而是由贫富来决定的。正因为如此，我们在探讨战国时期墓葬的时候，就不能拘泥于过去的礼制了。

现在，再从具体的考古材料来探讨士这一级的墓。过去，依据什么来确定是否为士的墓呢？上一节已论述，最主要的有两条：一条是棺椁，也就是说有无椁是士和庶民的主要区别。另一条是礼器，特别是礼器中用鼎的数量。《公羊传·桓公二年》何休注："礼：天子九鼎，诸侯七，卿大夫五，元士三也。"这是周礼、周制，楚国虽不一定完全采用，但至少在春秋阶段，楚国的贵族还是尽量仿效，故《国语·楚语上》记载过屈建的一段话："虽微楚国，诸侯莫不誉，其祭典有之曰：国君有牛享，大夫有羊馈，士有豚犬之奠（注：士以特牲），庶人有鱼炙之荐，笾豆、脯醢则上下共之。"

我们来看看已发掘的楚墓。当阳赵家湖楚墓，从第一期（两周之际）起，甲类墓有一椁一棺，有铜礼器和仿铜陶礼器，进入战国以后，铜礼器减少或消失，而陶礼器（鼎数）却增加；乙A类墓也都有一棺一椁，但第一、二期不出陶礼器，直到第三期（春秋晚期）才有了陶礼器。也就是说，在春秋早中期，有的墓虽有椁，却没有礼器，最典型的墓例有赵家湖（或称赵家塝）6号墓一棺一椁，出鬲、盂、罐、豆，时代为两周之际或春秋早期。[①] 江陵纪南城东岳庙4号墓，也是有棺椁而无陶礼器，时代为春秋中期。[②] 江陵纪南城陕家湾2号墓，相当于赵家湖的乙A类墓，即有棺椁，有仿铜陶礼器而无青铜礼器，时代可以早至春秋中期，[③] 这也是目前见到最早单出成套仿铜陶礼器的一座楚墓。

江陵雨台山发掘的楚墓最多，棺椁等情况也最清楚：共发掘558座，能分期的有421座。[④] 第一期（春秋中期）墓共9座，其中无棺无椁墓2座，单棺墓7座。第二期（春秋晚期）墓共65座，其中单棺墓56座，一棺一椁墓9座。第一、二期墓皆无礼器。第三期（战国早期）

① 高仲达．湖北当阳赵家塝楚墓发掘简报［J］．江汉考古，1982（1）；又见高应勤，王光镐．当阳赵家湖楚墓的分类与分期［M］// 中国考古学会第二次年会论文集（1980）．北京：文物出版社，1982；又湖北省宜昌地区博物馆．当阳赵家湖楚墓［M］．北京：文物出版社，1992．

②③ 楚都纪南城的勘查与发掘：下［J］．考古学报，1982（4）；又见郭德维．江陵楚墓论述［J］．考古学报，1982（2）．

④ 荆州博物馆．江陵雨台山楚墓［M］．北京：文物出版社，1984．

墓共 115 座，其中无棺无椁墓 6 座；单棺墓 45 座，使用礼器的 4 座；一棺一椁墓 54 座，使用礼器的 45 座，不使用礼器的 9 座；另有 10 座棺椁情况不明。第四期（战国中期早段）墓 139 座，其中单棺墓 20 座，使用礼器的 4 座；一棺一椁与一椁重棺墓 119 座，其中仅有 2 座不使用陶礼器。第五期（战国中期晚段）墓共 54 座，其中无棺墓 1 座，单棺墓 24 座，使用礼器的 3 座；一椁一棺或一椁两棺墓 29 座，不使用礼器的 2 座。第六期（战国晚期前段）墓 39 座，其中单棺墓 22 座，使用礼器的 16 座；一椁一棺墓 15 座，不使用礼器的 2 座，还有 2 座棺椁不明，亦使用礼器。

上面这些材料，从棺椁与礼器看可以归纳为下面几种情况：

（1）有椁有棺，有青铜礼器，也有仿铜陶礼器。主要见于春秋阶段，春秋早中晚三期都有，以早中期最为突出。

（2）有椁有棺，只有仿铜陶礼器，无青铜礼器。从春秋中期开始出现，进入战国甚为普遍。

（3）有椁有棺，不使用礼器，只有日常生活用具或明器。从春秋早期甚至两周之际就开始有。

（4）单棺无椁，使用仿铜陶礼器。此从战国早期早段开始出现，战国中期以后更多。

此外，还有单棺无礼器的墓。已不属探讨范围之列。

如果拿构成士墓的两个条件来衡量这四种情况，那么后两种情况，只具备一个条件，就难以说是士墓；前两种情况是否一定都是士墓呢？仍值得深入探讨。

我们已经指出，进入战国以后，由于一些新兴士的出现，过去的一些礼制已经乱套了，因此我们进行分析时，先得把战国时代的士墓暂时撇开。就赵家湖两周之际或春秋初年的墓葬看，这些都在楚武王以前，还很难说楚有自己的礼制，而这些墓葬出土的文物从器型到组合都和关中地区差不多，实是周文化系统，这样完全可以用周的礼制去对应。关于士用礼的制度，前面已经论述了，是否就没有一点问题呢？不，沈文倬先生曾指出，单从文献材料来论断，可以得出这样的结论："士的祭器，是向人假借的，当然就不能送于圹内，所以《既夕礼》云：'无祭器。'大夫以上有采邑，可以自造祭器，自可以用祭器入圹，所以《檀弓上》云'兼用之①'。"（按即"祭器人器"与"明器鬼器"兼用之）。既如此，赵家湖两周之际或春秋初出青铜礼器的墓，究竟算士一级还是应算大夫一级，是不是也存在同样问题？如果以棺椁而论，一棺一椁属于士这一级，以礼器而论却又不合。对于这个问题，应当作何解释呢？这是需要探讨的第一个问题。

一棺一椁并只有仿铜陶礼器的墓，最早见于春秋中期，如纪南城陕家湾2号墓，这座墓与赵家湖同期墓比较起来，实只能归入乙A类，赵家湖有些同期同类的墓尽管不出仿铜陶礼器，然其规模及出土文物的精美情况，都要超过纪南城陕家湾2号墓。要说纪南城陕家湾2号墓的规格要高于那些墓，是令人难以理解的。如果只把这一类墓理解成士的墓，也会有问题，因为春秋早期尚没有发现过，春秋中期也为数甚少。士作为一个阶层，春秋早中期不应只存在，为数也不应会太少。如把前面那种出青铜礼器的墓，也不看作士墓的话，那么这时也就难以找到士墓了。这是需要探讨的另一个问题。

对于这些较矛盾的现象或者说与文献记载不太相符的地方，应该怎样作出正确的解释呢？

我们认为对文献的理解，不能只顾一点，《礼记·曲礼下》载"无田禄者不设祭器"，孔颖达疏："此明不得造（祭器）者，下民也，若大夫及士有田禄者，乃得造（祭）器。"这就讲得很清楚，有田禄的士是可以造祭器的，但这种士仅只是上士。《礼记·王制》曰："公侯田方百里，伯七十里，子男五十里，不能五十里者，不合于天子，附于诸侯，曰附庸。……天子之元士视附庸。"《孟子·万章下》也讲到"天子之元士受地视子男"。孙奭疏："郑玄云：'王之上士三命'，则元士者即上上

① 沈文倬．对《士丧礼·既夕礼中所记载的丧葬制度》几点意见［J］．考古学报，1958（2）．

也。”《王制》与《孟子》还讲到，大国、次国、小国的上士的田禄，相当于下大夫的一半。如此则天子之元士即诸侯之上下大夫士，既可以有采地，也会有田禄，因此也可以有祭器。

这是事情的一个方面，当然也不排除另一面，这些人生前也可能当过大夫，不过是以士礼埋葬的，如《礼记·王制》所说：“大夫废其事，终身不仕，死以士礼葬之。”因此，该类墓的主人，自然只能视为士。

这样当阳赵家湖春秋阶段一棺一椁、出青铜礼器，其中鼎数一至三鼎的墓定为上士的墓，似不成问题了。据此我们也就可以去推断其他了。

根据以上的分析，我们知道，作为一般庶民的墓，在春秋阶段是不可能有椁的。而作为士享受祭器（其中主要是礼器）也是有条件的，一般来说，只有上士才可能有，中士、下士因无田禄就不一定有。这样，那些一棺一椁而没有礼器的墓，最初就可能是中士或下士的墓。前已论述，下士的经济地位和上农夫差不多，按孟子的说法，棺椁的用材，又由财力决定，因此那些椁材极小的墓，有可能属下士墓。

以上的情况，至少在春秋早期、中期是适应的。下面我们来看看这一发展变化过程，从两周之际开始，墓葬中开始出现仿铜陶礼器，但不单独使用；春秋中期，已有极少数的墓单独使用仿铜陶礼器；到春秋晚期，用仿铜陶礼器的慢慢增多；战国早期早段，使用陶礼器墓已相当普遍；战国早期晚段，使用陶礼器墓已极为盛行。最早单独使用陶礼器的墓，如春秋中期的纪南城陕家湾 2 号墓，其墓主我们判断最多相当于一个中士。因为当阳赵家湖同期的楚墓，如赵家湖（塝）4 号墓，① 金家山 9 号墓，② 就出土有青铜礼器与精美的陶器（上已论述，它们可能为上士墓），其墓葬规格比纪南城陕家湾 2 号墓要高得多。然而，从当阳赵家湖与江陵雨台山楚墓的情况看，进入战国以后，一棺一椁的墓，用青

① 高仲达．湖北当阳赵家塝楚墓发掘简报［J］．江汉考古，1982（1）；又湖北省宜昌地区博物馆．当阳赵家湖楚墓［M］．北京：文物出版社，1992．

② 当阳金家山 9 号春秋楚墓［J］．文物，1982（4）．

铜礼器随葬的已不多，但仿铜陶礼器的套数却明显增多，多数为 2 套以上，有多至 4 套或更多的，这些墓大多数仍然可能是士墓，但不排除有其他阶层的墓。

这就涉及我们通常所说到的礼制僭越问题，从墓葬本身来探讨这个问题是很有意义的。僭越究竟从什么时候开始，我们认为从仿铜陶礼器出现，就应算是僭越开始或萌芽了。全国最早见到的是陕西张家坡 222 号墓（西周中期），① 此墓出土 5 件仿铜陶鼎和其他器物；稍晚一点的是宝鸡福临堡春秋早期墓② 与宝鸡县西高泉村春秋早期秦墓③，都出土有仿铜陶鼎。楚墓里见到最早的是当阳赵家湖墓地的两周之际的墓葬，所出的仿铜陶鼎和同期的铜鼎形状基本相似。陶礼器的出现与使用，意味着本来该使用青铜礼器，因用不起，而只有用陶礼器来代替，这实质上也就包含着“礼”不是那么“值钱”，不是那么严肃了，也寓意着不该做而做了，故其本身也就含有僭越的意义。当然这还只是最初或萌芽阶段的僭越，在这个阶段，范围是非常有限的，故此在当阳赵家湖春秋墓早中期阶段里，能使用仿铜陶礼器的，也只是那些使用有青铜礼器的墓。

僭越的进一步，是成套仿铜陶礼器的出现，并单独使用。楚墓中目前见到最早的是纪南城陕家湾 2 号墓，属春秋中期。这应算是僭越的正式开始，不过开始的时候，范围仍很小，到春秋晚期，才慢慢多起来。僭越开始，也就标志着礼制的突破，但僭越是逐步的，是一级一级来的；下士僭中士，中士僭上士之礼，上士自然可以僭大夫之礼，故有的墓已脱离了士最多用三鼎的规矩，这是一方面；另一方面，与下士接近的农夫，自然也可以僭用士礼了。进入战国以后，成套仿铜陶礼器普遍盛行，也就突破了“礼不下庶人”的规定了，有些随葬仿铜陶礼器的，也有庶民，特别是那些较富有的庶民。因此，进入战国以后，要说那些出礼器的墓都是士一级的墓也难以成立。

① 中国科学院考古研究所．沣西发掘报告［M］．北京：文物出版社，1963．

② 赵学谦，刘随盛．陕西宝鸡福临堡东周墓葬发掘记［J］．考古，1963（10）．

③ 卢连成，杨满仓．宝鸡县西高泉春秋秦墓发掘记［J］．文物，1980（9）．

作为随葬品来说，除了礼器，还有棺椁。上述材料我们已经看到，当阳赵家湖两周之际的墓葬就有一棺一椁墓没有礼器，只出陶生活用品的情况。当这一类墓往后发展，陶生活用品由陶礼器所代替，在椁的使用上也出现了突破。一是规模扩大，用材加大；二是隔室加多，一般都是向上一级僭越，如上士僭下大夫的椁制，向下大夫看齐，这是一个方面；另一方面，一些本来不可使用木椁的，一些富裕起来的庶人，也会按自己的财力去用椁了。表 3–4 是江陵雨台山楚墓的棺椁变化情况：

表 3–4　江陵雨台山楚墓棺椁变化情况表

棺椁	第一期（春秋中期）	第二期（春秋晚期）	第三期（战国早期）	第四期（战国中期）
无椁无棺	22.2%		5%	
单棺	77.8%	86%	40%	15%
一棺一椁		14%	55%	85%

表 3–4 说明，从战国早期起，用椁的人数急剧增加；到战国中期，用椁的已占了绝大多数，这些用椁的人中，当然有些可能是原来的士——不论是哪一级士，但是绝不排除有些不是士。如说单棺一定是庶民，一棺一椁一定是士，那么上表所示战国中期庶民与士的比例为 15∶85，将近 1∶5.7，这样一种阶级结构在当时是不可能出现的。这些墓葬发展变化的情况和前面分析的士的社会经济地位的变化情况正相一致。

这样一来，用一棺一椁和有礼器（即鼎数在三鼎以下）为标准去衡量是否为士墓，在春秋时期基本上可以成立，而在战国时期看来是难以成立的。

以上的探讨，主要是依据周的礼制来说明的，但是我们不应忽视，从春秋中期开始，楚自身的特点已慢慢表现出来，楚并不完全受周礼的束缚，《荀子 · 正论篇》就提出："天下为一，诸侯为臣，通达之属，莫不振动从服以化顺之，曷为楚越独不受制也。"楚墓中比较突出的特点如较高级的贵族墓一般都有束腰大平底的升鼎，进入战国以后，稍大的墓，一般有封土、台阶、墓道，随葬品除习见的礼器外，尚有镇墓兽、虎座飞鸟、虎座鸟架鼓等这些具有楚墓特点的东西，自然会有等级差别。因此进入战国以后，士或相当于士这一级的墓，应该是：

上士墓：除普遍有墓道外，有的有封土，有台阶；木椁长 3 米—3.5 米，宽 1.5 米以上，分 2—3 个室，单棺或重棺，仿铜陶礼器有 4 套以上（即鼎敦壶和鼎簠缶各 2 套），有的还有青铜礼器；出车軎、马衔；出木俑、镇墓兽；出虎座鸟架鼓；出瑟。《礼记・曲礼下》曰："士无故不彻琴瑟。"一半以上的墓出兵器，主要为当时的五兵，即戈、矛、弓、矢、戟，当然，也不一定出全，有的还出甲胄，少数墓出竹简。战国墓里剑更普遍，但剑除有铭文的以外，难以衡量身份，各种人均可佩戴。

中士或下士墓：有的仍有墓道，但无封土，无台阶，木椁长 2.5 米—3.0 米，分 1—2 个室，单棺（个别为双棺并列合葬），仿铜陶礼器 2 套以上，不出青铜礼器（包括器类不全的青铜礼器），不出马衔、车軎，一般出镇墓兽不出木俑，少数仍有虎座鸟架鼓和瑟，出兵器。

庶民墓：无墓道，无封土，无台阶，或无棺，或单棺，或一棺一椁，木椁长在 2.4 米以下，出陶生活用品或仿铜陶礼器 1—2 套；有的墓出兵器，以剑居多而戈、矛、戟等长兵器极少，一般无木俑，无镇墓兽，无鼓、瑟，可能有漆耳杯、盒等生活用品。严格说来，庶民墓的上层和下士墓的下层是难以区别的。

第四章　楚墓的分期

本章着重讨论楚墓的分期，即讨论楚墓的时代特征。每座墓葬都有其一定的埋葬时期，都有它所处时代的一些特点。前几章已经论述，不同的地域会有不同的特征；不同的身份等级，也会有不同的特点。基于此，我们在讨论楚墓分期时，只能选择最典型最有代表意义的楚墓区。楚都纪南城周围的楚墓最具典型性。因为：（1）它们类别全，各个等级的墓都有；（2）发掘数量多，资料丰富；（3）时代延续长，可以看出它们的发展变化；（4）保存好，随葬品齐全。这些既便于本地区各时代各等级墓的比较，也便于与其他地区进行比较。时代的特征表现在墓葬的各个方面，因此就有必要对这一地区墓葬的各方面进行剖析。

第一节　纪南城四周有封土的中上层贵族墓

纪南城四周的楚墓，从地面观察，可分为两类：一类在地面上仍保留有封土，俗称坟包，当地称为冢子，这类墓多是中层以上的贵族墓；另一类在地面上毫无痕迹，只有兴工动土或通过考古钻探方能发现，这一类墓一般是下层贵族与平民墓。[①]

楚国的贵族墓地分布在纪南城四周数十千米的范围内，除江陵县境内外，邻近江陵北部的荆门市，西北部的当阳市，西部的枝江市境内也还有不少。分布最为密集的是纪南城北部的纪山和西部的八岭山一带（详见图 4–1）。江陵县文物工作组的同志对江陵县境内有封土墓，

① 封土的出现，楚墓中多是战国以后的事。因此不能排除春秋及以前的中、上层墓亦没有封土。

做了详细调查，并逐一测量、编号、登记，根据这份调查材料，[①]我们可知这些有封土墓的规模与分布情况。

江陵县同志把县境内有封土墓分成了七个墓区片：

1. 八岭山片

八岭山在纪南城正西的4千米处，呈南北走向的长蛇形，南北长约8千米，东西宽约1.5千米，故《江陵县志》载："崇岭八道，蜿蜒若游龙，或云龙山也。"这一区片共有封土墓274座，其中封土周长120米，高6米以上的大墓23座，封土周长100米左右，高4.5米—6米的中等墓33座，余218座为小型和次小型墓，周长数十米至百米不等，高在4.5米以下（江陵地区大、中、小型封土墓，以下均按此标准）。实际上，在八岭山的每座山头上，几乎都有大小古冢。

2. 纪山片

纪山在纪南城北11千米，江陵县与荆门市交界之处。纪山之巅，有一纪山寺，正对纪南城。纪山寺四周和八岭山一样亦是古冢林立，其实这一区片还包括荆门市境内的很多古冢，范围包括纪山西南亦即纪南城西北的藤店、裁缝店一带。然江陵县的同志在调查时，只是统计了纪山寺以南江陵县境内的有封土墓。共计有大小土冢134座，其中大型的13座，中型的8座，小型和次小型的113座。另据荆门市崔仁义同志调查，纪山墓群属于荆门的楚冢有232座，直径40米—68米，高2.5米—7米的9座，直径20米—39米，高2米—5米的68座，其余为小型冢。[②]因此，江陵县和荆门市加起来，整个纪山的大小楚冢总共有366座。

3. 双冢，川店片

此片在纪南城西北25千米，纪山片西北10余千米，正当荆门、江陵、当阳三县（市）交界之处，这一区片基本为南北走向的山冈，北端

① 江陵县文物工作组．湖北江陵楚冢调查［J］．考古学集刊：4，北京：中国社会科学出版社，1984．

② 崔仁义．纪山楚冢调查［C］．湖北楚国历史文化学会第七次年会论文．

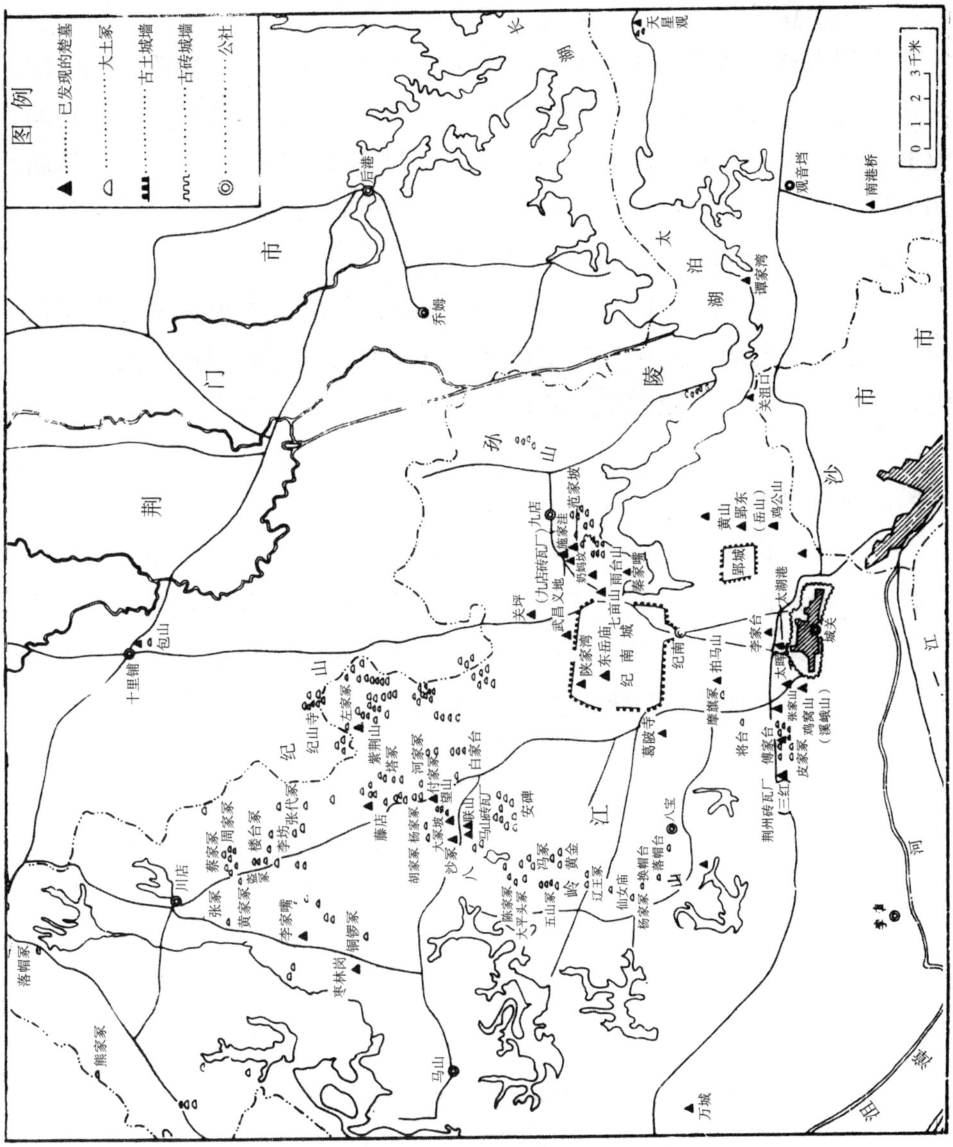

图 4-1　纪南城四周楚墓分布示意图

较高，蜿蜒向南逐渐低矮，在山冈上共有封土墓 55 座，其中大型的 14 座，中型的 12 座，小型和次小型的 29 座。

4. 雨台山片

在纪南城正东离纪南城约 500 米处，其西、南、东三面为长湖的港汊环绕，北面是平原。此处为略隆起的丘陵土岗，大小墓葬均分布在岗地上。这一片共有封土墓 103 座，其中大型的有 2 座，小型和次小型的 101 座。

5. 孙山片

在纪南城东北 10 千米左右，包括岳场、九店、董场一些丘陵岗地的有封土墓，九店、岳场在纪南城的东部偏北，董场在纪南城的东部偏南。此片共有封土墓 21 座，其中大型的 2 座，中型的 3 座，小型和次小型的共 16 座。

6. 观音垱片

此片在纪南城东南 15 千米—25 千米处，有封土墓大都分布在长湖南岸的高地，在丫角附近有皇陵等三个冢，在泗场附近有天星观 1 号墓等五个冢，因隆起像山包，当地群众称“五山冢”（天星观是其中最大的一座）。此片共有封土墓 14 座，其中大型的 4 座，中型的 1 座，小型和次小型的共有 9 座。

7. 拍马山片

此片在纪南城南 2 千米—3 千米处，土冢分布在平地中略突起的高岗上，不很集中，共有大小封土墓 17 座，有五座可以呼出名来，即樊妃冢（在纪南城东南角与郢城西北角之间）、摩旗冢、点将台、三合冢、爱家冢。其中大型冢 2 座（樊妃冢、点将台），小型和次小型的有 15 座。

综合以上的统计，在江陵境内共有封土墓 618 座，其中大型的 60 座，中型的 57 座，小型的 501 座。

陈跃钧同志曾统计，荆门市境内有楚冢 600 余座，荆门市、江陵县两处的楚冢，直径 40 米以上的有 220 余座，约占楚冢总数的 20%，直径 20 米—39 米的约 560 座，约占总数的 40%，直径 20 米以下的约 520 座，约占总数的 40%。[①]

此外，经调查发现在临近江陵的枝江市境内，有古冢 31 座，其中大型冢 10 座，余为中小型土冢。其中有的土冢封土已经平掉，露出了墓口，个别的还进行了考古钻探。[②]

以上这些土冢都是从地面调查所见，是否一定都是墓葬，并且一定都是楚国的墓葬呢？经过多年的考古调查勘探与发掘，绝大多数应为楚墓，这一点是可以肯定的。是否有可能为后代的台榭或后代的王孙贵族陵墓呢？这种可能性也是存在的。如《江陵县志》记载：在纪山寺附近有梁宣帝和梁明帝的陵墓。又如在八岭山有明辽王及王妃的墓葬。梁宣帝与梁明帝的墓至今尚未发现，也有可能在以上统计的数字之中。而明辽王及一些王妃的墓，已经被盗。仅从地面观察，明冢与楚冢是有区别的。明王冢的周围，一般有茔城将冢子围住，楚冢没有这一现象。明王冢一般为前后两室，有的地面上凸起前后两个包，一般封土不太高。楚冢有的有陪冢，陪冢靠近于主冢并有一定距离，与明王冢前后相连的两矮冢是有区别的。这些封土只要稍经破土，区别就更明显。楚冢均是经过严格选择的“白山土”，捶散成粉末状，夯得很紧实，当地群众常用以糊墙，而明冢和其他时代墓葬的封土，都不是这种情况。故此，楚封土墓和其他时代封土墓是能分辨的。

已发掘的有封土的墓有江陵望山 1 号墓、2 号墓，沙冢 1 号墓，[③]天星观 1 号墓，[④]雨台山 555 号墓，[⑤]荆门包山 2 号墓[⑥]等，此外，还对江

① 陈跃钧．荆州地区楚文化调查与探索［C］// 楚文化研究论集：第一集，武汉：荆楚书社，1987．

② 湖北省宜昌地区博物馆．枝江县青山古墓群调查简报［J］．江汉考古，1987（2）．

③ 湖北省文化局文物工作队．江陵三座楚墓出土大批重要文物［J］．文物，1966（5）；湖北省文物考古研究所．江陵望山沙冢楚墓［M］．北京：文物出版社，1996．

④ 湖北省荆州地区博物馆．江陵天星观 1 号楚墓［J］．考古学报，1982（1）．

⑤ 湖北省荆州地区博物馆．江陵雨台山楚墓［M］．北京：文物出版社，1984．

⑥ 荆沙铁路考古队．荆门市包山大冢出土一批重要文物［J］．江汉考古，1987（2）；湖北省荆沙铁路考古队．包山楚墓［M］．北京：文物出版社，1991．

陵大冢坡、黄家冢、张家冢、小熊家冢等封土墓的墓室进行了勘探（探至椁顶），从这些已发掘和已勘探的楚墓中，也可以大体了解这些封土墓的情况。

天星观1号墓是目前这一墓区所发掘楚墓之最大者。它西距纪南城30千米，东北面紧邻长湖。在长湖边自东而西呈弧形排列五个大冢，凸起有如山包，当地群众称为“五山”，此墓是最东的冢，也是最大的一

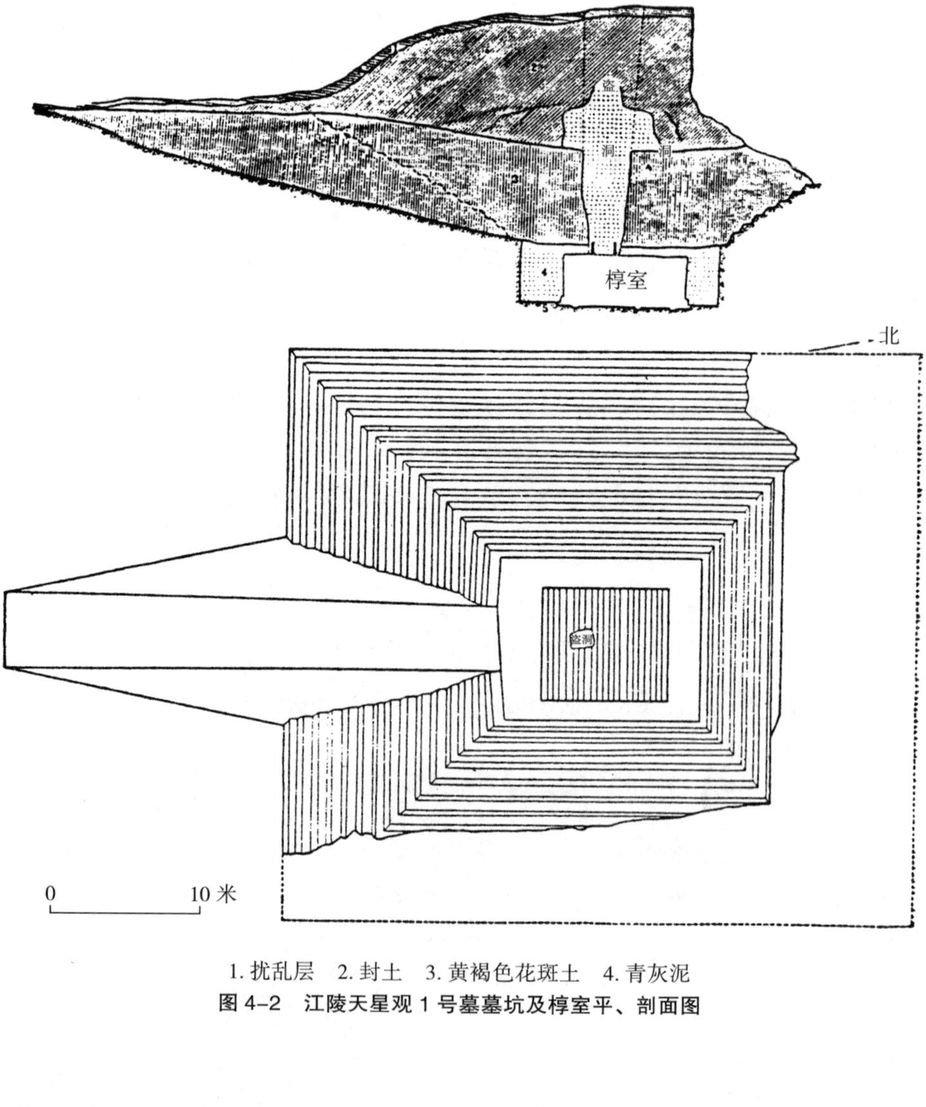

1. 扰乱层　2. 封土　3. 黄褐色花斑土　4. 青灰泥

图4-2　江陵天星观1号墓墓坑及椁室平、剖面图

座。发掘时封土的五分之二和墓室的一部分，已被长湖水冲掉。封土圆拱，清代将其顶部推平，修建了一座道观——天星观。现存残迹，南北长 25 米，东西长 20 米，高 7.1 米，底部覆盖墓口，整个封土堆由灰黄色沙土堆成，未经夯筑（图 4–2）。

墓坑方向 185°，平面长方形，原墓口南北长 41.2 米，东西宽 37.2 米。发掘时东北部墓口已被湖水冲掉，残长 30.4 米，残宽 33.2 米。四壁设十五级生土台阶，台阶逐级内收，形制规整，宽 0.3 米—0.6 米，高 0.5 米—0.6 米。第十五级台阶以下至坑底，四壁陡直，坑底平整。墓底南北长 13.1 米，东西宽 10.6 米。从墓口至墓底深 12.2 米。墓道设在墓室的南边，口长 18.8 米，北端宽 12.4 米，南端宽 5 米，底长 32.8 米，北端宽 4 米，南端宽 5 米。底部呈斜坡状，坡度 10°，墓道两壁成 45° 角内收，北端与墓坑第十五级台阶等高。椁的四周及椁顶之上 0.6 米填青膏泥，其上填黄褐色花斑土，均经夯实，夯层厚 10 厘米—15 厘米，夯窝径 6 厘米—7 厘米。

葬具为一椁三层棺，木椁长 8.2 米，宽 7.5 米，高 3.16 米，内分七室。盖板由二十一根长方木横列组成，每根长 7.5 米，宽、厚 0.36 米—0.42 米。盖板之上，满铺竹席，共有九床，每床长 4.8 米，宽 3.3 米。竹席编织“人”字形，篾宽 0.6 厘米。壁板与挡板用槽榫套合。底板铺法同盖板，仅比盖板多一块。底板之下纵放两根长垫木，每根长垫木之下，又各横置三根短垫木（图 4–3）。

椁的七室中，以南室（前室）最大，长 4.39 米，宽 2.04 米，中室（棺室）次之，长 3.94 米，宽 2.64 米，其余各室长、宽分别为：东室 3.94 米、1.46 米；东南室 2.04 米、1.46 米；东北室 1.46 米、0.68 米；北室 2.64 米、0.68 米；西室 4.86 米、1.36 米。除棺室外，各室之上均有顶板。棺有三层，大小相套。第一层外棺为长方盒形，长 3.48 米，宽 2.48 米，高 2.30 米；第二层外棺也为长方盒形，长 3.26 米，宽 1.94 米，高 1.8 米；第三层内棺为悬底弧形棺，长 2.5 米，宽 1.2 米，高 1.21 米，出土时紧靠第二层外棺西北侧放置（图 4–4）。

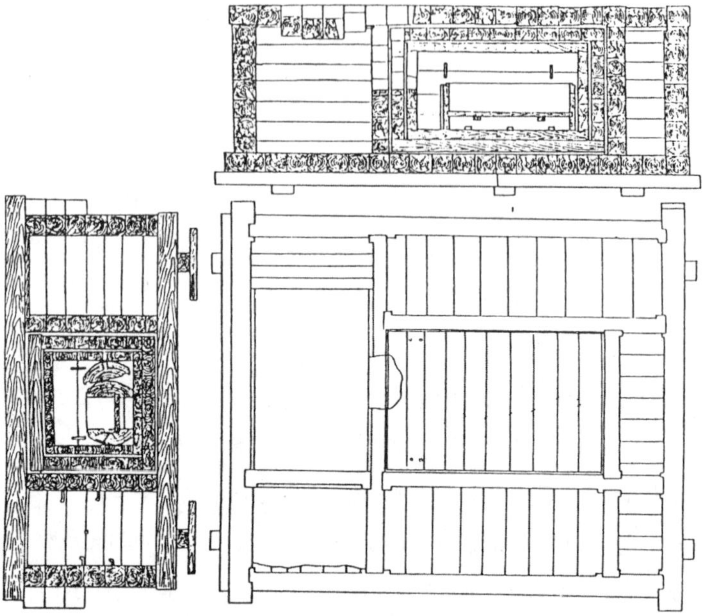

图 4-3　江陵天星观 1 号墓棺椁平、剖面图

图 4-4　江陵天星观 1 号墓椁室

该墓有六个椁室被严重盗扰，仅北室未盗，保存完好。虽然绝大部分青铜礼器被盗，但是仍残存有部分青铜礼器及零件、陶（生活）器、兵器、车马器、乐器、漆木器、竹器、玉器、竹简等2 400余件。其中整简70余支，计4 500余字，内容主要为遣策和卜筮记录。通过竹简，可知墓主为邸阳君番勳，下葬年代在前361—前340年之间。

荆门包山墓地共发掘五座楚墓，其分布有一定的规律，基本在南北一条线上，时代稍早的在南，等级高的偏东，大小并存，有的显然是夫妇异穴合葬墓。包山2号墓（M2）是包山墓地最大的一座（图4–5），也是这一个墓区所发掘楚墓中仅次于天星观1号墓之墓，它保存较好，南距纪南城16.5千米，距纪山4.5千米；北距十里铺镇3千米。封土高5.8米，底径54米。墓口长34.4米，宽31.9米；墓道在墓室的东边，长19.8米，墓壁有十四级生土台阶，墓坑深12.45米；墓底长7.8米，宽6.85米。墓底中部有一腰坑，坑内置一整羊。椁近方形，长6.32米，宽6.24米，高3.1米。盖板上覆盖八床竹席，保存很好。椁分东、南、西、

图4–5　包山2号墓墓坑

北、中五室，中室置四层套棺，余四室放置随葬器物。东室主要放置青铜礼器，南室放兵器、车马器，西室放起居等生活用具，北室放日常用具和竹简。内棺为彩绘长方形棺，长 1.84 米，宽 0.46 米，高 0.46 米。墓主仰身直肢，男性，贴身随葬有璧、璜等玉器。共出土器物五百多件，其中竹简是历年来出土楚简字数最多，保存最好的一批，总字数逾万字，主要内容为诉讼、占卜、遣策。从竹简可知墓主为左尹邵㝬，下葬年代为公元前 316 年。

望山桥 M1 与包山 M2 规模相当，此距望山 M1 500 米，为甲字形墓，方向 89°，有十三级台阶，墓口长 34 米，宽 32 米，深 10 米，墓道压于公路下，残长 4.6 米。两椁两棺，外椁长 7.19 米，宽 6.5 米，高 2.15 米，外椁分五室，与包山 M2 相同，外棺长方盒状，内棺为悬底弧棺，外棺长 2.9 米，宽 1.8 米，高 1.5 米，此墓严重被盗，仍出土各类器 781 件。从竹简得知，墓主为中厩尹。

望山 1 号墓墓坑规模比包山 2 号墓小，也保存较好。望山 1 号墓旁还有望山 2 号墓等一些有冢墓，望山墓地东北距纪山中心约 5 千米，东南距纪南城约 7 千米，在八岭山东北约 5 千米。望山 1 号墓封土早年遭到破坏，残高 2.8 米，底径 18 米，方向 100° 。墓口长 16.1 米，宽 13.6 米，有五级生土台阶，有斜坡墓道，墓道在东，长 15.87 米，东宽 2.7 米，西宽 5.14 米，墓底长 6.68 米，宽 3.9 米，深 7.98[①] 米。木椁长 6.14 米，宽 3.98 米，高 2.28 米，椁盖之上满铺竹席。椁分三室，三室之上皆有顶板。三室之间仅用横梁、竖梁、立柱分隔，而未用隔墙或隔板隔开。头厢主要放置铜、陶礼器，边厢主要放置车马兵器和生活用品。棺分两层，外棺长方盒状，长 2.80 米，宽 1.68 米，高 1.42 米，内棺为悬底弧形棺，长 2.36 米，宽 1.05 米，高 1.08 米。墓主男性，身旁除随葬一些玉器外，在人骨架左侧，放置越王剑一把，保存完整，美观。整个剑身满饰菱形暗纹，近格处有“越王鸠浅（勾践）自作用鐱”八字鸟篆铭文。剑身

① 因塌方严重，椁底板未取出，深度只计算到椁底板，故实际深度为 8 米多。

长 55.7 厘米，宽 4.6 厘米，柄长 8.4 厘米。墓中出土的随葬器物共有四百多件，计有青铜礼器、仿铜陶礼器、车马器、兵器，漆木竹器和玉石器等。亦出土有竹简，保存不好，内容主要为卜筮记录。由竹简可知墓主为邵固。

通过上述楚冢的调查、勘探与发掘，我们发现有些现象值得注意：

图 4–6　纪山尖山楚冢群

一是数个冢子占据一个自然山冈或高丘，或三五成群，或“一”字形排开，如荆门纪山的冯家岗，在长约 400 米、宽约 150 米的岗上，聚落着 9 个冢子；又如纪山，尖山墓地就是数个冢子埋在一个山冈上（图 4–6）；江陵荆川公路旁的楼台冢，沿一条岗一个一个排列着 6 个冢子。已发掘的江陵五山墓地与荆门包山墓地也属此类情况。数个冢子在一起，其中必然有一座更大一些，其他的冢子环绕在其周，当地的群众用“七星赶月”（或“九星拱月”）来形象地称呼这类冢子。像这样的情况，也可以说是其他的冢为这一座主要的冢子陪葬。不过，根据天星观 1 号墓与包山 2 号墓的发掘，完全可以看出，前者是番勳家族墓地；后者是邵胧家族墓地。因此更确切些说，他们是族葬，反映出他们“生相依，死相近”的血缘关系。像这一类大中型冢子，应是楚国上中层贵族的家族墓地。

图 4–7　荆门金牛冢

二是单个或两个一大一小的冢子连在一起，规格比上面一类更高，规模更大。单个或可称为独冢，有的在平地，有的独占山冈，如荆门金牛冢（图 4–7），江陵九女冢（又称樊妃冢），就是平地突兀、四周开阔，冢子更显高大，隔很远都能看到；又如江陵八岭山大平头冢、落帽台就是独占山冈，冢子本来高大，加上在山冈上就更显雄伟气魄。落帽台正是因要仰头观看，帽子便掉下来而得名，也可想见其高大与气势了。两冢相连者，有的就叫双冢，常是一大一小耸立地面，有的两冢很近，有的亦有数十米之遥，或南北排列，或东西走向，在它们的附近，一般均没有小冢陪葬。这类墓的规模都很大，封土直径在 80 米—90 米，高 7 米—8 米以上，如上述金牛冢、樊妃冢、大平头冢、熊家冢封土的直径都超过 100 米，高 10 余米，在楚冢中，可以称为特大冢。熊家冢本身直径108米，旁边的小冢直径约60米，墓口已探明为36米×33米，其规模与天星观1号墓相若，可见熊家冢规模更宏大。因此，在这些特大冢中，有可能找到王（或王妃）墓。安徽寿县李三孤堆楚幽王墓，有人不理解“孤堆”之意，将其改为“古堆”，而实际上“孤”正是表明独个存在。一个或两个墓单独埋葬，距其他墓葬较远，也许这正是楚王墓分布的特点。

《渚宫旧事》卷二原注引《荆南志》载：“楚庄王冢在江陵西三十里，周回四百步，前后陪葬数十冢，皆自为行列也。”然而近年勘察的确发现了前后陪葬数十冢的情况，详见本书第三章第二节，江陵楚王陵初勘。

总之，有封土的楚墓，墓主身份大都较高贵，多数向东，墓道在东边，少数向南，多半有生土台阶，有长斜坡墓道。椁多室，棺多层，有丰厚的随葬品。并且，墓坑愈大封土愈大，墓坑规模亦愈大；椁的室愈多，随葬品也就愈丰富。有封土的墓，显然是一些贵族墓，大者，可能是一些高级贵族墓。

第二节　纪南城附近楚国的下层贵族与平民墓

上面我们已经提到，有封土的大中型墓或上中层楚国贵族墓，距纪南城均较远，一般都在5千米以外。有封土的小型墓和没有封土的小墓，楚国的下层贵族与平民墓，大多距纪南城较近，尤以纪南城四周5千米的范围内较密集。在城内发现了两处楚国墓地，即城西北的陕家湾（紧靠北城墙）和东岳庙（稍偏中），经发掘证实，是修城以前的墓地。城内东南部凤凰山也有一处墓地，经发掘都是秦汉墓，显然是秦将白起拔郢，纪南城废弃以后的墓地。也就是说：自纪南城建城以后，即作为郢都以后，楚人的墓地都在城外，中上层贵族墓离城远一些，下层贵族与平民则就地埋葬。

到目前为止，纪南城四周已发现有80多处墓地，最近的墓距纪南城不到 1 千米，如城北武昌义地，距城仅 300 米，护城河外即是；城东雨台山之秦家嘴，距城不到 1 千米；次近的距城在 2 千米范围内，如城北关坪，城东北施家洼、狗獾子洞、范家坡、九店、奶妈坟，东部雨台山、七亩山，南部拍马山、西南部葛陂寺等。稍远的墓距城在 5 千米范围以内，目前发现集中于南部，如荆州砖瓦厂（三红）、傅家台、张家山、溪峨山、太晖观、太湖港、李家台以及东南部的鸡公山、岳山和东部的黄山等。更远一些，即 10 千米范围以外的，东南部有关沮口、谭家湾、南港桥；西南部有万城，西北部有马山砖瓦厂、联山、沙冢、藤店、枣林岗、李家嘴和北部的紫荆山砖瓦厂等。据不完全统计，这些墓地已发现的楚墓，即墓口均已暴露在外的，已接近 9 000 座，已发掘的有约 4 600 座[①]。

这些墓地，除雨台山个别墓有封土以外，其余是没有封土的，因此在地面上看不出任何痕迹，有的已辟为农田（或旱地），有的成了堰塘或鱼池，还有的盖上了房屋或成了现代的坟场，只有兴工动土，开沟挖渠，去掉表土才有可能暴露出来。但也不是毫无规律可循，纪南城四周，地势基本平坦，只要比平地稍微高起一点的岗地或台地，就定能发现墓葬，如上述枣林岗、李家台、傅家台等。在平原地区本来没有山，便把略高的丘岗，通称为“山”，凡属叫“山”的地方，也一定会有楚墓，如上述张家山、溪峨山、拍马山、七亩山等。还有的地方既不是岗地，也不是“山”，也有可能发现楚墓。不过，总的看来，古人埋葬，显然都是找一些较高的地方。有些地方现在看为平地，却是后来经过人们的长期改造或地势变化形成的，已非原来的地貌。然而，不论哪一个地方，只要发现了一座楚墓，在其附近就一定能找到很多楚墓。至今发现的小型楚墓，都是成片成片的，绝没有一座楚墓孤零零地埋葬于某一个地方。就一个墓地来说，楚墓的埋葬又是非常密集的，下举几例，便可以看出其密集程度（详见表 4–1）。

① 数据截止到 2017 年。

表 4–1　江陵几处墓地发现墓葬密集情况表

墓地	长（米）	宽（米）	发现墓数（座）	备注
张家山	50	50	60	张家山墓，砖瓦厂北土场一部分已破坏的未计入。雨台山墓仅渠道线内的统计发现
太晖观	180	15	20	
葛陂寺	130	18	44	
拍马山（南）	300	15	70	
雨台山	1 050	80	700 余	

从雨台山墓地还可以看出，山冈上地势高，墓葬最为密集，有的相距仅 30 厘米，没有打破关系（图 4–8）。山冈脚下的楚墓分布相对要稀一些，坟丘也小一些（图 4–9）。有墓道的墓与别的墓相距间隙要大一些。其他墓地的情况也差不多。楚墓之间几乎没有相互打破的情况，说明这些墓当时肯定有一定的识别标志或小型封土，不然不可能如此稠密而又没有被打破关系。但这种标志或小型封土，有的到汉代就已不存在了，因为发现有西汉墓打破楚墓的情况。

图 4–8　雨台山山上楚墓分布示意图（局部）

图 4-9　雨台山山下楚墓分布示意图（局部）

墓地的分布十分密集。如上述张家山墓地与太晖观墓地仅相隔一条小河。而太晖观墓地南与溪峨山墓地也只有一水之遥；北与拍马山（南）墓地，虽相距约 2 000 米，但太晖观墓地的北端在哪里，拍马山（南）的南端又在哪里，目前都并不明了，它们实际距离肯定比已知的 2 000 米要短得多。

每一处墓，墓地有多大，有多少墓，现在尚无法知道，也难以估算。已知的墓地都是在修建工程（主要为农田水利工程和砖瓦厂取土工程）的过程中发现的，施工以外的范围，都没有进行钻探。目前发现墓葬最多的是雨台山。雨台山在纪南城的东部，基本上为南北走向的山冈（实为波状起伏的丘陵）。1975 年修龙桥河渠道时横切了山冈的南端，在长 1 050 米，宽 80 米的渠道范围内，共发现楚墓（没有其他时代的墓葬）700 余座。1986 年，修荆（门）沙（市）铁路，线路由北到南经过了雨台山脚的一些凹地，又发现楚墓 300 余座。若由以上密集情况来推算整个雨台山的楚墓，其数量是相当可观的。发现次多的墓地为张家山，仅 20 世纪 60 年代在砖瓦厂南、北、中三个取土场内，暴露出墓口并标上平面图的墓已有 700 多座，而这只是整个张家山的一小部分。

楚墓发掘最多的是雨台山墓地，1975 年龙桥河工程发掘 558 座，1986 年荆沙铁路工程又发掘 300 余座。次多的是九店墓地，在九店砖瓦厂取土场发掘楚墓600余座；再次是张家山墓地，在张家山砖瓦厂取土场先后发掘楚墓350多座，其余各墓地发掘的楚墓由几座到数十座数目不等，截至1990年，纪南城内及其四周共发掘的楚墓达2 400余座，1990年以后，在观音垱、八岭山、雨台山等地南水北调等工程中，又发现楚墓3 500座，发掘了其中1 500多座。综合这些已发掘的墓葬，基本情况如下：

这些墓都是土坑竖穴墓，[①] 均无生土台阶，墓口稍大的20多平方米，中等的10多平方米，小的不到10平方米。一般说来，时代较早的，墓坑平面呈狭长方形，墓底距地面浅。方向以南北向为主，头向南者居多，雨台山1975年发掘的558座墓中，有421座为南北向，其中向南的（160°—200°）369座，向北的28座，头向不明的24座。拍马山南麓清理的27座楚墓，除三座东向外，余为南北向，向南者19座；1963年前发掘的张家山等四处的57座墓，有47座为南北向，向南者37座。可见向南是较为普遍的现象。

墓道主要见于战国墓。墓口长4.5米以上的一般都有墓道。墓道多为斜坡式，斜度为20°—30°。墓道底尽端一般高于葬具，也有的与葬具等高，距墓底深1.5米—3米。仅个别墓为竖井式，如张家山112号墓，墓道长2米、宽1.6米、深1.3米，墓道尽端距墓底深3.9米。有的墓有壁龛，大多是时代较早的墓，壁龛一般设在头端距墓底20厘米左右处。壁龛墓多为单棺，个别的墓为一棺一椁。

多数墓的填土经过夯实，夯窝为圆形，径8厘米—10厘米不等，夯层厚20厘米—25厘米。靠近底部与棺椁处都填有白膏泥，或青灰（膏）泥，厚薄不一，有的厚达1米—2米以上，有的薄仅10厘米—20厘米。这种泥靠近棺椁处更细腻、潮湿，黏性更大。填塞愈厚，棺椁随葬品保存愈好。小型墓多数有熟土二层台，二层台起木椁作用。二层台的形成是当椁（或棺）置好之后，四周填白（青）膏泥，填至与椁室（或

① 在江陵九店砖瓦厂已发掘数座洞室墓，有的虽也随葬有楚文物，但却明显可以看出，时代偏晚，很可能是公元前278，秦占领后的墓葬，究竟是秦人墓，还是受秦影响的楚人墓尚难断定，故不予论述。

棺盖顶）相平之后，便形成了二层台。在张家山有一座墓没有木椁，在棺的前面由二层台构成器物箱，宛如木椁的前室放置随葬器物，之上还横置两块木板覆盖，木板即搁于二层台面之上。二层台上一般不放置器物，但也有放器物的，如太晖观21号墓，张家山16号、49号墓放有陶豆；张家山18号墓放铜扣漆壶；万城15号墓放铜戈。仅个别墓（如东岳庙114号墓）底部发现有腰坑，腰坑内有兽牙。墓坑没有发现便于上下的脚窝，但张家山20号墓发现有象征性的梯子，此墓为南北向，“梯子”在墓坑两长边上基本对称，东壁十级，西壁九级，每级长约30厘米（第一级长70厘米），每级间距离30厘米—40厘米，最下层的一级距墓底约1.6米（图4–10）。这种“梯子”供人上下是困难的，只能是象征性的，或者另有其他用途。

葬具有这样几类情况：一类是一椁重棺，二类是一椁双并棺，三类是一椁一棺，四类是双棺并列，五类是单棺，六类是无椁无棺。以一椁一棺与单棺墓最为普遍。雨台山墓地发掘558座楚墓，棺椁保存较好，以它为代表，可以说明葬具情况。

一椁重棺墓，在雨台山仅发现两座（354号、555号墓）。除555号墓有封土以外，其余的情况两墓基本相同，555号墓封土高3.3米，直径18米，方向196°，墓口长4.5米，宽3.7米。有斜坡墓道设在南边，长9.65米，宽2米，坡度20°。没有台阶。墓底长3.2米，宽1.85米，深7.1米。木椁长3.1米，宽1.52米，高1.28米。椁室分头厢、边厢和棺室三个部分，并用隔梁、隔板隔开，各室之上均有顶板。棺分内外两层，均为长方盒状，外棺长2.19米，宽0.8米，高0.8米，内棺长1.92米，宽0.55米，高0.56米。内棺无底板，代以一块厚4厘米的雕花板，雕花板平放在外棺底板上（图4–11）。随葬器物为陶礼器和漆木器等三十余件。354号墓比555号墓墓室略大而其余基本相同，所不同之处在椁外盖板南北两端另外加木桩、木板使椁盖板固定。椁室亦用隔板分成头厢、边厢与棺室三部分，然边厢中部横一隔梁将它又分成前后两室，故此墓按室来说，实为四室墓。随葬器物陶礼器和漆木器与555号墓基本相同，然多鼎、匜、盘等青铜礼器，也多梳篦与铜铃形器等小件器，其总数达九十余件。

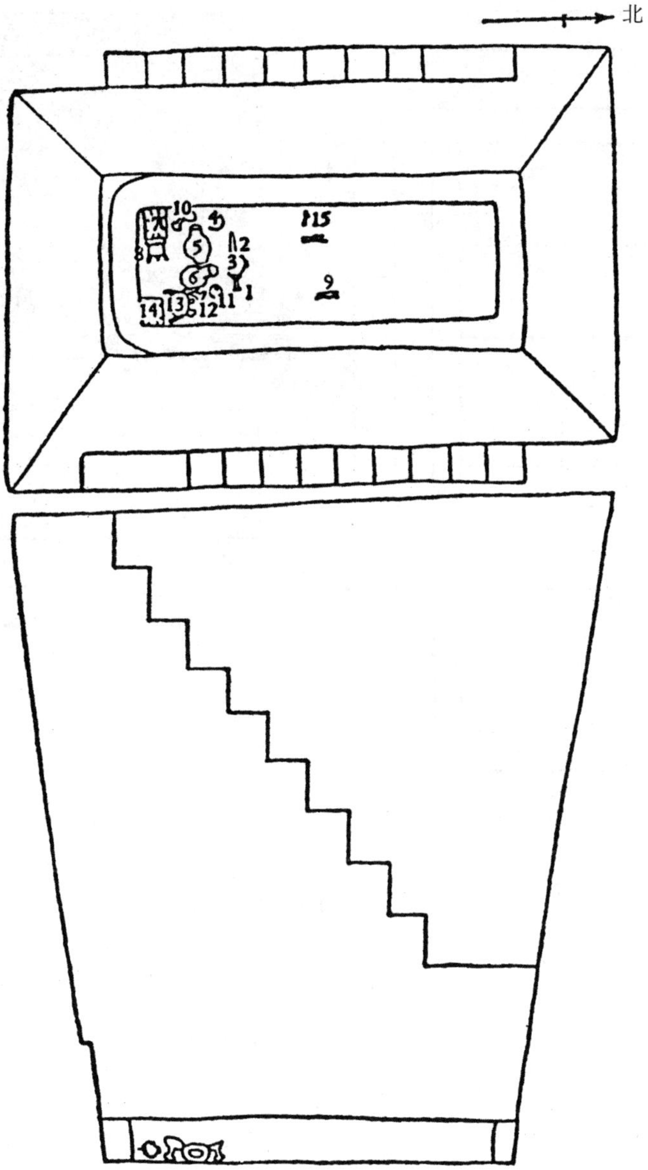

1. 铜剑 2. 铜削（压在剑下） 3、4. 陶豆 5、6. 陶壶 7. 陶簠
8. 陶鐎壶 9. 陶鼎片 10. 豆 11. 残漆器 12. 豆 13. 鼎 14. 簠 15. 戈头

图 4-10 江陵张家山 20 号墓平、剖面图

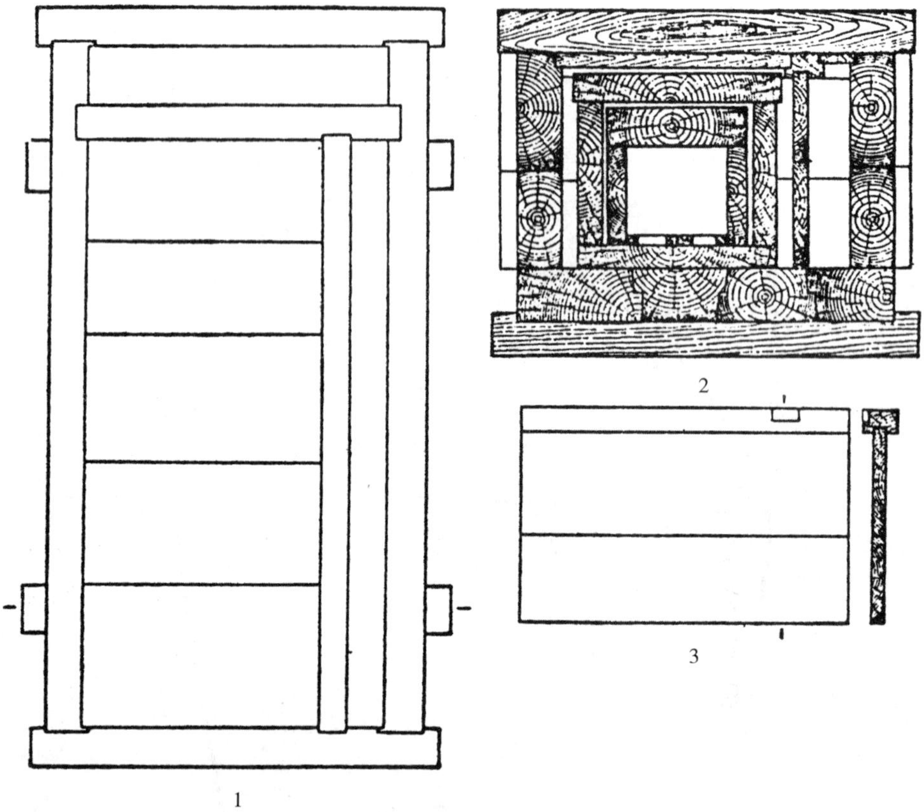

1. 椁室顶板平面　2. 棺椁横剖面　3. 头厢隔梁及隔板

图 4–11　江陵雨台山 555 号墓棺椁结构图

一椁双并棺与一穴双并棺墓。前者在雨台山仅发现两座（463 号、483 号墓），后者仅在葛陂寺墓地发现一座（41 号墓）。二者的形制基本相同，只是前者有椁，后者无椁。如雨台山 463 号墓，墓口长 3.5 米，宽 2.5 米，距地表深 0.7 米，墓底长 2.64 米，宽 1.98 米，深 3.5 米。方向 120°。墓坑上部填五花土，椁室四周填青灰泥，均夯实。椁室长 2.3 米，宽 1.64 米，残高 0.5 米。椁室内并列悬底弧形棺两具。东边一具长 1.72 米，宽 0.5 米，残高 0.42 米；西边一具长 1.72 米，宽 0.53 米，残高 0.44 米。两棺相距 0.45 米。随葬品陶礼器及铜带钩放在两棺的南端椁室的空隙处。各棺前器物虽不一样，但很难说一定是各棺所属，这些器物只有合起来才构成组合关系。仅有两种器物，才显得所属不一，一是东棺东侧壁板上搁了15件小铜铃；一是西棺西侧壁板上搁了一柄剑。再如葛陂寺41号墓，无椁，两口悬底方形棺并列于一墓坑中。两口棺长分别为1.96米、1.93米，宽均为0.42米，残高0.45米。两口棺相距仅9厘米。随葬器物分开放置：一置于一口棺前，一置于另一口棺侧。各棺所随葬陶器的品种、数量完全相同：为一盂、一壶及二陶豆，仅一棺多置了一件铜戈头（图4–13）。

从以上情况看来，应属夫妻合葬，而不可能是一个为另一个陪葬，因为这三座墓均属小型墓，墓主的身份不会很高，他们不可能用人陪葬。再从葬具看，两口棺的大小基本相等，没有一大一小即一主一从的情况；再次，随葬品基本是均等的，差异在于一个身旁有兵器，一个没有，虽然人骨架没有保存下来，无法鉴定，但有无兵器随葬，往往是判断性别的重要依据。这与当阳曹家岗5号春秋墓一椁室内并列三棺，墓主棺大于其他两陪葬棺的情况显然不同（图4–12），也与鄂城百子畈5号墓及浏城桥1号墓把陪葬棺放于器物箱内的情况也有别。

图4–12　当阳曹家岗5号墓陪葬棺

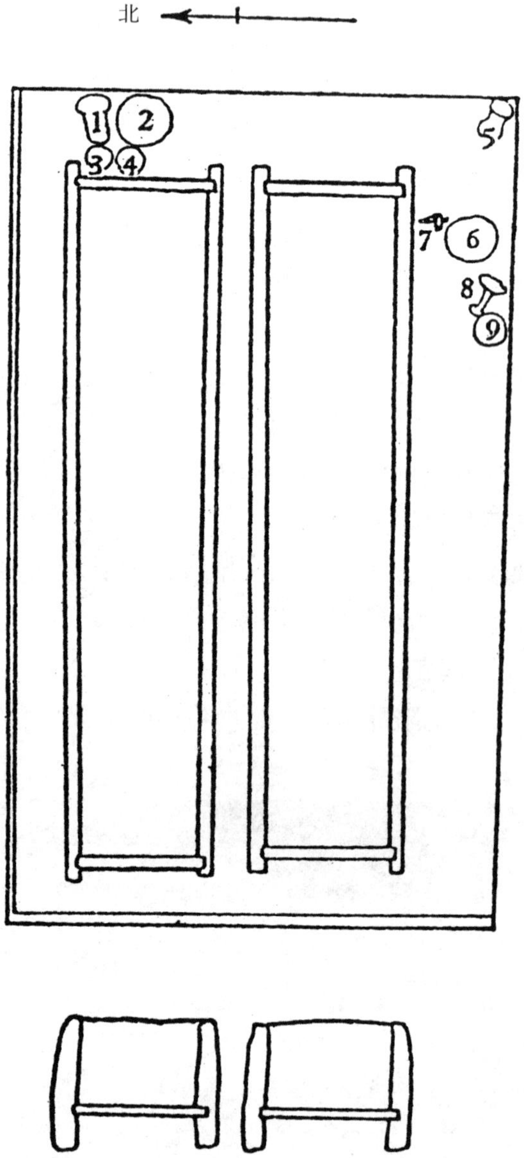

1、5. 陶壶　2、6. 陶盂　3、4、8、9. 陶豆　7. 铜戈
图 4-13　江陵葛陂寺 41 号墓平、剖面图

一椁一棺墓，共248座，占雨台山墓葬总数的44.4%，其中有墓道的29座，有壁龛的1座。就椁室平面来说，有的分三室，即头厢、边厢与棺室，这样的墓仅2座；有的分二室，即头厢与棺室，头厢与棺室之间用隔梁或隔板隔开，这样的墓有72座；还有的没有分室，这样的墓共174座。这些墓不论几个室，实际都是在一个方框（椁室）内分隔，一般的变化是先隔出头厢，然后再隔边厢，（图4–14，5、4、3）。那些四室、五室以上的墓，实际也是由这增加而来的（图4–14，1、2）。如果从木椁的结构来看，它们和中上层贵族墓以及一椁重棺墓的木椁，没有什么不同，只是大小上有所差异。大小的差异显然是因身份不同而用材不同。不过，绝大部分木料均未经有关部门鉴定，有的报告虽

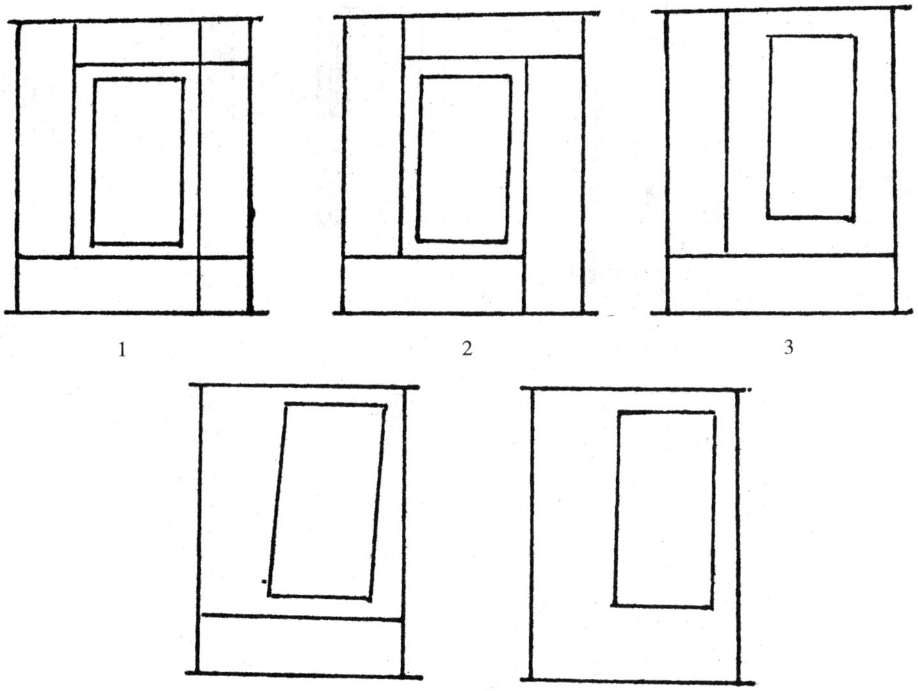

1　　2　　3　　4　　5

1. 天星观 M1　2. 包山 M2　3. 望山 M1、M2　4. 太晖观 M21　5. 太晖观 M6

图4–14　江陵楚墓椁室及棺椁平面示意图

然提到为楠木，但多未经鉴定，是否全为楠木还很难说。葛陂寺有个别墓的木椁为柏木，出土时仍散发出柏木的芳香。

值得注意的是：有少数墓因棺室与头厢或边厢因用隔板分隔，故在这些隔板上出现了门或窗。雨台山头厢隔板设窗的有 2 座墓（321 号、406 号墓），如 321 号墓，墓窗高 0.10 米、宽 0.13 米，距底高 0.52 米；406 号墓，墓窗高 0.10 米，宽 0.12 米，距底高 0.62 米。雨台山 169 号墓在头厢与棺室之间设双扇门（图 4–15），门有门楣、门框和门板，门

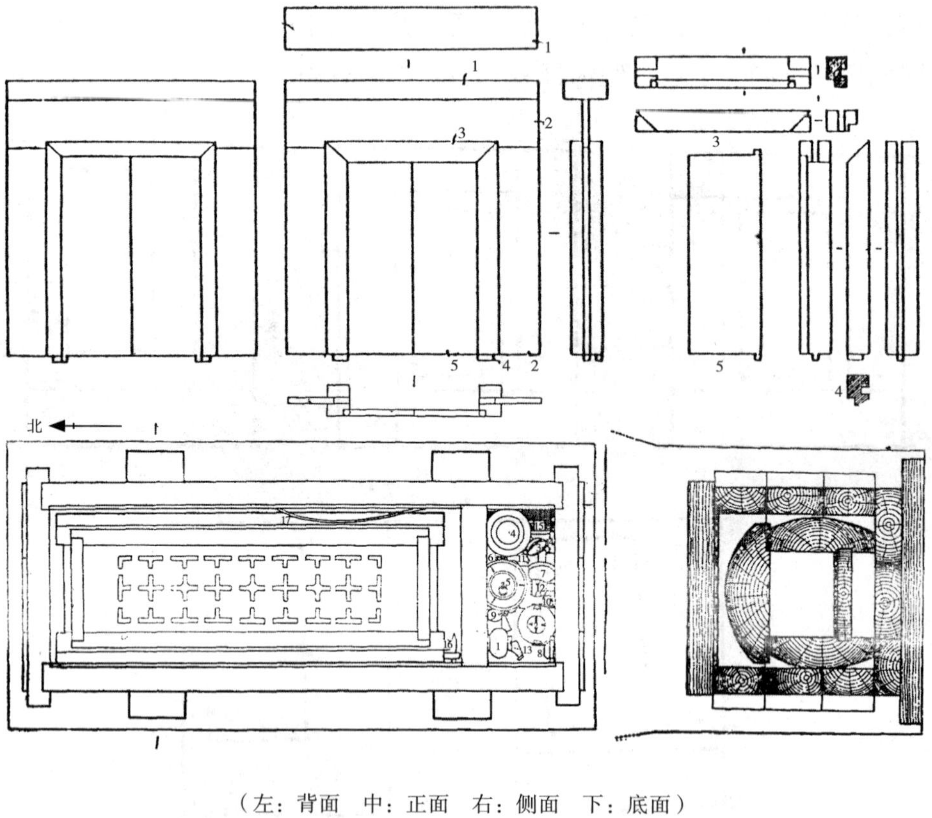

（左：背面　中：正面　右：侧面　下：底面）
1. 隔梁　2. 隔板　3. 门楣　4. 门框　5. 门板
1. 漆耳杯（7 件）　2. 铜壶　3、11. 陶豆　4. 漆盒　5. 铜鼎
6. 剑盒及铜剑　7、14. 木豆　8. 漆耳杯　9. 铜勺　10. 木梳
12. 镇墓兽　13. 木盾柄　15. 铜镞（11 件）　16. 铜戈　17. 竹弓

图 4–15　江陵雨台山 M169 门板结构与棺椁、随葬品平、剖面图

楣长 0.56 米，宽、厚各 0.07 米，两端凿有榫头和圆形门臼，门板高 0.69 米，总宽 0.46 米，厚 0.02 米。另外，雨台山 554 号墓在头厢通棺室与边厢通棺室的隔板上，各设有一副双扇门，头厢通棺室的门板高 1.01 米，厚 0.03 米，两扇门各宽 0.315 米。边厢通棺室的门板与头厢门板等高，厚 0.02 米，总宽 0.64 米。另外，太晖观 50 号墓，李家台 4 号墓，在头厢与棺室之间，也设有门。这些门的形状都是靠隔板的一侧上下两端出斗，上斗安入隔梁的圆孔内，下斗装入底板凿好的户枢内，这种门的形式和当地农村现在使用的双扇门差不多。

雨台山 248 座一椁一棺墓中，216 座为悬底弧棺，32 座为悬底方棺，这两种棺的形态是纪南城周围一带楚墓棺的最基本的形态。因此也具有鲜明的地方特征。如果盖板弧凸，两侧壁板也一定弧凸，故称弧棺（图 4–15）；若盖板平直，两侧壁板也一定平直，横剖呈方形，便称方棺（图 4–16）。它们的共同点是：底板较薄，悬空度较高。整个棺只用卯榫结合，不用暗楔、栓钉，故结合不很严紧。为了弥补这一缺陷，有

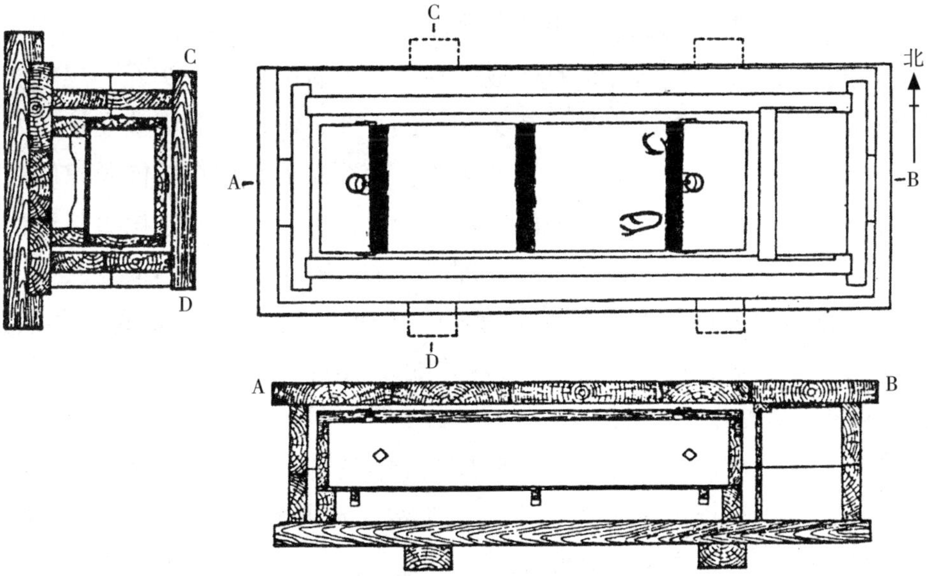

图 4–16　江陵雨台山 M245 椁棺平、剖面图

的棺下葬时，用绳索捆缚，一般均是捆缚三道，每一道绳四圈左右；为使绳捆紧，每一道绳下在棺盖上加三道木楔，楔紧。在这些棺盖之上，一般还覆盖竹帘。除了这种最常见的悬底棺外，还有一种长方盒状棺。此种棺多见于重棺墓：如上述的天星观 1 号墓，包山 2 号墓，望山 1 号墓，雨台山 354 号墓、555 号墓等，有的与悬底棺混合使用，如天星观 1 号墓，第一层、第二层外棺为长方盒状，内棺为悬底弧棺；望山 2 号墓，外棺、内棺均为长方盒状，中棺则为悬底弧棺。也有不混合使用，全是长方盒状的，如雨台山 354 号墓、555 号墓。而在一棺一椁墓中，棺为长方盒状的，目前仅见于马山 1 号墓，并且马山 1 号墓棺的结构也较以上长方盒棺复杂，它主要为燕尾榫扣合，而不似雨台山 354 号墓为子母榫结合。

长方盒状棺的出现，明显晚于悬底棺。长方盒状棺的单独使用，年代要更晚一些，在江陵、长沙等地，进入秦汉以后，悬底棺已经绝迹，使用的仅有长方盒状棺，可见长方盒状棺的延续使用时间更长。

一椁一棺墓的随葬品，有头厢和边厢的，陶礼器和陶生活用品以及小件的漆木竹器，均放置在头厢，长兵器矛、戈、戟等均放置在边厢，剑和装饰品玉环、料珠等，有的放置在棺内，有的放置在头厢。仅有头厢的墓，陶礼器、生活用品放在头厢，剑、戈、镞、弓等则放在棺椁之间一侧的空隙处。没有头厢、边厢的墓，随葬品大都放在棺前及棺的一侧与椁的空隙处，也有少数墓的兵器置于棺盖之上。一椁一棺墓随葬器物少的仅只有陶生活用品两三件，即鬲、盂、罐（壶）全出或少其中一两件；也有的另加一件兵器或玉饰器。随葬器物多的，仿铜陶礼器鼎、簠、缶和鼎、敦、壶可多至各两套并配以镳壶、盘、匜、小口鼎、盥缶，外加漆木竹器、兵器，总数可达数十件；也有的还出青铜礼器，个别墓鼎、敦、壶、盘、匜全出，多数不全。这种随葬器物较多和较少的情况，在整个一棺一椁墓中，都是极少数。较普遍的是一墓出鼎、簠、缶或鼎、敦、壶各两套，另配以镳壶、盘、匜等陶器，外加少量漆木器与兵器。

单棺墓在雨台山 558 座墓中有 264 座，棺的形制清楚的有 47 座，其中悬底弧棺 34 座，悬底方棺 13 座。棺都由盖板、壁板、挡板、底板以及底板下的垫木构成，结合方法是盖板与棺身之间用子母口结合，即棺身上端作成子榫，盖板内侧凿有一圈母口。壁板与挡板之间用半肩透榫结合，棺身内侧下半腰留有一圈浅槽嵌底板，底板下垫木与壁板用锁榫结合。棺口一般均呈长方形，唯有雨台山 65 号墓棺的做法与其他棺不同，在棺的前面隔出一部分为头厢，此墓棺的具体情况是：棺长 2 米，宽 0.75 米，高 0.64 米。头厢在棺南端，头厢与棺室之间安有一块隔板，隔板两端插入棺壁板内侧的浅槽内。此墓的随葬品陶长颈壶、豆、竹盒、竹笥各一件均放置在棺的头厢内。其余各墓的随葬品，陶生活用品或仿铜陶礼器置于棺前，兵器一般放在棺两侧的墓坑内，有少数器置于棺盖板上，如铜剑、铜戈、竹弓等。有壁龛的墓，随葬品放于壁龛内。单棺墓的随葬品，一般只有一套陶生活用品如鬲、盂、长颈壶（罐）或一套陶礼器鼎、敦（簠）、壶（缶），少者仅一至两件，多者十余件。雨台山单棺墓也有一座墓有墓道，墓坑比其他单棺墓稍大，随葬品也只有陶鬲、盂、长颈壶、剑四件。也有极少数墓出一至两件青铜礼器。

无椁无棺的墓，在雨台山有 14 座。一般埋葬较浅，填土也未经夯实。在雨台山有因人骨架等均已腐烂，看不出任何葬具形迹的墓葬，而在拍马山（南麓）有一座墓，无棺椁，却用竹席裹尸。这样的墓，有的随葬一两件陶器或一件兵器，有的一无所有。随葬品大都放置在人骨架的头端或人骨架的两侧。

在雨台山、太晖观、葛陂寺、拍马山等墓地，葬具大都保存很好，另有些墓地像张家山、万城等处，葬具有的保存很不好或没有保存。葬具保存不好的，人骨架等更不易保存，然有些棺椁保存很好的墓，人骨架也大都腐烂，如雨台山 558 座墓中，棺椁保存较好的有 530 座，而保存人骨架的仅有 29 座。太晖观、葛陂寺棺椁保存也均较好，太晖观发掘 10 座，葛陂寺发掘 24 座墓，各只有一座墓保存有完整的人骨架。

葬式均为仰身直肢，骨架均用竹席包裹。有的骨架没有保存，便只见到棺内竹席。唯有马山1号墓棺内衣衾等保存最完整，由此可知当时的装殓及葬式等情况。关于此墓具体情况，详见该墓发掘报告。①

第三节　郢都江陵楚墓随葬品的种类与组合关系

已发掘的4 600余座楚墓中，仅1 000多座的资料已经公布，这些墓共计出土遗物10 000余件，品种相当丰富，最主要的有三类：一类为青铜礼器和兵器；一类为陶器；一类为漆木器。

一、青铜礼器和兵器

青铜礼器有鼎、敦、壶、缶、盥缶、盘、匜、勺等。以青铜礼器为主的墓，是大型的贵族墓，如天星观1号墓，尽管主要铜器被盗，但从一些残件仍可以看出是以铜器随葬为主（该墓也出土少量陶器，但未见陶礼器，陶礼器一般是不会被盗走的）。中等的贵族墓，如望山1号墓，随葬有成套的青铜礼器，还随葬有陶礼器。小型墓（这是已发掘墓中的绝大多数），仅个别墓出土有不成套的青铜礼器，或出一件，或出两件，最多不过三五件。雨台山558座小型墓，共出土铜鼎18件，铜壶6件，加上盘、匜、勺、匕等共有52件，这个总数还不及一个大墓的多。

青铜器的特点是胎薄、素面、外形清秀、器足较高。

小型墓很少出车马具（如车害、马衔）和铜镜。如雨台山共有558座小型墓。仅出车害2件，马衔2件，节约2件，马辔饰1件，铜镜8面，这些器物，都集中在少数墓中，其他大多数墓，均未见到。

然而，在纪南城四周楚墓中，不论大墓与小墓，随葬青铜兵器却是很普遍的。不只数量多，品种全，而且制作精细。从数量来看，雨台山558座墓，有216座出土兵器，共518件；张家山75座墓中，出土兵器

① 荆州博物馆．江陵马山一号楚墓［M］．北京：文物出版社，1985．

61 件。现将各个墓地所出兵器情况，列表 4-2 如下：

表 4-2　江陵楚墓出土兵器情况统计表

墓地	墓总数（座）	出兵器墓数（座）	兵器总数（件）	剑（匕首）（件）	戈（件）	矛（件）	镞（件）	戟（件）
雨台山	558	216	518	172＋41	102	15	181	7
九店	597	235	580	203＋20	16	6	271	2
张家山	75	23	61	21	10	3	27	
拍马山（南）	27	17	64	15	15	3	30	1
太晖观	10	6	86	6	7	2	71	
万城	7	5	15	5	6	1	3	
望山 1 号	1	1	65	4	6	5	50	
秦家嘴①	105	47	259	41＋10	32	有	18	有

铜剑是这一带楚墓中最普遍的一种兵器，成年男性墓中几乎都有 1 件铜剑随葬，较大的贵族墓随葬铜剑更多，如望山 2 号墓，随葬 7 件；天星观 1 号墓，随葬 32 件。

迄今为止，所发掘楚墓铜器上有铭文的都在兵器上，如“楚王孙渔”之戟，“越王勾践自作用剑”“越王州勾自作用剑”，拍马山“鄂君用宝戈”，雨台山“周阳之戈”和“隊作宝戈”。这些铭文都为推测墓主的年代与身份提供了极珍贵的资料。

除了表中所列兵器外，还有盾、弓、弩机以及兵器的附件，如剑盒、箭箙、戈镈、矛镦和长兵器杆等。

二、陶器

纪南城附近楚墓中，大部分墓随葬陶器，不出陶器的墓有两种情况：一是墓中没有随葬品；二是随葬其他器物，而无陶器。雨台山 558

① 此处的各种兵器数，原简报没有全部公布，尚不全。参见陈耀钧．江陵秦家嘴楚墓发掘简报［J］．江汉考古，1988（2）．

座墓中，不出陶器的97座，约占17.4%；秦家嘴105座墓中，有27座不出陶器，占25.7%；拍马山27座墓中，有10座不出陶器，其中有3座没有任何随葬品，有7座只随葬其他器物。这说明，不以陶器随葬而以其他器物随葬的墓在这一带不是少数，这是一个值得注意的现象。

出陶器的墓，其组合关系一般比较清楚，可分为两类：一类以鬲为主，其基本组合有鬲、钵、罐；鬲、钵、小壶；鬲、钵、绳纹圜底罐；鬲、钵、长颈壶。在这基础上，有的加豆，个别的加盖豆，还有组合不全的，只出其中的一件或两件，如单出鬲、钵、长颈壶、小壶、绳纹罐；或出鬲、罐（小壶或长颈壶）；钵、长颈壶；豆等。其中长颈壶较普遍，这是楚都附近楚墓又一显著特点。

另一类是以鼎为主，最主要的组合有鼎、敦、壶；鼎、簠、缶或者另加镳壶、盘、匜、豆、盥缶（罍）。这种组合在大型墓与小型墓中都是相同的，一般的小型墓只出一套，每一套各一件，稍大一点的墓，主要陶器就成双，如鼎等。也有两套组合同出的，一般是鼎4、敦2、簠2、壶2、缶2，但所加的盘、匜、镳壶等，一墓只有一套，豆的件数不等。中等以上的大墓，套数就更多，除了上述构成组合的鼎外，还常出不带盖的特大鼎一件与大平底的升鼎若干件，这些在小墓中是不见的。

在这一带楚墓中还有一种鼎、盂、壶（或长颈壶）的组合，但这类墓不多。个别的墓也出现过鼎、壶、豆，但我们没有把它们看成是鼎、豆、壶的组合关系。因为:（1）这种情况并不普遍;（2）从较普遍的鼎、敦、壶，鼎、簠、缶附加豆的情况看，鼎、壶、豆的豆也是附加的;（3）这种豆都是无盖豆，与中原地区鼎、（盖）豆、壶中的（盖）豆显然有别。

在江陵楚墓中，还没有形成鼎、盒、壶的组合关系，仅雨台山555号墓出土两件陶盒，这种陶盒与长沙等地常见的陶盒不同。在这座墓中还出有鼎、敦、壶、钫，因此基本组合还是鼎、敦、壶。

三、漆木器

纪南城四周楚墓出土漆器很多，品种也很齐全，并已构成了一种新的随葬器类。以雨台山为例，558 座墓中有 224 座墓随葬漆木器、竹器，共 900 多件，主要是漆木器。秦家嘴 105 座墓中，有 48 座墓出漆木竹器 250 余件；拍马山 27 座墓中，有 16 座墓出漆器近 60 件；望山 1 号墓出漆器 100 余件，竹器 70 多件。可见漆木器、竹器和陶器、铜器一样，是楚墓中重要的随葬品。同时，因它们一般保存较好，在别处难以见到，这就更难能可贵。

出土的漆木器，可以分为四类：（1）生活用品，有的可以实用，有的是模型，主要器类有耳杯、盒、樽、奁、梳、篦、豆、俎、案、几等。（2）娱乐品，如六博等。（3）专为随葬用品，如木俑、镇墓兽、虎座飞鸟等。（4）工艺品，主要为装饰品，如木鹿、座屏、鸟形饰等。

过去，有人把一些上漆或施彩的兵器零件如戈矛柄、剑鞘、剑盒、箭箙以及车马器的上漆构件算作漆器，我认为，这些只能算作兵器附件或说髹漆的兵器附件，正如彩绘漆棺不能算作漆木器一样，它们不应归入漆木器范围。有些有明确用途的上漆之器，如鼓、琴、瑟等，应归入乐器；漆盾、甲胄等，应归入兵器，也不能算漆器。

江陵楚国漆器，有其独特的造型与纹饰，与其他地区同时期的漆木器有所不同，与江陵秦汉时期的漆木器如耳杯、漆豆、木盒、木俑等区别更大。以耳杯而言，楚有方耳杯与圆耳杯，方耳杯到秦时已经绝迹。楚最早的圆耳杯是胎厚，近圆口，半方半圆或弧形的平耳，后来，近圆口变成椭圆口；平耳变成上翘耳，由变形圆耳变为月牙形耳。秦汉继承了楚的这种风格，演变到最后的器形，大都较楚器小巧精致。楚墓出土有方盒与圆盒，方盒在秦汉墓中见不到，圆盒形体扁平，其口径为高的两倍左右，而秦汉时的圆盒，口径与高基本相等。在器物纹饰上，楚国漆器常见有菱形几何纹、旋涡纹、云纹、蟠螭纹、鸟兽纹等。其中有的是由商周的青铜器上的云雷纹、龙凤纹、鸟兽纹等演变过来的，而秦汉漆器则偏重于写实图案，如鱼头纹、树叶纹、鸟兽纹、云气纹等，愈往后发展，就愈趋于简化。

在这些漆器中，最能反映当时人们的思想意识、最富楚国特点的是其中的镇墓兽、虎座飞鸟、虎座鸟架鼓，而以镇墓兽更突出、更普遍。雨台山出土镇墓兽的墓145座，占总墓数的26%，拍马山27座墓中，有10座墓出镇墓兽。

漆木器在楚墓里占有重要的位置，楚墓不仅出土很多漆器，而且有的墓以漆器为主要随葬品。前已提到，拍马山27座墓中，有10座不出陶器，其中7座就仅随葬漆器。专随葬漆木器，不随葬或少随葬其他器类，这也是江陵楚墓的特点之一。

江陵楚墓的随葬物，除了铜、陶、漆木三大类以外，较为重要的还有竹简、丝麻织品等。这些虽然很重要，但只在几座较大的楚墓里才有，在已发掘的几百座楚墓中并不普遍，故本章暂不涉及。

第四节　楚墓的分期与特点

纪南城四周已发掘的4 600多座楚墓，其年代序列大体上可以划出，但具体地细分，还存在不少问题。一般说来，战国墓葬，因为资料较多，对比材料也比较多，所以分期比较容易，也比较有把握，但是春秋墓葬，特别是春秋早中期墓葬，因为资料尚不够充分，对比材料也比较少，所以分期就困难得多。

一、对东周几座重要墓葬年代的看法

近年发掘的几座东周时代的大墓，对推断江陵楚墓的时代，有很大的借鉴意义，故此，我们在推断郢都附近楚墓的年代以前，对这几座墓的年代发表一些看法。

这些重要大墓有寿县蔡侯墓[①]、随县曾侯乙墓[②]、长沙浏城桥1号墓、信阳长台关1号墓[③]与江陵望山1号墓。蔡侯墓属于哪一个侯，学者们有不同看法，但属于春秋晚期这一点是无疑义的。近年来比较倾向的意见是蔡侯申的墓，蔡侯申死于公元前491年，曾侯乙墓因出土有楚惠王五十六年赠的镈钟，上限不可能超过这一年（前433），一般认为距这一年不会太久，应属战国早期。（参见本书第九章第三节）江陵望山1号墓出土越王勾践剑，但在纪南城附近，出土越王剑已不止一次。藤店1号墓与荆门的一座小墓[④]出土有越王州勾剑，关坪墓地一座墓出土越王鹿郢剑[⑤]，还有张家山的一座小墓出土过越王剑。这些剑都出在郢都附近小墓里，显然是灭越时抢来的。灭越之年的看法虽不统一，但是在战国中期是没有问题的。又望山1号墓的竹简中记载有简王、声王、悼王等先王的名号，这说明望山1号墓只能在这些王之后，最早只能到战国中期。

对于长台关1号墓与浏城桥1号墓的年代，学界看法分歧较大，经过几年的争辩，大都认为应属于战国墓。现将这五座墓出土的一些主要器物，进行类比。

蔡侯墓、曾侯乙墓以随葬铜礼器为主，其余三座墓铜陶礼器兼有。这一方面是身份有别，另一方面与时代有关，如曾侯乙墓随葬青铜礼器多而且精，尽管墓主身份很高，还是用了两件大陶缶，蔡侯墓里就没有陶器。这说明到战国时期，连曾侯乙这么高身份的人，也少不了用陶礼器，其他三座墓出土陶器更多。除身份低以外，说明时代更晚。正因后者用陶礼器代替了铜礼器，陶礼器又是仿照铜礼器的形态与风格，所以

---

① 安徽省文物管理委员会，安徽省博物馆．寿县蔡侯墓出土遗物［M］．北京：科学出版社，1956．

② 湖北省博物馆．曾侯乙墓［M］．北京：文物出版社，1989．

③ 河南省文物研究所．信阳楚墓［M］．北京：文物出版社，1986．

④ 荆门出土越王州勾剑［N］．中国文物报，1988-04-22（2）．

⑤ 江陵县官坪村越王鹿郢剑［J］．中国考古学年鉴，1989．按：越王鹿郢为越王勾践之子。

进行类比时，就不能单看质地，而应依相同器类进行比较。

1. 升鼎

蔡侯墓、曾侯墓很接近，腹较浅，耳向外弯撇。其余三座变为直耳，腹加深。唯浏城桥 1 号墓的腿矮，更接近于曾侯墓、蔡侯墓。

其他鼎：望山 1 号墓与长台关 1 号墓的铜鼎、陶鼎的风格较为近似，其他墓的风格与它们区别较大。

2. 簠

蔡侯、曾侯、浏城桥三墓的较为接近，它们与长台关及望山墓有较大区别，前者足大而矮，后者足内收加高。前者斜腹壁较大，因之耳也较大；后者斜腹壁小，小耳或无耳。

3. 敦

曾侯墓不出，其他四墓出。蔡侯墓与浏城桥墓接近，望山 1 号墓与长台关 1 号墓接近。

4. 簋

长台关 1 号墓不出，蔡侯墓与曾侯墓所出很相似，望山 1 号墓及浏城桥 1 号墓所出的与它们有很大差异。

5. 小鬲

各墓都有。蔡侯、曾侯二墓所出的口沿上扬，其他都是折平的，浏城桥墓与曾侯墓所出有些近似，腿的上部有扉，显然是仿那种形制而来。望山 1 号墓所出与它们有较大距离，实际已不像鬲，而像鼎。长台关 1 号墓出的不是仿铜小陶鬲，因此无法类比。

6. 缶（壶）

蔡侯墓出盥缶、奠缶、方壶；曾侯乙墓出盥缶、大铜缶、陶缶、连座壶、提链壶；浏城桥 1 号墓出圆奠缶、陶壶、方壶；长台关 1 号墓只出彩绘陶壶、铺首铜壶；望山 1 号墓出盥击、奠缶、铺首壶、彩绘壶。

从当阳、淅川等地出土材料我们见到：春秋中期的铜器组合为鼎、簠、盥缶；春秋晚期，盥缶、奠缶（尊缶）同出，可见奠缶至迟始于春秋晚期。铺首壶、彩绘壶在蔡侯、曾侯墓均不见，可见战国早期以前是没有的，战国早期以后才出现。浏城桥1号墓的铺首壶比较原始但不见彩绘壶，推测彩绘壶的出现比铺首壶更晚。

通过以上比较可知：蔡侯墓与曾侯乙墓较为接近，望山1号墓与长台关1号墓接近；而浏城桥1号墓似乎介于这二者之间，前已提到，曾侯乙墓为战国早期，望山1号墓最早到战国中期，因此浏城桥1号墓应定为战国早期偏晚，长台关1号墓最早也只能到战国中期。

我们说浏城桥1号墓应晚于曾侯乙墓，还因为：（1）铺首壶在战国中期以后，大量涌现，广为流行，浏城桥墓的铺首壶较原始，[①] 曾侯乙墓则无。（2）浏城桥1号墓出一种短锋、长身、长铤的三棱镞 [②] 和一种内部向后弯曲的戟，这也是战国中期以后常见的形制，而曾侯乙墓的兵器很多，单镞就有四千多枚，十几种形式，却不见上述三棱镞；曾侯乙墓里各种戟也不少，也不见以上的戟，可见都是晚出形制，由此更可证，浏城桥1号墓应晚于曾侯乙墓。而曾侯乙墓的上限不能超过公元前433年，故此浏城桥1号墓也只能定为战国早期偏晚。

二、纪南城四周楚墓年代序列的划分

蔡侯墓、曾侯乙墓、浏城桥1号墓、长台关1号墓与望山1号墓，再加上淅川春秋晚期楚令尹子冯墓与寿县李三孤堆楚幽王墓，这就大体排出了从春秋晚期早段到战国晚期晚段的年代序列，这对我们来排列江陵楚墓的时代就较为有利。

但是，这些都是较大的墓，它们与小墓还是有一些区别。就时代来说，又多是春秋晚期以后的。因此要对比春秋这一段，还有一些困难，还要另找对比材料。

1973年与1977年，紧靠江陵的当阳县赵家湖先后两次发掘了近

① 我所指原始形态包括两个方面：一是盖，只有铺首壶才是浏城桥1号墓Ⅱ式壶的那种盖；二是指铺首的兽面衔环，也是由这种壶的形态演变而来，见湖南省博物馆．长沙浏城桥一号墓［J］．考古学报，1972（1）．图版4–2。

② 湖南省博物馆．长沙浏城桥一号墓［J］．考古学报，1972（1）．图版15–3。

300 座西周末至战国的墓葬，而其中时代较早的（西周末到春秋早期）从形制组合到器形与中原地区近似，属于春秋中期的一批楚墓既出土了陶器又出土了铜器，其中铜器的形制和新郑郑伯墓出土的铜器十分相似，我们可以借用这批材料来排列纪南城四周春秋早、中期墓，断代也就有了依据。

当阳赵家湖 6 号墓为一棺一椁，出土的全是陶器，计鬲、钵、豆、罐各 4 件（图 4–17，1—6）。

这个墓的陶器组合，见于《上村岭虢国墓地》（两周之际），①《沣西发掘报告》三、四、五期（西周末至春秋早期），②《洛阳中州路》（西工段）一、二期（春秋早中期），③ 其中的折腹平底罐、平底钵（盆），只见于上述墓地的西周末至春秋早期，还见于比春秋早期略早的陕西宝鸡福临堡 7 号墓。④ 此墓的陶豆、陶罐也与沣西的同类器物相近，其中的陶豆还与陕西宝鸡阳平镇秦家沟村 ⑤ 及宝鸡县西高泉村 ⑥ 的春秋早期秦墓所出相近。1979 年河南信阳出土春秋早期吕国铜器，同时出土有陶盂（折腹平底，也可称罐）、陶钵。⑦1978 年信阳市平桥春秋早期樊君夔夫妇墓，所出陶器具有南方的特点，其中的甂亦为折腹平底。⑧ 可见折腹平底器应是春秋早期以前的风格。故此，赵家湖 6 号墓应定为两周之际到春秋早期。

江陵楚墓中出这种鬲、钵、豆、罐的墓并不多，其中只有陕家湾 1 号墓接近于赵家湖 6 号墓，如钵为深腹，罐与赵家湖 6 号墓所出另一件完全一样，鬲为卷沿，形制不算晚（图 4–17，7—9），故可定为春秋早期。

---

① 中国科学院考古研究所．上村岭虢国墓地［M］．北京：科学出版社，1959．
② 中国科学院考古研究所．沣西发掘报告［M］．北京：文物出版社，1962．
③ 中国科学院考古研究所．洛阳中州路（西工段）［M］．北京：科学出版社，1959．
④ 赵学谦，刘随盛．陕西宝鸡福临堡东周墓葬发掘记［J］．考古，1963（10）．
⑤ 屈鸿钧．陕西宝鸡阳平镇秦家沟村春秋秦墓发掘记［J］．考古，1965（7）．
⑥ 宝鸡县西高泉村春秋墓发掘记［J］．文物，1980（10）．
⑦ 欧潭生，邵金宝，刘开国．河南信阳发现两批春秋铜器［J］．文物，1980（1）．
⑧ 王与刚，欧潭生，蔡静远．河南信阳平桥春秋墓发掘简报［J］．文物，1981（1）．

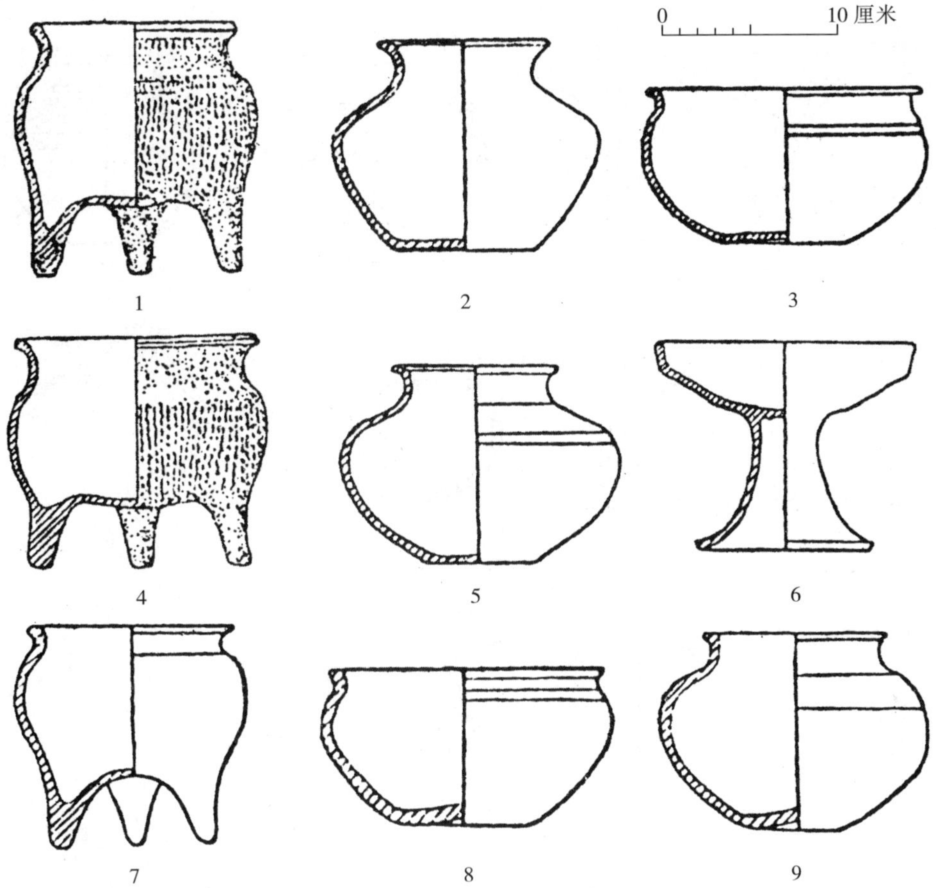

1、4. 鬲　2、5. 罐　3. 钵　6. 豆（以上当阳赵家湖 M6 出土）
7. 鬲　8. 钵　9. 罐（以上陕家湾 M1 出土）
图 4–17　江陵、当阳楚墓出土陶器摹绘图

当阳春秋中期墓中，有一批墓出土的铜鼎，器形与郑伯墓所出极为相似，这批墓有赵家湖 1 号墓、赵家湖 4 号墓、金家山 9 号墓、郑家坰 23 号墓等。江陵春秋墓中，没有出土铜礼器，但有的墓所出陶器与当阳上述墓所出陶器极为类似，故也可定为春秋中期。这些墓有东岳庙 4 号墓，雨台山 80 号墓，陕家湾 2 号墓。

东岳庙 4 号墓出磨光黑陶（这也正是当阳出铜陶礼器墓的一大特

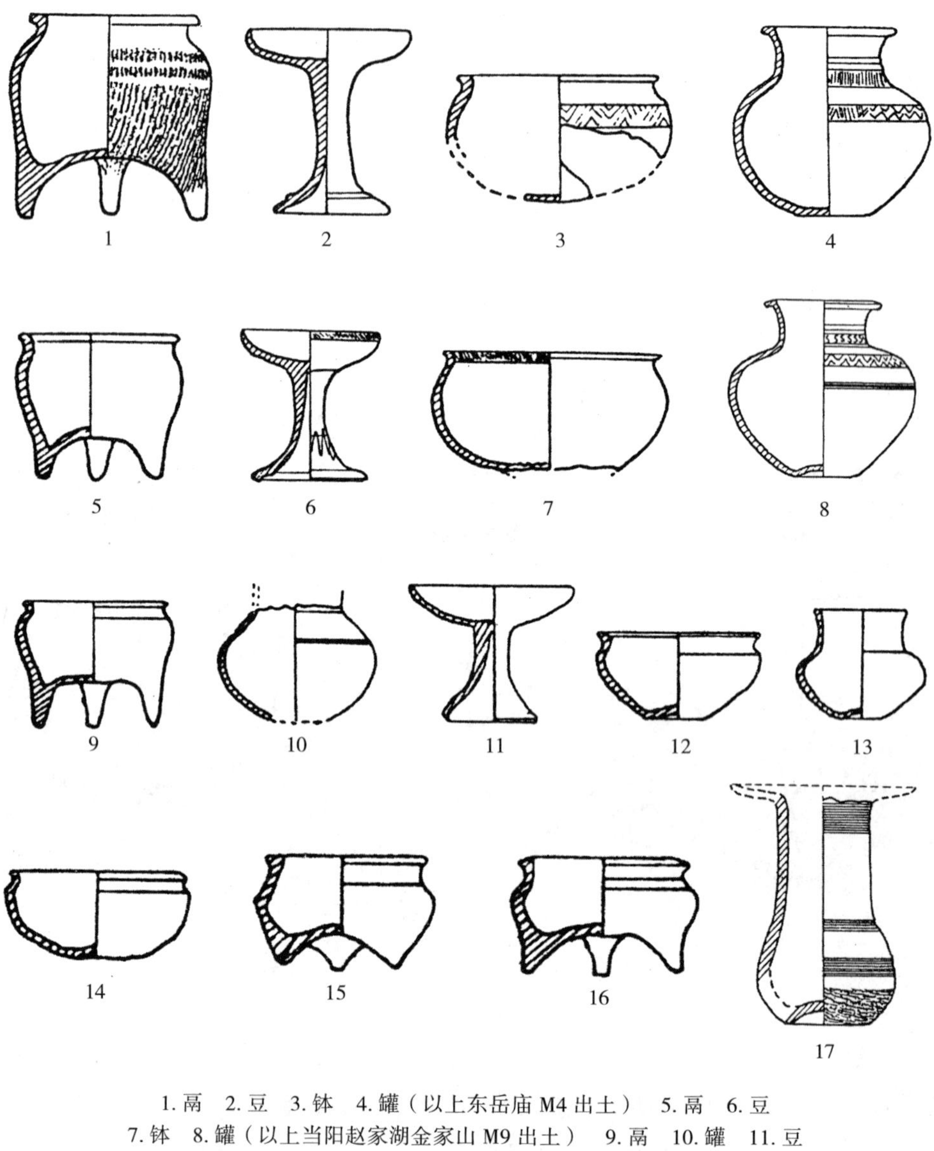

1. 鬲　2. 豆　3. 钵　4. 罐（以上东岳庙 M4 出土）　5. 鬲　6. 豆
7. 钵　8. 罐（以上当阳赵家湖金家山 M9 出土）　9. 鬲　10. 罐　11. 豆
12. 钵（以上雨台山 M80 出土）　13. 罐　14. 钵　15、16. 鬲
（以上雨台山 M39 出土）　17. 长颈壶（张家山 M108 出土）

图 4–18　江陵、当阳楚墓出土陶器摹绘图

点），其中罐、钵、豆的形制乃至暗纹与当阳赵家湖金家山 9 号墓所出几乎完全一致（图 4–18，1—8）。故这座墓应定为春秋中期。

雨台山 80 号墓的陶器器形与纪南城陕家湾 1 号墓大体近似，但它的鬲、罐与赵家湖 6 号墓还有较大距离，而接近于当阳赵家湖金家山 9 号墓（图 4–18，9—12），故此墓应定为春秋中期。

纪南城陕家湾 2 号墓出陶器四件：鼎、簠、豆、壶（图 4–19，1—4）。其中的鼎为聚足，与庚儿鼎有些近似，[①] 在当阳赵家湖金家山 9 号墓也见到，显然是仿春秋中期盛行的聚足铜鼎而来。壶接近当阳赵家湖郑家堖 23 号墓，郑家堖 23 号墓属春秋中期。它的豆为细柄，与雨台山 80 号墓所出一样，故此墓应定为春秋中期。

根据以上资料，在江陵已公布的材料中能够定为春秋早、中期墓的并不多，发现地点也只有纪南城内的陕家湾、东岳庙以及雨台山的个别墓。自春秋晚期起，出土墓葬数量渐多，而且出现了两类陶器组合形式：一类为小明器，其中的鬲多仿铜器；另一类为实用陶器或仿实用陶器的明器。

第一类以雨台山 39 号墓为代表，出土的全部为小明器，计有鬲 2、钵 2、罐 1（图 4–18，13—16）。其他一些出小明器的墓，器形有的和它相同，有的和它不同，除少数仿的铜器时代较早以外，大都类似春秋晚期的铜器，尽管其器形不尽相同，但这种明器都很小，应视为同一个时期的风格。把它们定为春秋晚期的根据是：（1）纪南城南水门木构建筑的柱洞内（第 4 层）及其上部（第 2、3 层）就出土过这类小明器，[②] 南水门的建筑年代根据其地层及其共存遗物，最早定为春秋晚期。（2）纪南城松柏鱼池探方 T_1 第五层也出土有小明器鬲 2 件和其他器物，这个探方共分六层，五、六层属同一个时期，根据所出共存器物，其时代最早亦不过春秋晚期。有这两处地层作依据，所以我们认为雨台山 39 号墓以及其他出小明器的墓，最早定为春秋晚期。

① 王克林．山西侯马上马村东周墓葬［J］．考古，1963（5）．

② 楚都纪南城的勘查与发掘［J］．考古学报，1982（3）．

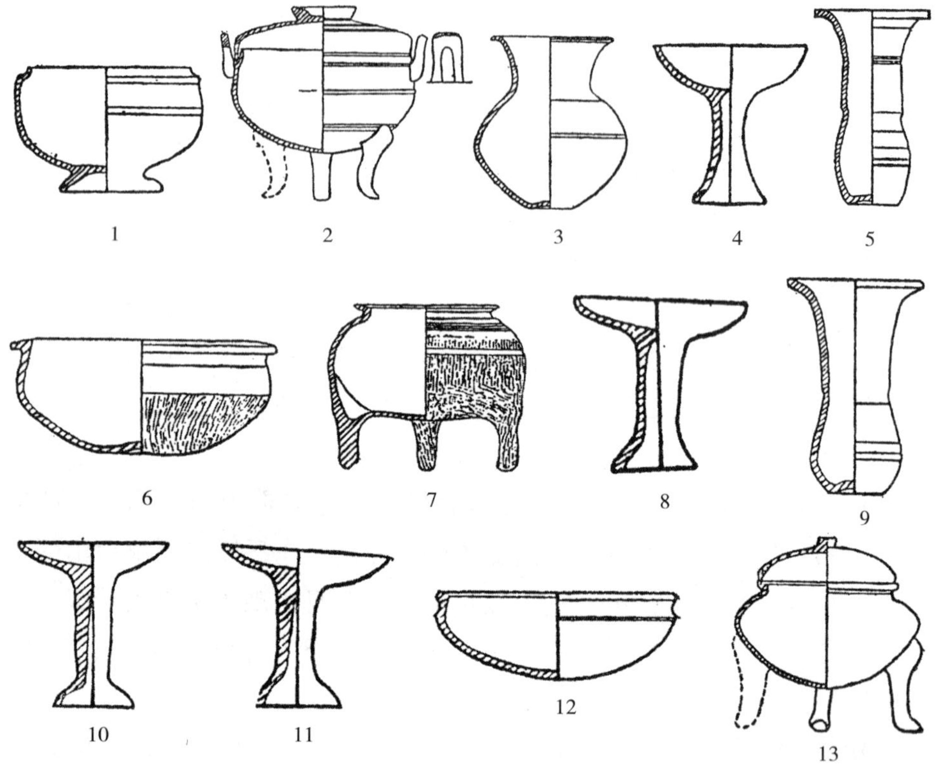

1. 簠　2. 鼎　3. 壶　4. 豆（以上陕家湾 M2 出土）　5. 长颈壶
6. 钵　7. 鬲　8. 豆（以上雨台山 M496 出土）　9. 长颈壶
10、11. 豆　12. 钵　13. 鼎（以上葛陂寺 M6 出土）

图 4–19　江陵楚墓出土陶器摹绘图

另一类以雨台山 496 号墓为代表，出鬲、钵、小长颈壶、豆（图 4–19，5—8）。长颈壶是江陵楚墓中比较普遍也较为重要的一种器物，因为它出土多，变化也大，把握住它的发展变化规律，也就为分期找到了依据。因此需要探讨长颈壶究竟何时出现？哪一种长颈壶最早？我们认为长颈壶的出现大概在春秋晚期，而最先见到的是小长颈壶。在有的墓里如葛陂寺 3 号墓，这种小长颈壶与矮柄深盘豆同出，这种矮柄深盘豆在春秋晚期较为普遍，延续至战国早期还存在。值得注意的是小长颈壶还见于纪南城及纪南渠的遗址中，其中纪南渠 $5T_1$ 与 $5T_2$ 的第三层所见的小长颈壶与盆、罐、瓦等共存，根据地层及同出器物分析，应该相当于春秋晚期。因此将这种小长颈壶出现的时代，定为春秋晚期比较恰当。需要指出，纪南城内晚期的地层中也能见到长颈壶，只能理解为这种长颈壶延续时间长或由早期地层混入。

雨台山 496 号墓所出陶鬲，小口，口沿上扬，显然也比后来口沿折平及口沿斜折向上的为早。故此雨台山 496 号墓为鬲、钵、长颈壶的最早形态，其时代当在春秋晚期。

鬲、钵、长颈壶是江陵楚墓中较为普遍的一种组合形式。与长颈壶共存的有鬲、钵、豆。探讨长颈壶的变化，也应注意共存物的变化，这里先着重探讨鬲，然后探讨长颈壶。

与长颈壶共存的鬲，足几乎全为高腿柱状（仅个别例外），可以分为四种形式：

Ⅰ式：以雨台山 496 号墓和江陵傅家台 1 号墓所出（图 4–20，2；图 4–19，7）为代表。小口，宽唇，沿微上扬，柱状足稍外撇，颈部较高。这一类墓不多。

Ⅱ式：以雨台山 420 号墓为代表。大口，方唇，三柱状足外撇（图 4–20，8）。这一类鬲及这一类墓较多。

Ⅲ式：以雨台山 183 号墓为代表。大口，折沿，腹最大径在肩部，以下内收，三柱足亦内收（图 4–21，3）。此墓鬲、钵、壶，鼎、簠、缶，鼎、敦、壶三组器物同出。

Ⅳ式：以望山 1 号墓为代表，大口，口径大于腹径，三足收缩得更拢。

这几式鬲，加上东岳庙 4 号墓的一件，就可以看出其发展趋势是：口卷沿、口沿上扬到口外折，足由外撇到内收。其时代由春秋中期一直延续到战国中期以后。

长颈壶出土数量多，变化更大，主要分为五种形式：

Ⅰ式：如上述雨台山 496 号墓、葛陂寺 6 号墓即是，主要特征是体型小，腹小（图 4–19，5、9）。

Ⅱ式：以雨台山 420 号墓所出为代表。喇叭口侈出中等，最大腹径在中部，底内凹（图 4-20，6）。

Ⅲ式：以张家山 108 号墓所出为代表。唇沿外侈，最大腹径偏低（图 4-18，17）。

此墓打破了出鼎、敦、壶的张家山 48 号墓，张家山 48 号墓的年代定

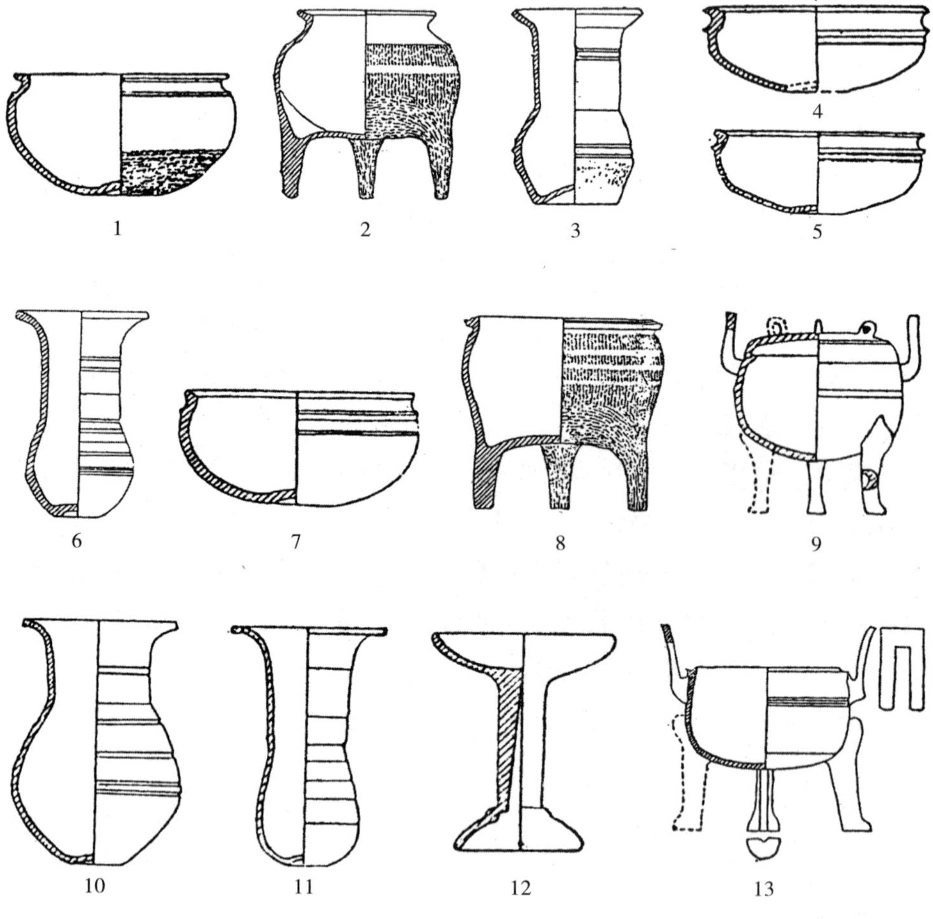

1. 钵　10. 长颈壶　12. 豆　13. 鼎（以上七亩山 1 号墓出土）
2. 鬲　3. 长颈壶　4. 钵（以上傅家台 1 号墓出土）
5. 钵　9. 鼎　11. 长颈壶（以上雨台山 518 号墓出土）
6. 长颈壶　7. 钵　8. 鬲（以上雨台山 420 号墓出土）

图 4-20　江陵楚墓出土陶器摹绘图

在战国中期前段，因此这种长颈壶应晚于战国中期前段或与之基本同时。

Ⅳ式：以雨台山 183 号墓和七亩山 1 号墓所出为代表。颈部缩短，腹加大（图 4-21，12；图 4-20，10）。

Ⅴ式：见于望山 1 号墓，颈部更缩短，颈及上腹部四面有扉，平底（图 4-22，5）。

根据上面的标本分型，我们推定出鬲、钵、长颈壶墓的时代：Ⅰ式鬲与Ⅰ式长颈壶，主要见于春秋晚期；Ⅱ式鬲与Ⅱ式长颈壶，它们共存物

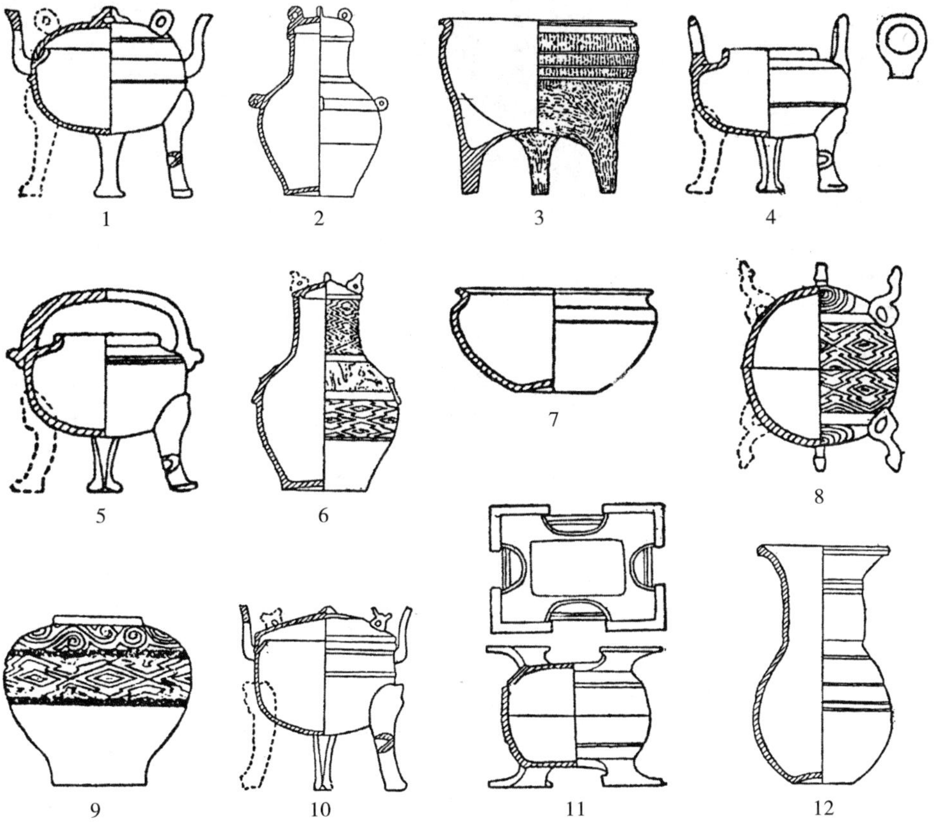

1、4、10. 鼎　2. 缶　3. 鬲　5. 鐎壶　6. 壶　7. 钵　8. 敦　9. 罍　11. 簠　12. 长颈壶

图 4-21　江陵雨台山 M183 出土陶器摹绘图

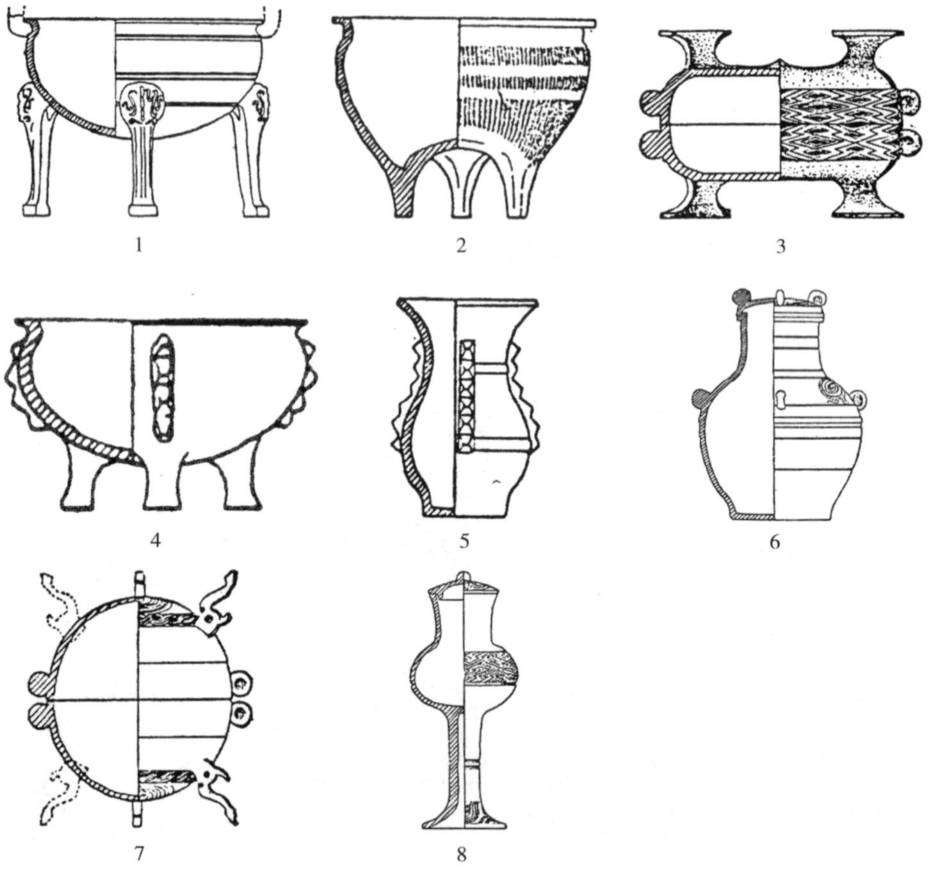

1. 鼎　2、4. 鬲　3. 簠　5. 长颈壶　6. 缶　7. 敦　8. 高柄壶形器

图 4–22　江陵望山 M1 出土陶器摹绘图

中已少见矮柄深盘豆，应晚于Ⅰ式而为战国早期。Ⅲ式鬲与Ⅲ、Ⅳ式长颈壶，主要见于战国中期前段，Ⅳ式鬲与Ⅴ式长颈壶，见于战国中期后段。

与鬲、钵、长颈壶基本并行的，还有鬲、钵、小壶或鬲、钵、绳纹圜底罐，它们可按上述鬲、钵器形类推。

在江陵楚墓中，除了随葬鬲、钵、长颈壶等一类实用器或明器外，还有较多的墓随葬鼎、敦、壶或鼎、簠、缶等一类仿铜陶礼器。这些仿铜陶礼器，何时开始出现，需要研究和探讨。

1. 鼎

目前见到最早的仿铜陶鼎出自陕西张家坡 222 号墓（西周中期）。[①] 此墓出五件仿铜陶鼎和其他器物，稍晚一点是宝鸡福临堡春秋早期墓与宝鸡县西高泉村春秋早期秦墓，都出土有仿铜陶鼎。就楚墓而言，在当阳赵家湖两周之际的墓中，已见到仿铜的陶鼎，这些陶鼎与同期所出的铜鼎形状基本相似。在江陵见到最早的是纪南城陕家湾 2 号墓（图 4–19，2）和雨台山 518 号墓（图 4–20，9）。陕家湾 2 号墓，前面已提到，可定到春秋中期。雨台山 518 号墓的鼎与钵、长颈壶（图 4–20，5、9、11）共存。长颈壶与雨台山 496 号墓（图 4–19，5）所出接近，其时代也应接近。

2. 敦

敦是由簋演变来的，这从《洛阳中州路》的Ⅰ、Ⅱ、Ⅲ式铜簋的变化中可以看出，其中的Ⅲ式铜簋与敦已没有多大区别。中州路的Ⅲ式簋，腹下有三足，两旁有环耳，盖上也有三环纽，这种簋在春秋中期已较普遍，出庚儿鼎的侯马上马村 13 号墓也可以见到。[②] 正因它的器形与早期的敦相仿，所以在一些考古报告里，有的把它叫敦。如长治分水岭 269 号墓所出的就称为敦。[③] 由此可看出，敦在春秋中期就有了。春秋晚期的蔡侯墓，敦已有了两种形式：一种是盖、身分明，盖为三纽，身为三足；一种是盖、身全同，全为三纽（足）。在浏城桥 1 号墓里，已见到前一种器形的陶敦，但这种陶敦也不是最原始的器形。根据江陵、当阳所出陶敦排序，较早的敦一是盖、身分明，二是盖、身合起来成扁球体，以后发展成盖、身完全一样，合起来成圆球体；比较晚期的敦，腹明显地加深，盖、身合起来成椭球体。江陵见到最早形态的陶敦，如雨台山 89 号墓（图 4–23，8）所出，盖身分明，合起来成扁球体，应比浏城桥 1 号墓为早。当阳所出的一些陶敦，也可能早于蔡侯墓。

---

① 中国科学院考古研究所．沣西发掘报告［M］．北京：文物出版社，1962．

② 王克林．山西侯马上马村东周墓葬［J］．考古，1963（5）．

③ 边成修，李奉山．长治分水岭 269、270 号东周墓［J］．考古学报，1974（2）．

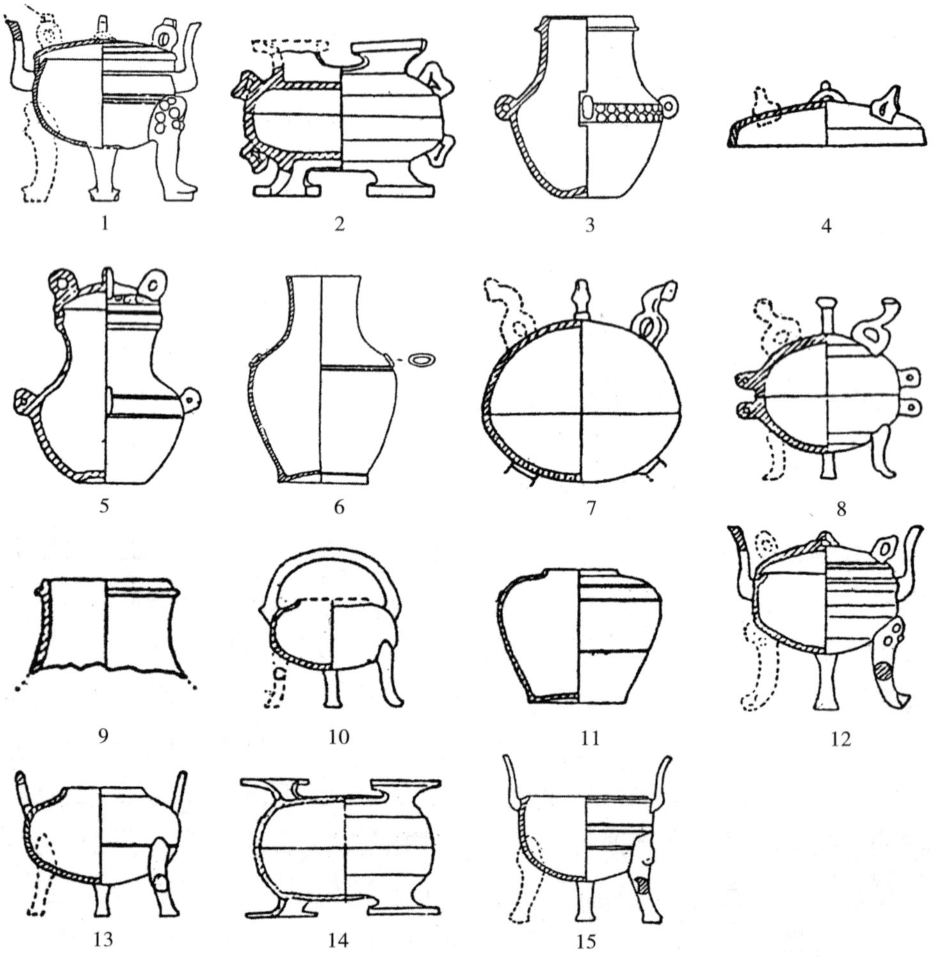

1. 鼎　2. 簠　3. 缶（以上雨台山 M113 出土）
4. 鼎盖　6. 壶　7. 敦（以上张家山 M112 出土）
5. 缶　8. 敦　12. 鼎（以上雨台山 M89 出土）
9. 壶　10. 镳壶　11. 罍　13、15. 鼎　14. 簠（以上雨台山 M90 出土）

图 4–23　江陵楚墓出土陶器摹绘图

3. 簠

江陵陶簠较多，是仿铜簠而来。铜簠在春秋早中期较为普遍，其形状多为扰足，小底，斜腹壁较大，直腹壁小，耳也较小。它的发展趋势是器底加大，四足扩开，斜腹壁缩小，直腹壁加高，耳也加大，这从春秋早中期簠，长治分水岭 270 号墓，寿县蔡侯墓，曾侯乙墓所出的铜簠器形可看出它的发展进程。江陵楚墓的最早陶簠，如雨台山 113 号墓（图 4–23，2），其形式显然要早于曾侯乙墓，甚至早于蔡侯墓，因此陶簠的出现有可能早到春秋晚期。

4. 缶和壶

经常与鼎、敦、簠同出。而缶与壶性能虽相同，但形态有别，缶肩腹间有四环纽，盖上亦有四环纽，这是仿春秋中晚期盛行的一种铜缶，其名亦应叫缶，它与后来的壶很相似，不少人径称之为壶，我想应正名为缶，或暂把它叫缶形壶，缶形壶出现较早，但延续时间较长，直到李三孤堆楚王墓仍可以见到，也就是说一直延续到战国晚期。另一种是铺首壶，前已论及。铺首壶的出现大概在战国早期以后，彩绘壶出现更晚。所以凡出铺首壶、彩绘陶器的墓，应定在战国中期以后。

现在将鼎、敦、壶，鼎、簠、缶以及鬲、钵、长颈壶综合起来，排出如下序列，接上述春秋早、中、晚（一、二、三期）之后，下面讨论第四期至第八期。

第四期：春秋战国之交。其所以定在春秋战国之际，因为定早一点，可以定到春秋晚期，或者有些墓的有些器物，也可以早到春秋晚期。而另一方面，有些墓内有的器物的某些特点和战国早期一些器物又相仿，为稳妥一点，我们把它们定在春秋战国之际。这一时期的典型墓有：

1. 傅家台 1 号墓

出鬲、钵、长颈壶（图 4–20，2—4）。鬲的形式近似春秋晚期雨台山 496 号墓所出。纪南城南水门木构建筑遗址 T_8 第三层也出有相同的鬲。本遗址第四层可以定为春秋晚期，第三层定为春秋战国之际问题应不大。傅家台 1 号墓所出的钵与长颈壶似晚于雨台山 496 号墓，钵与南水门 T_8 第三层所出相仿。此墓的陶器为黄灰色的实用器，显然又比青灰色的同类明器为早。故定此墓为春秋战国之际是适宜的。

2. 雨台山 89 号墓

出陶器鼎、敦、缶形壶（图 4–23，5、8、12）、豆各 2 件，盘、匜、勺各 1 件，还有铜剑、戈、带钩、镞，漆木镇墓兽、漆耳杯、木鹿、木瑟等。

3. 雨台山 113 号墓

出陶鼎、簠、缶（图 4–23，1—3）各 2 件，盥缶、匜、勺各 1 件，铜剑、戈、带钩，玉璧 2 件，镇墓兽 1 件。

这两座墓除陶敦、簠不同外，其余基本相同。陶鼎与缶器形也很相近。上已论述，这两墓的敦、簠、缶都有可能早到春秋晚期。但陶器上的圆圈纹，在浏城桥 1 号墓可以见到，与曾侯乙墓里陶缶上的圆圈纹、S 纹，也有些类似，都是压印而成的。这种纹饰不见于当阳春秋中期墓，有可能是春秋晚期才出现，也可能稍晚一点。为稳妥起见，将它们定为春秋战国之际。

第五期：战国早期。出鬲、钵、长颈壶的以雨台山 420 号墓为代表（图 4–20，6—8），所出陶器均为青灰明器，应晚于雨台山 496 号墓和傅家台 1 号墓。

出鼎、敦、壶的墓以张家山 112 号墓为代表，此墓的敦形体较扁，而壶是向铺首壶过渡的形式（图 4–23，4、6、7），所出的镞也不是短锋，长身、长铤。

出鼎、簠、缶的墓以雨台山 90 号墓为代表，鼎和缶的器形近似雨台山 89 号墓和 113 号墓所出，但簠的器身已明显加高（图 4–23，2、13—15）。

以上墓葬的陶器均无彩绘。

第六期：战国中期前段。如何划分战国早期和战国中期前段墓，以浏城桥 1 号墓为标尺，属于战国早期的墓应比它早或基本同时；属于战国中期的墓，应比它晚。

典型墓有雨台山 183 号墓，出陶鬲、钵、长颈壶，鼎、敦、壶，鼎、簠、缶三套器物（图 4–21），出彩绘陶器、铺首壶，显然比浏城桥 1 号墓晚；此墓所出的鬲足内收，长颈壶腹加大；敦接近椭球体；簠的斜腹壁缩小，直腹壁加高。这些都不是战国早期器物的特征。如果说浏城桥 1 号墓可以作为战国早期后段的标尺，那么，雨台山 183 号墓应晚于它，可以作为战国中期前段的标尺。

第七期：战国中期后段。代表性的墓有望山 1 号墓和拍马山 5 号墓。

对望山 1 号墓的年代，学界看法很不一致，有认为是春秋晚期或战国早期的，① 有认为是在战国中期以后的，② 也有认为应属战国中期，但在灭越以前。③ 我们认为必须进行全面类比与综合考察（图 4–24）。

图 4–24　江陵望山 1 号墓发掘现场

望山 1 号墓竹简记载墓主祭祀的先祖有柬大王、圣王、悼王（即简王、声王、悼王）、东邳公、王孙喿，其先后次序固定。先秦时代可把祖父的号作姓，墓主悼固以悼为姓，应是悼王之后，估计有可能是悼王的第四代或第五代孙，④ 悼王在位为公元前 401—前 381 年，若一代按 20 年—25 年计算，相去悼王已 80 年—100 年。可见望山 1 号墓下葬的年代应在公元前 300 年左右，不可能早到战国早期。

望山 1 号墓出土越王剑，应在楚灭越之后。楚灭越的年代，应在楚怀王二十三年（前 306）。古本《竹书纪年》魏襄王七年“四月，越王使公师隅来献乘舟始罔，及舟三百，箭五百万，犀牛齿焉”，时为楚

① 《长沙浏城桥一号墓》中认为它距越王勾践在位年代（前 496—前 465）不远。

② 中山大学古文字研究室认为应在楚灭越（前 306）以后。见中山大学古文字研究室楚简整理小组．江陵昭固墓若干问题的探讨［J］．中山大学学报：社会科学版，1972（2）．

③④ 陈振裕．望山一号墓的年代与墓主［C］// 中国考古学会第一次年会议文集．北京：文物出版社，1980．

怀王十七年。说明楚怀王十七年仍有越王存在。《战国策・楚策》《韩非子・内储说下》和《史记・甘茂列传》都载楚怀王用邵滑于越施反间计，“五年而能亡越”“郡江东”。可见，直到前306年，越才被楚灭亡。

望山1号墓所出陶器器类较多，这一方面说明墓主身份高，随葬陶器的品类才能多，另一方面说明时代晚，一些晚出之器如高柄盖豆和高柄壶形器（图4–22），才有可能在墓中出现。从器物类别看，望山1号墓所出的鬲、钵、壶，鼎、敦、壶，鼎、簠、缶（图4–22）都比雨台山183号墓所出的同类器要晚得多。如望山1号墓的鬲口更大，足更内收；长颈壶变矮，底变为假圈足平底，鼎的足多经修削，簠、敦的耳不穿透，缶为假圈足平底，这些都是晚出的特征。

望山1号墓的有些器物已接近战国晚期李三孤堆楚幽王墓所出的同类器物，如望山1号墓的陶簠、陶豆、陶匜等与楚王墓的同类器物相当接近，[①] 这些器物不仅雨台山183号墓见不到，连藤店1号墓也未见。

综上所述，望山1号墓应晚于雨台山183号墓，晚于藤店1号墓，年代应在灭越之后，即前300年左右，属于战国中期偏晚。

拍马山5号墓也应属战国中期偏晚。[②] 此墓出土有铭文“卅四年”的戈，经考证为魏惠王三十四年器，即公元前337年。此戈流入楚国应在这年之后，当然也不可能晚于秦拔郢的公元前278年。

第八期：战国晚期前段。典型墓有雨台山555号墓，出土器物有陶器鼎、敦、壶、钫、盒、鐎壶；铜器有镜；漆木器有镇墓兽、耳杯、俑、几、虎座鸟架鼓等。陶鼎足瘦长、中空、经修削。敦椭球形，环耳不穿透。钫假圈足平底（图4–25，6—8）。陶盒（图4–25，10）与长沙杨家湾6号墓的有些类似，杨家湾6号墓可能是秦汉墓，[③] 它所出镇

① 楚文物展览会 . 楚文物展览图录［M］. 北京：北京历史博物馆出版，1954.

② 湖北省博物馆发掘小组，荆州地区博物馆发掘小组，江陵县文物工作组发掘小组，湖北江陵拍马山楚墓发掘简报［J］. 考古，1973（3）.

③ 吴铭生，戴亚东．长沙出土的三座大型木椁墓［J］. 考古学报，1957（1）：96. 我认为此墓可能为秦汉墓，除原报告中提到的外，还有以下原因：（1）江陵楚墓不出薰炉，而秦汉墓大量出；（2）楚墓中漆器上没有凿印文字，而秦汉墓又是普遍的；总之它整个风格也不同于长沙楚墓。

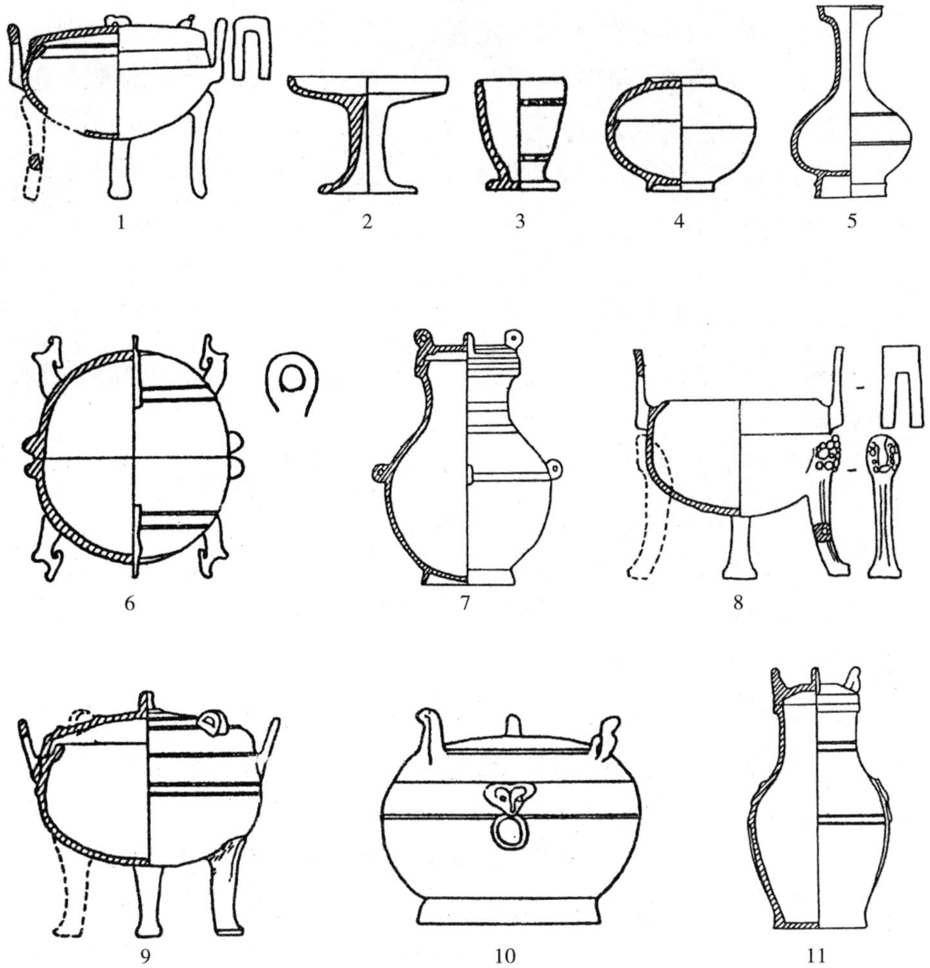

1. 鼎　2. 豆　3. 杯　4. 盒　5. 壶（以上凤凰山 M38 出土）　6. 敦　7. 缶
8. 鼎　10. 盒　11. 钫（以上雨台山 M555 出土）　9. 鼎（拍马山 M5 出土）

图 4-25　江陵楚墓、秦汉墓出土陶器摹绘图

墓兽头部已近似人面，是镇墓兽的晚出形态。但是雨台山 555 号墓比长沙、鄂城等地出鼎、盒、壶的墓要早，比纪南城凤凰山的秦汉墓也早，具体地说应在公元前 278 年以前，故定为战国晚期前段是适宜的。另有大雁坡 6 号墓，主要陶器组合为鼎、簠、敦、壶、钫，器形和雨台山

555 号墓相似。

关于郢都江陵楚墓的下限应定在公元前 278 年。这一年秦将白起拔郢，这一带悉为南郡，不能再称为楚了。这一点已为纪南城内凤凰山的秦汉墓所证实。

凤凰山秦汉墓所出器物与组合和楚墓是有很大区别的，33 座墓仅 38 号秦墓出鼎、盒、壶、杯、豆（图 4–25，1—5），94 号墓出鼎、壶，它们的器形与楚墓有很大差别，其他秦汉墓差别就更大了。这就完全可以看出秦拔郢后的明显变化。

将郢都江陵楚墓的时代序列初步划分以后，还有一些问题需要探讨和研究。

第一，鼎、簠、缶，鼎、敦、壶出现孰早孰晚的问题，或说它们与鬲、钵、壶的出现孰早孰晚的问题。简单地把鬲、钵、壶排在鼎、簠、缶前面，或者把鼎、簠、缶排在鼎、敦、壶的前面，都是不妥当的。这三套陶器它们各有早晚不同的器形，而且还有一个交叉过程，从现有资料看，这一交叉过程还相当长，这一点是值得注意的。

这三种组合中的每一类器物，它们的出现与消亡时间又是不一致的。上面已对它们的出现时间作过探讨，下面再就这几种主要器物的消失时间作一些探讨。

鬲、钵、壶这一种组合，在一般小墓里，见得最多的是春秋晚期到战国早期，战国中期以后，就不太普遍了（被鼎、敦、壶等取代）。然在战国中期晚段的望山 1 号墓里仍可以见到。可见这一类组合从春秋至战国中晚期一直都存在。

鼎、敦、壶与鼎、簠、缶两种组合在江陵基本上是同时出现的，而且并行到战国晚期前段。雨台山、拍马山、太晖观及其他墓地，簠、敦始终同出，可供证明。但陶敦延续的时间更长，这点在江陵还难以看出，在长沙则比较清楚：《长沙发掘报告》[①] 中的 73 座战国墓，只有敦，

① 中国科学院考古研究所．长沙发掘报告［M］．北京：科学出版社，1957．

不见有簠。《长沙楚墓》[①]209 座墓出敦 197 件，出簠仅 2 件，说明簠已近消失。长沙的西汉前期墓如 251 号、252 号、232 号墓仍出敦[②]，足见敦一直延续到西汉，比簠延续时间更长。

第二，江陵还有一类出鼎、钵、壶的墓，这类墓数量不多，但可以明显地看出鬲、鼎的交替，其共存物也正好表明鬲、鼎的相对年代。除了上面已提到的雨台山 518 号墓外，再举几例：

1. 葛陂寺 6 号墓

鼎身为釜形，附三兽蹄足，有盖无耳，同出的钵与傅家台 1 号墓所出相似。长颈壶与雨台山 496 号墓相似（图 4–19，9、12、13）。故其时代当在春秋晚期至春秋战国之际。

2. 雨台山 266 号墓

此墓出鼎、钵、Ⅱ式长颈壶、小壶、豆。鼎为深腹，圜底，口沿下一圈凸棱承盖，盖上有三环纽，附耳较大，足外撇。此墓的Ⅱ式长颈壶与雨台山 420 号墓所出相仿，故当定为战国早期。

3. 七亩山 1 号墓

此墓出鼎、钵、Ⅳ式长颈壶（图 4–20，1、10、13）。鼎为子母口承盖，深腹、圜底、附耳，兽蹄足，内侧有凹槽，此种鼎为战国中期墓所常见，Ⅳ式长颈壶比雨台山 183 号墓的晚，故此当定在战国中期。

第三，江陵还有一些组合不全的墓，这些墓往往带有一种过渡性质。如钵、长颈壶，加鬲为鬲、钵、长颈壶，加鼎为鼎、钵、长颈壶，又如鼎、壶，加钵为鼎、钵、壶；加敦就变成鼎、敦、壶；这种过渡形式的墓，也正好表明它们的时代。如张家山 59 号墓出鼎、壶、铜剑、铜镞。其壶为向铺首壶的过渡形式，而鼎又是出铺首壶墓里所常见的，此墓还出有短锋、长身、长铤的镞，故此墓当定为战国中期前段。详见江陵楚墓陶器分期表（表 4–3）。

---

① 文道义．长沙楚墓［J］．考古学报，1959（1）．

② 中国科学院考古研究所．长沙发掘报告［M］．北京：科学出版社，1957．

表 4-3 江陵楚墓陶器分期表

器名 时代	分期	鬲	钵	罐	长颈壶	鼎	簠	缶	鼎	敦	壶	盒	钫	豆	簋	壶形器
春秋早期	第一期	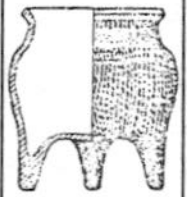 1	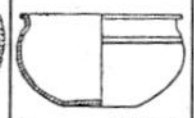 0 10厘米 2	 3 1–3以上当阳赵家湖M6										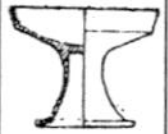		
春秋中期	第二期	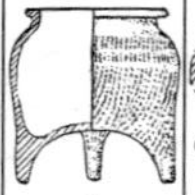 1	 0 10厘米 2	 3 1–3 东岳庙 M4					 4		 5			 6	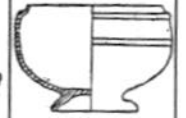 7 4–7 陕家湾 M2	
春秋晚期	第三期	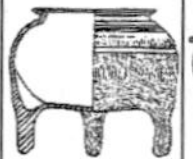 1	 0 10厘米 2		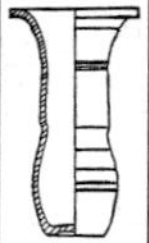 3 1–3 雨台山 M496				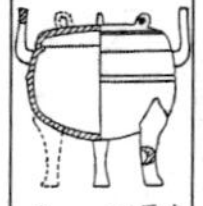 0 10厘米 4 雨台山 M518					 5 雨台山 M496		
春战之际	第四期	 1	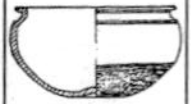 0 10厘米 2		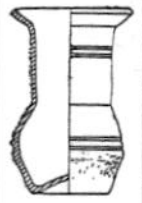 3 1–3 傅家台M1	 4	 0 10厘米 5	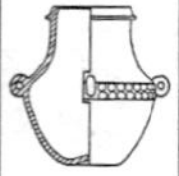 6 4–6雨台山M113	 7	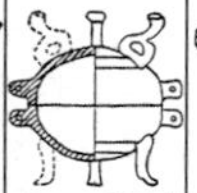 0 10厘米 8	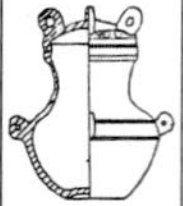 9 7–9 雨台山 M89					

续表

时代	分期	鬲	钵	罐	长颈壶	鼎	簠	缶	鼎	敦	壶	盒	钫	豆	簋	壶形器
战国早期	第五期	1	0 10厘米 2		3 1–3 雨台山 M420	4	0 10厘米 5	6 4–6 雨台山 M90	7	0 10厘米 8	9 7–9 张家山 M112					
战国中期	第六期	1	2		3	0 10厘米 4	5	6	7	8	9 1–9 雨台山 M183					
战国中期	第七期	1	2		3	4	5	6	7	0 10厘米 8	9				10	11 1–11望山 M1
战国晚期	第八期					1	2	3	4	5	6	7	8 3、4、7、8 雨台山 M555			9 1、2、5、6、9 溪峨山M1

三、纪南城四周楚墓的特点

根据上面对郢都江陵楚墓的形制、随葬品与时代分期的论述，江陵楚墓可以归纳出六个特点：

第一，从时代来看，江陵楚墓绝大多数属于春秋晚期至战国中期；春秋早中期的为数极少。

第二，这些墓中有大型贵族墓、中等贵族墓，也有一般士和平民的墓，而且数量多，类别全，这是其他地区少见的。但级别较高的春秋墓尚未发现。

第三，江陵楚墓绝大多数为土坑竖穴墓，然已发现有少量洞室墓。[①]级别较高的战国贵族墓，均有封土，有台阶，有长斜坡墓道，方向以向东向南为主。不见中原地区的积石、积炭与墓上的享堂建筑。级别不高的墓，有的也用墓道（这远比中原地区普遍），方向以向南为主，棺椁上下四周填青灰泥（白膏泥）。故多数保存较好。多数木棺为悬底，盖板和两侧板的剖面呈弧形，也有的棺为长方形悬底。棺木全部套榫扣接，不用暗楔、栓钉。棺内多用竹席缠尸，葬式多为仰身直肢。

第四，级别较高的贵族墓，椁多室，棺多重，随葬品以青铜礼器为主，稍次的墓是青铜礼器与仿铜陶礼器同出，有的还出实用陶器或陶明器。级别低的士或平民墓为一椁一棺，或单棺，以仿铜陶礼器与实用陶器（或陶明器）为主。

第五，江陵楚墓出土器物主要有三种组合关系：（1）青铜器组合。主要为鼎、簠（敦）、缶（壶）、甗、鉴、盘、匜、勺等。（2）仿铜陶礼器组合。主要为鼎、簠、缶或鼎、敦、壶，有的另加镳壶、盥缶、豆、盘、匜等。春战之际到战国早期，在这类陶器上盛行压印的圆圈纹；战国中期以后，盛行彩绘。（3）实用陶器（或陶明器）组合。主要为鬲、钵、长颈壶（罐），有的加豆，有的施绳纹。较大型的墓，有的三类

① 洞室墓见于九店砖瓦厂，究竟是受秦影响的楚墓或本身就是秦墓，尚不能断定，参见湖北省文物考古研究所．江陵九店东周楚墓［M］．北京：科学出版社，1995．

组合俱全，稍大一点的墓，有的同出几套陶礼器，其中的鼎、簠、敦、缶、壶等，往往都是成对成双地出。

第六，随葬漆木器多，并且有的墓专用漆木器随葬，而不随葬别的器物，这是别处少见的。其中又以镇墓兽、虎座飞鸟、虎座鸟架鼓等最具特色。随葬青铜兵器很普遍，尤以铜剑为多。铜镜出土很少（长沙出土较多），带钩较多（比长沙多）。战国时，中原地区盛行陶盖豆，江陵基本不见，也没有鼎、豆、壶的组合。中原地区的鬲、鼎都是由高足到矮足；到战国早期，有的鬲足矮到快不见了；而江陵恰恰相反，鬲足、鼎足都由矮变高，到战国时变得更高。中原地区的鬲、鼎器形敦实、肥胖，而楚的鬲、鼎因腿瘦高，器形显得较清秀。

中原地区，出鬲的墓往往不出鼎，出鼎的墓往往不出鬲，出鬲的墓一般定为春秋，出鼎的墓一般定为战国，因此，出鬲或出鼎，可以作为春秋战国的分期标尺。[①] 江陵楚墓不仅鬲、鼎同出一墓，鬲的时代还延续到战国中期。过去有人以是否出鬲作为判断楚墓早晚标准，显然是不对的。

江陵所出的长颈壶，当阳等地楚墓虽有，但远不及江陵普遍，长沙所出也很少，中原地区根本见不到。陶簠、镳壶也是江陵较普遍而其他地区少有的。

以上六点构成江陵楚墓的特色，有别于外地同时期的墓葬。

江陵楚墓与本地区的秦汉墓有一定的联系，然而也有很大差别，在纪南城内的凤凰山曾发掘了33座秦汉墓，保存完整的不少，这就为楚墓与它们对比提供了极宝贵的资料，下节将予详细讨论，这里只作简要归纳：（1）同为土坑竖穴墓，但秦汉墓的方向很不一致，不如楚墓有规律。（2）秦汉墓的木椁与楚墓木椁大体一致，只是在椁室内设门窗更普遍。变化最大的是棺，秦汉墓的棺全为长方盒状，底板落地，没有悬底棺和弧棺，很少用明榫，大多用暗楔加栓钉，比楚墓的棺结合紧密得

① 中国科学院考古研究所．洛阳中州路（西工段）[M]．北京：科学出版社，1959.

多。(3)秦汉墓的随葬品与楚墓对比，区别很大。最突出的是礼乐器、兵器与镇墓兽等急剧减少，以至消失，而代之以生活用具，如陶釜、盂、甑、瓮，到西汉早期又增添仓、灶等。新出现的漆器有盂、扁壶、圆壶、圆盘、平盘等，有的漆器上有针刻与烙印文字，有的文字记的是工匠的名字与作坊名，除彩漆绘以外，还出现有针刻纹与暗纹，这些在楚墓中是见不到的。

总之，秦汉墓在楚墓的基础上有较大的进步和发展，具有不同于楚墓的特色。

郢都附近楚墓的发掘，对于研究楚文化具有重要意义。通过以上资料的介绍，我们可以看到：以纪南城为中心，在它的周围，楚墓分布是十分密集的，既有不少大冢子——大贵族墓，又有很多中小贵族和普通平民的墓。这说明当年纪南城一带确实相当繁华，人口相当稠密。桓谭《新论》记载："楚之郢都，车毂击，民肩摩，市路相排突，号为朝衣新而暮衣蔽。"虽有一些夸张，但也不是没有根据的。

在楚都周围发现和发掘楚墓，并出土大量楚文物，不仅大大开阔了人们的视野，增进了对楚文化的认识，更为楚文化研究提供了极丰富的资料。楚墓的研究为楚文化的研究开辟了新的途径。

然而，江陵楚墓的发掘，仅打开了一个极微小的、却十分诱人的小孔，对楚墓与楚文物的研究还有许多新问题，值得去思索，去探讨，去深究，如江陵楚文化的渊源问题；为什么江陵战国墓多而春秋早中期的墓很少？为什么级别较高的春秋早中期墓至今没有发现，春秋时的楚郢都是否在江陵？楚国的礼制变革始于何时？这些问题，都有待于进一步去探索。

为了能更全面地了解江陵楚墓的发现与发掘情况，兹附表 4–4 以便查阅。

表 4–4　江陵楚墓墓地发现与发掘情况简表 [1]

序号	墓地地点	具体位置	发现墓数（座）	发掘墓数（座）	发现与发掘时间	备注
1	陕家湾	纪南城内西部偏北	30 余	16	1965，1984 以后	第一次发掘 2 座，见《考古学报》1982 年第 4 期 498 页
2	东岳庙	纪南城内西部偏中	16	12	1975	见《考古学报》1982 年第 4 期 499 页
3	葛陂寺	东南距江陵（荆州）城 6.5 千米，东北距纪南城 2 千米	50 余	24	1962—1964	共出器物 100 余件，其中一座已报道，见《文物》1964 年第 9 期
4	傅家台	荆州城西约 2.6 千米，东北距纪南城 5 千米	10 余	2	1964	
5	张家山	荆州城西约 2 千米，北距纪南城 5 千米	1 000 余	350 余	1962—1965，1980 以后	少数出土竹简的墓有报道，见《文物》1985 年第 1 期
6	太晖观	荆州城西约 1 千米，北距纪南城约 5 千米	100 余	12	1961，1973	见《考古》1973 年第 6 期，1977 年第 1 期
7	溪峨山（鸡窝山）	荆州城西约 250 米	7	6	1980	出土器物 260 多件，见《考古》1984 年第 6 期
8	万城	荆州城西北约 20 千米，东距纪南城 16.5 千米	16	7	1962	
9	荆州砖瓦厂	荆州城西 4 千米，西南距纪南城 5.5 千米	500 余	150 余	1973，1980 以后	少数墓有报道，见《江汉考古》1984 年第 1 期

① 本表统计发现有墓口可数者约 4 700 座，共发掘 2 400 余座。本统计至 1990 年 12 月底止。从 1991 年至 2016 年底在观音垱、雨台山、九店、八岭山等 30 余处地方，在一些工程（如南水北调工程）中共发现楚墓 3 500 余座，已发掘约 1 500 多座，累计发现楚墓 8 200 座，发掘已有 4 600 座。

续表

序号	墓地地点	具体位置	发现墓数（座）	发掘墓数（座）	发现与发掘时间	备注
10	太湖港	北距纪南城 5 千米，南距荆州城 250 米	3	3	1984，1986	见《江汉考古》1988 年第 2 期
11	李家台	北距纪南城 4.5 千米，南距荆州城 0.5 千米	8	4	1974	见《江汉考古》1985 年第 3 期
12	拍马山（南）	北距纪南城 2 千米，南距荆州城 3 千米	70 余	27	1971	共出土器物 260 余件，见《考古》1973 年第 3 期
13	拍马山（北）	与上为同一地点，上为山的南麓，此为北麓	40 余	13	1964	出土器物 100 余件，其中一座有简报，见《文物》1964 年第 9 期
14	奶妈坟	西距纪南城约 1.5 千米	7		1964	已破坏一座为楚墓，余未发掘
15	七亩山	西距纪南城约 0.5 千米	60 余	5	1964	
16	雨台山（秦家嘴）	纪南城之东 1—3 千米，雨台山偏南	1 200 余	900 余	1976，1986—1987	见《江陵雨台山楚墓》文物出版社；《江汉考古》1988 年第 2 期
17	狗獾子洞	纪南城东北约 1—1.5 千米，属雨台山偏北	120	7	1990	
18	范家坡	纪南城北约 1.5 千米，属雨台山偏北	57	4	1972，1990	
19	武昌义地	纪南城北（偏东）约 100 米，又名大堰坡	15	13	1978	共出器物 100 多件，见《文物》1989 年第 3 期
20	紫荆山砖瓦厂	纪南城北 8 千米	30 余	10 余	1977	
21	关坪（官坪）	南距纪南城约 2 千米，靠近襄沙公路	50	15	1977，1988	出越王鹿郢剑一把，见 1989 年《中国考古学年鉴》

续表

序号	墓地地点	具体位置	发现墓数（座）	发掘墓数（座）	发现与发掘时间	备注
22	九店砖瓦厂（施家洼）	纪南城东北 2 千米	1 000 余	600 余	1978，1980 以后	见《中国考古学年鉴》1985，1987 年；《楚文化考古大事记》；《九店东周墓》科学出版社
23	马房山	纪南城东北 2.5 千米	20 余	4	1984	见《东南文化》1991 年第 3、4 期 110 页
24	鸡公山	荆州城东北约 3.5 千米	18	10 余	1990	
25	岳山	在郢城之东南，西北距纪南城 7.5 千米	数座	1	1970	一批春秋铜器很可能出自墓葬，见《文物》1982 年第 10 期
26	黄山	西北距纪南城 5 千米，西南距荆州城 6 千米	数十	30	1986—1987	见《江汉考古》1988 年第 2 期 54 页统计表
27	谭家湾	在纪南城东南约 13.8 千米，荆州东北 12.7 千米长湖边	1	1	1958	出“楚王孙渔”戟，见《文物》1959 年第 2 期，1963 年第 3 期
28	关沮口	在纪南城东约 10 千米，荆州城东北 9 千米	7		1965	
29	南港桥（姚岭）	在纪南城东南 18.7 千米，荆州城东 15.5 千米	10 余	4	1973	
30	天星观	在纪南城东约 24 千米，荆州城东南约 24.5 千米	5	1	1978	见《考古学报》1982 年第 1 期
31	望山	纪南城西北 7 千米，在荆川公路上	30 余	6	1965	出越王勾践剑一把，见《文物》1966 年第 5 期，《江陵望山沙冢楚墓》文物出版社

续表

序号	墓地地点	具体位置	发现墓数（座）	发掘墓数（座）	发现与发掘时间	备注
32	沙冢	纪南城西北7千米，在荆（州）马（山）公路上	10余	4	1965	见《文物》1966年第5期，附近有大楚冢
33	望山桥M1	北距望山M1 500米		1		属望山墓地，见《文物》2017年第2期
34	马山砖瓦厂	纪南城西北约7.5千米，邻近沙冢	100余	20余	1982—1985	见《江陵马山一号墓》文物出版社1985年；《江汉考古》1988年第3期
35	联山	纪南城西北约7.5千米，邻近马山砖瓦厂	10余	2	1984	见《中国考古学年鉴》1985；《江汉考古》1988年第3期
36	藤店	西南距纪南城9.5千米，在荆川公路上	2	1	1972	出越王州勾剑一柄，见《文物》1973年第9期
37	枣林岗	南距纪南城14千米，在漳河二干渠三支渠线上	120余	109	1972，1990	
38	李家嘴	西南距纪南城18千米，南距枣林岗6千米	40余	21	1961	

第五节　纪南城附近楚、秦、西汉墓的演变

纪南城内东南隅的凤凰山，仅南部经探明的一小部分，就发现了200余座墓葬。已发掘的33座全部为秦到西汉文景时期的墓葬。其中2座墓有明确的下葬年代，即168号墓为汉文帝十三年，[①]10号墓为汉景帝四年，[②]这就为同时期的8座墓提供了可靠的断代依据。其余的25座墓有几点值得注意：（1）从出土的器物看，有早于文景时期的墓葬。（2）25座墓中关系被打破，打破者要早于文景时期，被打破者则可推到秦。（3）凤凰山秦墓与云梦睡虎地秦墓有许多相似之处。睡虎地7号墓门楣上有“五十一年”字样，[③]凤凰山70号墓出土有“卅七年”字样的漆耳杯，当是秦昭王或秦始皇的年号。（4）有些墓打破了纪南城的夯土台基或东周文化层，因此这批墓的年代应是公元前278年秦将白起拔郢都之后。（5）这批墓晚于楚墓并与楚墓有别，属秦到秦汉之际的墓葬。

此外，在江陵张家山、阳乾山、毛家园、岳山等地还发现有西汉初的墓葬，并出土有纪年木牍和竹简等。[④]本节讨论楚、秦、西汉中小型墓葬的发展与演变。

一、墓葬形制的异同

1. 墓坑构造

江陵地区大型楚墓有封土、台阶，但战国至西汉初期的中小型墓均为无封土、无台阶的土坑竖穴墓。

墓向：较大的楚墓一般东西向者居多，头向东，如包山2号墓，望山1号、2号墓，藤店1号墓；[⑤]南北向者较少（头向南），如天星观

---

① 湖北江陵凤凰山一六八号汉墓发掘简报［J］．文物，1975（9）．

② 湖北江陵凤凰山西汉墓发掘简报［J］．文物，1974（6）．

③ 湖北云梦睡虎地十一座秦墓发掘简报［J］．文物，1976（9）．

④ 毛家园1号墓木牍载明死者下葬于“十二年八月”，很可能是文帝前元年号；岳山村一墓木牍载明为文帝前元十四年，分别见《中国考古学年鉴》1987年、1988年。

⑤ 湖北省文物局文物工作队．湖北江陵三座楚墓出土大批重要文物［J］．文物，1966（5）；荆州地区博物馆．湖北江陵藤店一号墓发掘简报［J］．文物，1973（9）．

1号墓。中小型楚墓绝大多数为南北向，头向南。雨台山558座楚墓中，421座为南北向，其中头向南的（160°~200°）369座，向北的28座（0°~30°），头向不明的24座。拍马山南麓27座楚墓中除了3座东向外，余均为南北向，16座头向南。张家山1963年以前发掘的30座楚墓中，有24座南北向，其中头向南22座。太晖观10座楚墓中，有9座南北向，其中5座头向南。

秦至西汉初期的墓葬，方向很不一致。凤凰山秦或秦汉之际的25座墓，北向10座（15°~340°），东向7座（80°~115°），南向3座（160°~190°），西向4座（260°~280°）。属于文景时期8座，北向4座，东、西向各两座。

墓道：战国楚墓坑口长在4.5米以上者，一般均设有墓道，形状为长方形斜坡式，墓道底往往高于葬具，仅个别与葬具等高。墓道设于头向一边。秦墓中有的墓口长虽超过5.5米，但仍无墓道；凤凰山5座西汉墓，墓口长度在5米以上，木椁长度在4米以上，其中有两座（168号墓、169号墓）设墓道，其余三座（8号墓、9号墓、167号墓）规模都不算小，随葬品也很丰富，[①] 都无墓道。凤凰山的钻探资料证明，有的秦汉墓墓口长6米以上，也未设墓道。168号墓和169号墓虽然设置了斜坡式墓道，但坡度小于楚墓，墓道底与椁顶等高，尤其特殊的是169号墓的墓道与头向相反。张家山、毛家园等处西汉墓，也均没有墓道。

墓道减少，墓道底由高而低，降至与椁顶相平，这是江陵地区楚至秦汉墓葬的两个明显的发展趋势。

壁龛：战国早期较小的楚墓多设置头龛，或高出墓底20厘米左右，或高出葬具，向壁内掏进。头龛内主要放置随葬品。战国中期以后楚墓的壁龛极少，用途与早期同。云梦睡虎地9号墓西壁设有两个壁龛，一龛置羊，一龛置陶釜、甑。西汉初期，带壁龛的墓有两座。凤凰山167

① 江陵凤凰山一六七号汉墓发掘简报［J］. 文物，1976（10）.

号墓距墓口两米多的四周墓壁上，设四个小龛，各置陶碗一件。[①]168号墓墓道北壁接近墓室处，也有一距墓道底1.1米的小龛，内置竹筒一件。这两座墓的主要随葬品均放置于椁室内，因此与早期楚墓专为放置随葬品而设的壁龛应该有所区别。

墓坑排列：江陵地区已发掘的4 600余座楚墓中仅有3座是同穴合葬墓。葛陂寺41号墓为一坑并列两棺，雨台山463号墓、483号墓为一椁并列两棺。楚墓中在春秋阶段已见到墓坑两两并列情况，如本书第二章所述鄢郢区宜城台子岗楚墓即是，然在江陵及其附近不盛行，目前所见最早为战国中晚期如荆门包山墓地[②]即异穴并葬。而在凤凰山的秦汉墓中，墓坑两两并列的情况相当普遍，如8、9号墓，168、169号墓都是如此。两墓相距最近处仅一米左右，墓道异向，头向一致，棺放置在两墓相邻的一边，男左女右。这种并葬的死者应是夫妇关系。

此外，早期楚墓存在一种墓坑极窄的墓，战国中期后不见。秦墓中出现一种墓坑呈方形的墓，这种形制曾见于较大型的楚墓。楚墓墓底一般小于墓口，秦墓墓底与墓口基本等大或墓底大于墓口。

填土：楚至西汉初墓坑中的填土无突出变化，都是在棺椁周围填白膏泥或青灰泥，然后填五花土，经夯实填平。只是楚墓墓底一般不铺白膏泥或青灰泥，有些只铺垫极薄的一层，而秦墓墓底则垫铺很厚的青灰泥。另外，秦墓棺椁四周的白膏泥或青灰泥较薄，楚墓与西汉墓的较厚，尤其是西汉墓，最多厚达数米，如凤凰山168号墓等即是。

楚墓的夯层厚度均匀，夯窝直径一致，一般夯层厚20厘米，夯窝径7厘米—10厘米。秦墓与西汉墓的夯层厚度为8厘米—16厘米，夯窝直径4厘米—6厘米，上部的夯层较厚，越接近棺椁越薄，夯窝越密，直径越小。云梦睡虎地秦墓也存在类似的情况，这说明秦汉时期墓葬的构筑技术有所提高。

另外，秦与西汉墓的填土中往往发现随葬器物，凤凰山等地的西汉

① 江陵凤凰山一六七号汉墓发掘简报［J］. 文物，1976（10）.

② 荆沙铁路考古队. 包山楚墓［M］. 北京：文物出版社，1991.

墓有在填土中放置竹笥、陶罐、陶碗、遣策等器物的现象，这是楚墓所没有的，应是秦人和汉人特有的一种埋葬习俗，在安置棺椁之后举行祭祀等仪式，然后将祭祀所用的器物埋在墓中。

2. 葬具

楚墓的椁室被分隔成头厢、边厢、主室，极个别的有门（太晖观50号墓，李家台4号墓，雨台山554号墓）或小窗（雨台山321号墓）。门开在头厢与棺室之间。凤凰山发掘的30多座秦汉墓，其中有两座秦墓有门，较大的几座西汉墓，棺室通头厢为一门，通边厢为两门，门上开棂格窗。

椁底板的放置：楚墓、西汉墓是先放两根横垫木，然后直铺椁底板；秦墓有的不放垫木，有的垫木直放，底板横铺。

棺：楚墓中除极个别墓和极少数重棺椁的墓，或其内棺，或其外棺为长方形盒状外，棺底皆悬空。棺底板很薄，置于两根横垫木之上，下部空间约为棺身的1/3到2/5。棺的形制可分为弧棺（盖板及壁板为弧形）和方棺（盖板及壁板为平面）两种，上窄下宽，使用明榫结合，不用栓钉。

秦与西汉墓的棺均为长方形盒状。无弧棺，底板落地，与壁板等厚，极少处用明榫，多处用暗楔加栓钉，故棺结合严密紧凑。

楚与秦汉墓的棺外都加捆绑。楚墓是在棺盖上放置竹竿竹帘，然后用三道绳捆缚，并塞三道木楔，秦汉墓多用丝带将棺三横两竖缠绕，然后覆帛于棺上，再加一方格形的竹帘棺罩。

楚墓一般用1—3张竹席缠裹尸体，棺内除少数有雕花板（笭床）外，不用他物铺垫。秦汉墓多用帛裹尸，大部分棺内铺垫有一层3厘米—4厘米厚的草木灰，个别墓仍用笭床，不用竹席。

楚墓棺椁的位置有以下三种形式：（1）棺置于椁的右下角，左侧和前部放置随葬品；（2）设头厢，棺置于中下部；（3）棺置于左（或右）下部，并用木板隔开，形成头厢与右（或左）边厢（图4-14，3、4、5），秦汉墓基本沿用这三种形式，个别秦墓有边厢无头厢。

3. 葬式

江陵地区的楚墓多为仰身直肢葬，少数为侧身屈肢葬，如太晖观 50 号墓。秦墓的骨架大都无存，从痕迹观察，似为仰身直肢葬。西汉墓全部为仰身直肢葬。

二、随葬器物

1. 漆器

楚墓与秦汉墓出土的漆器种类有显著区别。楚墓中常见的漆器主要有：豆、耳杯、盒、案、奁、镇墓兽、虎座飞鸟、虎座鸟架鼓、俎、几等；秦墓继承了某些楚墓的器形，如耳杯、盒、奁，同时出现了一些新器形，如盂、扁壶、圆盘等；西汉墓全部继承了秦器并增加了圆壶、平盘、匜、樽等器形（图 4–26）。

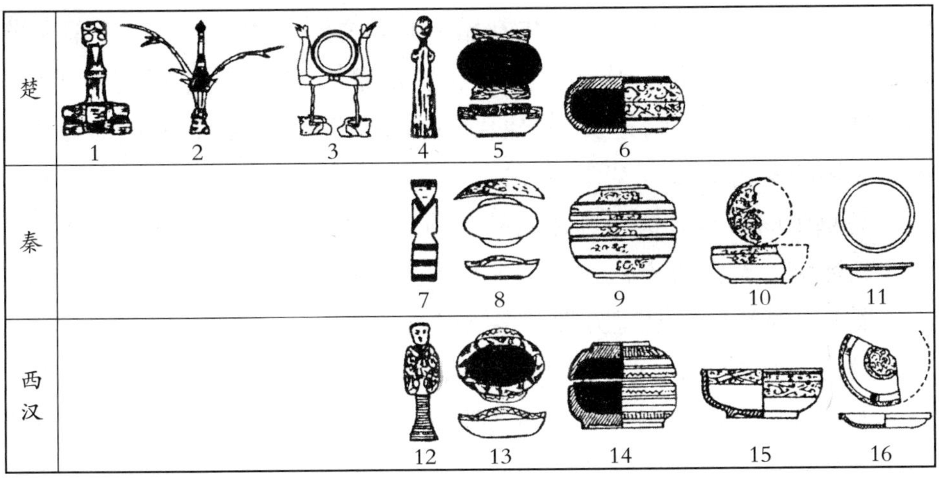

1. 镇墓兽（缺角，葛陂寺 M34）　2. 虎座飞鸟（雨台山 M166）
3. 虎座鸟架鼓（葛陂寺 M34）　4. 俑（葛陂寺 M34）　5. 耳杯（望山 M2 头厢 11 号）
6. 盒（雨台山 M354）　7. 木片俑（凤凰山 M51 甲）　8. 耳杯（凤凰山 M68）
9. 盒（凤凰山 M68）　10. 漆盂（凤凰山 M68）　11. 漆盘（凤凰山 M51 甲）
12. 俑（凤凰山 M167）　13. 耳杯（凤凰山 M10）　14. 盒（凤凰山 M169）
15. 盂（凤凰山 M169）　16. 漆盘（凤凰山 M169）

图 4–26　楚墓、秦墓、西汉墓漆木器对照图

有些器物虽然从楚到秦汉一直都存在，但其形制、纹饰已有很大变化。如耳杯，楚墓中常见有方耳杯和圆耳杯，早期的圆耳杯胎厚，口圆，半方、半圆成弧形的平耳，晚期口部呈椭圆形，耳上翘，由圆耳变形到月牙耳。秦墓中无方耳杯，圆耳杯与楚器相同，但一般较楚器小巧精制。楚墓的耳杯或为黑漆素面，或内红外黑，仅在耳面耳侧或口沿用红黄漆绘鸟兽纹、花瓣纹、旋涡纹、云纹等。秦汉时耳杯除有些为素面黑漆外，一般为器内朱红色，在器外的黑底上绘朱红、金黄、暗灰等色的图案。或在双耳绘波折纹，内口沿饰变形三角纹；或在口沿内外和双耳外侧绘卷涡纹与篦纹相间的图案；或在内底绘展翅的双凤、浮动的游鱼。

有的秦汉耳杯还有针刻或烙印文字。如凤凰山 70 号墓中 32 耳杯，外底针刻小篆，“卅七年工□□工□□”，笔画极细，应为秦器。西汉耳杯的针刻文字主要见于器底或耳下侧，如凤凰山 8 号墓一耳杯上有“千金里”三字。此外还有烙文，先在胎上烙印文字，然后髹漆，字不易辨认，有“草、早、饱、成市、市府、成市草、成市饱”等字。“成市”即成都市府的简称，[①] 这反映了西汉时期我国南方漆器手工业的发展和商品交换的发达。

楚墓中的盒有方盒与圆盒两种。圆盒数量不多，形状扁平，口径大于器高数倍。秦汉时方盒逐渐消失，圆盒的口径与器高基本相等，或略大于器高。楚墓中的盘呈方形，秦汉时盘为圆形。

总之，从楚至西汉，用于礼乐仪式或具有信仰特色的器物逐渐消失，如镇墓兽、虎座飞鸟、虎座鸟架鼓、瑟等；秦汉时期取而代之的是实用生活用具。另外，楚墓中多兵器附件，如戈矛柄、剑鞘、剑盒、箭箙等，秦汉墓中少见这类器物。

楚墓漆器常见的纹饰有菱形几何纹、旋涡纹、云纹、蟠螭纹、鸟兽纹等，具有商周铜器纹饰的遗风。秦墓漆器纹饰偏重写实，如鱼头纹、

① 俞伟超，李家浩．马王堆一号汉墓出土漆器制地诸问题——从成都市府作坊到蜀郡工官作坊的历史变化［J］．考古，1975（6）．

树叶纹、鸟兽纹等。西汉时期除继承秦的写实风格图案外，开始出现神人、神兽、云气纹等，纹饰趋于简化。

漆器制作技术不断革新，战国时期开始出现的扣器与夹纻胎器物至秦汉时已相当普遍。器物造型也由粗放、厚笨向精巧、美观发展。器胎做好后，要经反复打磨、髹漆、彩绘，表面极光亮、坚硬，有的器物出土时仍色彩鲜艳犹如新作。

2. 木器

中小型楚墓中常见有木俑、梳篦等；秦墓中除木俑外，还出现了木片俑及狗、猪之类木器。西汉墓有木俑、木片俑、马、牛、狗、猪、尺、步弓、算筹、梳篦以及车船模型，锄、锸、二齿耙、斧等生产工具，其种类之多，制作之精均超过前代。

楚俑一般作立式，头部除少数雕出五官外大都只雕出耳鼻，或根本不加雕琢。身着圆领衣，腰系束带，腰部以下逐渐加粗，个别俑雕出穿翘头鞋的双足。头发是附加上的，双臂和个别俑的头也是另加的。雕刻手法明快、简洁。

秦俑共发现 4 件，根据墨绘的发型可分为三男一女，均为踞坐俑。3 件男俑姿态各异，或双手前伸；或胸前并拢；或双手举至右肩，头亦右偏。女俑长发垂背，身与臂分别雕成，衣服右衽。

西汉俑数量增加，雕刻精致，造型优美，多数为一次雕成，仅有个别俑的手是附加上去的。根据其形态、服饰可分辨出俑的不同身份。侍女俑面部全肉雕，墨绘眉、目、发，朱绘双唇，彩绘交领右衽，比例适当，风采华丽。骑马俑、驭车俑、驾船俑、田野劳作俑及家内侍俑也都形态逼真，各具特色。

西汉墓的木车也较前代有所进步，楚墓中只有较大的墓才出车或车零件，均为实用器，一般都是单辕车；西汉墓中的车模型可分为两种：一为轺车，双辕两轮；一为安车，单辕。轺车较普遍。这一改进，反映了生产力的发展。

总之，楚至西汉的雕刻风格是由富于想象转变为着重写实。楚墓中以龙（蛇）、凤（鸟）、鹿、虎为内容最精美的木雕器物（如望山1号墓的小座屏，[①] 雨台山楚墓的鸳鸯豆、蟠螭蛇卮，[②] 沙冢1号墓的箭箙），[③] 到秦汉时已让位于反映世俗生活的雕刻作品了，这一变化与漆器的发展趋势是一致的。

3. 铜器

楚墓中的铜兵器极为普遍，有戈、矛、剑、戟、弓箭等，其中剑（包括匕首）的数量最多。如雨台山558座楚墓中出土剑213把（其中匕首41把），九店597座墓中出剑223把（其中匕首21把），张家山等处的56座楚墓中出土铜剑21把，平均五分之二的墓随葬剑。这是“楚人尚武”风俗的反映。一般中小型楚墓中，青铜礼器发现不多，成套的铜礼器更少，且制作轻薄简陋，纹饰简单草率，素面居多；相比之下，铜带钩则花纹繁缛，制作精致。

秦墓中的铜器已不占主要地位，明显的变化是：兵器急剧减少，不见完整的兵器，仅在个别墓中发现兵器零件，礼器的数量极少，不见成套礼器，铜器的器形和用途也有很大变化。鼎有两种形制：一种类似楚鼎，体高，足细，圆耳；一种为兽蹄足方耳鼎。壶的圈足变高，无铺首。不见楚墓中常出的敦、簠，秦墓中的釜虽与楚墓中的盘相似，但它与勺同出，有烟熏痕迹，应为炊器，而盘与匜同出，是盥洗器，用途截然不同。秦墓中还出现了鍪、卮等新器形（图4–27）。

西汉墓中铜礼器和兵器已经绝迹，生活用具和货币成为主要随葬品，有鐎壶、铜、勺、带钩、铜镜、钱币等。

铜镜在楚、秦、西汉墓中均有发现。楚墓的铜镜很少，制作粗糙，大都无纹饰；秦墓中铜镜较普遍，绘有四山纹、连弧纹。西汉墓中铜镜更加精致，主要绘有蟠螭纹。

---

①③ 湖北省文物局文物工作队．湖北江陵三座楚墓出土大批重要文物［J］．文物，1966（5）；湖北省文物考古研究所．江陵望山沙冢楚墓［M］．北京：文物出版社，1996．

② 荆州地区博物馆．江陵雨台山楚墓［M］．北京：文物出版社，1984．

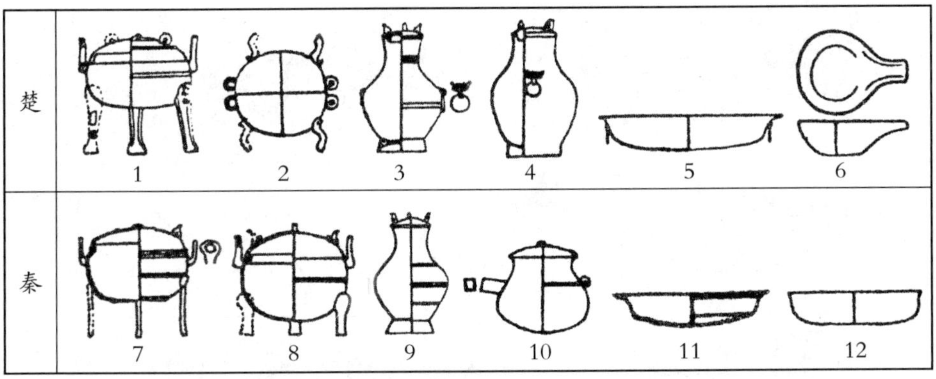

1. 鼎（张家山 M104）　2. 敦（张家山 M104）　3. 壶（张家山 M4）　4. 壶（张家山 M104）
5. 盘（张家山 M4）　6. 匜（张家山 M4）　7. 鼎（凤凰山 M70）　8. 鼎（凤凰山 M68）
9. 壶（凤凰山 M68）　10. 鍪（凤凰山 M70）　11. 釜（凤凰山 M68）　12. 洗（凤凰山 M70）

图 4–27　楚墓、秦墓铜器对照图

4. 陶器

楚墓的陶器分为两类。一类为实用器和仿实用器的明器，器物组合为鬲、钵、长颈壶，或者少其中一两件，或者另加豆、绳纹圜底罐、小壶。纹饰以绳纹为主。另一类为仿铜陶礼器，器物组合为鼎、敦、壶或鼎、簠、缶，有时两组兼而有之，有时再加盘、匜、豆、盥缶、鐎壶等。纹饰以二方或四方连续的彩绘菱形纹为主，兼施带纹、点纹、旋涡纹等。

秦墓中作为礼器的鼎明显减少，仅一座墓有鼎、盒、壶的成套组合，器形也与楚不同。楚墓的盒腹较深，盖与身区别明显；秦墓的盒盖、身对称。楚墓的壶直领、鼓腹、矮圈足，有纽；秦墓的壶为盆口、细颈、球腹、高圈足，类似蒜头壶，鼎的腿部更加瘦长。秦器上已无菱形纹，而流行树叶纹等（图 4–28）。

秦墓中较普遍的陶器组合是釜、盂、甑、瓮、罐、壶，多为素面，少数有绳纹、旋涡纹，绳纹较细密（图 4–28）。

西汉墓的陶器是在秦墓的基础上发展而来的。器物组合为：仓、灶、釜、甑、盂、瓮、罐、壶，个别墓加有盘、豆等。纹饰以素面为

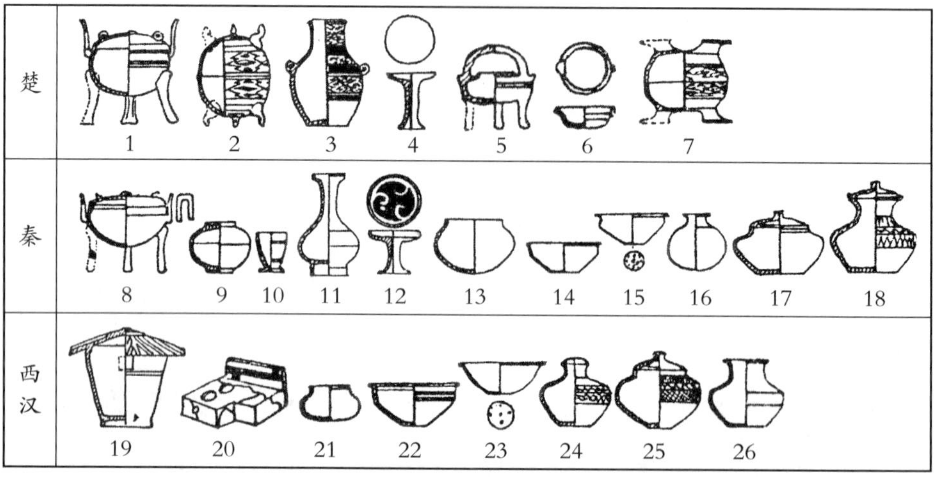

1. 鼎（太晖观 M18） 2. 敦（太晖观 21） 3. 缶（太晖观 M18）
4. 豆（太晖观 M21） 5. 镳壶（张家山 M20） 6. 匜（葛陂寺 M30）
7. 簠（太晖观 M18） 8. 鼎（凤凰山 M38） 9. 盒（凤凰山 M38）
10. 杯（凤凰山 M38） 11. 壶（凤凰山 M38） 12. 豆（凤凰山 M38）
13. 釜（凤凰山 M68） 14. 盂（凤凰山 70） 15. 甑（凤凰山 M51 甲）
16. 瓮（凤凰山 M51 甲） 17. 罐（凤凰山 M68） 18. 壶（凤凰山 M68）
19. 仓（凤凰山 M8） 20. 灶（凤凰山 M169） 21. 盂（凤凰山 M169）
22. 盂（凤凰山 M8） 23. 甑（凤凰山 M169） 24. 瓮（凤凰山 M169）
25. 罐（凤凰山 M8） 26. 壶（凤凰山 M10）

图 4–28 楚墓、秦墓、西汉墓陶器对照图

主，只在罐、壶上饰弦纹、波折纹、旋涡纹、斜方格纹，瓮上饰绳纹等。灶为曲尺形，有两灶膛、烟道、烟囱。仓与灶同出，仓身如大口尊，仓顶为伞形，出土时装满粮食。

陶器的发展趋势为：陶礼器逐渐消失，代之以各种实用器。西汉墓基本承袭秦制，并有所发展。

5. 丝麻织品

楚墓中的丝织品，以马山 1 号墓保存最好，[①] 有袍、衣、裙、裤、帽等服饰，有床上的丝绵和衾里、衾面、枕套，有丧葬用的幎目、握

① 荆州地区博物馆．江陵马山一号楚墓［M］．北京：文物出版社，1985．

手，还有镜衣和锦囊等。其质地有绢、绨、纱、罗、绮、锦、绦、组八大类。经纬密度，绢的经密一般为50—120根/平方厘米。极少数最稀为44根/平方厘米，最密达164根/平方厘米。锦的经密以128—136根/平方厘米居多，有极个别高达256根/平方厘米者。织锦和刺绣的图案极为复杂，有些动物纹样如龙、凤、虎等非常生动。颜色有红、黄、绿、蓝、灰、棕、黑等主色，每一种色又有深、次深、浅、次浅之别；如黄有金黄、深黄、土黄、浅黄等，故总的颜色不下数十种。除马山1号墓外，其他墓中丝织品有的虽有保留，但保存情况都不好。望山1号墓剑茎上的文绮保存最大的一块，残长50厘米、宽38厘米，经纬密度为32×42根/平方厘米。望山2号墓出土的绢采用变动经纬的织法，组成简单而有规律的图案，经纬密度为60×23根/平方厘米。

西汉墓中丝织物品种比楚墓普遍保存多一些，有绢、纱、罗、绮、锦等；颜色有朱红、绛红、赭、米黄、土黄、灰黄、熟褐、褐、黑褐、浅褐、烟色等20多种；除了做成香囊、粮袋外，还做衣服鞋帽和 陶器、漆器复口及棺罩等。经纬密度如绢的经密为48—116根/平方厘米，锦衣的经密为70—128根/平方厘米。编织纹样复杂，如锦都是多重经线的提花织物。

楚墓的麻织品保存极少，马山1号墓出土麻鞋三双，望山2号墓出土两片，经纬密度为14×16根/平方厘米。凤凰山西汉墓出土有麻制的衣、裙、袜、鞋等，至今仍可折叠揉搓，经密为16—34根/平方厘米。西汉时期的丝麻织品，特别是麻织品质量提高，品种增多，用途广泛，这反映了西汉纺织业的发达。

6. 简牍

江陵楚墓出土的竹简包括望山1号墓、望山2号墓、藤店1号墓、天星观1号墓、九店砖瓦厂的56号墓及雨台山秦家嘴1号墓、13号墓和99号墓。望山1号墓的竹简大多数残断，内容为贞问、占卜、祭祷先君王、山川神祇的记录。[①] 简长约60厘米、宽约1厘米、厚约0.1厘

① 江陵昭固墓若干问题的探讨［J］. 中山大学学报：社会科学版，1977（2）.

米；每简书 40 字左右，共约 1 093 字，书于篾黄一面；大部分墨迹清晰可辨，为战国时期的楚文字。竹简以事记年，用代月名记月，干支记日，所述之事，多不见于史书。

望山桥 1 号墓出竹简 15 枚皆残断，内容为卜筮祭祷和遣策。①

望山 2 号墓竹简为遣策。每简长 64 厘米、宽 0.6 厘米—0.7 厘米、厚 0.1 厘米—0.16 厘米，每简字数 38 个—78 个，书于篾黄一面。总字数 927 个，独体字 251 个，重文字 676 个，所记器物名称 90 种左右，以衣衾等丝织品最多。②

藤店 1 号墓竹简出土时已残断散落，内容为遣策，共 24 片，47 字。③

天星观 1 号墓竹简内容为占祷和遣策，共 4 500 余字，保存较好，字迹大多清晰可辨。④

九店 56 号墓竹简内容为日书，完整和较完整的简约 35 枚，每简长约 40 厘米、宽约 0.6 厘米，共计约 2 000 字，简文主要是选择吉凶日等方面的内容，讲某月某日做什么吉，做什么凶，与云梦秦简中的《日书》性质相似。⑤

秦家嘴 1 号墓竹简均残断，共 7 枚（段），主要为“祈福于王父”等祈祷之类文字。秦家嘴 99 号墓出土竹简 16 枚（段），亦残断，内容为“贞之吉无咎”，以及少量遣策。秦家嘴 13 号墓出土残简 18 枚（段），为“占之日吉”等占卜内容。⑥ 这三座墓规模甚小，竹简保存不好。

临近江陵的荆门包山 2 号墓是 1987 年发掘的一座重要楚墓，南距纪南城 16 千米，出土竹简数量多，保存好，内容丰富，有最完整的卜

① 荆州博物馆：望山桥一号楚墓发掘报告［J］．文物，2017 年（2）．

② 湖北省文物考古研究所．江陵望山沙冢楚墓［M］．北京：文物出版社，1996.

③ 荆州地区博物馆．湖北江陵藤店一号墓发掘简报［J］．文物，1973（9）．

④ 江陵天星观 1 号楚墓［J］．考古学报，1982（1）．

⑤ 米如田．战国楚简的发现与研究［J］．江汉考古，1988（3）．

⑥ 荆沙铁路考古队．江陵秦家嘴楚墓发掘简报［J］．江汉考古，1988（2）．

筮祭祷记录，文书和遣策三类，出土竹简 448 枚（有字简 278 枚，总字数 12 472 个），墓主为邵佗，官居左尹，身份明确，下葬年代清楚：为公元前 316 年。这就更有意义和学术价值。[①]

秦墓在沙市关沮周家台 30 号墓出土竹简 381 枚，木牍 1 方，内容有秦始皇三十四年的全年干支和秦始皇三十六年、三十七年月朔日干支及月大小等。木牍长 23 厘米、宽 4.4 厘米，正背两面分别书有秦二世元年朔日干支及月大小，该年十二月日干支等，此组定为《历谱》，第二组定为《日书》，第三组定为《病方及其他》，内容有医药病方、祝由术等。[②]

凤凰山有 6 座西汉墓出简牍，其中竹简 548 枚、木简 74 枚、木牍 9 方、竹牍 1 方，计共 4 378 字，墨写隶书，或略带篆意。竹简书于篾黄，木简书一面，木牍有的两面书写。简牍按内容分为遣策、田租、赋税、刍藁、贷种、徭役、乡杂、书札、商贩等项，以遣策为最多。其中 168 号墓的"告地下官吏书"，明确记载了死者身份和下葬年月，为研究西汉早期墓葬的断代和社会经济制度提供了可靠的资料。竹简长度为 23 厘米—25 厘米、宽 0.7 厘米—9 厘米、厚 0.1 厘米—0.15 厘米，长度缩小，使用起来更加方便。

张家山有 5 座墓出土大量竹简，其中 247 号墓、249 号墓、258 号墓已整理有简报。[③]这三座墓共出土竹简 1 000 余枚，有的保存完好，主要内容有：汉律、《奏谳书》《盖庐》《脉书》《引书》《算数书》《日书》、历谱、遣策。其中特别重要的汉律有 500 余简，是继睡虎地秦简之后有关法律文书的又一次重大发现。其他几部是关于兵家、医道、算术的书籍，有的早已失传。

① 荆沙铁路考古队．包山楚墓［M］．北京：文物出版社，1991；荆沙铁路考古队．包山楚简［M］．北京：文物出版社，1991．

② 湖北省荆州市周梁玉桥遗址博物馆．关沮秦汉墓简牍［M］．北京：中华书局，2001．

③ 江陵张家山汉简概述［J］．文物，1985（1）．

张家山 327 号墓出竹简 300 枚，一类长 35 厘米—36.5 厘米、宽 0.6 厘米—0.7 厘米；另一类长 17.4 厘米—17.6 厘米、宽 0.7 厘米—1.1 厘米，字体为隶书，都以建、除为主要内容，与《日书》十分相似。336 号墓竹简 830 枚，保存较好，长短形制不一，内容有养身之道、历谱、汉律令、遣策等。①

毛家园 1 号西汉墓出土竹简 74 枚，内容为遣策，另有木牍 1 方，自名为“碟书”。②

纪南城东南角外的高台 M18，出土木牍 4 方，有明确纪年，内容为“告地策”，是对凤凰山 M168 号墓告地策的重要补充。③

楚、汉简牍的书写格式和字体有所区别：楚遣策数字在前，名称在后，如：“九亡童，其四亡童皆缇衣……”，汉简为“责侍女子二人，绣衣大婢”，强调服役、衣着和身份。楚简文字繁缛，汉简文字简化，隶书初具形态，并使用大量假借字。汉初文字具有明显承上启下的痕迹，与楚简文字有着继承、发展演变的关系。

春秋战国至秦汉是中国由分裂割据走向统一的时期，民族融合、文化融合是总的发展趋势。江陵地区楚、秦、西汉墓葬也显示出了这一时代特征。通过以上的比较可以看出，楚墓具有明显的地方特征，秦墓中既有楚文化遗风，又有融合痕迹，正处于承上启下的阶段。至汉初大统一的局面完全形成，江陵地区汉墓特征与其他地区趋于一致。

随葬器物的变化反映了社会生活、风俗习惯的改变。楚墓中多礼乐器、武器，是楚人尚鬼、尚武、社会动荡以及战争频仍的体现；秦汉墓中礼器和武器减少，实用器增加，说明秦统一后社会相对安定，人们的思想意识和习俗也起了一些变化；西汉墓中农具、仓、灶、粮食的出现，以及漆器、丝麻织品质量的提高也从一个侧面反映了文景之治时期社会生产力的发展状况。

---

① 江陵县张家山汉墓竹简［J］. 中国考古学年鉴，1987.

② 江陵县毛家园 1 号西汉墓［J］. 中国考古学年鉴，1987.

③ 荆州地区博物馆. 荆州高台秦汉墓［M］. 北京：科学出版社，2000.

第五章　楚墓所出的典型楚器及其典型组合

第一节　典型楚器的界定

楚墓所出的器物，品类繁多，按质地分有铜、陶、漆木、竹、藤、丝麻、皮革、铁、铅、锡、玉、石、水晶等，按用途分有礼器（食器、食具、酒器、酒具、水器、水具）、乐器、车器、马器、兵器等。名目繁多的随葬品，反映了它们的时代特征与地域特征，如礼、乐器反映了当时人们崇礼尚乐，兵器反映当时战争频繁与尚武观念。这些，有的是当时时代总的特征，并非楚地楚墓所独有。在随葬品中，也确有一部分主要是反映楚人的思想崇尚与生活习惯的，这一部分则仅为楚人所特有或独有。因而这一部分器物最能反映楚人的思想面貌与文化特征，所以我们可以称之为典型的楚器。

和其他考古学文化一样，我们说楚文化，是因为其形成并出现了一系列典型楚器。这里，有这样几个概念，一是“一系列”，它不是一件两件，而是构成了群体。再是形成，这就必然有一个过程。在这个过程中，有的器物原来可能就有，由不典型演变成典型；有的器物则是新出现的，由没有演变成有。最后演变完成，典型器才算出现。在这一演变过程中，有的是自然而然发生发展的，但更多的，却加了人为的因素。因为作为典型器必然具有两个最明显的特征：一是最能反映楚人的思想意识；二是最能反映楚人的生活习惯。只是作为某一件具体的典型器，它在某一时期，某一个方面反映更强烈些。

在许许多多的随葬品中，哪一些可以称作典型的楚器呢？除有上文提及的两个特征，楚器的典型性反映在哪些方面呢?

第一，具有代表性。代表性当然可指不同的方面，如有的器物是某一种精神（或意识）的代表，有的是某一类器物的代表或某一类器物某一阶段某一时期的代表。

第二，具有明显的特点。特点由比较而来，主要是与楚之外其他地域相比较。或者仅见于楚地，或者楚以外的其他地域虽有，但却显著不同。不同之处有的表现在外形上，有的表现在制作上，还有的表现在功用上。

第三，在楚地有普遍意义。有一些器物只在楚境内某一地区或某一墓区比较独特，而其他地区或墓区却不见或不普遍，即便它的特征再明显，因不具有普遍意义，只能视为某一地区或墓区的代表器，不能视为典型的楚器。如前几节我们提到江陵一带的陶长颈壶（罐），这确是一种很有特色而在江陵一带又较普遍之器，然江陵以外，其他的楚地很少见或不见；又如长沙一带的四“山”字铜镜，也很有特色，却仅长沙一带较普遍，其他楚地亦少见或不见。因此，像这类器物就不能定为典型的楚器。

上述三点常常是互相联系着的，如某些具有显著特征之器，往往具有代表性，同时也有普遍性。这三点中，前面两点最主要，因有些具有普遍意义之器，并不一定有显著特征和代表性。

作为典型的楚器，一般都指单件而言。然而作为系列典型器，就不能不考虑器物之间的相互关系及配套，也即墓葬中常指的器物组合，这样，除了典型器还有典型组合。就典型组合而言，作为一组中的单件来说，有的并不那么典型：即不具备上述的三个条件。但以组合的形式出现后，明显有别于相同时代其他地域的组合，又构成了它的特殊性与代表性，这就非常典型了。像这类器物应该称之为典型组合器。

根据典型楚器的两个特征与三个条件，我们就下列器物来进行具体探讨：

1. 升鼎

淅川下寺墓和寿县蔡侯墓所出，皆自铭为“𩰫”。目前所见时代最早的为淅川下寺 2 号墓，为春秋中期偏晚，此墓所出 7 件升鼎已相当成熟，显然不是最原始的形态，估计在春秋中期的早段就已出现。时代最晚的是安徽寿县楚王墓，已近战国末期。时间虽延续了这么长，但总的形态变化不大，均为大敞口，浅腹，束腰，大平底，附两耳弯撇向外，三直立兽蹄形足（图 5-1，1）。略有变化之处是：附盖情况不一，有的附盖，有的不附盖；耳的弯撇和束腰的程度不一，有的略大略多，有的略小略少；腹外所附爬兽数量不一，有的为四，有的为六，也有的没有。分布的地域，除河南、安徽外，湖北、湖南一些中等以上的楚贵族墓中都能见到。如王、令尹、左尹用铜升鼎，中层贵族用陶升鼎。除楚贵族墓外，楚系墓葬蔡侯墓与曾侯墓中也有。第三章中，我们曾论述过，升鼎作为礼制中的正鼎，地位最尊。升鼎的大小、轻重和数量，标志着权势的大小、地位的高低，有的甚至还标示着王权。楚庄王问鼎中原，问周天子鼎的大小轻重，就是觊觎周天子的王权。楚式升鼎与周式升鼎不仅外形上无任何相似之处，而且做法、用法上也不相同：周式的升鼎为大小相次的列鼎，一定为奇数，如上村岭虢国墓地等处所见。楚式升鼎不论出几件，均不是大小相次，除王和令尹为奇数外，余多为偶数，如包山 2 号墓和淅川下寺 1 号墓出铜升鼎 2 件。楚人有意识地把升鼎做得与周升鼎不同，不是什么标新立异，也不仅仅是不再受周天子的约束，而是和楚自己称王一样，政治上要与周天子分庭抗礼，平起平坐，礼制上要另立门庭。因此，楚式升鼎的出现，标示楚已完全独立于中原文化系统之外，从而形成自己的文化系统。这样，楚式升鼎最能反映楚人的思想意识，最具有代表性，是最有典型意义的典型器。

1

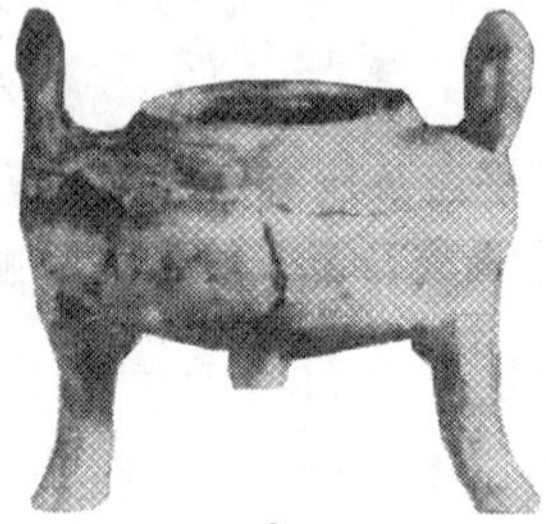

2

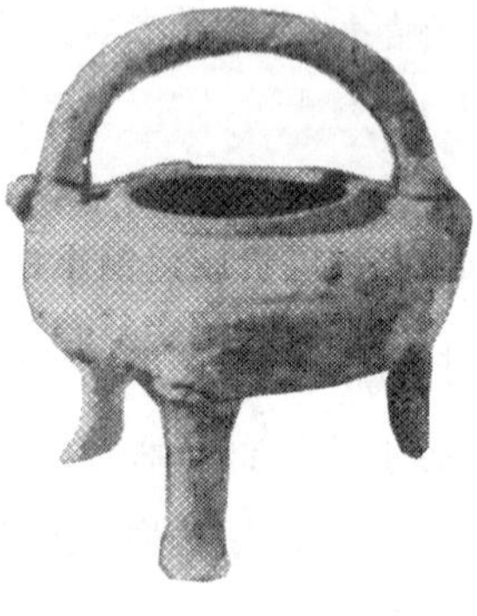

3

1. 铜升鼎（包山 M2） 2. 陶小口鼎（张家山楚墓） 3. 陶镳壶（张家山楚墓）

图 5-1 典型楚器

2. 小口罐形鼎

自铭为“﨏鼎”和“浴鼎”。这种鼎仅见于楚和受楚影响极深的地区如曾和蔡，而无论铜器和陶器，在中原地区均未发现过，楚地却较普遍。它的形态通常为直口较小，扁圆罐形腹，肩部立对称两环纽（耳），腹下立三兽蹄形足（图 5–1，2）。目前所出时代最早的亦为淅川下寺墓地，春秋中期偏晚，估计亦有可能早到春秋中期早段；时代最晚的为安徽长丰杨公墓地，亦即战国末期，分布的范围，几乎遍及所有已发现的楚墓的墓地。上中层贵族用铜小口鼎，下层贵族乃至一般平民用陶小口鼎。从它本身的铭文及有些器底部有烟炱痕迹看，它应是一种温水器。南方天气炎热，特别是夏秋季节必须经常洗澡。常洗澡这是南方人的生活习惯，与之相适应，热水器就必不可少。这显然是小口鼎在楚地较普遍的原因。南方人这种生活习惯一直延续至今，但这种鼎到战国以后就不复存在。究其原因，从江陵西汉初期墓就可看到，已经出现了灶，呈曲尺形双眼，前有火门，后有挡板，灶上置二釜，一釜上又置甑。这种双眼双釜灶，今日一些楚地的农村也仍然可见到，其中一釜（后来改为锅），可以用来煮饭或炒菜，而另一釜常用来热水。即在煮饭的同时也烧热了水，这样，楚地专门用来热水的小口鼎便被淘汰了。

3. 鐎壶

与小口鼎密切相关的是鐎壶（图 5–1，3）。鐎壶是由盉演变来的，盉在新石器时代就已经出现。其实，新石器时代的陶鬶，也是盉的另一种祖型。构成盉一是有腹盛水（酒）；二是有流可以注水（只是鬶的流都不封口，盉的流为管柱状封口）；三是有鋬可以手执；四是有三足（新石器时代和早商的多为袋状）可以受火，盉显然也是热水（或温酒）器，这点与小口鼎功能是相同的。盉到商代中期，开始用青铜铸造。盉改为青铜铸造以后，在中原地区，就基本上见不到陶盉了；青铜铸造的盉，也只在少数贵族墓中发现，为数并不多。即在中原也不是常见器。盉的演变和变化较大，开始时一般腹均较深，有的似深腹罐，流较长较直，西周晚期和春秋初期，有的盉腹还变为竖置扁圆体，足由三足变为四足。到春秋中期，腹已变为横扁圆体，鋬已变为上方的提梁。目前见到这种最早的形态，还是淅川楚墓。如果拿这种“盉”和楚特有的小口鼎比较，便会发现，它们除“盉”的流及提梁和小口鼎的环纽耳不相同以外，其余部位均相似。前已提到，作为热水器，它们的功能也是相同的。容庚先生认为，其形制与盉“不甚相似”，应“改称为镳”。[①]我们认为很有见地，故称镳壶。

我们认为镳壶比盉更具有楚器特征。盉，特别是商和西周时代的铜盉，除可作为热水器，更主要的功能可能是作为一些较高级贵族的温酒器；而镳壶，除一部分铜镳壶仍可作高级贵族的温酒器外，绝大部分，特别是陶镳壶，应主要是用作热水器。铜盉在楚以外地区虽也仍存在，但并不普遍；陶镳壶则仅见于楚地，且相当普遍。镳壶，从春秋中期开始出现，一直到战国晚期的淮阳楚墓、战国末期的长丰楚墓中均存在。而实际上，在湖南、湖北的一些农村，至今仍未绝迹。湖南农村称为“催壶”，仍是上有提梁，旁有流，只是去掉了腹下三足，将其搁于灶火门的上方，为扩大底部与火的接触面，让底的中部向上锥凸。不过农村中这种陶制催壶的作用，主要是用来烧开水饮用，因容量有限，一个壶热大量的水较困难。

4. 浴缶

淅川下寺楚墓所出，自铭为浴缶，寿县蔡侯墓所出，自铭为盥缶。也有自铭为缶的，如湖北宜城所出蔡侯朱之缶。可见其功能应是水器，按其容量，应是贮水器。浴缶有些类似商、周时代的罍，也很有可能是由罍演变来的。罍主要是贮酒之器，浴缶为贮水之器，两者功能不同，这是差别之一。就器形来说，两者也有一些差别，以商代晚期自铭为“滔钦罍”[②]和淅川下寺的浴缶比，可看出它们有如下明显不同：（1）前者瘦高；后者矮胖，即腹更大，容量大；（2）前者为敞口、高颈，高圈足；后者为直口、矮颈（或接近无颈）、矮圈足，从而使重心显得更

---

① 容庚，张维持．殷周青铜器通论［M］．北京：文物出版社，1984：47．

② 容庚，张维持．殷周青铜器通论［M］．北京：文物出版社，1984：192．

稳。（3）滔钦罍无盖，同时期的其他罍均有盖，盖沿与口沿等大，直接搁于器口沿之上；后者盖口大于器口沿，直接罩于器口之上（图 5–2，左）。当然，二者在其他方面也还有不少共同之处，如肩腹间饰对称兽形钮（衔环）和饰圆凸饼装饰，说明浴缶有可能是由罍演变来的，不过到春秋中期，楚人赋予了它新意。

还需指出，楚式的浴缶与山西长治分水岭 270 号墓①及太原金胜村 251 号墓②所出的铜罍（均无铭文）也有一定的区别。晋式二件均无器盖，它们的颈部虽比早期罍矮，腹不及楚器大，但仍比楚器高，因此它们应该是罍，不应是浴缶。

浴缶东周时期流行于楚（包括曾、蔡等）地，此外，四川、广东也发现过。在江陵等地一些地位极低的下层贵族的墓中，不用铜而是用陶仿制品。不过，均是一些明器，器型很小，有的称罐，也有的称罍，看来均应正名为浴缶（或盥缶）。

5. 尊缶

淅川下寺所出，自铭为䵼缶，蔡侯墓所出，自铭为奠缶。《左传·襄公九年》："具绠缶，备水器。"《说文》："缶，瓦器，所以盛酒浆。"这种器肩腹间有四环纽（图 5–2，右），由汲水用的陶器演变而来，后变成酒器。这种器，春秋早期以前的铜器中未见，很可能是春秋中期才出现的，目前见到最早的自铭为"缶"的乃传世的《栾书缶》，③据其铭文考证，此器铸于公元前 578 年。此器器盖有四环纽，肩腹间亦有四环纽，与蔡侯墓所出奠缶无异。栾书是晋国的大将，还参加过鄢陵之战。因此晋楚间互有交往，都开始使用这样的器，是完全有可能的。不过，这件器毕竟是一件传世品，从其器形推断其时代似早不到春秋中期，最早只能到春秋晚期。近年山西境内发掘的春秋大墓中，出土了不少各类铜器，却从未出土过与此类似的缶。从考古发现看，尊缶应是楚的典型器。

① 边成修，李奉山．长治分水岭 269、270 号东周墓［J］．考古学报，1974（2）．
② 侯毅，渠川福．太原金胜村 251 号春秋大墓及车马坑发掘简报［J］．文物，1989（9）．
③ 容庚，张维持．殷周青铜器通论［M］．北京：文物出版社，1984．

左　铜盥缶
右　陶奠缶
（均曾侯乙墓出土）
图 5-2　盥缶和奠缶

6. 镇墓兽

为漆木质。其下为一方座，上立一兽首（有的兽首近人形），两眼圆突，颏下长舌外露，曲颈，直身，头上插一对鹿角，多数一座一头，也有的一座双头相连，则共插四只鹿角（图 5-3）。对其名称、性质、用途，目前学术界的看法并不一致。有的说为山神，有的说为土伯，有的说为铭旌，有的认为是灵魂守护者，有的认为是引魂升天的龙，还有人认为是兵主，等等，其说有八九种之多。我们认为从后代墓葬所出土的镇墓兽（辟邪）来看，它们虽然形态上有一些差别，但其性质应该是一样的，所以还是称它们为镇墓兽为好。虽有各种不同的看法，但有两点，各家的意见是相同的：其一，这是楚人特有的，不是和其他地域、其他民族共有的。因除楚地外，其他地方发现极少。其二，这代表了楚人的某种思想意识，是楚人某种信仰的产物。北到河南、南到湖南均发现过，因此也不是楚国某一地的信仰，而是楚境内的共同意识。因而镇墓兽也是典型的楚器。

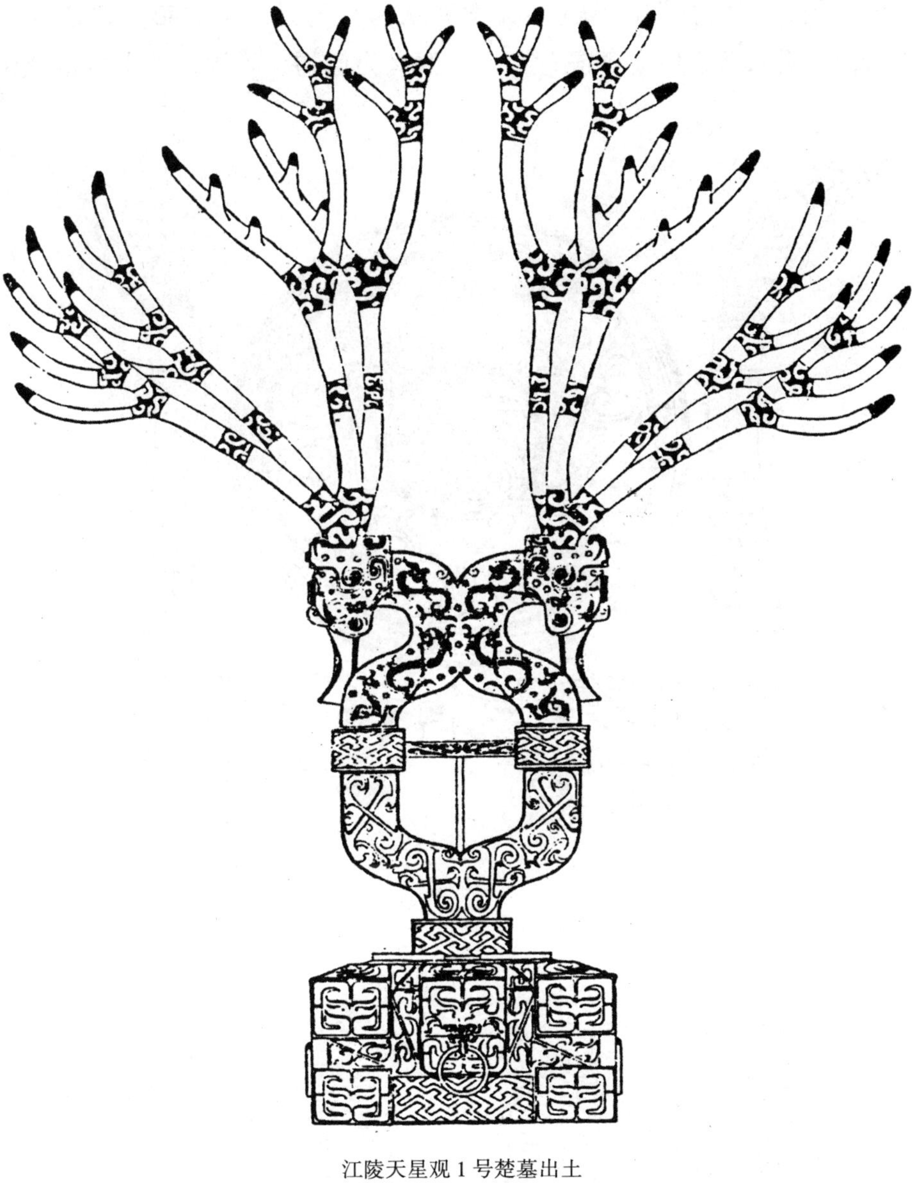

江陵天星观1号楚墓出土

图5-3　镇墓兽摹绘图

7. 虎座鸟架鼓

对它的名称、性质和用途，学界也有不同的看法，有人认为是镇墓兽一类的“山神”，不过多数学者认为它就是乐器悬鼓（图 5–4）。然而，对于双鸟为何立于虎背之上，双鸟为何物，等等，学术界也众说

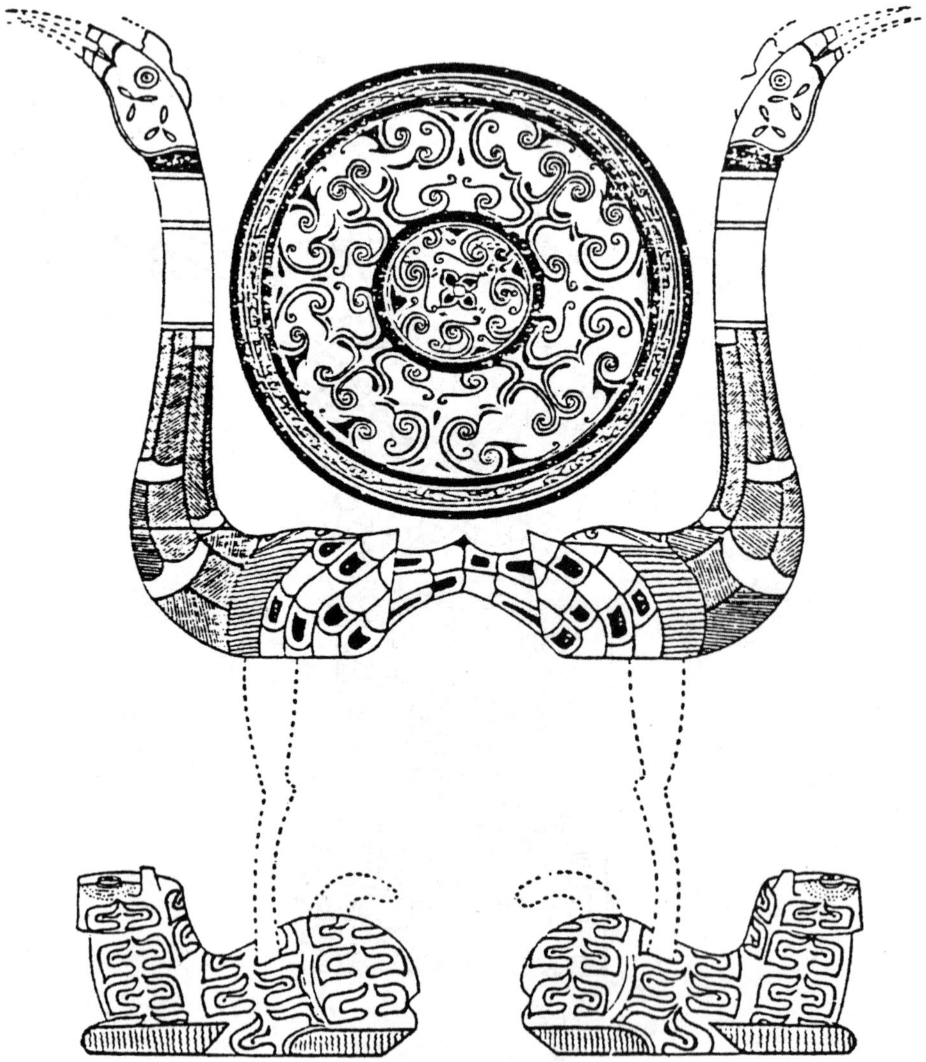

江陵雨台山出土

图 5–4　虎座鸟架鼓摹绘图

纷纭。但不论哪一种解释，有一点可以肯定，即这是楚人有意识做的，反映了楚人的爱好与崇尚。虎座鸟架鼓在楚地多处发现，而在楚以外的其他地域却没有发现过。有人曾提出疑问：是否北方和中原地区本来也有，但鼓皮和漆木质的鼓腔在北方不易保存，因腐烂就见不到了呢？但实际情况却是在鄂州的楚墓中，发现了一副陶制的鸟架鼓，其形制与木制鸟架鼓完全一样。如果其他地方也有鸟架鼓，漆木质的见不到，为什么陶制的也见不到呢？这些也恰恰说明，这是楚地独有的富有鲜明特征之物。

8. 虎座飞鸟

和以上两项一样，为楚人喜爱崇尚之物，别具风格，也是典型之楚器，对于其性质与用途，下节将专门讨论。

9. 楚式鬲

这是楚人日常生活中最习见之物，也具有鲜明的特征，下节亦将专门讨论。

第二节　楚式鬲及其用途

鬲，本来是一种炊煮工具，在原始社会就已广泛使用，故各地的先秦遗址墓葬中都有大量发现。因为各地的环境与地域不同，生活习惯不一样，所以鬲在各地，就发展成不同的形态。

我们所称的楚式鬲，是指楚存在的这个时期内，在楚地（一般泛指以楚为中心的江汉地区）所出现的，与其他地域（主要是中原地区）不尽相同的鬲。楚式鬲与其他地域（主要是中原周式鬲）鬲的不同主要表现在四个方面：

1. 外形

目前所知具有明显特征的楚式鬲，最迟在西周中期已开始出现，如当阳磨盘山遗址所见。[①] 分为大口、小口两个类型，平行发展，它们

① 宜昌地区博物馆．当阳磨盘山西周遗址试掘简报［J］．江汉考古，1984（2）．

在西周中期至春秋初期，共同特征是：尖唇、卷沿、高颈、圆鼓腹、高裆、高锥足（图 4–17，1、4）。而同期中原地区的鬲多为宽唇、折沿、无颈、矮裆、矮足，二者有着明显区别。苏秉琦先生曾将中原鬲总结为"袋足类""折足类""矮脚类""铲脚袋足类"，[①] 楚式鬲无法归入其中任何一类；通常所说的西周"瘪裆"鬲和"分裆"鬲，楚式鬲也与之截然不同。而且楚式鬲的这几个最明显的特征：高颈、高裆、高足（后由高锥变为高柱），一直贯穿始终，而中原鬲却朝另一个方向向前发展，裆部愈来愈低矮，裆下足跟也愈加短小。这样，二者泾渭分明，楚式鬲的特征也更加明显。

2. 制作与结构

构成以上差别的一个重要原因是制作的方法不同，周式鬲的器腹与器足连为一体，制作时是一起做的；而楚式鬲，器腹与器足是分别制作的，器身的腹与底相连，器底即裆，故一般裆部均呈联裆式，如此一来，楚式鬲就不会是袋足式，而是空足很浅或若有若无，这就形成所谓"鼎式鬲"或"单式鬲"，苏秉琦先生曾对这点做过透彻的分析："'周式鬲'——指的是以关中、洛阳一带的周代遗址所出的典型陶鬲为代表的那种鬲。它的基本结构特征是：器腹和足连为一体，腹足的底部是加上去的；足间的裆部呈弧形（所以有时被称作'瘪裆'）。'楚式鬲'——指的是以江汉地区诸商周（包括东周）遗址和墓葬所出的富有特色的那种鬲。它的基本结构特征是：器体的腹底连接一起，空足由核心与外壳两部分构成，核心部分略呈浅凹顶圆锥体，从器体腹底由里向外穿过底壁，外壳部分略呈空心圆锥体，从器体外紧紧地裹住核心部分的圆锥体，整个器足犹如从器体里向外透穿腹壁的'螺钉'，加上从外面再套上去的'螺母'，两部分从器体的内外两面牢牢地粘着在腹壁；足间裆部实际就是器底的腹底；空足很浅，有的甚至若有若无。"[②]

① 苏秉琦．瓦鬲的研究［C］// 苏秉琦考古学论述选集．北京：文物出版社，1984．

② 苏秉琦．楚文化探索中提出的问题［C］// 苏秉琦考古学论述选集．北京：文物出版社，1984．

3. 使用时间

从现有资料看，楚式鬲使用的时间，明显比周式鬲要长，撇开遗址不说，楚墓中如望山 1 号墓，仍出土有鬲，也就是说，楚式鬲一直到战国晚期以后才匿迹。而周式鬲，实际在春秋阶段已在衰退。腿足愈来愈矮，正是衰退的主要标志。鬲，本来是作为炊具而出现的，只有腿部、裆部加高，才能受火。周式鬲腿部变矮，裆部降低，正说明它依赖其他的支架，或者被其他器所取代。中原地区灶釜出现比楚地早，战国墓中，鬲已少见，很可能作为炊具的鬲已被灶釜取代了。

4. 鬲的功用

楚式鬲的功用，和周式鬲有不尽相同之处，这一点还无人论及，因此需稍加论述。

鬲，不论陶鬲还是铜鬲，在考古界一般认为是炊器，故在所有的考古报告里，均把它们归在炊器属下。如《洛阳中州路（西工段）》第 78 页：“鬲、鼎、甑、釜类是炊器。”又如《寿县蔡侯墓》也把鬲归为烹饪器，对于这一点，似乎已成定论。

随县曾侯乙墓，出土大铜鬲 1 件（图 5–5，1），小铜鬲 9 件（图 5–5，2），有两件小铜鬲还附有铜匕。出土时，大铜鬲裆部有烟熏痕迹，

1　　　　2

1. 大铜鬲　2. 小铜鬲附匕

图 5–5　曾侯乙墓出土铜鬲（周式鬲）

说明它确是炊器，而9件小铜鬲，没有一件有烟熏痕迹，从它们所附两件匕来看，很像今日吃饭用的汤匙。为什么在同一座墓里出了这样两种大小不同的鬲，为什么小鬲和匕一起出，这就不能不对这两种鬲究竟起什么作用，它们的用途是不是一致提出疑问。

实际上，检阅一下已发表过的资料，这一现象早已存在。寿县蔡侯墓出土小鬲8件，同时附匕8件，[①] 浏城桥1号墓出大陶鬲2件，小陶鬲8件，[②] 望山1号墓出大陶鬲1件，小陶鬲6件（图5-6，1、2），同时此墓还出小陶匕4件。[③] 信阳长台关1号墓也出小陶鬲，总数约有7件。[④]

由以上资料可见，一座墓大鬲所出较少，应该均是炊器，而小鬲所出件数均较多，有6件、8件至9件不等，没有见到少于6件以下者。并且小鬲多附匕，大鬲没有附匕。从匕的形状到用途，均相当于今日吃饭或喝汤的汤匙，因此这种小鬲的用途，也应该相当今日盛饭或装汤的碗。

在蔡侯墓与曾侯乙墓里，我们还见到匕与升鼎，即束腰大平底鼎同出，并且所出的匕与同墓小鬲的匕形状基本相同，只是大小有异。是否因为升鼎大，它们所附的匕也就大呢？我们知道，升鼎的用途主要是礼器。上面提到的几座墓，它们出土升鼎，同时也出小鬲，在一般的小墓里，见不到升鼎也见不到小鬲，这就又提出一个问题，用小鬲是否也属礼制？它是否一定和升鼎相连在一起？从已有资料看：包山2号墓、望山2号墓与沙冢1号墓，都出升鼎，但不出小鬲，因此小鬲不一定与升鼎相连，既然在同一座墓里，出升鼎也出小鬲，并附大小不同的匕，它

---

① 安徽省博物馆．寿县蔡侯墓出土遗物［M］．北京：科学出版社，1956．

② 长沙浏城桥一号墓［J］．考古学报，1972（1）．

③ 湖北江陵三座楚墓出土大批重要文物［J］．文物，1966（5）；湖北省文物考古研究所．江陵望山沙冢楚墓［M］．北京：文物出版社，1996．

④ 此墓所出完整的陶鬲2件，另有15件鬲足，估计应为5件陶鬲残破所致。见河南省文物研究所．信阳楚墓［M］．北京：文物出版社，1986．

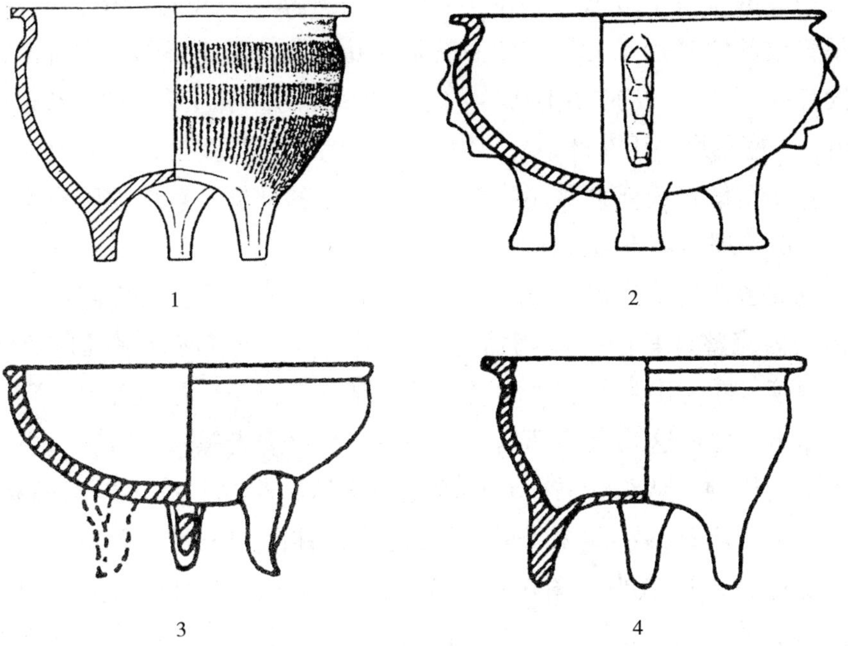

1、2. 江陵望山 M1 陶鬲　3. 当阳赵家湖 M1 陶鼎　4. 当阳赵家湖 M3 陶鬲
图 5-6　江陵、当阳楚墓出土陶鬲、鼎摹绘图

们的作用与用途自然也不相同。同时，我们还看到，用升鼎的制度一般较为严格，中原比楚更严，能不能用，能用多少件，都有严格限制，然而用小鬲却没有那么严格，仅就上述几墓的情况列表 5-1 比较如下：

表 5-1　升鼎与小鬲配套使用情况表

单位：件

	曾侯乙墓	蔡侯墓	浏城桥 M1	望山 M1	望山 M2
升鼎	9	7	3	3	2
小鬲	9	8	8	6	无

按礼制，天子才能用九升鼎，诸侯七升鼎，大夫三升鼎。蔡侯墓用

七升鼎，浏城桥 1 号墓与望山 1 号墓用三升鼎，也正符合他们的身份，只是曾侯乙僭越用了九升。然而就是这几座墓，用小鬲却是混乱的，看来没有一定规定，因此用小鬲不一定是什么礼制，不过从上述几墓也可以看出，一座墓最多用 9 件小鬲，因为在古代，“九”就含有最多的意义。

把小鬲解释成盛食器还能否找到更充足的证据？若仅据附有小匕这一点，似乎理由还不太充足。

湖北省博物馆公布了当阳几座春秋楚墓资料，[①] 这几座墓保存较好，器物较为完整，其中一座陶器组合为鬲、钵、豆、罐；另几座墓出铜鼎、铜簋；同时出陶鼎、小陶鬲、豆、罐及深腹高柄豆，并且小陶鬲每墓都是出 9 件。这几座墓都是一棺一椁，都出磨光黑陶，看来墓主的身份都是一样的。从组合看，很明显地看出这种小鬲与钵可以互相易位。并且其中一座墓的小陶鬲（鼎），实际上是钵附加三足，严格说，应该叫三足钵也许更恰当（图 5–6，3）。而这种三足钵和别的墓出的小鬲（图 5–6，4）用途完全一致，由此推定，这种小鬲的作用，实际就相当于钵，钵无疑是盛食器。

当阳用这样 9 件小鬲的墓的时代，大概在春秋中期，因此至少可以这样说：从春秋中期起，在楚及楚所影响的范围内，鬲的用途有两种，一种是炊器，这种炊器器足较高；另一种是盛食器，这种器器形较小。[②] 这种现象一直到战国中期偏晚的望山 1 号墓与长台关 1 号墓还存在，以后还延续了多久，现在尚难断说。

需要指出的是，这种盛食的小鬲并没有取代簋、簠、敦、豆，而是与它们共存。在楚墓里，簋、簠、敦总是与鼎、壶（或缶）共出的，因此它们的作用，主要是礼器。而小鬲，前已论述它不是礼器，在墓葬里，它也没有与别的器物构成组合关系，它的作用相当于钵、碗，主要

① 高仲达．湖北当阳赵家塝楚墓发掘简报［J］．江汉考古，1982（1）．

② 这一现象在楚以外的地区也发现过，如山西长治分水岭 269 号墓出小铜鬲 4 件，太原金胜村 251 号春秋大墓出小铜鬲 6 件（《文物》1989 年第 9 期），这些墓都是春秋晚期上层贵族墓。其他地方的墓中虽有零星发现小铜鬲，但均不及楚墓普遍。

是用来盛饭装汤的，与簋、簠、敦等盛食器的作用不尽相同。

我们认为将这两种鬲区别开来是有意义的，一种器物只有当我们真正了解了它的用途，才能更深刻地去认识它、掌握它。在我们推断器物的时代与进行器物排序的时候，只有真正弄清了它们的用途，才能依此去类推。相同用途的鬲才更好进行类比，这样比出来也才会更确切。比如从寿县蔡侯墓到随县曾侯乙墓，到浏城桥 1 号墓，再到望山 1 号墓，就可以看出这两类鬲的发展序列，如果将它们混同，必然得不出正确的结论。

第三节　释“虎座飞鸟”

本章第一节我们已经提到，虎座飞鸟是一种典型的楚器。这种器较完整者目前仅见于江陵纪南城附近的楚墓，已出土十余件，此外，鄂州楚墓、临澧楚墓也有发现残存的虎座飞鸟。可见这反映了当时人们的一种思想崇尚，而这种思想崇尚，仅在楚国各地存在，因而构成楚之典型器。将这种造型奇特之物放在墓中，究竟说明了什么呢？先看造型：均为木胎雕制，基本形态皆为一展翅飞鸟立于一虎座之上，在鸟背上还插一对鹿角（图 5–7）。有的鸟身上朱绘羽毛纹，虎身上朱绘云纹。在随县曾侯乙墓里，其东室墓主棺旁出土了一件青铜铸造的立鹤，头插青铜铸制的鹿角，昂首伫立，展翅作轻拍状，立于一方座之上，座呈三级式微凸。鹿角与鹤身饰错金云纹，方座饰龙纹、云纹。通高 142 厘米，鹤身高 109.5 厘米，座高 4 厘米（图 5–8），这与江陵楚墓的虎座飞鸟，虽然形态有差异，应该基本上属于一类性质的东西。对于江陵楚墓所出虎座飞鸟，王瑞明先生认为是山神，[①] 笔者有不同看法，试作一些探讨。

虎座飞鸟，我们认为其象征古代的风神，名称就是文献记载的飞廉。

《广雅》：“风伯谓之飞廉。”

---

① 王瑞明.“镇墓兽”考［J］. 文物，1979（6）.

《楚辞·离骚》："前望舒使先驱兮，后飞廉使奔属。"王逸注："飞廉，风伯也。"

根据这些记载，飞廉就是风神或称风伯。然风神是什么？考证古代文献，一说应为兽，一说应为鸟。

其说为兽者有《周易》："云从龙，风从虎。"又《淮南子·天文训》："虎啸而谷风至。"高诱注："虎，阳兽也，与风同类。"①

《山海经·北山经》："又北二百里曰狱法之山……有兽焉，其状如犬而人面……其名山𪊨，其行如风，见则天下大风。"

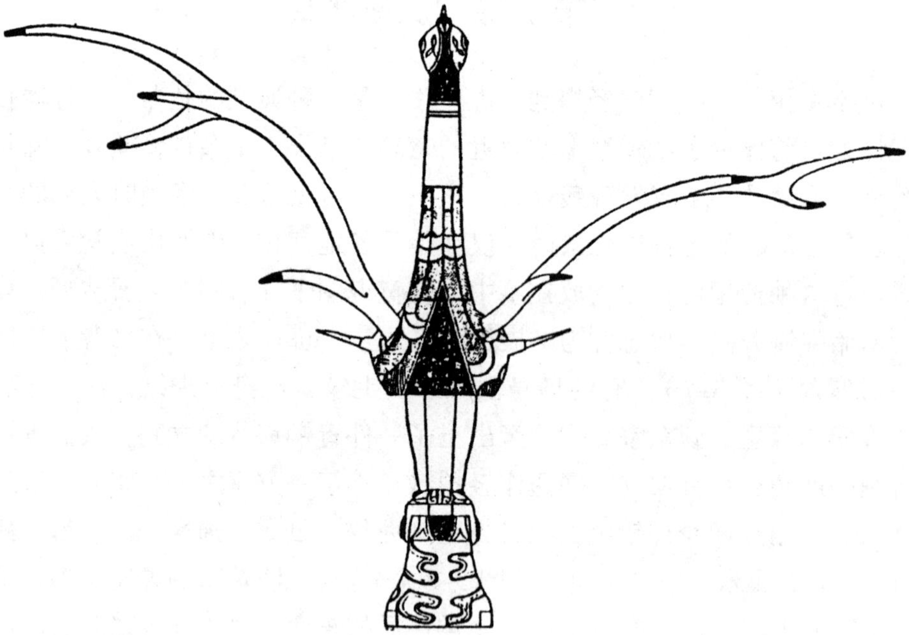

江陵雨台山出土

图 5-7　漆木虎座飞鸟摹绘图

① 此注根据《太平御览》卷九。《淮南子》武进庄本高诱注为："虎，土物也。谷风，木风也。木生于土，故虎啸而谷风至。"

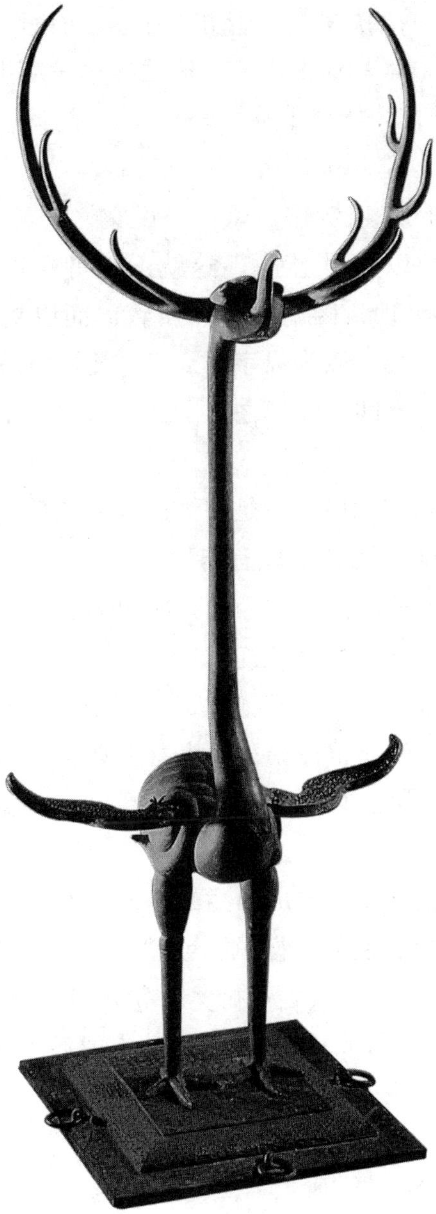

曾侯乙墓出土
图 5-8　（青铜）鹿角立鹤

其说为鸟者有《庄子·逍遥游》："北冥有鱼，其名为鲲……化而为鸟，其名为鹏，……抟扶摇而上者九万里。"《庄子》还有"有鸟焉，其名为鹏，背若太山，翼若垂天之云，抟扶摇羊角而上者九万里"。司马彪注："扶摇羊角风，今旋风上如羖羊角也。"高诱注《淮南子·本经训》："大风，风伯也，能坏人屋舍，一曰鸷鸟。"①

又卜辞甲骨文"风"字皆作"凤"，《说文》："古文凤，象形。凤飞，群鸟从以万数，故以为朋党字。"这就正如闻一多考释的："古盖以有大风时，即有大鸟出现，因谓风为鸟所致，而以鸟为风神，及造字时，遂即合'鸟'与'凡'以为风字。"②"'凡'卜辞金文皆作目，其形象舟，其义则为浮，当即'泛'之初文。鸟漂浮于空中，即有风之象也。"③

所以会以鸟或兽来表示风，正是因为风有鸟或兽（虎）的属性，鸟的属性是会飞，风是能飞的。说风有兽性，甚至是与"虎同类"，是说它有时也很暴躁，如《淮南子·本经训》所说的尧之时害民的大风，正像高诱所说"能坏人屋舍"，这就是它兽性的一面。

在楚墓里出现的虎座飞鸟，我们认为就是根据这两种属性来造型的。楚墓中的飞鸟，有的还很像鹏；而虎身上却绘以云纹，因此我们认为更可以确证是风神无疑。只是在鸟背上又插上一对鹿角，这是什么意思呢？

上已说到，风有它暴躁、如虎凶猛的一面；然而，它还有柔和、温顺的一面，这就是古代所说的"祥风"或"景风"。如《尔雅》有"四气和为通正，谓之景风"。又《太平御览》卷九引《尚书大传》："王者德及皇天则祥风起。"又引《礼斗威仪》："人君政颂平则祥风至。"宋均注："即景风也。"

---

① 《淮南子》武进庄本没有后面四字，从俞樾补校。参见闻一多．古典新义［M］// 闻一多全集：2，北京：三联书店，1982：336-337．

② 闻一多．古典新义［M］// 闻一多全集：2，北京：三联书店，1982：336．

③ 闻一多．古典新义［M］// 闻一多全集：2，北京：三联书店，1982：337．

我们认为插上鹿角，就正如“扶摇羊角”表示旋卷风一样，鹿角的形象，是表示直上九霄；鹿的性格温柔，按古人对鹿的看法，应是表示吉祥。

古代以鹿为瑞兽。《楚辞・天问》：“惊女采薇，鹿何祐？北至回水，萃何喜？”王逸注：“昔者有女子采薇菜，有所惊而走，因获得鹿，其家遂昌炽，乃天祐。”“言女子惊而北走至于回水之上，止而得鹿，遂有喜。”

又《诗经》：“呦呦鹿鸣……我有嘉宾。”朱熹注：“此为（周天子）燕群臣嘉宾之诗。”用鹿鸣来作为宴请宾客的诗乐，可见鹿为喜庆瑞祥之物。

古代婚礼纳征，还以鹿皮为贽。《仪礼・士婚礼》：“纳征，玄纁束帛，俪皮。”注：“皮，鹿皮。”崔骃《婚礼文》：“委禽奠雁，配以鹿皮。”又《说文》鹿部“丽……从鹿丽声，礼丽皮纳聘，盖鹿皮也”。由此可见，鹿是表示喜庆吉祥的。

闻一多先生曾考证，上古的时候，是用全鹿为礼的，后来才简化为鹿皮。[①]《诗经》里有：“麟之趾，振振公子……麟之定，振振公姓……麟之角，振振公族……”麟，鹿属，即用麟的足、额与角分别来表示麟的仁厚。简言之，用其一部分来表示全体。

把鹿角插于象征风神的飞鸟上，应是表示吉祥之风。《太平御览》卷九引《抱朴子》有“扶摇独鹿之风”的句子，说：“三日三夕天下尽风，二日二夕，天下半风，一日一夕万里风。”既有“扶摇羊角”“扶摇独鹿”之风存在，插上鹿角表示风或谓之为“鹿角风”应该是可以成立的。

汉代以后的人，对飞廉也作过解释，这些解释中的形象和上述墓葬出土的形状不同，不过也仍能找到一些共同点。

高诱注《淮南子・俶真训》：“蜚廉，兽名，长毛，有翼。”

---

① 闻一多．古典新义［M］// 闻一多全集：2，北京：三联书店，1982：79、131．

《汉书·武帝纪》颜师古引应劭曰："飞廉神禽，能致风者也。"

又有介乎这二者之间，颜师古还引晋灼曰："（飞廉）身似鹿，头如爵（雀），有角而蛇尾，文如豹文。"

综合上面这些记载，可见在汉以后，对于象征风神的飞廉，解释已不一致了，归纳其共同点，却仍可以看出：一、有鸟的特征，或有翼，或头如雀，或本身就作禽。因为只有禽才有翼，才能飞。这是主要的一面；二、也还有兽性，或认为是兽名，长毛；或身似鹿有角。这两个特征，就是前面提到的风的属性。而这两个特征，在楚墓或曾侯乙墓的虎座飞鸟里也都有。由此来证楚墓或曾侯乙墓所出的虎座飞鸟，应定名为飞廉，看来是没有问题的。

《淮南子·地形训》里有一段话颇有意义："四九三十六，六主律，律主麋鹿，麋鹿故六月而生。三九二十七，七主星，星主虎，虎故七月而生。二九十八，八主风，风主虫，虫故八月而化。"这段话虽然看不出它们的互相关系与内在联系，而先后次序却是这么紧密，看来也绝不是巧合，它们原来大概是有联系的，如早就有"虎生风"的说法，由此来看用鹿角、虎座、飞鸟来构成风神，也决不是偶然的巧合。

那么，把飞廉即风神埋在墓葬里，又起什么作用呢？

《太平御览》卷九引《河图帝通纪》："风者天地之使。"又引《龙鱼图》："风者天之使也。"

《楚辞·离骚》："前望舒使先驱兮，后飞廉使奔属。"《楚辞·远游》："历太皓以右转兮，前飞廉以启路……风伯为余先驱兮，氛埃辟而清凉。"

曾侯乙墓里的飞廉就是置于主棺旁，那它无疑是为墓主的灵魂上天用的。正如屈原遨游太空，由飞廉来启路作先驱一样。因为"风者"本是"天地之使"。

曾侯乙墓所出：鸟身作鹤状，与朱熹所描写的"鹤，鸟名，长颈，竦身，高脚……”形状是极相似的。[1] 按照古人对鹤的看法，有这样几种意思“鹤鸣于九皋，声闻于天”，[2] 这大概意味为墓主的灵魂升天来鸣锣开道吧，这个意思就和屈原用风伯来启路作先驱是一致的。又《周易》卷七有“鸣鹤在阴，其子和之”，王弼注：“鹤鸣则子和，修诚则物应。”这个意思就和后来的“太吉宜子孙”“长宜子孙”有些相似，大概意味对子孙的庇佑吧。《淮南子·说林训》里还有“鹤寿千岁”的说法，这也和上面一样，把鹤看成一种吉祥的动物。另还有把鹤看成是“仙人之骐骥”的，《艺文类聚》卷九十引《淮南八公相鹤经》曰：“鹤，阳鸟也，而游于阴，盖羽族之宗长，仙人之骐骥也。”正因把它看成了骑载仙人的神鸟，所以有一种说法说人的灵魂上天是离不开仙鹤的。《楚辞》王褒《九怀·匡机》说升天时“蓍蔡兮踊跃，孔鹤兮回翔”。《楚辞》刘向《九叹·远游》说升天时“驾鸾凤以上游兮，从玄鹤与鷦明；孔鸟飞而送迎兮，腾群鹤于瑶光”。皆以鹤为护送人们上天的神鸟。现在曾侯乙墓所出，鹤头上却多了一对鹿角，我们认为多了这鹿角，就不能视为鹤，而应是风神的象征了。这样，它除了有上述鹤的美德外，还应有风的属性。

江陵楚墓所出，鸟均是立于虎座之上，前已论述，那只是用虎来“生风”或喻风罢了。曾侯乙墓所出虽不是虎座，但鹤立的方座面上，仍饰以凸凹的龙纹、云纹，这也正像江陵楚墓虎座上饰的云纹一样，正是象征风在飘动。这又像颜师古引应劭说的：“飞廉神禽，能致风者也。”因此，有没有虎座都应叫飞廉，大概也是没有问题的。

《抱朴子》有“鹿寿千岁”的说法，这与“鹤寿千岁”大概不是偶然的巧合，吉祥长寿的鹿（角）加上吉祥长寿的鹤，由它们化作清风来替墓主的灵魂升天开道或护送上天，不是更加圣洁吗？

由此，把它们定名或正名为飞廉，就应没有问题了。

---

①② 《诗经·鹤鸣》。

第四节　楚墓常见的典型组合

上几节，我们讨论了楚墓中的典型楚器。这一节，我们将讨论楚墓中的典型组合。那么，典型楚器与典型组合是什么关系呢？是否典型之器结合在一起就构成了典型组合呢？不是这样。有的典型楚器虽在一些典型组合中能经常见到，但是，不是所有的典型组合能把所有的典型器都结合进去。典型器之所以典型，就是有的哪怕是它单独存在，也仍具有典型性。而典型组合必须是一组器物经常、稳固地联系在一起，并且有楚地鲜明的特征，比较普遍和具有代表性。因此，任意几件器物不论是同类的（如数件鼎或数件豆等）、不同类的（如鼎、罐、壶、豆之类）都不成其为组合，或不是牢固的组合；有的尽管是组合，但在楚和楚以外地区同样存在，或者只在楚某一地域存在，也不具典型性。

一、鼎、簠、缶典型组合

鼎和簠都是早已存在的器物。鼎在新石器时代早就有了，夏商时期改为青铜铸造，鼎就变成了礼器中的重器。铜簠是在西周后期出现的，它的功能是盛稻粱。《仪礼·公食大夫礼》：“宰夫膳稻于粱西。”郑注：“进稻粱者以簠。”《周礼·掌客》注：“簠，稻粱器也。”有的器自铭盛稻粱，如《伯公父簠》：“白（伯）大（太）师小子白（伯）公父乍（作）𥂴（簠）……用成（盛）糕䅗（稻）需（糯）梨（粱）。”这种器物最初很可能是仿制竹编织方筐而来。金文的簠字，均有形如竹编方筐，如匿，后来省写为匚，故《说文》解释为：“从竹从皿，甫声。古文簠，从匚从夫。”竹子主要产于南方，稻米也主要产于南方，因此这种器最早可能出于南方。不过现在没有更多的实证能证明簠一定是南方之器，相反，目前所知一些较早的铜簠均出于中原地区。

鼎、簠虽在中原地区很早就存在，簠、簋有时也通用或并用，然而在中原地区只出现过鼎、簋组合，却从未出现过鼎、簠组合。究其原因，簋是盛主食之器，中原地区的主食是黍稷，故簋在中原地区的应用比簠更早也更广；而稻粱只是作为珍食，用于加馔，用于宴享（见《左传·僖公三十年》“王使周公阅来聘”注）。故簠在中原应用不及簋广，即便在一些贵族墓葬中见到过，也从来不作礼器中的组合之器。

簠作为礼器之一，在楚国的地位，远远要超过中原。楚的主食是稻粱，作为盛稻粱的簠受到重视，自然在情理之中。因此鼎、簠加上楚特有的浴缶或蹲缶（或另外再加盘、匜），就构成一种较稳固的组合形态。这种组合为楚特有，它有别于中原地区春秋早期以前的鼎、簋组合，也有别于中原地区以后的鼎、豆、壶组合。需要指出的是，鼎、簠、缶的这种组合，是最先在楚的上层贵族墓葬中出现的，和将升鼎有意铸成有别于中原的一样。用这种组合来区别于中原的组合，正也意味着与中原礼制分道扬镳。

从现有资料看，鼎、簠、缶组合关系的形成是春秋中期，春秋早期当阳赵家湖中下层贵族墓，铜器组合还是鼎、簋。楚境内的枝江百里洲春秋早期（可能是罗国的）铜器组合为鼎、簠、方壶、盘、匜，[①] 春秋早期楚邻近的樊国国君墓（2号墓）铜器组合为鼎、簠、壶、盘、匜，[②] 黄君孟夫妇墓铜器组合为鼎、盖豆、壶、𬭚（近似缶）、盘、匜。[③] 即在春秋早期，尚未见到典型的鼎、簠、缶组合的墓（当然这些也不是典型的楚上层贵族墓）。但到春秋中期就不同了，淅川下寺九座春秋中晚期墓，除一座（8号墓）被盗组合不全外，其余八座墓的铜器组合均为鼎、簠、缶、盘、匜。比淅川下寺楚墓稍早或基本同时的江陵岳山春秋中期楚䣄伯铜器，其组合为鼎、簠、缶、盘、匜，[④] 比淅川下寺楚墓稍晚的当阳曹家岗5号墓附葬坑出土的铜器组合亦为鼎、簠、缶。[⑤] 可见鼎、簠、缶，有的另加盘、匜已作为一种比较固定的组合形式，这种组合形

① 湖北省博物馆．湖北枝江百里洲发现春秋铜器［J］．文物，1972（3）．
② 王与刚，欧潭生，蔡静远．河南信阳市平桥春秋墓发掘简报［J］．文物，1981（1）．
③ 欧潭生．春秋早期黄君孟夫妇墓发掘报告［J］．考古，1984（4）．
④ 滕壬生，王从礼．江陵岳山大队出土一批春秋铜器［J］．文物，1982（10）．
⑤ 赵德祥．当阳曹家岗5号楚墓［J］．考古学报，1988（4）．

式一直延续到战国末期寿县楚王墓，即楚的高层贵族中仍然在使用。

必须指出，与楚邻近的一些其他国家比淅川下寺楚墓稍晚的贵族墓中，有时也能见到鼎、簠、缶（或称罍）这些器物，有的却并未像楚一样组成较严密的鼎、簠、缶组合，如山西长治分水岭 269 号、270 号墓，[①] 因墓坑并列，很有可能是夫妇异穴合葬墓，两墓随葬器物也基本相同，他们随葬的铜礼器见表 5–2。

表 5–2　长治分水岭 M269、M270 随葬青铜器简表

单位：件

墓号	鼎	鬲	甗	敦	簠	方壶	盉	舟	罐	罍	盘	匜	鉴	匕
269	9	4	1	2	2	2	1	1	2		1		1	1
270	10			2	2	2	1	1		2	1	1		

由表 5–2 可以看出，两墓共有的是鼎、敦、簠、方壶、盉、舟、盘，而罍（缶）并非必备之物，这就不像楚的组合中必不可缺。也许有人会说 269 号墓的铜罐亦可代替罍（缶），的确，罐与罍用途可能一致，均为水器，然而形态完全不一，大小也各不相同，况且，即便是和楚浴缶（或盥缶）类似的罍，二者实际上也仍有很大差别，不能完全等同，因此它们不能被视为鼎、簠、缶的组合。

再如侯古堆 1 号墓，[②] 时代为春秋战国之际，很可能是勾吴夫人墓，此墓陪葬坑所出青铜礼器为：鼎 9、盉 1、簠 2、罍 1、壶 2、舟 2、盒 1、匜 1、杓 2。此墓虽也出簠、罍，但也难看成是鼎、簠、缶的组合。因为簠有两件，而罍只有一件，很难配套使用。

这就涉及鼎、簠、缶的楚式组合怎么配套使用的问题。一些较大型的楚贵族墓，鼎可以多到十几至二十余件，而簠、缶最多为四件，由此可见不是所有的鼎都可用来组合。鼎，按其形态与用途，可以大体分为

① 边成修，李奉山．长治分水岭 269、270 号东周墓［J］．考古学报，1974（2）.

② 固始侯古堆一号墓发掘组．河南固始侯古堆一号墓发掘简报［J］．文物，1981（1）.

四类，一是无盖大鼎，常称镬鼎；二是升鼎；三是带盖圜底鼎，在有升鼎、镬鼎情况下，其中有的作为羞鼎；四是小口鼎，或称浴鼎。根据出土情况，构成鼎、簠、缶组合的鼎绝大多数是带盖圜底鼎，用鼎的数量一般与簠、缶的数量相应。然有的超出簠、缶数量。多余的鼎，是应在簠、缶组合之列，还是应另有用途，尚待进一步研究。

鼎、簠、缶组合中的簠，式样虽也有一些变化，但簠一直只有一种。其数量，在只有一组组合时，簠只有一件；在有两组组合时，簠为二件；目前尚未见一墓出三件簠，即有三组组合的，却见有出四件簠，构成四组鼎、簠、缶的组合。

这些组合中的缶有两种形制，一种在淅川下寺墓中自铭𨽍缶，在蔡侯墓里自铭尊缶，其形制是大圆鼓腹短颈上承盖，肩腹间有对称四环纽，淅川下寺的两侧环纽衔接铜提链。江陵等地所出陶缶已有些接近陶壶，比早期铜缶腹部略变小，器身加长，主要是颈部加高，口均作子母口承盖，盖上及肩腹部各有对称四环纽，多为假圈足。与陶壶的不同之处是：壶均不作子母口，盖上常有三立兽，肩腹间饰环纽对称或铺首衔环，多为圈足。另一种在淅川下寺墓中自铭浴缶，在蔡侯墓中，自铭盥缶，由此可知是供盥洗用的贮水器。与尊缶的不同之处是，一般器身更大一些，也略矮一些，腹的最大径在上部即肩腹之间，肩部或有对称的一对兽形耳，或各有两环纽装环链。肩部或有四、或有六、或有十个圆凸堆纹。盥缶构成鼎、簠、缶的组合不及用尊缶普遍。特别是陶器的鼎、簠、缶组合中常只用尊缶而不用盥缶。用缶的数量一般和簠相配，因此一般的墓中，有几件簠，就会有几件缶。然有的墓尊缶、盥缶同出，这时构成鼎、簠、缶组合的主要是尊缶。

还需要指出的是，作为陶器的鼎、簠、缶组合，只有楚地存在过，时代主要在春秋晚期至战国晚期，然在楚境内，楚都纪南城一带比其他地域更广泛一些，使用者主要为中下层贵族。其他地域使用虽少，但并未绝迹，一些身份较高的或者比较富有的下层以上贵族仍都使用。

二、鼎、敦、壶典型组合

当我们对鼎、簠、缶典型组合进行了较充分讨论之后，来探讨鼎、敦、壶典型组合就较方便一些。在这一套组合中，较重要的是敦，因鼎和壶在楚以外的其他地区也很常见，只是形态上有些差异，特别是其中的鼎，愈到后来差异愈大。而敦就不同，虽然别处也存在，却远没有楚地普遍；而作为鼎、敦、壶的组合，却为楚地仅有。我们在第四章第四节已经论述过，敦是由簋演变而来，最开始出现的时间大概在春秋中期，并且也不完全都在楚地，洛阳（周）、侯马（晋）都见到过。楚地见到最早的，目前还是淅川下寺墓地（春秋中、晚期之际）。在楚地开始形成鼎、敦、壶这种组合，是在春秋晚期，而以战国时期最为盛行，在西汉前期个别墓中，也仍保留这种组合。与鼎、簠、缶的组合比较，鼎、簠、缶铜器组合出现更早，鼎、敦、壶延续时间更长，在春秋晚期至战国末期，这两种陶器组合是平行共存的。就使用范围来说，使用青铜鼎、簠、缶的，多为中层以上贵族，使用仿铜陶鼎、簠、缶的，多为下层贵族。除少数贵族使用铜鼎、敦、壶外，多数下层贵族乃至平民则更多的使用仿铜陶鼎、敦、壶，因此使用鼎、敦、壶的地域、阶层更广泛。另外，尽管有的贵族墓使用了鼎、敦、壶，却同时使用鼎、簠、缶，而且还有的铜、陶混合使用，混合情况较复杂，较高层的贵族，可能同时各有两组以上上述铜器组合，如包山 2 号墓。有的铜器为鼎、敦、壶而陶器则为鼎、簠、缶，或陶器中也还有鼎、敦、壶，并均不只有一组，如望山 1 号墓、2 号墓（详见第三章，表 3–2）。还有的中下层贵族墓，仅出铜鼎，或铜鼎、壶（或缶），其余的敦、壶（或簠、缶）则由陶器补充；也有不同两组全用陶器。这一情况，比同时期大体相同等级的中原墓葬，要复杂一些。

鼎、敦、壶中的壶，常为铺首壶。我们在第四章楚墓分期时还指出过：铺首壶的出现，在战国早期以后。上已论述，鼎、敦、壶的形成在春秋晚期。那么，在铺首壶出现以前，这组组合中壶的形态又是怎样的呢？壶是很早就有的器物，商周改为青铜铸造，也仍有陶壶。壶在各个时代，变化较大，式样很多。春秋晚期作为楚式鼎、敦、壶组合的壶是什么式样呢？从当阳赵家湖出土的陶壶可以看出，有的就是缶，有的近似缶，肩腹间亦有四环纽，矮圈足，盖上不是四环纽，而是三立兽。显然这种壶是从缶演变过来的。从长沙浏城桥1号墓和江陵一些楚墓中还可以见到，四环纽慢慢地演变成两对称的桥形纽，后才由桥形纽演变成铺首衔环。开始时壶与缶的区别确实不大，称鼎、敦、缶也未尝不可。不过，进入战国以后，特别是当铺首壶出现的时候，这二者的区别却又异常明显了。

然而，还有一个不容忽视的事实，铺首壶出现以后，使用范围不仅仅是楚地，铺首壶（特别是铜壶）在中原及齐鲁等地均能见到，郭宝钧认为“这是通行战国时期的基本壶式，制作最多”。[①] 因此铺首壶不是典型楚器。但作为与铺首壶结合的鼎、敦、壶组合却唯楚最普遍。实际上，还应该看到，当楚盛行鼎、敦、壶之时，正是中原地区盛行鼎、盖豆、壶的时候，相比之下，二者是如此泾渭分明，因而楚的特点就更明显了。

三、由楚式鬲组成的鬲、盂（钵）、罐、豆组合

鬲、盂（钵）、罐、豆本来是人们生活中最日常的用器，楚式鬲没有出现以前，它们也是中原地区一般平民用来随葬之器。因此，单从这四种器的构成组合来说，应主要是中原的组合，并非楚的组合。现在我们确定它们为楚的典型组合，正是因为楚式鬲的确立。这一套组合中，只能以楚式鬲为主体。上一节已论述，楚式鬲有不同于周式鬲之处，因此以楚式鬲为主体的这组组合，也显然不同于中原同样器的组合。事实上，当楚式鬲出现之时（西周中期至西周晚期），与之结合的盂（钵）、罐、豆，也均显现出了不同于中原地区同类器的特色。如中原的盂（有

① 郭宝钧．商周铜器群综合研究［M］．北京：文物出版社，1981：148．

的称盆）、罐在西周晚期至春秋初期，皆以折肩（或折腹）、平底为主；楚式的同类器，最初也有折肩（或折腹）、平底之器（明显仿自中原），而同时也出现了溜肩、圆鼓腹、圜底内凹之器，至春秋早期偏晚，折肩折腹平底器，已完全让位于溜肩（圆肩）、鼓腹、圜底器。罐的颈部加长，特别是到春秋晚期，在江陵等地出现一种长颈罐（壶），在湖北、湖南许多地方出现一种绳纹圜底罐，就更具地方特色。这套组合中的楚器豆、盘很浅，与中原地区的深盘、豆有很大差别。

楚式鬲、盂、罐、豆典型组合的确立（有时，也可能组合不全，缺其中的一至二器——通常缺豆或豆、盂），这不仅有利于识别楚与中原的不同文化因素，而且，这种组合常为广大庶民使用，它的出现又在鼎、簠、缶和鼎、敦、壶以前，这就有利于识别楚与周围其他区域文化，如西部的巴蜀文化（它的早期为“釜文化”，使用釜也比楚人早）；又如南部的越或扬越文化（早期也不使用鬲），楚取代越原有的区域（湖南及鄂东一带）后，楚式“鬲文化”才取代了其原有的文化。

乙编

楚系曾墓及其他研究

第六章　曾侯乙墓发掘技术探讨

随县曾侯乙墓是中华人民共和国成立以来科学发掘的大型木椁墓之一。在发掘当中又运用了一些现代化的技术手段，遇到了在发掘小墓中难以遇到的一些问题，积累了一些经验。总结其中的经验，吸取其中的教训，对今后发掘同类的墓葬，特别是南方地区的一些积水墓，应该是有借鉴作用的。

第一节　发掘准备工作中的一些问题

我曾和一些同志探讨过墓葬发掘，也常听到一些观点，归纳起来，不外是两种：一种认为大型墓葬的发掘是一件很难的事，令人望而生畏；另一种认为墓葬发掘是考古发掘中最简单的一种，凡有田野经验的人，特别是凡有遗址发掘经验的人，都会发掘墓葬。也正是因为有这两种截然不同的看法，因此一旦遇到有大墓需要发掘时，持前一种观点的人对准备工作不知从何做起，持后一种观点的人认为无需做准备工作，或者只按一般遗址发掘所需，做一些常规的准备就可以了。还有一种人，只想从大墓中“挖宝”，准备工作也极为草率，这就要另当别论了。

墓葬的发掘，特别是大型墓葬的发掘，从时间上讲，可能比一个大型遗址发掘的工期短。然而，从所需的人力、物力、财力等方面来看，它绝不亚于一个遗址的发掘。大型墓葬中，特别是大型的木椁积水墓，它大而且深、有水，即使已被盗，有些文物仍可能保存较完整。因此，所遇到的各种技术问题和所需采取的技术措施，也是一般遗址和小墓中不易遇到的，有它本身的特殊性。如何去总结这方面的规律，正是本章要探讨的问题。

墓葬发掘的准备工作，首先取决于对墓葬本身的了解。如一个尚未破坏的墓，即必须从封土开始进行挖掘的墓，应对封土上有无防护（或守陵）建筑作些了解，必须对墓坑周围的陪葬坑、车马坑做全面的勘探、调查，或发掘。这些都是墓葬发掘的重要组成部分。曾侯乙墓发掘时墓坑的上部和四周已遭破坏，只做了一些补救性的了解。本章探讨的是椁室本身的清理发掘。从曾侯乙墓的发掘来看，准备工作主要有三个方面。

一、人力的准备

人力的准备，最主要的是技术力量的准备。这包括主持发掘者、三大记录承担者、文物的现场清理与保管保养人员等。主持发掘者，应该是以后资料整理和编写报告的主要负责人，他应负责整个墓葬发掘的资料工作和各项技术处理工作。这应由有相当丰富的田野经验，特别是墓葬发掘经验的人来承担。大型墓葬的发掘，应该在文字、绘图、照相（包括录像）记录等方面有几套人马，单有一套人马是远远不够的。

曾侯乙墓发掘在这方面的教训是，当时没有明确业务上由谁负总责，今后的发掘报告由谁来主持编写。这样，对整个材料，既无人全面把关，也无人作全面检查。这对以后墓葬资料整理和发掘报告编写造成了很大困难。

过去有的人把行政领导看成业务主持。这两者之间是不能画等号的。业务主持是从业务本身的规律和要求出发，进行具体的指导或领导。业务主持人不仅要看到发掘本身，更要看到今后资料的整理工作。因此主持发掘者必须从资料的科学性、完整性出发，去认真考虑发掘工作的全部过程，并亲身投入到各项具体的业务实践中去，亲自掌握第一手资料。行政领导应是为完成业务计划去做组织保障。因此，行政领导完全不懂业务也是不行的。然而行政领导往往难以深入到各项具体的实践中去，既不能解决在发掘过程中提出的各种技术措施问题，更不能解决在资料整理中遇到的研究理论难题。行政领导在发掘时不会考虑到发掘中还有哪些不足，更不可能考虑今后的资料整理工作，因此行政领导代替不了主持发掘者。

还有人只管发掘，不管整理，以为把东西挖出来就万事大吉。这是很不妥的，至少是对资料不负责任的表现。当然，有的发掘者不能参加整理，这也是领导安排上存在问题。正因此，在做发掘准备时，特别是在人员安排上，一定要考虑到今后资料的整理。

二、技术措施方面的准备

技术措施方面的准备，最主要的是由主持发掘者制订出科学的、切实可行的发掘方案。在制订曾侯乙墓发掘方案时，[①]就遇到这样的问题：墓坑的形状特殊，为不规则的多边形，这样的墓过去没有见到过，没有资料可供参考，因此拿不准是什么时代的墓。时代不同，椁室的结构不同，墓内出土的文物也不会相同，对待的方法和采取的措施就不一样。时代拿不准，方案怎么做呢？我们根据附近出过的一些文物以及墓坑本身的一些情况，分析其有可能属春秋至西汉时期的墓葬。如属春秋墓，椁室结构不会太复杂，出土的文物以青铜器居多，陶器、漆木器少；如属西汉墓，则椁室结构可能较复杂，随葬的青铜器少，而漆木器、陶器多。战国墓则介于这二者之间。时代拿不准，制订方案时，就要作多方面的考虑。再者，要尽量将清理中可能遇到的困难都考虑进去，并提出解决办法。如墓坑较大（残墓口南北长 16.5 米、东西宽 21.5 米），如何拍摄全景照？我们提出的方案一是用直升机；二是搭照相架。照相架经我们推算，距坑口 2 米—3 米，高 25 米以上。后来这两种方案都采用了，用直升机拍照，距离墓坑至少 30 米，然而直升机不能在墓坑上部停留；而且直升机下面旋起的飞尘太多，所以用它拍摄椁盖顶部的情况还可以，揭盖板后，就不宜用直升机了，而必须用照相架。

---

① 曾侯乙墓发掘方案由本书作者拟定。

又如，墓坑这么大，短期发掘不完，如何防雨？来参观的人肯定多，如何采取安全措施？木椁板这么大，长的一根长 10 米，宽厚都在 0.5 米以上，重一吨以上，如何安全取起？如何堆放？……都要尽可能全面考虑进去。总之，要敢于面对现实，不能回避矛盾，也不能到时候再说。

三、物资方面的准备

物资的准备必须根据清理发掘、取出文物、现场保养、包装运输、安全设备等各个方面去全面规划，列出清单，尽可能地详尽，特别是安全木料、防雨设备、漆木竹器保养器材及交通工具等最不可少。

根据曾侯乙墓与其他大墓的发掘经验，物资计划越周密，准备越齐全，到要用时，就越能得心应手。否则很可能会延时误事。但在实践中，可能会遇到种种矛盾，如木椁尚未揭开，器物尚未露出之时，总是心中没有底。特别是对一些被盗过的墓就更是如此。我们在作曾侯乙墓的物资计划时，也遇到了这个问题：此墓被盗，还有没有文物？还有多少件重要文物？这是一般人，也是一般主管财经、物资的领导所关心的。不宣传吧，得不到领导重视；宣传过分，又怕兑不了现。也正因为如此，我们主张尽量少搞主动发掘，配合发掘是出于不得已。

还有一个问题，物资准备如何估算。以曾侯乙墓为例，木椁规模是已发掘的信阳长台关 1 号墓的 3 倍多，是江陵望山 1 号墓的 8 倍。那么，准备的物资是否按长台关 1 号墓的 3 倍或望山 1 号墓的 8 倍来准备呢？物资的准备，决不是简单倍数的扩充。墓葬越大，情况越复杂，有些材料可能要成倍的扩充，如安全材料，其他取器物或包装器物的材料就不一定全是如此。从以往经验看，准备多一点比准备少一点好。如果准备不足，最好延缓揭椁、揭棺，一旦揭开，物资供不上，不仅影响进度，也影响文物安全。材料备好后，最好都运到现场。

从曾侯乙墓发掘的情况来看，我们的准备工作一月有余，而实际田野操作也只有一个多月时间，除下雨和其他原因外，很少因备料不足而停工。因此我们认为准备工作是极为重要的。

第二节　发掘工作中的若干技术措施问题

一、清理工作中的若干技术问题

前面已提到，大型木椁墓的特点是大、深、有水、文物多，因此清理中一定要根据这些特点因地制宜地制订出清理措施与方法计划。

大型墓的第一个特点是大，主要指木椁规模大、分室多，那么，木椁用材也就大、量多，文物情况复杂。因此文物清理、绘图、照相等的工作量也就大，故工期较长。工期较长就有防雨、防晒、加强保养等一系列的问题，也有如何不增加工时（或至少不延误工时），即如何缩短工期的问题。根据曾侯乙等墓的清理经验，我们认为最好的办法是尽量使田野工作室内化。而要做到这一点，应从两方面入手：一是把田野工作的环境尽量变成室内环境，如有防雨防晒棚，不怕下雨，不怕太阳暴晒；有围栏，不怕外面的干扰；还要解决照明通风等问题，防雨棚、围栏不仅要安全、可靠，还要便于文物取出，便于绘图、照相工作的日夜进行，因此防雨棚的设计也必须讲究；有时为拍摄全景照，又必须全部揭开，这就要求是活动的，支起来要容易，拆起来要方便。根据我们多年的经验，杉木条用抓钉互相扣牢，在上面盖大块油布最为适合。在没有电源的地方，还必须解决电源的问题。二是能挪到室内的事，尽量挪到室内去做，因为田野工作条件不论怎样改变，毕竟还是田野，但只要挪到了室内，工期再长也就有办法了。如曾侯乙墓的 23 具棺，都是整棺取吊，全部在室内清理。还有一些在室外一时难以清理的器物，如竹简、人甲、马甲片我们都是和盘取出，标上在墓坑中的总体方位，拿到室内清理的。其中的甲片数量多，情况复杂，我们又没有这方面的技术力量，是整体取出后，运往北京，在中国社会科学院考古所的专家和技术力量指导协助下，经过几个月的清理、拼对、复原工作，才把它们整理出来。[①]

大型墓的第二个特点是深，这里的深不是指从墓口（或从封土）至椁室的深，而是指木椁本身的深，即如何进行深坑作业的问题。像曾侯乙墓，椁室的深度为3.35米—3.5米，大部分的文物都靠近椁底。然而有的椁室内有水，有的椁室内有泥，文物不一定都在椁底，而是各个深度都可能有。对3米以下的深度，或对椁底以上各种不同的深度，如何去清理、绘图和稳妥地取出文物呢？我们的做法是将深坑作业改成悬空作业，即视文物出现的深度悬放吊板，工作人员在吊板上操作；悬放吊板可以用绳子直接悬放，也可以做成活动的升降梯。将木板搁于梯上，但吊板要设法固定，不能让其晃动。这样，在上面操作就如履平地。悬空作业如履平地，这就是我们对待椁室深的办法。而此法亦可遵循自上而下分层清理的原则，因同一墓室的堆积，甚至同一物的堆积（如编钟），也有层位关系，如此处理方可有条不紊。

大型墓的第三个特点是有水。一般保存较好的木椁墓，揭开椁盖板以后，很可能是一椁清水；一些保存不太好的或有盗洞的墓，也可能是一椁或半椁泥。对于有水的墓，常规的做法是把水抽干，让文物“水落石出”再去清理。通过曾侯乙墓以及其他一些有水墓的清理，我们认识到：既然有水，就还有一个利用水的问题。有水，许多文物被淹没，就不好清理、不好绘图，也不好照相。就是一半文物露出水面，照相一半黑一半白，反差加大，效果不好，这是有水不利的一面；然而，水却有缓冲力及自然保护之效，漆木器在水中就可以长期保存不烂，水还有浮力，利用水的浮力去取出文物，特别是漆木质的文物，既安全，又方便。曾侯乙墓揭开椁盖板以后，北室、东室和西室都是一满椁清水，而中室有一半泥一半水。揭开椁盖时，东室浮有8具棺，西室浮有2具棺。按通常的做法，应该是抽掉水，清完文物以后，然后再清棺室，最后再取棺。但我们没有这样做，而是先把浮起的棺取出来。因椁室较深

① 湖北随县擂鼓墩一号墓皮甲胄的清理和复原［J］. 考古，1979（6）.

有水，椁室内的棺，有的已经侧翻，有的盖、身分离。我们就利用水的浮力，在水中把棺正置过来，并在水中用塑料薄膜将棺系紧、固定，然后插进垫板，连垫板一起起吊，移出水面，并钉上方向标签牌，以免到室内弄混。其他的陪葬棺及一些大型漆木器如 1.7 米以上的漆瑟，我们均是利用水的浮力取出来的。墓主棺的内外棺，原想一起起吊，因外棺有十个铜足，便于拴绳，所以我们想待水抽干再去起吊。谁知内外棺在一起，重量过重，启动 8 吨的吊车也无法取起。这样才决定先取走墓主内棺，再取外棺。然而此时墓坑内水已抽干，取墓主内棺无法拴绳。最后没有别的办法，只有从坑外把水注入椁室，让墓主内棺浮起来，才能插进垫托板，拴好绳，这样才取出了墓主内棺。因此，利用水的浮力取一些难以取出的文物，特别是漆木器，是一个很好的办法。

这里还涉及清理步骤与方法的问题，按常规的做法，清理棺室与取棺是清理工作的最后一步，一般都放在清理文物之后。然而，只要情况允许与条件可能，我们认为先取走棺，将棺移到室内去清理，然后再去清理其他文物，这样对整个清理工作，更有好处。因为把棺取走了，场子捡开了，再去清理其他文物就更为有利。

既然有水，就还有一个排水的问题。在排水过程中，必须注意下列问题。第一，排水工具以什么为宜。我们认为以小型潜水泵的效果最好。潜水泵的优点一是振动小，二是扬程高。这是一般抽水机所不及的。放置潜水泵的位置，可以选择文物较少的椁室，但最好还是在椁外挖一个坑搁潜水泵，以避免在椁室内吸水牵动其他文物。第二，因为椁室大，分室多，有的室可能需要排水，有的却暂时不能排水，特别是水与漆木器保护的关系尤大，因此一定要有全局观。第三，去水与去泥要配合，有的椁室积满了水，有的椁室积满了淤泥，当然都必须去掉。去水简单，去泥困难，最好先去掉一点水，接着去掉一点泥，这样最为理想，若水去得太快，淤泥干枯，再去去泥，不只费力大，也容易损坏泥中的文物。因此去水与去泥必须紧密配合。

大型墓的第四个特点是文物多。文物多，不仅指数量，还指文物的质地、类别繁多。不同质地的文物，处理保护的方法当然会不一样。但不同质地的文物，往往杂处，没有分质分类地放于不同的椁室。那究竟应如何来清理呢？是一个室一个室地去清理，还是同时分头并进呢？我们的做法是：最好能同时进行、同时清理，但单位必须严格区分，这样才能快而不乱。有的大墓大到有七八个墓室，同时进行要有七八套班子，难以有那么多技术力量，那至少也得分二三套班子同时进行。这并不只是出于抢时间，分头执行快。主要是不论椁分几个室，椁室内的水位都是相通的，正因水位同时升降，排水时各个室的水位会在同一水平上。若一个室一个室去清理，当一个室清到底时，或当一个室的水全抽干时，其他室的文物也会干枯起来，这对漆木器的保护是极为不利的。因此清理时，应从漆木器保存最多的椁室清起。其他室一时清不了，也应先做好露出水面的漆木器文物资料的记录与保护，先把漆木器取出，其他的文物缓一步再去清理。

二、资料整理工作中的若干问题

这里着重探讨在田野中如何编好器物号。编号工作不完全是一个纯技术的工作。它是最为复杂最不容易办好的一项工作，弄得不好，不仅田野的资料会弄得一团混乱，更主要是影响今后资料的整理，甚至影响到出版后的读者运用，故关系重大。

一般小墓或中等墓葬，最多有一个室至三个室，有一口棺至三口（或三重）棺，文物也最多数百件，不论椁室与棺室，一套班子清理，器号可以从头一直顺下来，就算在田野顺不了，室内整理时，从头顺一次号也并不很难。然而大型墓按这一套方法是完全不行的。前已提到，清理绘图需要几套班子，有的是在室外几室同时进行，有的是室内室外一起进行，如曾侯乙墓就是东、中、北室在室外同时清理和绘图；而与此同时，又在室内清理墓主棺内棺和陪葬棺，各个室有各个室的器物；各个棺也有各个棺内的遗物，这些要分别编号。曾侯乙墓的椁室我们按方位编了东、西、北、中四室，棺编了墓主外棺、墓主内棺，东室陪葬棺 1—9 号，西室陪葬棺 1—13 号，凡椁室的器物按各室编号；凡棺内器物按棺编号，还有少量的器物又按方位编号，如墓主外棺下几件器物就编为外棺下①、②，墓主内棺盖上的器物又编为内棺盖上①、②，按这样的一些编号法，在发掘工作紧张、人员多的情况下，不致造成混乱，会起到良好的作用。然而到清理时，就会感到名目繁多，太杂；自己在描述某一器号时，如东室墓主外棺下③号，就感到太啰唆，发表后别人要引用时，也同样会感到不便。故此我们在整理时将外棺上、下的器物，均算东室的器物，按椁室内器物编号，墓主棺内棺盖上的器物，算墓主外棺内器物，按外棺器物编号；而东、西、北、中均用英文字母代替为 E、W、N、C；棺也用英文 coffin 的第一个字母 C 代替，这样上述器物编号就变为 E、2，E、3 或 E、C10：3（读作东室 2 号，东室 3 号或东室 10 号棺 3 号器物）等，引用起来自然也方便些。

大墓出土的器物可能有数千件甚至上万件，发掘以后，拼接、整理、复原的时间也相当长，整理最后要想把墓内所有器物从头至尾统一编号，这又几乎是不可能的，因为这不只是在图上改一改号的问题，还涉及器物标签，涉及器物上写的字，涉及库存的箱、架等一系列问题；再加上因整理时间长，有的问题一时弄不清楚：有的器物原来认为是一件的，待复原其他器物时，才知是两件或三件，也有原认为是两件或三件的，而拼接成了一件。时间一长，有些器名、器号都用惯了，要一下全部改过来弄得不好会全部弄乱。这就需要注意两点：一是在器物出土时，最好能较合理的编号；二是器物出土以后，器名、器号不宜大改，我们认为全部重新编号的方法是不足取的；而在各单元内进行一些必要的局部调整增补又是应该的，如东室的模型车，在工地弄不清编了三个号，经室内整理为一件，这就空出了两个器号，所空缺的器号由东室内所清出的文物填补上去，再有多出的器物按东室已有编号编下来，这样东室其他器号基本上就不动。

然而，室外的编号怎样编号才算合理呢？一般来说，一器一号较为合理，但是这样做起来非常难，田野工作要求做到这一点也是不可能的。一般完整的青铜器和陶器，在工地上基本上可以一器一号，可一束（或一捆）箭镞，是编一个号还是一件件点清编几十个号呢？我们认为这一捆（或为五十支吧），在工地上还是编一个号为好，今后清理出来有两三种型号，那么再按有几型、几式去补几个号，这样一来实际就不是一器一号了。

一器一号也不一定就是最理想最科学的，如曾侯乙编钟，一套编钟有 65 件，是否就编为 65 个号呢？这也不行，还有编钟架呢？还有挂编钟的挂钩呢？因此我们后来的编法是，整套编钟编了一个总号，统计件数时，全套编钟及附件共 209 件。有的同志说，如果不是木架完整地保存，钟肯定掉下来了，挂钩等都散了，这样编号时肯定是一个零件编一个号，那就编 209 个号了。对于那些保存不太好的墓，都将尽量设法去复原其本来面貌，现在既已有完整面貌，我们又何必把它们拆开呢？另外，我们把编钟（包括编磬）只编一个总号，这只标明它们在墓坑中的位置，而对钟、磬等本身则按其实际，各自去单独编号，如编钟则按其上、中、下三层，本身分成的八组去编号；编钟在墓坑中统编号为中室 65 号，上层三组三号钟则为 C、65：上、3、3，一般引用者也可以省去它的总器号。说曾侯乙钟上、3、3 也就能清楚它的具体位置。经过各方面运用的实践，我们认为似编钟的这种编号法是可取的。同样，一辆完整的车，应只编一个车号。车上零件不编号。

同时，像竹简、成堆的甲片之类的器物在工地上一片片编号取出，这种方法也是不足取的。工地上因受各方面条件的限制，不可能弄清它们的相互叠压关系和互相编联关系，弄得不好，反还要把这些重要器物搞乱，在工地上只可能编一个总号，成堆取起，然后到室内整理时再来细分编号。

器物之所以编号，首先是给人一个方位感，即标明该器在墓坑中的位置，其次是为了不至混乱。实际上是让人利用编号与图、照片的对应关系，来复原墓葬。因此，总号的意义即在于有一个方位感，分号的意义则在于其在总号内的二方位，实际上“总号 + 分号”与“一器一号”

并无原则区别。墓内器物的编号，必须从实际出发，面对现实而不拘一格。关于编号的问题，还有一点要注意，尽量避免室内的混乱和减少室内工作量，有些器物在田野编号时，要慎重。如有的木马，可能由头、身、四腿分别组成，在墓坑中因水漂浮，可能分裂多处，因此在墓坑编号时，不能见头编个号，见身或见腿又去编个号，只能以其中的一项为准去编号，这样就可以减少重号或空号。陶器破碎分辨不清，像鼎和鬲等，最好以腿为准，上了四件编两个号，上了七件编三个号，这样到室内整理时，可能问题会少一些。当然，若条件许可，能够做到田野发掘与室内整理同步进行或者田野发掘与室内初步整理同时进行就更好。而实际操作要做到这一点是相当困难的。

三、安全措施工作中的若干问题

湖北土质较差、水位较高，木椁墓发掘时，若墓坑较深，容易塌方，以前有过血的教训，因此必须引起人们的高度重视。然而大型墓，一般墓坑上部的开口大，安全系数相对要大一些，但这一点仍然必须注意。下面探讨椁室清理时的一些安全措施。

首先是安全木板的运用问题。安全木板的运用范围很广，有的为了防止土坑塌方而加撑木撑板，有的为了防止拥挤而加木板围栏。此处专指揭去椁盖板后，用于盖椁的安全板。安全板的长宽可视木椁椁室的大小而定，长度不够，可另加杉条，而安全板的厚度必须在 5 厘米—6 厘米以上。这种安全板有如下几个作用，一、揭去一块椁盖板，填上一块安全板，就便于工作人员在上面操作。二、如果椁室顶上另有顶板，它可以防止因不慎而砸破顶板，有了这层安全板，又便于去揭取顶板；如果没有顶板，也可以保护椁室内的文物。及时用安全板盖好后，既可防止墓坑上部的土块等掉下来损坏文物，又可以防止暴晒、雨打或水冲。即使有塌方事故，也可以防止塌方下来的土块直接进入墓坑。此外，墓坑内有些漆木器等需要水分，作为大墓，又往往在短短几天内难以清完取出器物，即使墓上面有防雨棚，水分也会蒸发。因此，在盖满墓坑的安全板上加盖油布或塑料膜，就可以起到防止水分蒸发过快的作用。总之，安全板的作用是保障安全，便于操作。故这是发掘大墓以及一般木椁墓必不可少的设施。

其次，为了保障安全，必须防止一些闲杂人等涌入墓坑周围，更不准无关人员随便下墓坑。特别是在闹市周围，参观和看热闹的人，常常拥挤不堪。因此在墓坑周围二十米或更远的地方，用木栏木板或芦席等密密封住。非工作人员一律不准入内。在这围圈内，有工作人员的活动和休息场所。然后在墓坑周围二三米以外还应围一圈。发掘时，除了田野实际操作人员以外，其他后勤人员、安全保卫人员等，为数也不少，很多不是现场操作人员，也有想进入墓坑的。因此，一定要有严密的制度与纪律，坑上与坑下的操作人员，佩戴不同色别的标志，非坑下人员一律不准下坑。人员严格分工，各负其责。这是田野发掘中必须遵循的岗位责任制。一些领导（特别是一些行政领导）来参观，最好也不下到墓坑内。在发掘过程中，应该尽可能地请公安部门配合，必要时应请他们派遣民警维持社会治安和交通秩序。只有真正做到了这几点，发掘工作的安全才有保障。

曾侯乙墓发掘时，我们虽然采取了上述措施，但因发掘现场邻近县城，附近工人与居民多，秩序仍难以维持，白天往往都被迫停工。许多工作都是在午夜以后进行的。故此，在人多的地方进行发掘，对安全工作要有充分的估计，发掘前要有充分的准备。安全措施一定要非常得力，否则工作就难以开展（图 6–1）。

四、一些机械的运用问题

大型木椁墓的发掘，一定要运用机械。一是交通运输方面，发掘时不管计划多么周全，都可能因为出现一些新的情况，急需一部分物资，如果没有现代化的交通工具，就可能会误事或耽误很长时间。大型墓的发掘，人员很多，生活安排、后勤处理也都是大问题。急需赶运各种物资是常有的事。有些大型文物以及棺椁等，除了汽车以外，其他运输工

图 6–1　曾侯乙墓发掘现场

具是无法运送的。故此，在偏远的地方发掘大墓，首先要解决交通道路运输问题。二是大型文物的起吊方面，在过去的一些发掘中，往往受各种条件限制，对椁板等采用拖拉等方法，这样，椁板容易受到不同程度的损坏。而实际上起吊方法对有些大墓的大型文物不起作用，如曾侯乙墓的墓主棺外棺，重 7 吨多，需要用到能启动 8 吨物品以上的起重机。上文提到，对棺、器物等的清理最好整棺取至室内清理。没有起重设备要做到这一点也是很困难的。而我们的发掘单位，当时很少有自己的起重设备，去租用，按时计价，价格也相当昂贵，并要事先联系，这就要求我们加强工作的计划性，事先做好安装起重设备的各项准备，等起重机一到，说干就能干。三是现代化通信设备，因为有些情况要及时向各级领导汇报，有些情况、问题必须向有关单位通报，有些物资必须从其他地方准备，故此电话必不可少，线路必须畅通，最好能有专线。

以上是曾侯乙墓等发掘积累的经验，总结起来：（1）一定要有充分的准备，不能仓促上阵；发掘前对发掘方案要反复讨论，让参加人员心中都有底；（2）发掘大墓与其他大型遗址时，各方面的人员很多，有清理发掘、文物保养、安全保卫、后勤服务等各项工作，因此一定要有严密的组织，还必须有严格的纪律和制度；（3）要能顶住各方面压力，按科学要求办事，不慌不乱；（4）切实做好安全保卫工作，谨防发生人员或文物安全事故。

第七章　曾侯乙墓椁室形制试探

曾侯乙墓，是历年来我国发掘的春秋战国时代的君侯墓中最大的木椁墓之一。其椁室形制与规模，在同时期的墓葬中极为少见，因此也就提出了一些新问题。值得我们来探讨。

曾侯乙墓椁室的形状，平面如图 7–1 所示，为正方向，分东、西、北、中四室，其中北室与中室在一条中轴线上，西室与中室并列但略短小，东室与其他各室的方向不一致，各室大小的规模不同，各室尺寸，见列表 7–1（下面尺寸，均指各室内空）。

表 7–1　曾侯乙墓木椁各室尺寸表

单位：米

室	长	宽	深
东室	东西长　9.5	南北宽　4.75	3.5
中室	南北长　9.75	东西宽　4.75	3.3
西室	南北长　8.65	东西宽　3.25	3.3
北室	南北长　4.25	东西宽　4.75	3.15

出土时，东室比其他各室略高，内放置墓主棺 1 具，陪葬棺 8 具，殉狗棺 1 具。此外，还有一些兵器、乐器、漆器及金器。

西室内放置陪葬棺 13 具。

中室内放置礼器、乐器，南部主要放置青铜礼器，编钟置于西边与南边。编磬置于北边，东边放有鼓、联禁大铜壶和冰酒鉴等。中部放有多件漆瑟、笙、篪。

北室主要放置兵器、车马器、竹简。

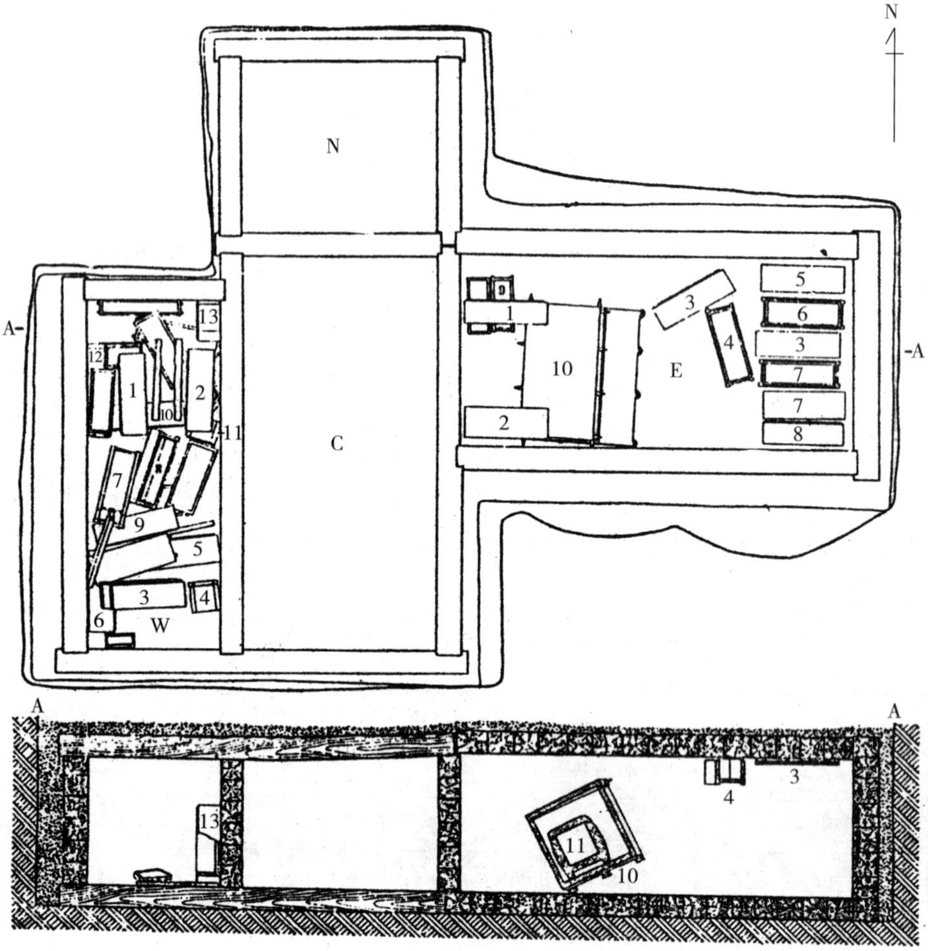

N. 北室　C. 中室　E. 东室　1—8. 陪葬棺
9. 殉狗棺　10、11. 墓主棺　W. 西室　1—13. 陪葬棺
图 7–1　曾侯乙墓平、剖面结构图

像这样大的规模与这样的椁室形制，过去是不曾见到的。信阳长台关、江陵天星观、望山楚墓，以及长沙马王堆与江陵等地西汉墓，虽然也分成若干室，但严格说来，都是在一个椁室内分成若干厢。以规模最大的信阳长台关 1 号墓来说，其整个椁室规模都不及曾侯乙墓的一个东室大。那一种分厢，并不像曾侯乙墓这样真正分成几个室。曾侯乙墓

椁室，这一种分室的方法，应有所本。此墓的年代是战国早期，这个时期，“礼崩乐溃”，诸侯僭越天子之礼，正如此墓使用九鼎八簋一样。但不管怎样，它不能超越当时的时代。因此，这种埋葬，尽管与其他墓有所不同，但还是应从当时的礼制中，去寻找依据。翻阅文件，这方面的直接记载颇缺，如专门记载丧葬制度的《礼记·檀弓》说：“葬也者，藏也；藏也者，欲人之弗得见也。是故衣足以饰身，棺周于衣，椁周于棺，土周于椁。”这里只是提到土周于椁，椁周于棺，并没有提到椁室制度。

又《礼记·丧大记》：“棺椁之间，君容柷、大夫容壶、士容甒。”这里只是提到棺椁之间的距离（或空隙），并不是指的几个椁室或一个椁应有几个室。

从已发掘的墓葬来看，信阳长台关 1 号墓为 7 厢；江陵天星观 1 号楚墓为 7 厢，其中一个为假厢，故实只有 6 厢；包山 2 号墓与鄂城白子畈 5 号墓为 5 厢；江陵望山楚墓为 3 厢；长沙马王堆及沙子塘西汉墓为 5 厢。这几座墓中，马王堆与沙子塘汉墓的时代稍晚，但其棺椁制度仍然沿袭战国时期，就从这几座墓的情况看，椁箱的设置并不完全一致，显然有等级尊卑之别。本书第四章已经论述，椁的分室（分厢）正是等级差别的标志之一。

《礼记·檀弓》：“天子之棺四重。”郑玄注：“诸公三重，诸侯再重，大夫一重，士不重。”这里主要是指棺的层数，不是指的棺与椁，不能看出棺的大小，更不能由此看出椁室的间数形制。

《礼记·檀弓》还说天子“柏椁以端长六尺”，孔颖达疏：“柏椁者谓之椁用柏也，天子柏、诸侯松，大夫士杂木也。以端者，积柏材作椁并葺材头也，故云以端。长六尺者，天子椁材，每段长六尺，而方一尺。”这里只是指的椁材每段长六尺，并非指椁长六尺。

从以上这些关于椁的记载的文献里，都看不出椁室的形制，只能看出椁有大小，棺有层数，这些都是为了区别尊卑。

那么，椁室的形制，究竟又依据什么呢？我们认为很可能就是依据当时宫室建造的形制，即把宫室之制，移到建造墓葬方面来。这一想法，在文献中也是可以找到线索的。

《荀子·礼论》就提道："故圹垅，其貌象室屋也。"即建筑墓圹和坟丘必须像建造住房一样。又《礼记·檀弓》"池视重霤"，孔颖达疏：天子"生时既屋有重霤以行水，死时柳车亦象宫室，而在车覆鳖甲之下、墙帷之上织竹为之，形如笼，……以象重霤方面之数，各视生时重霤"。尽管这里指的是柳车，却可以看出是指人死后所居要像生前的宫室。既如此，把宫室之制用于造墓，应是可以理解的了。

《左传》记载，成公二年（前 589），"八月，宋文公卒，始厚葬，用蜃、炭，益车、马，始用殉。重器备，椁有四阿，棺有翰、桧"。杜预注："翰是棺木旁装饰，桧是棺木上装饰，皆天子所用。"

根据这一记载来看曾侯乙墓，虽然宋文公早死了一百多年，与曾侯的埋葬却又是多么地相似：厚葬，椁外填炭，用人殉，埋大量车马兵器，棺有彩绘，上、旁均有饰。由此也可以想见，这个墓的椁上可能同样是"椁有四阿"，杜预已指出："椁有四阿"是王礼，孔颖达还说宋文公是僭越天子之礼。这就可以看出，在宋文公以前，天子椁用四阿，应是当时的礼制。那么，四阿又是什么意思呢？

《周礼·冬官考工记》："殷人始为四阿重屋"，注："四阿，若今之四注屋。"

李如圭《仪礼释宫》："人君之堂屋为四注，大夫则南北两下而已。"又说："周制天子诸侯得为殷屋，四注。"

胡培翚《仪礼正义·士冠礼》注："周制，天子诸侯，为殷人四阿之屋，东西南北皆有霤。"

由此可见，所谓四阿重屋或四注屋，实是指的周的宫室，即屋顶由四面散水。所谓四阿椁，应是指将宫室的建造，用来造椁。

曾侯乙墓椁的本身，看不出这种"四阿"或"四注"的情况，椁顶除东室略高（图 7-1，剖面），其余部分均是平的，这样是不是就没有"四阿"椁，或者"四阿"应作别的理解呢？参阅古代文献，我们认为，所谓“四阿”椁，应是指椁上面的建筑，即封土“复之如屋形”。

《礼记·檀弓》有这么一段记载，孔子死后，有人从燕来，问子夏，孔子的坟该封成什么样子？子夏回答说：“昔者夫子言之曰：‘吾见封之若堂者矣（郑注：封筑土为垄，堂形四方而高。），见若坊者矣（郑注：坊形旁杀，平上而长），见若覆夏屋者矣，见若斧者矣（郑注：斧形旁杀，刃上而长）。’从若斧者焉，马鬣封之谓也。”孔颖达疏：“若覆夏屋者矣，殷人以来，始屋四阿，夏家之屋，唯两下而已，无四阿。”

这样，天子椁上的建筑或者椁上的封土是按周宫室的四阿重屋形制，大概是没有什么疑义的了。遗憾的是，曾侯乙墓椁顶上的封土早已遭破坏而不存在了，它的封土原来是否如屋形，或为“四阿”屋形，更无法知道。然在地面所见战国时代的封土中，如河北易县燕下都附近的墓地，有20多座方锥形大冢，高达10米—15米，每边长40米—50米，这种方锥形的封土，应就是“封之如屋形”。楚墓中也有个别冢子为方锥形。由此可见“四阿”屋形的封土是确实存在的。

墓上的建筑（或封土）是按宫室之制，那么椁室的形制是否也按宫室来建造呢？文献上对此并无明确的记载，关于当时宫室之制，记载的也不多，历代的考注家，聚讼纷纭。现在随县曾侯乙墓出土，结合文献考查，可以互相作一些印证。

南宋李如圭对古代宫室，做过一些考释，说：“宫室之名，制不尽见于经，其可考者，宫必南向。”

曾侯乙墓为正南北向，墓主头向南，应是符合“宫必南向”的。

《礼记·月令》：“其祀中霤，祭先心。”郑玄注：“中霤犹中室也，先祭心者……此心为尊也。”贾公彦疏：“杜注《春秋》云：‘在家则祀中霤，在野则为社也。’又《礼记·郊特牲》云：‘家主中霤而国主社，社神亦中霤神也。’”由此可见，中室是一极端重要的位置。我们虽不敢牵强，此墓的中室一定就是古代的中霤。然此墓所有的青铜重礼器，绝大部分乐器，都集中在中室，可见中室正是象征祭祀极为庄重的地方。《仪礼释宫》说：“室中西南隅谓之奥。邢昺曰：……西南隅最为深隐，故谓之奥，而祭祀及尊者常处焉。”“东南隅谓之窔，郭氏曰：窔亦隐暗。”结合墓葬出土情况来看，中室西南、东南隅，确实较为深邃，主要是放置礼器，这里用来祭祀，大概无疑。又从《仪礼·少牢馈食礼》“主人室中献祝”（祭祀），也可以看到，室是主要祭祀之地。又从《仪礼·士昏礼》中，我们也看到，室又是宴请宾客的地方。

中室出土的乐器比较多、比较全，主要有编钟、编磬、鼓、笙、排箫、篪。因此有人认为这是宫廷乐队演奏娱乐的场所，这种看法是不够全面的（图 7–2）。

图 7–2 曾侯乙墓编钟出土情况

从墓坑规模之大，殉葬女性、青少年之多以及其他器物之奢华，可以看出，墓主是个荒淫腐化的人。他生前也许就喜欢那些“淫于色而害于德”的靡靡之音。然而，考虑到中室这庄重的位置，这一类淫乐在祭祀时是禁止使用的，中室既不是寻欢取乐的地方，那么摆置这些乐器起什么作用呢？不能不从当时统治者对这一些乐器的看法来考虑。

在墓里埋这些乐器，正像《礼记·乐记》中说的：“所以祭先王之庙也，所以献酬酳酢也（孔疏：用于宗庙中接纳宾客也），所以官序贵贱，各得其宜也，所以示后世有尊卑长幼之序也。”

因此，这套编钟及其他乐器放在中室，应是用于祭祀或象征接纳宾客的。

中室，象征宫室，实也是宗庙。《春秋左传要义》卷二十四：“宫即庙也，象其尊貌，则谓之为庙；宫其墙物，则称之为宫。”在宗庙里放这些礼乐重器，是好理解的（图 7–3）。

图 7–3　曾侯乙墓中室南部青铜器（局部）

《诗经·斯干》："筑室百堵，西南其户。"郑玄注："西向户、南向户也……天子之寝有左右房，西其户者，异于一房之室户也。又云南其户者，宗庙及路寝制如明堂，每室四户，是室一南户尔。"孔颖达疏："《正义》曰《传》不言此为路寝之制，则此据天子之宫，其室非一，在北者南户，在东者西户耳，推此看东向户、北向户。……天子路寝既制如明堂，自然燕寝之制当如诸侯路寝，故知天子之燕寝有左右房也。既有左右，则室当在中，故西其户者，异于一房之室户也。大夫以下无西房，唯有一东房。"此墓的中室，通东室，通西室，通北室都留有门洞，应可理解为东向户，西向户和北向户；准此，则东室和西室，也可理解为东房和西房。

关于天子、诸侯左右房或东西房之说，古文献中记载较多，如：

《仪礼·公食大夫礼》："筵出自东房。"注："天子、诸侯左右房。"

《仪礼正义·士冠礼》："陈服于房中西墉下。"疏："房中，东房中也。大夫、士寝庙之制，室在中，有东房，有西房，与诸侯同。"

《礼记·丧大记》："妇人髽带麻于房中。"郑玄注："于房中则西房也，天子诸侯有左右房。"

由此可见，"房与室相连为之"，正如江永《乡党图考》："左右房以夹室，使室居中"，这一情况与曾侯乙墓东室、中室、西室相连为之，而中室处于东、西室之中是相似的。东室出土墓主棺 1 具，陪葬棺 8 具，殉狗棺 1 具；西室出土陪葬棺 13 具，墓主棺内骨架为男性，陪葬棺内均为女性。东室除墓主棺与陪葬棺外，还有兵器、乐器、金器、漆木器，墓主棺内还有不少玉器。而东西室陪葬棺内仅有一些小件玉器玩具等，其他并没有什么随葬品。这样看来，东室是主要的，东室的作用远远大于西室；东室的规模也比西室大得多。而参照古文献，东室应即东房，或称左房。东房的地位也应比西房重要。《仪礼正义·士冠礼》："陈服于房中西牖下"，胡培翚引《乡党图考》："大夫、士陈器服，及妇人行礼，常在东房。"又《仪礼·少牢馈食礼》有"主妇荐自东房"。

这些就可以看出：东房的地位高于西房，与墓葬反映的情况是相同的。

东室、西室既是墓主的东西房，那么东西房内的殉葬者，应是嫔妃或服侍嫔妃的奴婢，不一定全是演奏乐人与跳舞者。当然，古代的嫔妃，有许多也是能歌善舞的，然前已论述中室不可能是娱乐场所。

北室，按李如圭的考释，或可称为下室。《仪礼释宫》：“朔月若荐新则不馈于下室……贾氏（公彦）曰：‘下室，燕寝也。’然则士之下室，于天子诸侯则为小寝也。《春秋传》曰：‘子太叔之庙在道南，其寝在庙北。’其寝，庙之寝也，庙寝在庙之北，则下室在适寝之后可知矣。”

《仪礼正义·士丧礼》：“死于适室”，“适室，正寝之室，自天子至士皆有正寝、燕寝。燕寝，常居之所；正寝唯齐及疾乃居之，君子非致齐也，非疾也，不昼夜居于内”。

由此可见，所谓下室、燕寝，是日常活动之场所，现在北室所出，主要为生活用具及车马兵器，也可以说是一库房。显然也是日常活动的场所。

以上是结合文献对曾侯乙墓的椁室所进行的一些考查与推测，从椁室南向，分中室、北室、东室、西室，显然与宫室之制某些方面是符合的。然而，按古代的宫室制度，或者从古代的宫室建筑来说，如湖北盘龙城商代宫殿与陕西扶风西周宫殿乃至明清时代的故宫三大殿，历来都是以一条中轴线为中心，中轴线两旁均是对称的。而现在，曾侯乙墓的椁室，若以北室、中室为中心，为中轴线，它两旁的东室和西室并不对称，对这一点又如何解释呢？我们认为，任何一座宫殿绝不会只像曾侯乙墓椁的四个室，正殿加偏殿，宫室显然有很多。墓中的椁室只是选用了宫室中的一部分，仅一部分自然就难以对称。若仅据这一点来否定或怀疑此墓椁室是仿自宫室自然是欠妥的。

结合其他考古材料，就更可以看出这一推断的正确性。在曾侯乙墓以前难以找到规模更大，保存更完整的椁室资料，故无法比较。在后来的墓葬中，墓室象征宫室的却发现不少。如西汉中期的河北平山中山靖王刘胜夫妇墓，都有前堂后室。墓上原来并有木构建筑，上还盖有瓦，发掘者称“浑如地下宫殿”。唐代的章怀太子墓、懿德太子墓，也都很宏伟，墓室明显是仿照宫殿建造的。明代的十三陵，已发掘的定陵，也可以看出是地下的宫殿。严格地说，是地上宫殿的一部分。

综上所述，曾侯乙墓椁室形制，是仿宫室结构安排，这一点是毫无疑义的。

本书第三章讨论楚墓分类时已经提到，楚墓椁的分室也是仿照地面的建筑，或者说将地面建筑的形式移到地下来，用于建造椁室。这样，人们很自然地要提出一个问题，楚墓的椁室形制，即一个大椁框内，分隔成若干个厢（室）——如九室、七室、五室、三室等，为什么楚墓的椁室与曾侯乙墓的不同呢？它们都是仿效的地面建筑，是不是它们的地面建筑风格不同呢？我们认为并不是这样，楚与曾相邻这么近，曾受楚的影响又是那么深，相同时代的建筑风格，不会有太大的差别。那么，对这一问题如何解释呢？

我们认为楚墓的椁室从布局来说，很可能是整个建筑或一组建筑的浓缩，这就有如墓葬中的木俑，模型是按原型浓缩的一样。这样一来，五室、九室之墓，按中轴线两边对称也就很好理解。然而，就目前所见，楚墓椁室只是仿地面建筑，并非按地面建筑大小去重建。椁室的面积有大小之分，这是与墓主的身份及经济实力相适应的，并非实际房屋建筑。一般只要求放置葬具、随葬品为宜，不要求像地面居室一样，需要很多活动余地。故从楚墓椁室，可以看出宗庙等的大体布局。而曾侯乙墓的椁室，则很可能是实际的移植，即地面有多大，地下亦建筑成多大。在表 7–1 中，我们已列出了各个室的大小与深度，其中，东室与中室的室内面积达 45 平方米—46 平方米，连最小的北室都超过 20 平方米，一间房这么大，不说在当时，就是现代也仍然算大房。虽无法和故宫的三大殿相比，但和故宫一些偏殿的居室相比，也不会小多少。就室内的摆置说，除北室、西室较挤以外，中室和东室仍有空余场地可供人们活动，有一定的实用价值。其开间、面积既然是完全仿照地面建筑，地面的整体建筑定更大，故也只能仿照其中一部分。从这个意义来说，楚墓椁室反映的是宫室的整体，曾侯乙墓椁室反映的是宫室的局部。不过曾侯乙椁室更真实地反映了宫室部分的实际。

曾侯乙墓椁室完全仿照地面建筑，还反映在椁墙的垒砌上。古代有一种井干式结构的房屋，即建房不用柱梁，而靠圆木或方木层层垒砌，只是在转角处木料端部交叉咬合，这就和曾侯乙墓木椁垒砌的形式差不多，特别是在它的北室、中室和东室三室交汇处最明显（图 7–1）。这种井干式建筑，文献中也有过记载，《汉书·郊祀志》："立神明台，井干楼高五十丈。"颜师古注："井干楼积木而高为楼，若井干之形也。"我们来看看曾侯乙墓的椁室，不正是"积木而高"吗？不正是"若井干之形"吗？由此更可证，曾侯乙墓的椁室正是仿照古代井干式建筑建造的。曾侯乙墓椁室的出土，也进一步证明：古代确实存在过井干式建筑，这正是当时井干式建筑的活标本。尽管以上文献记载的是汉代的神明台，汉代的建筑许多恰是承袭战国的作风，如战国时的四阿重屋，汉代最盛行，东汉的许多画像砖都反映了这一点。因此，曾侯乙墓木椁的出土，也就可证最晚在战国早期就有了这种井干式建筑，且已发展到了一个相当成熟的阶段。这样一来，由曾侯乙墓的椁室去推断古代的建筑，也就更有意义。①

① 这种井干楼用枋木垒成的房屋，至今在云南少数民族许多地方仍能见到，请参阅蒋高宸．云南民族住屋文化［M］．昆明：云南大学出版社，1997．

第八章　曾侯乙墓墓主内外棺

第一节　墓主外棺青铜框架

曾侯乙墓墓主棺有内外两层，两层棺都很有特色，为历年来出土棺中所少见。外棺的特点是铜木结构，形状特殊，重达7吨，在我国是第一次见到。而内棺虽为木质结构，但外表彩绘花纹极为繁缛，有些图案，很可能与古代的传说有关，因此，很值得研究。外棺外表呈长方盒形，上部比下部略大，长3.2米，宽2米，高2.19米。它由铜框架嵌木板，上部的四角与两边中部共伸出12个铜榫，下部装10个铜足，然后髹漆彩绘而成。足端挡板右下方留有一个方形门洞，高0.24厘米，宽0.25厘米。留下这个门洞大概意味着墓主的灵魂可以出入。

就外棺的结构来说，棺身的铜框架是由底部的铜方框，上立的10根铜柱，下装的10个铜足组成。底部的铜方框由两横两纵的铜梁结合而成（图8–1）。棺身结合最复杂的部位是底部的四角，四角除有纵横铜梁结合外，还有上有立柱、下有铜足的结合。这些结合，有的用焊接，有的用卯榫结合，有的是卯榫结合之后再焊接。从出土的情况来看，结合是十分牢固的。此外，还有棺盖本身纵横梁各两根的卯榫结合，棺盖与棺身之间的扣合，从棺盖外表见到的四角与两边当中伸出的12个榫头，正是为这些结合而设置的。这些榫头处棺盖的内侧均向下伸出有铜楔，而在棺身的外侧，榫头上均留有榫眼以便从外侧加铜楔，外侧铜楔较长，约23.5厘米，上宽7厘米，下宽6厘米，厚3厘米，铜楔上大下小，易于通过棺盖外侧榫头上的榫眼，从上往下一楔进，一方面加固棺盖本身纵横铜梁的结合；另一方面，外侧的铜楔与内侧的铜楔一夹，夹

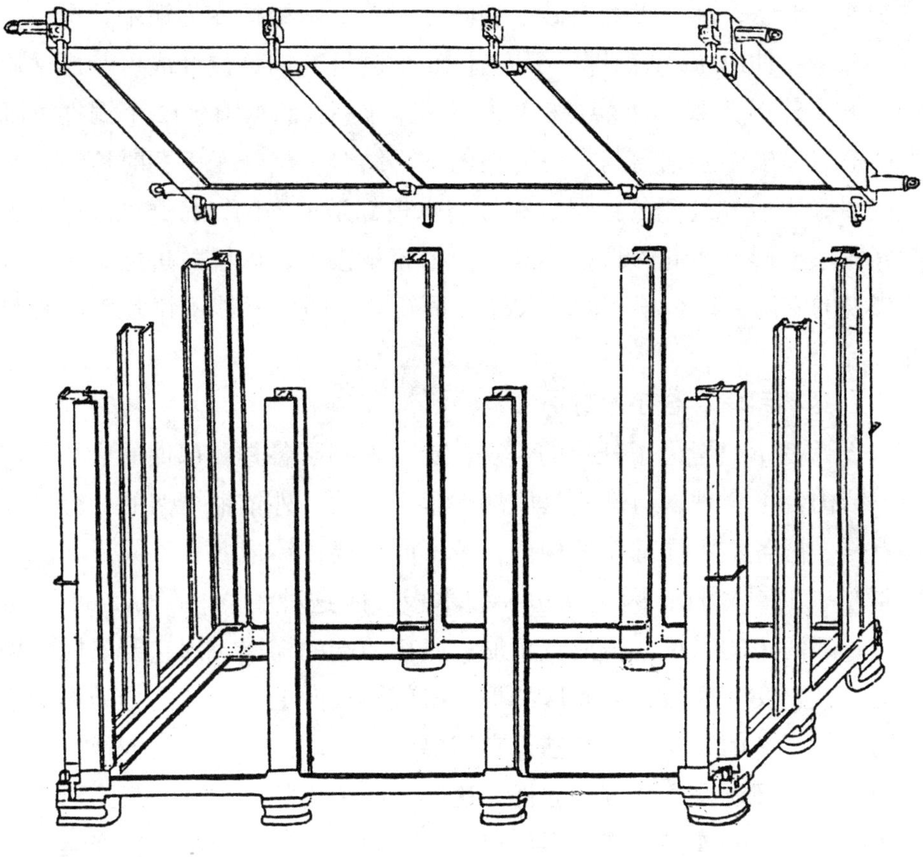

图 8-1　曾侯乙墓墓主外棺铜框架结构图

住了棺身上部的立柱，这样又牢固了棺盖与棺身的结合（图 8-1）。

总观起来，这种铜框架构成的外棺，有如下特点：

1. 设计新颖，别具匠心

这一种棺以前没有见到过，具有独创或首创的性质。设计者必须考虑这样一些问题：外形美观、能容纳内棺、结合牢固、便于运输、便于下葬。

从当阳赵家湖等地的春秋晚期墓葬和江陵等地的战国早期墓葬出土的棺来看，长方形状棺是当时棺的基本形态。曾侯乙墓墓主外棺虽还是这一基本形态，却有重大突破，突破之一是由木结构变为铜木结构；突破之二是上伸出 12 个铜榫，下安有 10 个铜足。铜足设计成兽蹄形，均较粗大，外形美观，使墓主棺停放安稳，而上面伸出的 12 个铜榫，既利于棺盖纵横梁和棺盖与棺身之间的牢固结合，又便于下葬时拴绳。木板嵌装好之后，外侧的铜梁、铜柱与木板都是平齐的，打磨光滑后，也就好髹漆上彩，因此外形很美观。外棺容量很大，内棺放进之后，仍有相当大的空隙，结合很牢固，式样又很新颖，因此不能不说是别出心裁的。

2. 结构科学，合乎原理

设计者不只考虑了外形的美观，更考虑到了各具体部件的形状与铸造。结构合不合理，与这些具体部件紧密相关。外棺铜框架的一个最大特点是，把各个不同部位的构件，按不同需要，铸成各种不同形状。如棺身当中的铜立柱，因它两边要装木板，故这种铜立柱铸成“I”字形；底部两边的纵梁，铸成直角形；底部两端的横梁，因它要安插两挡立板，又要安插底板，因此这两根横梁就铸成向上、向旁两个槽形铜连接的形状。又如四角的铜立柱，它们要嵌装一端挡板和一侧壁板；在棺的四角上，又还要安装方木立柱。这样，四个角的铜立柱便成为两个槽形筒呈直角形的连接，连接后形成一个直角形缺，这个缺恰就安装方木柱。为使方木柱安装牢固，木柱上下两端有榫眼，与预留的铜榫头扣牢，木柱当中还用金属腰卡加固。在其他部位，如棺盖的纵横梁，便做成不等边槽形，以便嵌装盖板。

这些“I”字形、直角形、不等边槽形和特殊形状的铜梁铜柱，有些和现代钢材的型号几乎一样，符合现代科学的力学原理，具有很强的抗压能力和很好的刚度与韧度。

在工地发掘时，我们曾担心当外棺揭开之后，棺身会不会失去依托而左右摇晃或散架、垮塌。实践证明，这种担心是多余的。因为棺内铜框架的每一个构件，都起到了其应有的作用，因此尽管经历了 2 000 多年，它们也没有因某处受力不均而变形。

需要强调的是，外棺出土时，整个棺身向西倾斜，倾斜约 30°，也就是说：仅西边的四个足着地，其他的足均没有着地，而且东边的棺盖与棺身之间还留有 8 厘米的空隙没有盖严。造成这一点的原因经我们分析，很可能是下葬时重量过重（出土时起重机计量重约 7 吨，加上所装内棺，总重约 9 吨，除去水，估计当年重量在 6 吨以上），无法掌握，或者因下葬时系棺的绳索被拉断，致使东南角盖上的一个伸出的铜榫，斜插入桲的南壁板，这样便造成棺身一侧没有盖严。尽管如此，却没有把整个棺盖揭开，这就说明它们的结合十分牢固。另外，尽管 2 000 多年以来都没有盖严，棺身也没有变形，当我们发掘出来挪正归位之后，盖身等仍结合十分严密。古代匠师在 2 000 多年以前能设计铸造出如此抗压抗挤的棺身，不得不叫人佩服！

3. 铸制难度大

外棺铜框架，经测量得知其体积为 0.387 4 立方米，按青铜中铜、锡、铅的含量，计算得出其重量为 3 290 千克，加上铸制时的飞溅、漫溢、渗漏以及各种耗损，估计原用铜量至少 3.5 吨以上。

从铸造来说，这些构件除铜足以外，基本上都是平直的，又没有什么花纹，似乎并不复杂。而若考虑到这些青铜构件都是由陶范合范铸成，实际并不比铸制其他器物容易。因为陶范都是由泥范焙烧而成，即使像此墓出土的最大青铜器如大尊缶、联座壶、冰鉴缶等铸制的陶范都不会太大，因此要焙烧、预热都不会太难。而铜框架的底部和盖上的纵梁，每根长 3.2 米左右，横梁与立柱的长每根接近 2 米。这样，铸造纵梁的范就得 3.5 米长左右，横梁与立柱的范，也都得 2 米多长。做成这么长的范不炸裂、不变形，还要由泥范焙烧成陶范，就更不是一件易事。而有些构件，如四角的铜立柱，尽管功能一样，但设计上仅对角的两根完全一样；就 10 个铜足来说，安装于不同部位，也有两三种形状；还有些构件，基本上一个构件要一副模具，这样，模具量要求多，自然也就增加了难度。

2 米或 3 米多长铜件的铸制，只有将模具竖起来浇注，铜液才能迅速下注，很快浇好。2 米—3 米高竖起来，要么把化铜炉提高，要么降低模具，总之，比铸一般器要复杂。铸制时，模具还需要预热，这样浇注铜液才能顺畅，避免铜液因骤然遇冷而发生呛火、冒汽等现象，这么长的模具要去预热，本身就增加了难度；模具预热好以后，拿出来还需要保温措施，因其长度较长，也就比一般的铸器要难。四根纵梁，每一根的重量都有上百千克，化铜浇注也并不那么容易。总之，从冶铸的技术角度看，显然比一般的铸器要复杂、要难。古代的匠师没有现代化的化铜、铸铜设备，全靠手工把这么长的构件铸造出来，不得不钦佩其智慧。因此，外棺青铜框架，可以说是古代匠师的一项创造。

第二节　墓主内棺花纹

曾侯乙墓墓主内棺花纹，无疑是历年出土的棺中花纹最复杂、最繁

图 8-2　曾侯乙墓墓主内棺

缛的了（图 8–2）。虽然有人就棺上的局部花纹作过考释，然都未能从全局着眼去研究这些花纹，因此只能说是提供了一些看法，尚远未到作结论的时候，本节并非对棺上的花纹去详征博引进行考释，而主要是对其布局、结构和内容进行综合考查与分析，以便对这些花纹有一个更全面的了解和认识，从而便于深入研究。

墓主内棺长 2.5 米，头宽 1.27 米，足宽 1.25 米，高 1.32 米。盖和两侧弧拱，两端挡板平齐，棺的内外均髹漆，尤以外表（盖顶、两侧、两挡五面）髹漆更为讲究。先抹 0.2 厘米—0.4 厘米厚的漆灰泥，反复打磨平滑后，遍髹一层黑漆（地漆），再在黑漆上遍髹一层红漆，然后在红漆上用墨、金等色绘成异常繁杂的图案。

一、图案的布局

整个棺的外表所施图案，原先可能有一个总体设计，然后根据这个设计来布置每一方的图案，盖面安排的全是龙，两侧壁板的主体花纹是格子门和守卫武士（图 8–3）；头挡为一组一组的图案，足挡以窗格

图 8–3　墓主内棺西侧壁板花纹摹绘图

纹为中心。很显然，整体有整体的布局，每一方有每一方的安排。然而，设计并不很严密，要求也并不很严格，除了门、窗、守卫武士这些图案比较规整以外，其他图案都是随手勾勒，故很少有很规整者。具体到每一方，以盖面最简单，共为 4 行，每行 17 组，每组为首尾相接成直角状弯转的两条龙。龙有首有尾，但画法随便，有的龙绘成 4 足，有的龙绘成 5 足。

头足挡都是盖端与棺身挡板为一整个平面，以这一平面来设计布置图案。头挡的花纹比较复杂，由龙、蛇、鸟、神等构成一组一组的图案，共 30 组。盖挡部分布置 5 组，棺身挡板部分布置 25 组，每组有一主题或一大体范围，因此组与组之间基本上能区分，但邻组之间又有互相牵连的情况。有的动物，头在此组，而尾又在彼组；也有的两组共着某一动物。每一组原来可能力求大小范围一致，然而很少有一致者。有的组也力求对称，但很少有真正对称者。因都是信手勾勒，大小形状都比较随便，不能对称的地方或留下的空白处，就随手勾勒一些动物去补缺。

足挡比头挡略规整一些，它的盖挡部分和头挡一样，布置 5 组图案，而棺身部分，挡板当中布置一大的“覆斗”形田字窗格，窗框之内，“田”字之外布置勾连龙纹；窗框之外，和头挡一样布置一组一组图案。

两侧壁板、盖板侧面所绘花纹与盖面上的花纹相同，而且两侧布置花纹，只有棺身壁板，不包括盖板。两侧壁板上的格子门与格子门两旁的武士花纹，基本上相同，很显然是出于同一母本，但临摹到棺上去时，又可能不是出自一个人的手笔，故同部位的武士，形象虽然相同，但有的眼全涂黑，有的仅绘一小圈，笔画轻重，衣着纹饰也略有差别。把两侧壁板的画临摹下来摊到一张桌上时，我们看到格子门、武士是同一画面的同一部位，然而把它们绘到棺上时，左侧的格子门靠近头端，右侧的格子门靠近足端，这就更说明是出于同一母本。然两侧壁板的其他图案，布局安排和画面都不相同，可见当初设计时，只对门和武士有安排，其他均未作具体部署。其他地方，也仍和头挡、足挡一样，主要由龙、蛇、鸟、神等构成一组一组的图案。

头挡、足挡和两侧一组组的图案，画法基本相同或大同小异，但无完全一致者。也有可能是绘到棺上以前，提供了若干组图案的母本，然后由若干个人临摹到棺上去，临摹者可任意加减笔法和变更画法或变换一些动物形象，这样一来，就使得这些图案似是相同，但仔细比较又不完全一样，整个棺上的图案也就变得更为复杂。

二、图案结构形式

从棺上各种图案的结构来看，有下列形态。

1. 单体图案

有门（两侧双扇格子门）、窗（足挡）、门旁的单个武士（图 8–4，1）、左侧（出土时为西侧）壁板武士上方单个的鸟（图 8–4，2）。这些单体图案，既可以单独构成图案，也可以几个一起组成图案。如左侧壁板武士上方的鸟，共 4 只，左边两只头朝左，右边两只头朝右；左边两只可以算一组，右边两只也可以算一组，4 件在一起也可以算一组；格子门左右侧的武士亦然，左边的 6 个可以算一组（图 8–3），右边的 4 个也可以算一组；左右侧武士又分上下两排，故上排、下排也可以单独成组。但这种成组是没有关联的，因此只能算成单体结构。

2. 多体结合

情况比较复杂，可以分为两大类。一类为勾连纹，如足挡窗框内与右侧右上方所绘的龙蛇勾连纹（图 8–5，1），还有左侧上方第一、三大格内与左侧下方的变形龙蛇勾连纹（图 8–5，2）。这种纹其所以称变形龙蛇勾连纹，是因为有些龙蛇的头已经简化，而尾和上述没有简化的龙蛇没有什么区别，这种图案在外棺上较多、较突出，是外棺的主体图案。

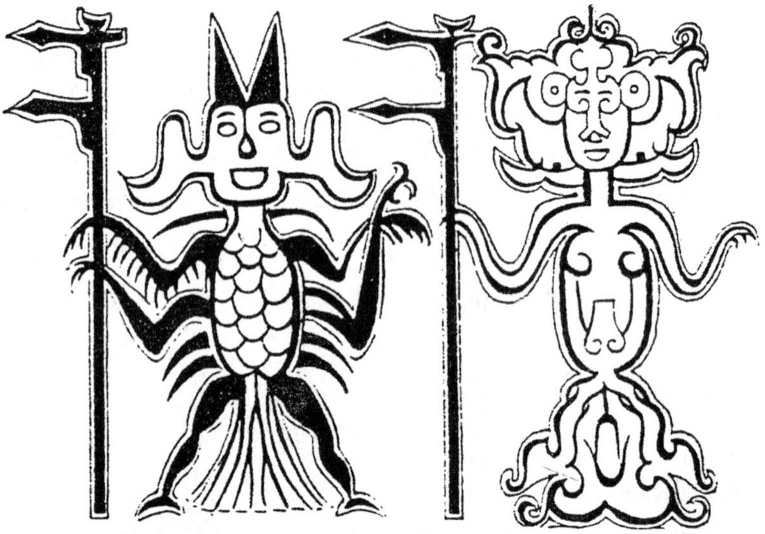

1

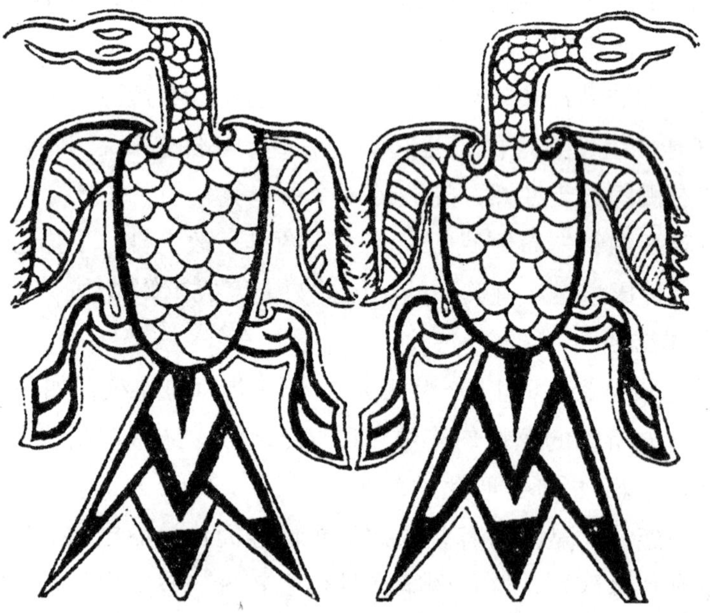

2

1. 门侧武士　2. 武士上方之鸟

图 8-4　曾侯乙墓墓主内棺壁板上的单体花纹摹绘图

1

2

1. 足挡　2. 壁板

图 8–5　曾侯乙墓墓主内棺上的龙蛇勾连纹摹绘图

另一类为多体的组合，这又可分为简单组合与复杂组合。简单组合如棺盖上的两龙构成一组（图 8–6，1）。再有上、下组合（图 8–6，2），见于足挡窗框左右侧，主体为一凤一龙，只是加了几件小动物补缺；又见于头挡下方，上下为龙（图 8–6，3）。还有为左右组合，如头挡上方当中一组（图 8–6，4），左右各为鸟首龙，仅在两龙上方和两龙之间各加一小龙补缺。还有一种为四方组合，如足挡右上方居中一组与头挡下方一组（8–6，5），四方四龙盘踞。这些组合，尽管为上下左右或分踞四方，但都不复杂，故称简单组合。

多体的复杂组合，又称多体的单元组合。总的说来，一组图案由多种动物结合而成一个单元或两个单元。见得最多的有两种形式，一种是以所绘动物为核心，左右两边再绘一些动物基本对称组成一组；另一种是上下两组或左右两组结合而成一大组。前一种形式更多一些。后一种是在前一种基础上的扩展或即前一种中的两组结合。构成核心动物的，

1. 棺盖　2. 足挡　3、4、5. 头挡

图 8–6　曾侯乙墓墓主内棺上的多体简单组合花纹摹绘图

或为两蛇（龙）互相缠绕（图 8–7，1），少数为双首龙蛇（两端均有首）互相缠绕，或为人面四身龙（图 8–7，2）或人面双身龙（图 8–7，3）；或为龙（图 8–7，4）；或为龙首双身（图 8–7，5）；或为鸟或鸟首龙（图 8–8，左）；或为人（神）（图 8–8，右）。其中人面双身龙，有的在图案最上方，有的在图案的下方，也有的居中。其他的一般都是居中。

1、3、5. 头挡　2、4. 壁板

图 8–7　曾侯乙墓墓主内棺上的多体组合花纹摹绘图

单个的龙在当中的除极少数龙首作侧视以外，多数龙首均作俯视。核心两侧的图案，以鸟首龙或鸟龙共身动物最多，此外，还绘有龙、蛇、鸟之类。两侧的动物，多两两相对，但不能完全对称，有的鸟尾（或龙尾）往下一拖长一拐弯，可以连一或两个龙首；有时是一边连，另一边不连；有的这一边连一个首，另一边连两个首，随意性很大。腿足也是一样，有的一边绘两足，另一边可能绘三足或四足，故无完全对称者。在一些空档处补缺的动物，随意性更大，或不同类，或同类不同形态，故难以对称。

这些图案中，头挡有三组以人（或神）为核心的图案（图 8-8，右），不同于上述结构。三组画法基本相同，头顶上有一对尖角（其中一组头上无角），面部仅绘双眼和嘴，两侧绘四根卷须，肩膀和手臂似

左、右头挡

图 8-8　曾侯乙墓墓主内棺上的多体组合花纹摹绘图

由龙躯组成，五指未作交代，两腿叉开作站立状，胯下作火炬形，似站立于云端之上。两手操蛇，蛇在神人的头上绕成几何状。这几组中，神人显然是其主体。

三、图案内容分析

整个内棺的图案，除去门窗以及左侧下部由变异的龙蛇等组成的勾连几何纹外，经粗略统计，所绘各种动物共有 895 个，兹列表如下：

表 8–1　曾侯乙墓墓主内棺所绘各种动物统计表

单位：个

名称	盖面	头挡	足挡	东侧	西侧	合计
龙	136	113	97	149	54	549
蛇（包括蟾蜍）		61	61	62	20	204
鸟		30	21	21	38	110
鸟首形兽		9	11	3	1	24
鹿		1	1			2
凤			2			2
有足鱼		1	1			2
鼠状动物			2			2
总计	136	215	196	235	113	895

此外，还有人面神 4 个，神兽武士 20 个，由表 8–1 可以看出，所绘图案以龙最多，各种龙占总数一半以上。古代龙蛇本是不可分的，现在分开来统计，只是为了把那些头较小、身体较细长、有蛇的明显特征的动物与龙区别开来。然而，有的也实难以区别，如有的蛇有冠、有足，有的蛇另一端又为龙首等，如果把蛇加入到龙这一类中来，就占了总数的 84.13%，因此可以说，整个内棺的图案完全是一个龙蛇的世界。

而龙的形态又是多种多样的，甚至很难说有一种较固定的形态。从其首来说，就有人首、鸟首、兽首、龙首等多种形态，如头挡、足挡和右侧各有四组，左侧有一组当中所绘为人首（面）双身龙，人首面大同小异，而身躯却有较多变化。鸟首龙也是较多的一种，有的鸟首为高冠，也有的无冠；鸟首有的与龙身相连（图 8–6，4；图 8–7，1 两侧），有的也并没有相连（图 8–9，1、2，两侧）。兽首是一般龙的最常见形态，足挡凤踏着的龙（图 8–6，2）就是最典型的兽首，连兽耳都画出来了。兽首一般均作侧视、张口，有的有冠或有角，画面中的很多侧首张口龙，有的不见冠或角，应视为画法的简化，与这些首相连的龙，实也是兽首龙。还有个别的兽首作俯视与龙躯相连（图 8–9，3）。前文已提到，龙有时与蛇难以区分，故有的龙头近乎蛇头（图 8–9，1）。当中缠绕的龙，上部的龙首就近乎蛇首。还有一种龙首画得较特殊，如棺盖上

1. 足挡　2. 壁板　3. 头挡

图 8–9　曾侯乙墓墓主内棺上的鸟首与兽首龙纹摹绘图

所绘的龙皆作俯视，连接身躯部分，画得近乎四只角（或耳）。吻部呈触须状往外弯撇，棺身部分有的龙首也与此相似（图 8–7，4）。这些龙首，有的是蛇首的变异，除去前面的卷须，实就是一个三角形蛇头。

从龙的躯体来看，也有好几种形态，一种是蛇躯与以上各种形首相连，上举人首（面）双身龙、兽首龙、双（蛇）首龙，所连的都是蛇躯。蛇躯有的绘鳞纹，有的不着鳞纹。一种是鸟躯，鸟躯亦可与各种形首相连，如足挡窗框两侧所绘人首龙，均为鸟躯（图 8–10，左），有的作鸟首鸟躯（图 8–10，右两侧），有的作兽首鸟躯，前文已提到，有些侧首张口的龙，实际都是兽首，所连的躯有的鸟有翼。还有一种是兽躯，这一种不和人首相连，而和其他首相连，如鸟首兽身，见于头、足挡（图 8–6，3 下），龙首兽躯亦见于头挡、足挡，还有为兽首兽躯者（图 8–10，右下）。

所绘龙尾除极少数为兽形尾以外，绝大多数（不论是何躯体）皆为蛇形尾，不论首和躯体绘成何种形态，其足皆作鸟爪状。足的数量并不很严格，从一足到四足、五足的都有，还有些两首以上的连躯者，足的数量有的还多一些，如图 8–6，1 下部之龙绘有五足。

图 8–10　曾侯乙墓墓主内棺足挡所绘鸟身龙摹绘图

除了各种形态的首与各种形态的躯体可以任意结合在一起外，还有一个首连几个躯体或一个躯体连几个不同首的情况。

如前已述的一首下连双龙躯和一人首下连双龙躯，还有一人首下连四龙躯（图 8–7，2 右）和一人首下连双鸟双龙躯（图 8–10，左）。一个躯体连几个不同的首，又有几种不同的连法，一种是首尾两端的首不同，或上作鸟首，下作龙首（图 8–7，1 两侧），或上下均作龙首（图 8–9，2），或一端作蛇首、一端作龙首（图 8–7，3 当中下），或上端为人首、下端又为龙首（图 8–7，2 左）。一种是上下首相错，见得最多的是上为鸟首，下为龙首（图 8–9，1），二者实为一体，在头挡、足挡等处，鸟首与龙首似是隔开的，不易看成一体，而在右侧壁板，有的组所绘鸟龙连在一起，龙首之上不用线条隔开，就看得很清楚了（图 8–11，1）。还有一种两首的结合呈枝首形（图 8–11，2），蛇龙首共一躯体，两首分叉；还有一组，鸟、龙共一躯体，鸟首、龙首分叉（图 8–11，3）。另外，还有几个首作并联或串联状，即综合以上几种情况把几个首串在一起（图 8–7，4），当中一龙躯下来又将三个龙首连在一起，并右边的龙近尾部又将两个龙首并联在一起。还有将三个龙首并联在一起的，这就形成了多首龙。

（均见于东侧壁板）

图 8–11　曾侯乙墓墓主内棺所绘多首多躯龙摹绘图

四、文献考索

《说文》曾对龙作过解释："龙，鳞虫之长，能幽能明，能细能巨，能短能长。春分而登天，秋分而潜渊。从肉，飞之形，童省声。"宋代郭若虚在《图画见闻志》卷一中，对历代画龙之状，概括为："析出三停……分成九似；角似鹿，头似驼，眼似鬼，颈似蛇，腹似蜃，鳞似鱼，爪似鹰，掌似虎，耳似牛。"以这些来对照内棺上所画，远远不及所绘的复杂。为了说明问题，将内棺两挡两侧所绘的各种龙粗略统计如表 8–2：

表 8–2　曾侯乙墓墓主内棺所绘各种龙统计表

名称	头挡	足挡	东（右）侧	西（左）侧
龙	55	49	94	36
双首龙	16	12	8	3
一首双身龙	2	2	6	1
人首双身龙	4	4	5	1
双首龙蛇	5	2	7	6
鸟首龙	7	13	15	1
鸟龙共身	19	11	13	3
三首龙	5	4		
人首四身龙			1	2
四首龙蛇				1
合计	113	97	149	54

棺身四周由龙（蛇）、鸟、神（人）组成的各种图案，原来可能都有一定的寓意，或者是本源于某种神话传说。有人撇开这一些，仅对棺两侧格子门旁的守卫神兽武士作了解释，一说为"土伯"；[①] 一说为

① 汤炳正．曾侯乙墓的棺画与《招魂》中的"土伯"［J］．社会科学战线，1982（3）．

“方相氏”或“羽人”，[1]这两种解释都有一定的道理。然而不容忽视的是，格子门与守卫武士虽然是棺两侧的主体图案，但毕竟是整个棺图案中的一个部分，哪怕是属于极边缘的组成部分。因此，如不对整个棺的图案加以研究，或者不把它们置于整个棺的各种图案之中，就会失于偏颇，难以把门和守门武士说清楚。为此，需要结合文献先对这些图案作些考查。

棺上所绘的鸟首龙，《山海经·南山经》有这类记载：“自柜山至于漆吴之山……其神状皆龙身而鸟首。”棺上所绘之鸟首龙，也许属这类神。

上举的一首二身龙，《山海经·北山经》有类似记载：“浑夕之山……有蛇一首两身，名曰肥遗，见则其国大旱。”郭璞注：“《管子》曰：‘涸水之精，名曰蚋，一头而两身，其状如蛇，长八尺，以其名呼之，可使取鱼龟。’亦此类。”由此可见，一首二身龙（蛇）的传说，应早已存在。

关于人首蛇身（龙身）的传说，见于文献记载的较多，如《楚辞·天问》：“女娲有体，孰制匠之？”王逸注：“传言女娲人头蛇身，一日七十化……”伏羲也相传为人面蛇躯，《文选·鲁灵光殿赋》有“伏羲鳞身，女娲蛇躯”。传说的共工，郭璞注《山海经·大荒西经》引《归藏·启筮》曰：“共工人面、蛇身、朱发。”又《山海经·北山经》：“自单狐之山至于隄山……其神皆人面蛇身。”又《山海经·中山经》：“凡首阳山之首，自首阳山至于丙山……其神状皆龙身而人面。”《山海经·南山经》：“自天虞之山以至南禺之山……其神皆龙身而人面。”由此可见，人面蛇身（龙身）的传说，古已有之，并非专一指某神，而棺上所画的这一类神，故也难以确指。

头挡有三组所绘两手操蛇之神，见于《山海经·海外东经》：“雨师妾在其北，其为人黑，两手各操一蛇，左耳有青蛇，右耳有赤蛇。”

① 祝建华，汤池．曾侯墓漆画初探［J］．美术研究，1980（2）．

又《山海经·中山经》："夫夫之山……神于儿居之，其状人身而身操两蛇，常游于江渊，出入有光。"又："洞庭之山……是多怪神，状如人而载蛇，左右手操蛇。"棺上所绘操蛇者，应属这一类神。

棺上所绘很多龙均有翼，古代称有翼之龙为应龙。最早见于《楚辞·天问》："应龙何画？"王逸注："有鳞曰蛟龙，有翼曰应龙。"又《广雅·释鱼》："有翼曰应龙。"《淮南子·览冥训》"服应龙"高诱注："驾应德之能。一说应龙，有翼之龙也。"《山海经》上也能见到一些龙（蛇）有翼，如《中山经》："鲜山……其中多鸣蛇，其状如蛇而四翼，其音如磬。"又"阳山……其中多化蛇，其状如人面而豺身，鸟翼而蛇行，其音如叱呼，见则其邑大水"。又《西山经》："太华之山，有蛇焉，名曰肥𧔥，六足四翼。"

在《新序》卷一、《新书》卷六等文献里都载有孙叔敖少年时遇到过两头蛇。两头蛇与两头龙也许是相近的。《尔雅·释地》"中有枳首蛇焉"，郭璞注云："岐头蛇也。或曰今江东呼两头蛇为越王约发亦名弩弦。"郝懿行云："弩弦蛇即两头蛇也。"《山海经·大荒南经》："有兽，左右有首，名曰跊踢。"又《山海经·大荒西经》："有兽，左右有首，名曰屏蓬。"《海外西经》载为并封，《周书·王会篇》："区阳以鳖封，鳖封者，若彘，前后皆有首。"袁珂《山海经校注》按："推而言之，蛇之两头，鸟之二首者，亦均并封、屏蓬之类，神话化遂为异形之物矣。"主棺上所绘双首龙、双首蛇、双鸟首龙、鸟龙共躯等，可能就是并封之属。

前文已提到，有的为多首龙，如三首龙、四首龙。在古代神话中，三首、四首乃至九首的神是屡见不鲜的，如《山海经·海外南经》："三首国在其东，其为人一身三首。"《山海经·西山经》："翼望之山……有鸟焉，其状如鸟，三首六尾而善笑，名曰鵸鵌。"《大荒南经》："有三青兽相并，名曰双双。"《海内西经》："开明南有树鸟，六首。"《大荒西经》："有青鸟，身黄、赤足、六首，名曰鸀鸟。"《大荒北经》："有山名曰北极天柜……有神，九首人面，鸟身，名曰九凤。"《海外北经》："共工之臣曰相柳氏……九首人面，蛇身而青。"由此可见，棺上所绘一些多首龙也应是有所本源的。

棺上还有一些图案在人首的耳部均绘有蛇。除上引《山海经·海外东经》"雨师妾左耳有青蛇，右耳有赤蛇"外，又《大荒西经》："西南海之外……有人珥两青蛇，乘两龙，名曰夏后开，开上三嫔于天，得《九辩》与《九歌》以下。……开焉得始歌《九招》。"又《大荒北经》："大荒之中，有山名成都载天。有人珥两黄蛇，把两黄蛇，名曰夸父。"主棺所绘珥蛇之人首应为这一类神。

主棺足端两侧中部绘有两足五彩鸟，《山海经·南山经》有类似者，"丹穴之山……有鸟焉，其状如鸡，五采而文，名曰凤皇，首文曰德，翼文曰义，背文曰礼，膺文曰仁，腹文曰信。是鸟也，饮食自然，自歌自舞，见则天下安宁"。足端所绘羽毛华丽的鸟，应是象征吉祥的五彩凤凰。

足端右侧还绘有一条四足蛇，《山海经·西山经》："乐游之山……其中多䱻鱼，其状如蛇而四足。"或与之相类。

从上文所举这些材料来看，主棺所绘一些图案，可能确有所本，只是现在难以复原罢了。这样一来，对主棺所绘的这些图案，可以从两个方面来理解。

一方面，主棺所绘绝大多数为龙，这些龙就按龙的本性来理解。龙的本性除了上引《说文》的解释以外，《管子·水地篇》云："龙生于水，被五色而游，故神。欲小则化如蚕蠋，欲大则藏于天下，欲尚则凌于云气，欲下则入于深泉。"《说苑·辨物篇》："神龙能为高，能为下，能为大，能为小，能为幽，能为明，能为短，能为长。昭乎其高也，渊乎其下也，薄乎天光，高乎其著也。一有一亡忽微哉，斐然成章，虚无则精以和，动作则灵以化。"也就是说，龙即是神，或龙有"神"性，"神"功。根据龙的这一属性，在古代神话中，许多神（人）又御龙或乘龙。《左传·昭公二十九年》："古者畜龙，故国有豢龙氏，有御龙氏。……昔有廖叔安，有裔子曰董父，实甚好龙，能求其耆欲以饮食之，龙多归之，乃扰畜龙，以服事帝舜，帝赐之姓曰董，氏曰豢龙。……故帝舜氏世有畜龙。”又1973年5月，湖南省博物馆在清理长沙子弹库楚墓时，发现了一幅《御龙图》。[1]图的正中绘着一有胡子的男子，侧立直身，腰佩长剑，手执缰绳，驾驭着一条巨龙。这也就反映，至少到战国中期还流传着人是可以驾驭龙的传说。人既可以驭龙，自然就可以乘龙。因此古代又流传着很多人（神）乘龙的传说。如《大戴礼·五帝德》“颛顼乘龙而至四海”，“帝喾春夏乘龙”。又《山海经·海外南经》：“南方祝融，兽身人面，乘两龙。”《山海经·海外西经》：“大乐之野，夏后启于此舞九代，乘两龙，云盖三层。”“西方蓐收，左耳有蛇，乘两龙。”《山海经·海外东经》：“东方句芒，鸟身人面，乘两龙。”又《水经注·汉水》引《括地图》云：“冯夷恒乘云车，驾两龙。”根据这些传说，主棺内棺上所绘的一些龙，无疑就可供墓主驱使，以便让墓主乘龙升天。这是一个方面的理解。

另一方面，龙不是泛指的神，如前面所引文献所考索的，棺上所绘的人首、鸟首、兽首、蛇首龙等，其中某一项是专指某种神，尽管我们现在不能确知，在当时或者至少在设计者心目中是明确的。这样，棺上所绘各种不同的图案和各种不同龙的形态，显然就不止一种神，把墓主置于这些神之中，也就是把墓主“神”化。这样一来，这就成了诸神（百神）聚会的地方。这也许就是《山海经·海内西经》所记载的昆仑之虚（即帝之下都）一类的地方。“昆仑之虚……面有九井，以玉为槛，面有九门，门有开明兽守之，百神之所在。”墓主内外棺，均绘有门，显然这些门是供墓主的灵魂出入，或与这些神接触，或者让这些神护送上天。门上绘有覆斗形格，一侧绘四个，形成四个“口”，两侧八“口”，加上足端还有一个覆斗形窗格，共“九口”（门）。这也许和“昆仑之虚”的“面有九门”不是偶然的巧合。这样一来，守护门的，显然是开明兽一类的神了。

① 湖南省博物馆．新发现的长沙战国楚墓帛画［J］．文物，1973（7）．

《山海经·海内西经》载："开明兽身大类虎而九首，皆人面，东向立昆仑上。"《山海经·西山经》又载："昆仑之丘，是实惟帝之下都，神陆吾司之。其神状虎身而九尾，人面而虎爪。"这个陆吾应指开明兽，它们总的特点是人面，身躯类虎，有利爪。主棺上所绘，虽不完全一致，却有许多相似之处，皆作人面（有的为兽首人面），又均为兽躯（有的还着鳞甲），只是不类虎躯，有的有利爪，有的还有九尾。因此主棺上所绘的守门武士，很可能即是开明兽。或者更稳妥一点地说：它们和开明兽的职责一样，都是守门，因此它们属开明兽这一类的神。

主棺左侧武士上方所绘之四鸟，可能即鹑鸟。上引《西山经》神陆吾之后还载："是神也，司天之九部及帝之囿时。……有鸟焉，其名曰鹑鸟，是司帝之百服。"郝懿行注："鹑鸟，凤也。《海内西经》云，昆仑开明西、北皆有凤皇，此是也。《埤雅》（卷八）引师旷《禽经》曰：'赤凤谓之鹑。'"《海内西经》载："开明西有凤皇、鸾鸟，皆戴蛇践蛇，膺有赤蛇。开明北……凤皇、鸾鸟皆戴瞂。"因此，这种鸟也可能即凤皇或鸾鸟。《西山经》还载："有鸟焉，其状如翟而五采文，名曰鸾鸟，见则天下安宁。"郭璞注："旧说鸾似鸡，瑞鸟也，周成王时西戎献之。"总之，主棺上所绘的鸟可能即凤皇或鸾鸟，意在表示吉祥。

由此可观，墓主棺的每一幅图案花纹，都有它的用意，不是随便而作。

第九章　曾侯乙墓的国属、墓主与年代

第一节　曾侯乙墓并非楚墓而乃楚系曾墓

1978年夏发掘的随县擂鼓墩1号墓，墓内100多件青铜礼器上都有“曾侯乙乍（作）峕（持）用终”的铭文，60多件青铜编钟上大多有“曾侯乙乍峕”的铭文，特别是兵器上除有“曾侯乙之行戟”外，更有“曾侯乙寝戈”。“寝戈”（亲近兵杖）置于主棺旁边。放置主棺的椁室，应相当宫室的寝。执寝戈者一定是其亲信侍臣。《左传·襄公二十八年》记庆舍之臣卢蒲癸和王何，“二人皆嬖，使执寝戈，而先后之”。因此，很多学者认为，墓主应是曾国的国君，名字叫乙。

在发掘工地上，有人提出此墓应为楚墓。理由是到战国初期，楚国已相当强大，随县这一带早已属于楚国管辖，因此在楚国的范围内，不可能另外出现一个曾国，这个曾侯乙应是楚国的封君。后来徐扬杰同志在《江汉论坛》上阐明了这个观点。苏仲湘在文章中提道：“一九七八年五六月间，在湖北随县发现荆惠王时代的大批珍贵文物。……特别是……乐器，十分丰富精美，表现了荆国当时音乐水平高度发展，足以位于世界前列。”[①]这就是说，他把曾国的文物，全部看成楚国的东西。此外，在湖北省考古学会成立时，还有人根据此墓所出漆箧（自铭为箧，音甫，实际是衣箱）盖顶上廿八宿的“軫”字，写成“车”，就认为是避楚昭王轸的名字，从而推定此墓非曾、非随，而一定是楚墓。

以上都是从历史学或文字学角度提出问题，而从考古学上考虑楚墓究竟有些什么特点，把此墓算成楚墓会不会有问题，则根本未予涉及。

① 苏仲湘．论“支那”一词的起源与荆的历史和文化［J］．历史研究，1979（4）．

而笔者认为，这恰是不能回避的问题。如把曾侯乙墓与楚墓做些对比，就完全可以看出，它绝不是楚墓，曾侯乙不是楚国的贵族，他不可能是楚国的封君。

一、曾侯乙墓不具备楚墓的一些基本特征

本节不再讨论楚墓的特点，只就曾侯乙墓与楚墓做一些对比，来看看它们的主要差别。在已发掘的20 000多座楚墓中，规模悬殊，虽棺椁有大小、多少之分，文物有精粗、众寡之别，然其基本特征是一致的，都有楚的风格。

进入战国，楚国较大型的墓，包括虽然未发掘但经钻探已知基本情况的一些规模很大的墓，都有封土、斜坡墓道、台阶。曾侯乙墓发现时上部情况不明，但从残坑口距椁顶尚有3至5米，并没有发现墓道与台阶。楚墓用台阶，除了防止墓坑垮塌而外，也用它来显示墓主的身份，一般台阶级数越多，墓主身份就越高。曾侯乙墓不采纳这种形式，绝非偶然。用墓道，在楚墓中更普遍，不仅大墓全都如此，中小墓也不少如此。这也是楚墓与中原地区墓葬的区别之一。中原地区用墓道就远远不及楚墓普遍，更少见用台阶的。曾侯乙墓不用墓道与台阶，看来它是保留了中原的风格。

楚墓填土，底部用白膏泥（青膏泥），并加夯实。在20 000多座楚墓中，没有发现过积石积炭。而在河南汲县山彪镇战国大墓里，就有积石积炭。曾侯乙墓虽也用白膏泥，却在墓坑中部铺满一层大石板，在椁的顶部及四周用了积炭。这又说明，曾侯乙墓仍是沿袭中原地区的风格，而不是楚的风格。

就棺的结构而言，曾侯乙墓中的23具棺有些类似楚棺的外形，但楚墓中不论弧棺与方棺，其底板均较薄，悬空的高度较大，这种悬底棺也应是楚墓的独有风格；而曾侯乙墓里棺的底板均较厚，悬空度也不大，与楚墓的棺有明显差别。当然都不用暗楔（梢钉），棺内均用竹席

裹尸，这些又是共同的。

就墓内出土文物而论，曾侯乙墓里青铜器很多，陶器极少。而在一般楚墓里，随葬多以陶器为主，这二者似乎难以对比。然而不容忽视的是，战国早中期以后，许多陶礼器都仿青铜礼器而来，它们的器形与组合，是以青铜礼器为源本的，明白了这一真相，有些就有办法进行比较了。

曾侯乙墓的青铜器不少，而且器类比较全。但楚墓中最常见的器物如敦与镳壶（盉），在此墓中却不见。以鼎而论，与曾侯乙墓同时或稍早，楚国还流行一种抓盖鼎，其盖纽作圈足状（铜器往往还透空）。这种鼎在曾侯乙墓中也不见。与曾侯乙墓同时或稍晚，楚国流行的鼎的腿都较高并瘦，与中原地区的矮肥鼎腿迥然有别。这种鼎在曾侯乙墓里也不见。曾侯乙墓里的铜鼎，就造型来说，大部分还是倾向于中原地区的风格。

曾侯乙墓中兵器的种类也是比较齐全的，而楚墓中最喜用来随葬的剑却又不见。这里只列举几个数字，可见楚人好剑到了什么程度。在雨台山发掘的 558 座小型楚墓中，共出土剑（包括匕首）221 把。张家山、太晖观等地的 56 座小型楚墓中，就出土剑 21 把。除去妇女与小孩，成年男子的墓几乎每人一把剑。有的墓其他的随葬品均没有，却有一把剑。不只小墓如此，大墓随葬剑更多，兹选几座较大的楚墓列表如下：

表 9–1　几座较大楚墓出土铜剑统计表

墓号	出剑数（把）	备注
长沙浏城桥 1 号墓	4	
江陵藤店 1 号	2	其中越王州勾剑 1 把
江陵望山 1 号	4	其中越王勾践剑 1 把
江陵望山桥 1 号	4	此墓曾被盗
江陵望山 2 号	7	此墓曾被盗
江陵天星观 1 号	32	此墓曾被盗

由表 9–1 可以看出，一些比较大型的楚墓，也就是楚国的贵族墓，都喜欢用剑随葬。而在曾侯乙墓里，竟没有一把剑。是曾国不使用铜剑吗？曾侯乙墓里钟架上六个簴座的铜人都佩有一把剑。曾侯乙墓不随葬铜剑，只能说明不像楚人那样爱好铜剑。由此完全可以看出曾侯乙不是楚国贵族。

曾侯乙墓中乐器不少，就鼓而论共有 4 面，其中悬鼓有 2 面。在江陵、信阳等地楚墓中，最常用虎座、鸟架做悬鼓座，在此墓中没有。

就漆木器来说，楚墓中从南到北都常见有头插鹿角、圆眼、长舌外露的怪兽，通常称为镇墓兽。有人考证楚人迷信鬼神，这就是古代山神的造型。这种镇墓兽在稍大一点的楚墓里，几乎是每墓必备，而在曾侯乙墓中却没有见到。

就纹饰来说，楚墓漆器、陶器上，最普遍也最能反映楚器独特风格的是二方连续或四方连续的菱形几何纹及三角云纹（三角云纹还反映在铜器上），在曾侯乙墓中都见不到。

以上这些现象，是不是因为曾侯乙墓与楚墓的时代不同而有差异呢？不是，上面列举楚墓的这些基本特点，在战国初期或稍晚都是存在的。有的墓葬，如长沙浏城桥 1 号墓与曾侯乙墓的时代相去不会很远，而有些小墓的时代与曾侯乙墓正是相当的。因此，它们之间的差异，不是因时代不同，主要是因地域有异。曾侯乙墓不具备以上楚墓的这些固有特点，因此可以说它不是楚墓。

二、曾侯乙远远超出楚国封君的地位

在已发掘的楚墓中，江陵天星观 1 号墓根据竹简记载，为邸阳君番勳之墓。邸阳君应和曾侯乙墓竹简记载赠送车的阳城君、平夜君等君一样，都是楚国的邑君。因此，由天星观 1 号墓，也就可以看出楚国邑君墓的规模。该墓墓口南北长 41 米，东西宽 39 米，墓口之上有大封土堆；南边有斜坡墓道，长 21 米，上口宽 12.4 米，底口宽 4.3 米；从坑口至椁盖顶深 8.3 米，有 15 级台阶，葬具为一椁三（重）棺，椁盖板由

21 块铺成，长 8.2 米，宽 7.5 米，分 7 个室。该墓虽早年被盗，仍出土文物 700 余件，其中有完整竹简一批，兵器 100 余件。河南信阳长台关 1 号墓的规模，比此墓略大，也是七个室，其墓主身份估计与此墓邸阳君差不多，可能是一个楚国封君。这两个墓椁室总面积都不到 60 平方米，其规模连曾侯乙墓椁室（190 多平方米）的三分之一都不到。

从随葬品来看，天星观 1 号墓的主要铜器都被盗，无从考查。信阳长台关 1 号墓铜鼎仅 5 件，其他是以陶礼器代替的。这从当时礼制来看，其规格比曾侯乙墓低得多。

从竹简所载可以发现，给曾侯乙赠送礼品的主要有（楚）王、大（太）子、命（令）尹及鲁阳公、阳城君等。而给邸阳君赠送礼品的主要有“少司马”“司成”“集脰尹”“豹尹”等。少司马又称小司马，是楚国掌管军事的最高长官大司马的主要佐官；司成是楚国负责教育贵族子弟的官。这些官显然要比王、太子、令尹的地位低得多。由此可见，邸阳君的地位比曾侯乙的低得多。

曾侯乙墓竹简中还记载了一些御者的名字，其中有的人是有官衔的，如宫厩尹、宫厩敾（令）、新官敾（令）、右命（令）等。而像宫厩尹等本来是楚国的官名，并且是很大的官，有的地位并不低于一般邑君。因此，若曾侯乙是楚国的封君，他用宫厩尹来御车是不可理解的。只有他是曾国的君侯，采用楚国的官制，用宫厩尹来御车，才解释得通。

故此，曾侯乙的地位，应远远超出楚国封君的地位。

三、从楚王的赠礼，说明曾侯乙是被楚承认的侯

楚惠王为曾侯乙作宗彝，“奠之于西阳，其永峕（持）用享”，这件事本身就说明了当时的楚还把曾看作一个独立的侯国。曾当时政治上可能已完全依附于楚，但楚并没有夺其国。曾侯乙墓中，楚惠王赠送的镈钟置于西边下层钟架的最当中、最显眼、最突出的位置。经研究还发现，为了放置楚王送来的这件镈钟，把钟架上原来最大的一件钟也摘下

来挪走了。由此也可以看出曾对楚王送的礼品是多么尊重。

既然曾侯乙至少在名义上是一个独立的君侯，因此他死后才按君侯的礼制来下葬。楚国既然承认这一点，自然在他死后也就要按国君的礼节来对待他。正因他是一个国君，所以死后才能用“九鼎八簋”。本来“九鼎八簋”只有周天子才能使用，到此时，诸侯僭越天子之“礼”。他们使用“九鼎八簋”，就象征他是一国的最高统治者。倘若他是一个楚国的封君，不可能、也不敢使用“九鼎八簋”。否则，那就是不把楚王放在眼里了。在楚国范围内，只有楚王才能使用“九鼎八簋”。由这一点也可以看出，曾侯乙不是楚国的封君。也正因他是曾国的国君，所以死后，楚王、（楚）太子、令尹等才来赠车。如果是楚的封君，那只是楚王赐予的问题，也更不会有楚王为之铸镈钟的事。

有人认为这座墓可能是楚王墓，但从出土文物的铭文与竹书中，除楚王赠送的礼品与镈钟外，却见不到属于楚王的任何讯息，难道还会有楚王为楚王送礼的吗？

还有，此墓出土的编钟铭文，记载有与他国（地）的律名、阶名对应关系，提到的国（地）有楚、齐、周、晋、申，即是以曾国自己的乐律为中心去与其他地方对应。这也就说：曾就是曾，因其不是楚，才要提到楚，才要去与楚对应。此墓竹简记载的兵器中，有吴甲、楚甲、秦弓等，这样的提法，也是把楚和吴、秦并列的，如果本身是楚，就绝不会这样提。

有人认为此墓属楚墓，最关键的一点，就是墓中一件衣箱盖上，写有二十八宿的名称，将“轸”写成“车”，认为是避了楚昭王“珍”字的讳。对避楚王讳的问题，又当作何解释呢？为了把这个问题阐述清楚，不妨对“避讳”详加考查。

所谓避讳之说，本来是“周人以讳事神”（《左传·桓公六年》），即商代没有这样一种风俗或礼节，而只是周人有这样一种风俗或礼节。这一种风俗或礼节只是在祭祀时不直接呼敬俸者（神或先祖）的名字，这也就是《檀弓下》所谓“卒哭而讳”或《左传·桓公六年》的“名，终将讳之”。也就是人生时不讳，死而后讳之。并且周人的这种避讳风俗，也并不很严格，故才有“礼不讳嫌名，二名不偏讳……不逮事父母，则不讳王父母，君无所谓私讳，大夫之所有公讳，诗书不讳，临文不讳，庙中不讳”（《礼记·曲礼上》）。

既然这只是周人的一种风俗或礼节，首先周人本身是否严格遵守照办，这还是一个大问题，至少还有待资料去证实。其次，周人以外的其他民族，是否照搬就更成问题。以楚来说，远在周夷王的时候，楚熊渠就说：“我蛮夷也，不与中国之号谥。”并立其长子为句亶王，中子为鄂王，少子为越章王，尽管到周厉王时，楚取消了这些王号，到楚武王时，又自尊为王，周王也没有办法。齐桓公打着“尊王攘夷”的口号，带着八国诸侯来讨伐楚，也只是指责“贡苞茅不入”，并不敢说楚称王不对。楚武王称王是要与周天子平起平坐，楚庄王问鼎中原，就是想取而代之。既然熊渠与楚武王都自称“我蛮夷也”，就不一定入中原之俗；既然要与周平起平坐，或取而代之，就不会受周礼的约束。上举许多楚墓与中原墓的不同，也正是楚与它们风俗不同。本书第四章第一节已论述了楚不受周礼的一些约束，此处就不赘述。先撇开这些理论的探讨，让我们回到讨论的本题。下面大量的事实，证明楚无避讳之说。

先看楚王的名字：穆王名商臣，而威王又名商，不避商字之讳。《左传·成公十年》“报大宰子商之使也”，子商即公子辰，也不避商臣之讳。庄王名侣，而昭王的次弟亦名闾，不避侣之名。伍子胥名员，也不避郏敖员之讳。《战国策·楚策》张仪相秦，谓昭睢曰：“无昭过、陈轸，有所更得乎？”陈轸不避昭王珍字之讳。侣与闾也许属于嫌名吧，这点且留到下面去考查。那么，上述这“员”“轸”字是否属于“君臣同名，《春秋》不非”？然而《礼记·曲礼上》讲得明明白白，那是“生者不相辟名”，而伍员属于平王时人，郏敖却正是他的前两代君，死后是要避讳的。陈轸是楚怀王或顷襄王时人，距昭王已有好几代，却不把轸改成车，何故？

我们翻开屈原的《楚辞》，除了“帝高阳之苗裔兮，朕皇考曰伯庸”

属“临文不讳”之例而外，不讳楚王名的地方还有很多。

庄王名侣，《哀郢》：“发郢都而去闾兮，怊荒忽其焉极？”《离骚》：“吕望之鼓刀兮，遭周文而得举。”吕望即姜子牙，难道因避讳而要改别人的姓吗？按照“深讳如斯”的说法，那也是应该改过来的。后代历史上也不乏其例，《史记·仲尼弟子列传》：“邦巽字子敛。”《家语》：“‘巽’作‘选’，文翁图作‘国选’，盖亦避汉讳改之。”此处“吕”字没改，也就说明避讳不彻底或根本没有避讳。可能还有另外一说：庄王不是名侣而是名旅，侣、闾、吕不过是嫌名，可以不避，那么宋玉的《九辩》：“坎廪兮贫士失职而志不平，廓落兮羁旅而无友生。”这里是写的旅又当作何解释呢？

如果说，对庄王的名字还有不同的看法的话，那么昭王名珍应是无疑义的，不只珍应避讳，甚至轸也应避讳。事实不然，《怀沙》：“郁结纡轸兮，离慜而长鞠。”《哀郢》：“出国门而轸怀兮，甲之朝吾以行。”这些轸字何以均没有写成“车”呢？

惠王名章，非常清楚地铸在镈钟上，对于这一点谁也不可能有所怀疑。《橘颂》：“青黄杂糅，文章烂兮。”《怀沙》：“章画志墨兮，前图未改”，“玄文处幽兮，朦瞍谓之不章。”《离骚》：“佩缤纷其繁饰兮，芳菲菲其弥章。”《云中君》：“龙驾兮帝服，聊翱游兮周章。”

简王名中，《楚辞》中有中字的地方更多，《离骚》：“苟中情其好修兮，又何必用夫行媒？”“众不可户说兮，孰云察余之中情”，《天问》：“中央共牧，后何怒？”《九辩》：“憯凄增欷兮，薄寒之中人”，“时亹亹而过中兮，蹇淹留而无成”，“慷慨绝兮不得，中瞀乱兮迷惑。”

对于这一些不讳楚王之名，不知作何解释，究竟应算是“临文不讳”呢？还应算是“‘诗’‘书’不讳”呢？只怕哪一条都算不上。

此墓出土的编钟、编磬上的铭文或刻文，如下层2组3号钟，铭文有“中镈”，不避简王中之讳。中层3组1号铭文有“在楚为吕钟”，说明在楚国就有“吕钟”这个音，并未避庄王侣之讳；中层3组3号还有“吕音”的铭文，也未避侣字。这些又当作何解释呢？是否要把这些钟、磬说成“都是在庙堂中使用的”，属“庙中不讳”呢？

那么，我们再来看看那些非“庙堂之器”吧！

《鄂君启节》肯定不属庙堂之器并应在简王之后，车节中有“台毁于五十乘之中”，[①] 这个中字仍不避简王中之讳。长沙子弹库战国楚帛书乙篇有“亡章弼”，[②] 信阳长台关楚墓竹简 1–08 号有“章莹（擧）即㦲（哉）”，[③] 皆不避惠王章之讳。此墓出土的竹简也有“遊（旅）公三乘路车”，不避庄王侣（或旅）之讳。长沙子弹库帛书丙篇还有“臧青龙”，是不避肃王臧之讳。对这些竹简、帛书中出现的犯讳之事，又当作何解释呢？

笔者在《随县曾侯乙墓的年代》[④] 一文中，引用郭沫若先生的看法，认为“晋以僖侯废司徒，宋以武公废司空，先君献、武废二山”的说法不可信，有先生批评我对“避讳”一事缺乏亲身实践，轻信郭老的说法，[⑤] 但我至今深信不悔。如果真因国君之名要废与国君同名的官职或地名的话，那么，在楚国就改不胜改，请看以下数例。秦夺楚汉中，黔中郡的“中”字，是不避简王中之讳；《史记·楚世家》：“怀王大悦……‘吾复得吾商於之地’”，商於也并未因穆王商臣、威王商而改名。楚灵王作章华台，楚惠王并未因此而不名章。《左传·桓公六年》载周俗：“是以大物不可以命（名）”，这点对楚就不适应，而且楚惠王在世之时和去世之后，并未因此而废章华台（之名），《战国策·楚策》苏秦对楚威王说：“则诸侯莫不南面朝于章台之下矣。”这些都说明了楚国并不因国王之名而改变以前的地名、物名。

这些都说明在楚国并无避讳之事。其实，避讳尽管从秦开始推行，然而，秦代避讳并不彻底，如秦始皇二十八年的琅琊石刻“端平法

① 于省吾．“鄂君启节”考释［J］．考古，1963（8）．

② 李零．长沙子弹库战国楚帛书研究［M］．北京：中华书局，1985．

③ 河南文物研究所．信阳楚墓［M］．北京：文物出版社，1986．

④ 郭德维．随县曾侯乙墓的年代［J］．武汉师院学报：哲社版，1980（21）．

⑤ 曾昭岷，李瑾．随县擂墓断代补论——兼答郭德维君［J］．武汉师院学报：哲社版，1982（2）．

度”“端直敦忠”，即用端代正，避始皇名政之讳。李斯狱中上二世书：“修甲兵，饰政教”，“北逐胡骆”，上不讳始皇之政，下不避二世胡亥之胡。汉代避讳也不彻底，仅从《史记》《汉书》及一些汉代的碑刻就可以看出。《史记》中犯讳的地方不下数十处，如《周本纪》“邦内甸服，邦外侯服”，犯高帝名邦之讳。《汉书》中，仅犯文帝恒字讳的就有十多处，《郊祀志》“恒山”四见，《五行志》“恒”字屡见。不只西汉，至东汉亦是如此。如《隶释》所录建宁元年衡方碑“揽英接秀”“肇先盖尧之苗”“□隆宽慄”“保障二城”，则刘秀（光武帝）、刘肇（和帝）、刘隆（殇帝）、刘保（顺帝）四个皇帝的名字都没有避讳。汉宣帝元康二年还下了一道这样的诏：“闻古天子之名，难知而易讳也，今百姓多上书触讳以犯罪者，朕甚怜之，其更讳询，诸触讳在令前者赦之。”由此可见，当时触讳的不是个别，且都属知书达理、能上书的“百姓”，连这些人都触讳，说明当时的避讳是多么地不严格、不彻底。既如此，上溯到战国，避讳肯定会更不严格、更不彻底。任何事情都有一个发生、发展、变化的过程，避讳也是一步一步发展起来，逐渐趋于严密的。那些“讳莫之深”乃是后来的事，因此决不能把后来成熟阶段的一些做法，推断到它尚未形成或开始出现的阶段去。

还要探讨一下避讳中的“已祧不讳”，防止在避讳的范围、程度、对象等方面“以偏概全”。此即《礼记·檀弓下》的“舍故而讳新”。这一点是什么意思呢？陈垣在《史讳举例》第四十五解释说：“祧者，远祖之庙，迁主之所藏也。王制：天子七庙，三昭三穆，与太祖庙而七。除太祖为不祧之祖外，大抵七世以内则讳之，七世以上则亲尽，迁其主于祧，而致新主于庙，其已祧者则不讳也。”杨伯峻在《春秋左传注》桓公六年注曰：“人死曰终，终则讳之，生则不讳。所讳世数，天子诸侯讳其父、祖、曾祖、高祖之名；高祖以上，五世亲尽，其庙当迁，则不讳矣。”

这种“已祧不讳”，在历史上也能找到实例，如避讳最盛行的唐代，唐宪宗元和元年，礼仪使奏：“今顺宗神主升祔礼毕，高宗、中宗神主上迁，依礼不讳，制可？”

韩愈《辨讳》，本为嫌名立论，而其中“治天下之治”，却犯正讳，难道韩愈不知犯讳么？非也。因此时，高宗已祧，就不存在犯讳了。此是孤例吗？潮州上表曰：“朝廷治平日久”“政治少懈”“巍巍治功”“君臣相戒以致至治”。这些说明，只要先君已祧了，也就无所谓犯讳了。在避讳非常盛行的唐代尚且如此，在不那么盛行的战国时代，就更不可能那么讲究了。

主张避讳说的先生又将此墓定为楚怀王至顷襄王的时候，从楚昭王至怀王共有九个君王，其中的肃王到宣王是兄弟相传，余都是父子相传，即昭王至怀王共是八代，按照“舍故而讳新”的原则，昭王也早都已祧了。因此，昭王之名已用不着避讳了。现在，这位先生一方面要肯定此墓是楚墓，理由是避了昭王之讳；另一方面，又要强调此墓是战国中晚期之墓，这二者之间实难统一：若强调了避昭王之讳就到不了战国中晚期；若要强调战国中晚期，就无需避昭王之讳。

避讳中还有一说叫“礼不讳嫌名”。《礼记·曲礼上》郑玄注曰：“嫌名，谓音声相近，若禹与雨，丘与区也。”珍与轸不论古代还是近代，不正是音相近而意不同吗？“珍”，《说文》：“宝也。”《玉篇》：“美也、贵也、重也。”《公羊传·昭公三十一年》：“有珍怪之食。”注：“珍怪犹奇异也。”“轸”，《说文》：“车后横木也。”《广韵》：“转也，动也。”又《史记·律书》：“轸者，言万物益大而轸轸然也。”显然，这二者的字意无相近之处，只能像“雨”和“禹”一样，“音声相近”，作为人的名字，只能是“嫌名”。《礼记》上也讲得明明白白：“礼不讳嫌名。”这样就更没有必要为避昭王之名将二十八宿“轸”半边的“多”去掉。

总之，从避讳的角度，也不能把此墓说成是楚墓。前已论述，它只能是曾国国君的墓，或可以称之为楚系曾墓。

第二节　曾侯乙墓的墓主

随县擂鼓墩 1 号墓出土的青铜礼器、杂器 125 件，其中 109 件上 117 处有“曾侯乙乍（作）时（持）用终”的铭文，仅个别件的铭文为“曾侯乙乍（作）时（持）”五字。

出土的 64 件编钟，有 45 件钟的钲部有“曾侯乙乍（作）時（持）”。编磬座兽伸出的舌头上也有“曾侯乙乍（作）時（持）用终”的铭文。建鼓座圆柱的口沿上亦有“曾侯乙乍（作）時（持）”五字。

出土的兵器中，戈 66 件，其中“曾侯乙之走戈”35 件、“曾侯乙之用戈”2 件、“曾侯乙之寝戈”1 件，有“曾侯乙”三字之器合为 38 件，占戈总数的 57.6%。此外，还有“曾侯郕”之戈 7 件，其他铭文戈 3 件。戟 30 柄，其中曾侯郕之器 11 柄、曾侯㞷之器 5 柄、曾侯乙之器 2 柄。因为一柄戟有 2 至 3 件戟头，因此若按单件戟头算，“曾侯郕”见 14 次、“曾侯㞷”见 13 次、“曾侯乙”见 6 次。此外，还有柳君、析君之铭各一件。

综上所述，在此墓出土的绝大部分礼器、重要乐器和兵器上，“曾侯乙”三字出现 208 处。说明此墓即曾侯乙之墓，应无疑义。

更能说明问题的是，墓中编钟架下层，还出土有一件镈钟，镈钟铭文为：

“隹（唯）王五十又六祀，返自西阳，楚王酓章，作曾侯乙宗彝，奠之于西阳，其永時（持）用享。”（图 9–1）

楚王酓章即楚惠王熊章。楚王中仅楚惠王在位 57 年，因此这件镈钟为楚惠王所做无疑。楚惠王为曾侯乙做钟并送给他，而“曾侯乙”三字又在其他重要铜器上反复出现，这不是偶然的巧合。这只能说，接受楚王赠镈的曾侯乙，正是拥有这些铜器的曾侯乙，也正是此墓的主人。

东室墓主棺旁，还出土“曾侯乙之寝戈”一件，《左传·襄公二十八年》记卢蒲癸和王何为庆舍之臣，“二人皆嬖，使执寝戈，而先

图 9-1　楚王镈钟铭文拓片（约 2/5）

后之”。可见寝戈一般为亲信侍从所执持，此戈出在墓主棺旁，应是护卫其主人曾侯乙的，因此也说明墓主正是曾侯乙。

在兵器铭文中，还见到有曾侯邚与曾侯﨩之名，他们应是曾侯乙之先君。中室出土的一件十分精致的尊盘，盘内原有曾侯﨩的铭文，可以明显地看出，﨩及其后三字经过磨凿，而改刻为曾侯乙的铭文。由此也可知，曾侯乙是在曾侯﨩之后，曾侯﨩应是曾侯乙的先君。

其他有名字铭文的戈，比起曾侯乙之戈，一是数量很少（仅几件）；二是铸制也远不及曾侯乙的精致，若以那几件有名字铭文的人代表墓主，名字既非一个人，件数又极少，这势必难以成立。

然而，有的人认为，一个墓葬内不能以所出器物上名字出现多来断定墓主的归属，并以扶风庄白大队 1 号窖藏所出诸器的铭文为之证明。[①] 然而，他们忽视了墓葬与窖藏有着本质的区别：窖藏是供活人使用的，好比仓库，藏放东西，随时可以放进去，也随时可以拿出来；存放的东西，不一定有规格、有制度。而墓葬就不同，随葬品是专供墓主使用的，埋下去就不能再拿出来。随葬品的东西有规格、有制度，不能是随随便便的。正因此，窖藏的东西往往很杂，不同时期的各种器皿可能同出于一穴。这样，窖藏内所出之物，当然应以时代最晚的器物来定其时代下限，也难以窖藏内所出之物上名字出现的多少来断其归属。而墓葬就不同，虽然一个墓葬内也可以出现几个时代的器物，即早期的器物在晚期墓内也可以出现。然而，这类器物是极少的，占主导地位的，一定是与墓主同时期的器物。一个墓内，也可能出现几个不同的名字，甚至不同国属的铭文铜器，同样占主导地位的一定是墓主或墓主族属的铭文铜器。在这种情况下，一般将名字出现最多的人定为墓主也是不会错的。

现在不是做一般理论性的探讨，而是要回到此墓本身上来。无论如何，我们不能回避此墓的绝大多数青铜礼器、乐器、兵器上都有“曾侯

① 曾昭岷，李瑾．随县擂墓断代补论——兼答郭德维君［J］．武汉师院学报：哲社版，1982（2）．

乙”的铭文这一铁的事实，有“曾侯”二字之铭的器物多达218件，而其他铭文之器只有5件，也仅在兵器上出现。如果不是“曾国”的“曾侯”之墓，又为什么要用这么多“曾”的铜器来随葬呢？对于这一点难道能以窖穴储藏的东西去进行类比吗？安徽寿县蔡侯墓其所以定为蔡侯墓，安徽寿县李三孤堆楚幽王墓其所以定为楚王墓，不正是因其墓内出土有蔡侯和楚王的铭文之器吗？对这一点提出问题的人，他们不也是坚信不疑吗？为什么曾侯乙的铭文之器比以上二墓的铭文器要多得多却反成了疑问呢？

还有人提出：“墓内还出有一具金质小敦（即《简报》所称之金盏）和一具金勺，并皆无铭……如此贵重之物，宜为墓主心爱之器，何以无铭？”[①] 提问者实际上也是在问，为什么此墓出土的礼器、乐器皆有铭，而比礼乐器“更贵重”的金器何以无铭，从而也就想据此否认此墓墓主为曾侯乙。

要回答这个问题，首先必须回答：礼器、乐器与金器，在先秦时代，究竟谁最为重要，只要稍翻文献，这个问题便会迎刃而解。《说文》：“礼，履也，所以事神致福也。从示从丰。”这是讲“礼”的本义，由这一点引申礼就成了伦礼统绪之法则，故《礼记·乐记》：“礼者，天地之序也。”又“礼也者，理之不可易者也”。《礼记·礼器》：“礼也者，合乎于天时，设于地财，顺乎于鬼神，合于人心，理万物者也。”又《礼记·礼器》：“礼也者，犹体也。体不备，君子谓之不成人。设之不当犹不备也。礼有大，有小，有显，有微。大者不可损，小者不可益，显者不可掩，微者不可大也。”《左传·昭公二十五年》也有：“夫礼，天之经也，地之义也，民之行也。”“礼”既然如此重要，象征“礼”或表示“礼”的主要器物，就不能不成为当时最重要的重器或宝器。尤其是其中的鼎，甚至还成为王权或王位的象征。故《左传·宣公三年》有“楚子问鼎之大小、轻重焉”，被人视为要替代周天

① 谭维四，刘彬徽，等．笔谈《湖北随县曾侯乙墓出土文物展览》[J]．中国历史博物馆馆刊，1980（2）．

子的举动。由此可见，礼器比金器的价值应当更高。若以我们今天的价值观去比附远古，显然是不妥当的。这样我们也就容易理解，礼器上几乎都有铭，而金盏不一定有铭文的原因。

有人还注意到了墓中还有几件没有铭文的礼器，以为就不是曾侯乙的或时代较晚的，从而也证明墓主不是曾侯乙。其实这几件文物出自中室的食具箱。从此墓出土的文物看，出自中室南部的礼器，甚至包括其中的一些附件如鼎勾、匕、勺等，几乎都有铭文。而食具箱内的如鼎、盒、罐、勺全部没有铭文。因此，前者应理解为作为祭祀用的重礼器，后者应是作为野餐便宴的用具，其意义当然不及前者大，所以也就不一定有铭文。上述金盏出自东室墓主棺之底下，肯定难以算成礼器，只能视为一般用具。而在一般用具或非正式的礼器上并不是一定要有铭文的，这样，金盏和食具箱内的器物上没有铭文也是可以理解的。

在先秦时代，乐也同样重要。《礼记·文王世子》："凡三王教世子，必以礼乐。乐所以修内也，礼所以修外也。礼乐交错于中。"《礼记·礼器》："礼也者，反其所自生；乐也者，乐其所自成。是故先王之制礼也以节事，修乐以道志。故观其礼乐，而治乱可知也。"《吕氏春秋·孟夏纪》："乃命乐师习合礼乐。"高诱注："礼所以经国家，定社稷，利人民；乐所以移风易俗，荡人之邪，存人之正性，故命乐师使习合之。"由此可见，表乐之乐器很重要，而钟为众乐之首，自然就更重要了。

同时，古代在青铜礼器、编钟上铸（或刻）铭，一方面是表示器之重要；另一方面，认为这样可以永垂千古，故《史记·秦始皇本纪》："群臣相与诵皇帝功德，刻于金石，以为表经。"《吕氏春秋·求人》："故功绩铭于金石。"高诱注："金，钟鼎也；石，丰碑也。"倘若用金盏来铸（刻）铭，恐怕是难以达到这一点的。

综上所述，我们可以看到，在礼乐中，鼎象征权位与统治，如果墓主不是曾侯乙，却用曾侯乙的礼乐器，不怕别人笑话吗？不是他自动地放弃其权位或臣服于曾侯乙吗？不说是楚王，就是楚国的封君能这样干吗？试想想：尊盘的盘内，因是曾侯𫊸之铭，都要改刻成曾侯乙之铭，现在不是曾侯乙之墓，却全部去用曾侯乙之礼乐器，而且不把其名字改刻过来，这又怎么可能呢？由此看来，结论只有一个：墓主即曾侯乙。

我们说此墓是曾国的国君墓，还可以从下列材料得到验证。

先从考古资料看，东周时期我国已发掘的年代较为确切而又较为有名的君侯墓有：安徽寿县蔡侯墓①，河北平山中山国王墓②以及中华人民共和国成立以前被发掘的河南新郑郑伯墓③和被盗掘的安徽寿县李三孤堆楚幽王墓④。曾侯乙墓都不亚于或要超过以上墓葬，确够得上王侯一级墓的规模。比起那些略低于王侯的高级贵族墓，如虢国太子墓⑤、楚国令尹墓⑥、吴君夫人墓⑦，要高出许多。由这些墓葬材料来看，曾侯乙墓是君侯一级的墓，应不成问题。

再从文献资料看，《左传·成公二年》：“八月，宋文公卒，始厚葬，用蜃、炭，益车、马，始用殉。重器备，椁有四阿，棺有翰、桧。”对照曾侯乙墓的情况，又是多么地相似。

因此，我们说这座墓葬应是曾国国君墓，墓主是曾侯乙。

---

① 安徽省文物管理委员会，等．寿县蔡侯墓出土遗物［M］．北京：科学出版社，1956．

② 河北省文物管理处．河北省平山县战国时期中山国墓葬发掘简报［J］．文物，1979（1）．

③ 《郑冢古器图考》1930年中华书局印行，《新郑出土古器图志》1933年汉口影印。

④ 李景聃．寿县楚墓调查报告［M］// 田野考古报告：第一册，上海：商务印书馆，1936．

⑤ 中国科学院考古研究所．上村岭虢国墓地［M］．北京：科学出版社，1959．

⑥ 指淅川下寺二号墓，墓主为令尹子冯（一说为令尹子庚），见河南省丹江库区文物发掘队．河南省淅川县下寺春秋墓［J］．文物，1980（10）；河南省文物研究所，等．淅川下寺春秋楚墓［M］．北京：文物出版社，1991．

⑦ 固始侯古堆一号墓发掘组．河南固始侯古堆一号墓发掘简报［J］．文物，1981（1）．

第三节　曾侯乙墓的年代

上面已经充分论证了此墓的墓主是曾侯乙，不可能是楚墓。因此年代的问题，也就较容易解决了。此墓出土镈钟的铭文为它的年代提供了可靠的依据。宋代湖北安陆曾出土过两件镈钟，铭文与此墓镈钟铭文完全相同，人们称之为“楚王酓章钟”。宋代出土的镈钟早已不存，铭文摹本见于当时人薛尚功《历代彝器钟鼎款识法贴》和王厚之《复斋钟鼎款识》，只是“返”字摹写有误，写成了“迖”字，以致影响了字义的确切解释。郭沫若《两周金文辞大系图录考释·楚王酓章钟》说：“薛尚功引赵明诚《古器物铭》云：‘楚惟惠王在位五十七年，又其名为章，然则此钟为惠王作无疑。’今案酓假作熊，近出‘楚王鼎’幽王熊悍作酓感，正为互证。”据此，铭文纪年为楚惠王五十六年，即公元前433年，这无疑是曾侯乙墓下葬年代的上限。其下限有两种可能：一是据古书中“反”“报”两字常常互相代用以及古代称报丧为报的情况，把铭文中的“返自西阳”，解释为从西阳得到曾侯乙去世的报丧，同时把“作曾侯乙宗彝”解释为作祭祀曾侯乙的祭器。还有人把“返”字释为赴，[①] 即如郑玄为《仪礼·既夕礼》作注：“赴，走告也，今文赴作讣。”意即从西阳传来曾侯乙的讣告。那么，这镈就是楚惠王得知曾侯乙死讯，特地铸造出来送至曾国宗庙用以奠祭曾侯乙的，曾侯乙下葬的年代当与钟、镈的铸造年代相同，即公元前433年。一是把“返”字按其本义来解释，所谓“返自西阳”，就是指楚惠王从西阳返回楚都，同时把“作曾侯乙宗彝”解释为替曾侯乙作钟是用来祭祀其先人的，那么就是在曾侯乙还活着的时候，楚惠王把钟铸出来送给他的，曾侯乙的死应晚于镈的铸造年代。而曾侯乙的骨架经专家鉴定，死时45岁左右。假如公元前433年他还在世，从楚王送给他镈来看，这一年他的年纪不会太小，他的死和下葬不太可能在这之后30年，即不会晚于公元前400年。

---

① 钱伯泉．关于曾侯乙墓楚镈铭文考释的商榷［J］．江汉考古，1984（4）．

不论属于哪一种情况，把曾侯乙墓的年代定为公元前400年左右，即战国早期是没有问题的。

这样一种论证能否站得住脚呢？只需把已经发掘的时代确切、级别相当的墓与之对比，就能找到曾侯乙墓年代的佐证。这些墓有河南淅川下寺2号墓，墓主是楚令尹子冯，死于公元前548年；安徽寿县蔡侯墓，目前学术界公认是蔡昭侯的墓，墓主死于公元前491年；河北平山中山王嚳墓，墓主死于公元前310年左右，此外，还有中华人民共和国成立前被盗掘的安徽寿县楚幽王墓，墓主死于公元前238年。把这几座墓的一些典型器物与曾侯乙墓的有关器物进行一番类比，不难发现，曾侯乙墓的一些器物与蔡侯墓的极为相似，而与楚幽王墓有较大差距，同时也可以看出蔡侯墓所出的一些器物也比曾侯乙墓的显得古朴，由此可以看出，蔡侯墓比曾侯乙墓的时代略早但相去不远；曾侯乙墓比楚幽王墓的器物时代要早又相去甚远。

然而，有人对此提出不同看法，他们认为，此墓的墓主，应是楚国贵族；此墓的年代，应为战国晚期。[①] 理由如下：

（1）此墓中有两件无铭文的鼎，形制较晚；

（2）此墓中出土一件形制很晚的戈；

（3）墓中金属弹簧最早不会早于战国中期；

（4）带钩的出现应在赵武灵王之后；

（5）漆箧上书写的二十八宿“轸”字写成“车”，是避楚昭王轸的讳；

（6）二十八宿不应早于战国中期。

此外，他们认为若把此墓说成是曾侯乙墓，就不好解释宋代在安陆出土的与此墓铭文相同的镈钟，也不好解释墓内的曾侯瘨与曾侯邚之铭文铜器，关于此墓并非楚墓，本章第一、二节进行了论述。至于他们认为时代较晚的这些理由，我认为是站不住脚的。

① 曾昭岷，李瑾．随县擂鼓墩一号墓年代、国别问题刍议［J］．武汉师院学报：哲社版，1979（4）．

首先，他们看问题的方法不对，定一座墓的年代，究竟应以什么为依据？是根据墓内有确切年代的文物来判断，还是依靠那些年代不太确凿的文物去类推？对一件文物，是以它最常见的时候来定它的年代，还应不应考虑，它最早可能什么时候出现，最晚什么时候消失？明明是楚惠王五十六年为曾侯乙铸了镈钟，而“曾侯乙”三字又大量在铜器上出现，对这大量的事实为什么要予以忽视，而偏要去钻那些不太突出文物的牛角尖呢？

就他们所指的几件所谓时代较晚的文物而言，我们不否认，有的在战国中期甚至晚期能见到，但是又有什么理由能判定它们在战国早期就不会出现呢？是战国早期的经济力量不够呢？还是技术水平达不到呢？如他们所指金属弹簧，过去只在襄阳蔡坡 12 号墓见过。他们所指那种铜鼎，也只在望山 1 号等墓见过。怎么能因这一座墓或少数几座墓，时代属战国中期或中晚期，因而这些墓内的同类（或同型）文物，就一定不会更早出现呢？如果按照这个逻辑，只要第一次是在较晚墓内见到的，今后再在较早的墓里出现了，那不管怎样，也得往后拉，这就不免太荒谬了。比如说，过去认为铁器的推广使用，是战国中晚期以后的事，钢的出现时间更晚。1976 年长沙一座春秋晚期墓葬里，出土了一把钢剑，① 从而纠正了过去的看法，把我国钢的出现时间提前了。若按他们的逻辑，是否应该把它拉到战国晚期以后呢？需要指出的是，从春秋后期起，铜鼎足加高，是楚文化范畴内总的趋势，这从寿县蔡侯墓及当阳所出春秋晚期墓中均可以见到。至于曾侯乙墓中的这种形式的高足鼎，是按食具箱的需要而特意设计的，鼎腹之下要安放铜盒，鼎腿只有加高才能容纳铜盒。况且同类高足鼎，在常德德山 26 号墓 ②（属战国早期）与江陵战国早期的楚墓中，也均可以见到。

他们所指的援弧形上曲的戈，从所引的材料看，河北邯郸百家村

① 长沙铁路东站建设工程文物发掘队．长沙新发现春秋晚期的钢剑和铁器［J］．文物，1978（10）.

② 杨桦．湖南常德德山楚墓发掘报告［J］．考古，1963（9）.

20 号墓与长治分水岭 53 号墓，均定为战国中期，而不是定为战国晚期，燕下都 44 号墓定为战国晚期，但所出之戈，形制与曾侯墓的显然有别。既然战国中期就有了这种戈，那么，它应有一个发展过程。因此，它的出现早到战国早期，也不能说是绝对不可能的。还有一点不能忽视，曾侯乙的身份远比上述小墓墓主的身份要高得多，如果这算是一种新式武器的话，他肯定比上述小墓墓主能最先使用。而联系楚地的实际来看，江陵雨台山战国早期楚墓中，早已使用这种戈了。由此还可以作这种推测：这种武器，可能最先使用于楚国，传到曾，然后传入中原。因此在楚国使用早不足为奇。曾邻近楚，受楚的影响深，故也最容易学到。这样，在曾侯乙墓里早于其他地方见到这种器物也就很好理解了。就已发表的材料看，长沙浏城桥 1 号楚墓，其时代当属于战国早期，所出的窄长援戈，其援的形式与曾侯乙墓的戈有些相似，只是内不上翘，它们至少可以算相同类型，这样在战国早期出现这种“拥颈鸡鸣戈”就完全有可能。

此外，我们若按他们的逻辑来推理，也可以得出完全不同的结论。他们说，这种戈常见于战国晚期，其时代最早可到战国中期。上面已指出：邯郸百家村 20 号墓与长治分水岭 53 号墓均为战国中期，而不是像他们所说的战国晚期。战国中期既已常见这种戈，因此其年代最早可到战国早期。

还要指出，他们的类比方法也是不对的。他们说：“按考古发掘断代之一般通例，总是依照墓葬或遗址所出器之最晚者为准的，因此襄阳蔡坡 12 号墓虽出有吴王夫差剑，江陵望山 1 号墓出有越王勾践剑，江陵藤店 1 号墓出有越王州勾剑，均不得断为吴王墓，越王墓。”这一句话本身没有错，然而与曾侯乙墓简单类比就有问题。其一，望山 1 号墓与蔡坡 12 号墓其所以不能定为越王墓与吴王墓，因为墓内绝大多数材料说明它们不是越王或吴王的墓；曾侯乙墓所以能定为曾侯乙墓，也正是因墓内绝大多数材料说明它是曾侯乙的墓。其二，所谓最晚的文物，一定要确实有据，如上所举不足为据。

其次，他们认为，带钩的出现，应在赵武灵王胡服骑射以后，曾侯乙墓内出土有带钩，因此，墓的时代也应晚。而其实考古发掘早已证明，带钩的出现是在赵武灵王胡服骑射以前。

考古界的同志公认苏秉琦先生等编著的《洛阳中州路（西工段）》的断代是比较准确的，该《报告》第104页说："过去有的学者据《国语》记载推测带钩使用始于赵武灵王时的胡服骑射。这次发现出带钩的墓（如209，2205号墓）大致要早于战国时期。"这实际已很清楚地证明，带钩在赵武灵王以前就已出现了。

邯郸百家村的赵国墓葬，其中有的带钩形状也与洛阳中州路早期的带钩有些相似，赵国这批墓的时代，发掘者认为："不会过早或过晚，应为同一时期的或战国中期较为恰当。"赵武灵王胡服骑射在公元前302年，这就相当战国中期偏晚或战国晚期偏早。这样，这批赵国墓，包括出带钩的墓，多数都应早于公元前302年，也就是早在胡服骑射以前，带钩的出现，在赵国本身都要早于这一年，这就更不必说其他地方了。

就楚国来说，根据雨台山楚墓材料，第二期（约相当于春秋晚期）就已出现了带钩，曾国受楚国的影响深，因此战国早期的曾侯乙墓出现带钩应是可能的。

就文献来看，《左传·昭公二十五年》："左师展将以公乘马而归。"由此看出，骑马在春秋时的中原诸侯国已有之，并非要等到胡服才能骑射，因此，带钩也不一定非要等到胡人传入才可。

中国社会科学院考古研究所王仁湘同志曾对带钩作过深入研究，[①] 在春秋阶段，已有骑兵、带钩，并非要等到"胡服骑射"以后。

其三，已有大量材料证明，当时并没有避讳。上一节已做详细论述，需要补充说明的是：漆箧上二十八宿的"轸"写作"车"，也并不是不可。《史记·天官书》："轸为车，主风。"《索隐》："宋均云：'轸四星居中，又有二星为左右辖，车之象也。轸与巽同位，为风，车

① 王仁湘．古代带钩用途考实［J］．文物，1982（10）；王仁湘．带钩概论［J］．考古学报，1985（3）．

动行疾似之也。'" 由此可见，把“轸”宿写作“车”，不一定与避讳有关。

再退一步说，即便避讳之说能成立，那么也可能是子避父名。即避楚昭王轸字，那么，此墓就可能早到楚昭王或楚惠王时期，而得不出一定要到战国晚期的结论。

其四，他们认为，我国二十八宿的建立，也不得早于战国中期，他们的根据，都是来自文献。这就提出了一个问题，究竟应该根据出土文物来订正文献材料，还是应根据文献材料来套出土文物的时代。考古材料早已证明，有的文献基本可信，有的文献就不足为信，还有的文献就是后人的伪托。如果完全依据文献，有的文献本身就有矛盾或漏洞百出。用考古材料来纠正或补正文献的不足，事例已有很多。如文献记载毛笔是秦将蒙恬发明的，而在长沙、江陵楚墓中出土了毛笔，那么还能不能说毛笔就是蒙恬发明的呢？又如现存的《老子》里有《道德经》，而马王堆帛书里也有《德道经》，究竟哪一个准确呢？关于《孙子兵法》，过去有人怀疑孙武、孙膑是不是一个人，山东临沂汉简出土，孙武、孙膑的兵法同时存在，这不是解决了几千年来的难解之谜吗？因此用出土文物来考证文献是否真实准确，应是比较正确的方法。

带钩的出现，不始于赵武灵王胡服骑射，这已为考古材料所证明，因此考古材料又纠正了文献记载的不足。同样，曾侯乙墓漆箧上二十八宿的出土，把完整的二十八宿的出现提到战国早期，这又是考古材料补充了文献的不足。就文献记载来说，在《诗经》和《夏小仲》等书中，早就有了二十八宿中一些宿的名称，如火（心宿）、箕、斗、定（营室，东壁）、昴、毕、参、辰（房）等。而在殷墟甲骨的卜辞中，就有关于鸟星（土星宿或柳星）、大火星（心宿二）等记载，由此又可证上述文献记载的正确。正因为如此，既然在商代就有了二十八宿中的一些名称，而经过 1 000 多年到战国早期出现了二十八宿的完整体系又有什么不可能呢？怎么能因此把整个墓的时代往后拉呢？因此用二十八宿的出现来论证曾侯乙墓的时代也是不合理的。

他们认为，把此墓说成是曾侯乙墓，不好解释宋代安陆出土的铭文相同的镈钟，不好解释曾侯𫊟与曾侯邚之铭文铜器。其实这些是很好解释的。宋代所出镈钟与曾侯乙墓中镈钟的铭文相同，说明当时不只铸了一件镈钟。也可能不只铸这 3 件，而葬入曾侯乙墓内的只有一件，其余的镈钟，可能在曾国的宫殿或宗庙里，后来流落到何方就很难说了。这样不只宋代在安陆出土的好理解，若是今后在别的地方再发现再出土也好理解。至于墓中有曾侯𫊟与曾侯邚之铭文的器物，那只在少数兵器上，在礼器、容器、乐器上均没有，就兵器而论，曾侯乙之器，也要大大超过那两种铭文之器，这样，要把它解释成曾侯𫊟与曾侯邚之墓显然不行。更主要的是，楚惠王为曾侯乙铸器，而曾侯乙铭文又在其他器上大量出现，这难道是偶然的巧合吗？因此只可能是曾侯乙的墓，曾侯𫊟与曾侯邚就定为其先君了。将先君的一些兵器葬于墓内又怎么不可，又怎么不好解释呢？

回答了以上一些问题以后，还有一个更重要的问题，需要我们认真分析和讨论。这就是碳 –14 测定年代的问题。

1980 年 7 月，中国社会科学院考古研究所公布了碳 –14 测定该墓年代的材料，与我的上述结论略有距离，这样，有的人认为，这是此墓年代偏晚最有力的证据。[①] 那么，对于碳 –14 测定的年代，究竟应该怎么看待呢？

我们不妨对中国社会科学院考古研究所所测定此墓年代的数据进行一番分析，这些数据是：

ZK—558	随县城郊墓葬出土木炭	
2275 ± 80	2215 ± 80	2280 ± 90[②]
325BC	265BC	330BC

① 曾昭岷，李瑾．随县擂墓断代补论——兼答郭德维君［J］．武汉师院学报：哲社版，1982（2）．

② 原载《考古》1980 年第 4 期，后收入文物出版社 1983 年出版的《中国考古学中碳十四年代数据集》。

（碳 -14 测）（碳 -14 测）（树轮校正）

因为碳 -14 测定与树轮校正本身有正负浮动的数，而我们所说的公元前 400 年左右，正是在浮动的范围之内，单从这一点来说，不存在测定数不准，也不存在我们推断有误。

夏鼐先生早就指出："只有一系列的基本一致的碳 -14 年代才是有价值的，而一两个孤零的数据，就其本身而论，是没有多大意义的。后者很可能是受到某种误差的影响的产物，因之很可能是错误的，不可靠的。"[①] 因此，如果仅仅根据上述碳 -14 测定的一个数据，来判断此墓的年代，显然也是不可靠的。而实际，除中国社会科学院考古研究所碳 -14 测定的数据外，对于此墓的材料，北京大学历史系考古专业实验室和国家文物局文物保护科学技术研究所还进行了一系列的碳 -14 测定，所测定的年代，都比较接近，并且其测定数据已公之于世。为了说明问题，不妨将这些数据一一引来。

其一，北京大学历史系考古专业碳 -14 实验室所做，发表在《文物》1979 年 12 期上：

78014 BK78015	湖北随县 大墓椁木和 木炭	湖北省博 物馆 1978 年提供	发现前 探出	距今 2440±70

其二，国家文物局文物保护科学技术研究所碳 -14 实验室所做，发表在《文物》1980 年第 2 期上：

WB79—7	湖北随县 擂鼓墩 一号墓	湖北省博 物馆 1978 年	测定年代 2375±50	树轮校正 2400±60

① 夏鼐．碳 -14 测定年代和中国史前考古学［J］．考古，1977（4）．

另外，文物保护研究所于 1979 年 3 月将曾侯乙墓的木炭砸成炭末，均匀混合后作了 12 个标本实验，有关数据均公布[①]，并列表如下。

表 9–2 曾侯乙墓木炭碳 –14 测定表

编号	乙块净制真空度（E）	碳 –14 年代（距 1950 年）	与 12 个碳 –14 年代平均值之差	标准偏差
1	5×10^{-4}	2316 ± 80	− 24	σ
2	5×10^{-4}	2340 ± 80	0	σ
3	5×10^{-4}	2397 ± 80	+ 57	σ
4	5×10^{-3}	2300 ± 80	− 40	σ
5	5×10^{-3}	2525 ± 80	+ 185	3σ
6	5×10^{-3}	2377 ± 80	+ 37	σ
7	5×10^{-2}	2315 ± 80	− 25	σ
8	5×10^{-2}	2425 ± 80	+ 85	2σ
9	2×10^{-2}	2175 ± 80	− 165	3σ
10	2×10^{-2}	2420 ± 80	+ 80	2σ
11	2×10^{-2}	2285 ± 80	− 55	σ
12	2×10^{-2}	2215 ± 80	− 125	2σ

这 12 个数字的平均值是 2340 ± 23，即公元前 390 ± 23。既然是 12 个数字测出来的，自然比北京考古所所测的数据要精确，至少比一个数据的说服力要强得多。而得出的这 12 个数据的平均值，与我们分析的属公元前 400 年左右是很接近的。如果对这 12 个数据再进行一番分析，即舍弃那些偏差太大（即过于偏早与过于偏晚）的，情况又会怎样呢？详见下页表。

① 崔晓麟．碳十四测定年代的误差［J］．考古与文物，1980（4）．

表 9-3　曾侯乙墓木炭碳 -14 测定权重平均值与舍弃情况表

求权重平均值与舍弃情况	碳 -14 测定年代（距 1950 年）	树轮校正年代（距 1950 年）	树轮校正后与公元前 433 年相距年代
12 个权重平均值	2340±23	2355±45	－28
编号 1—6 权重平均值	2376±33	2400±50	＋17
舍弃 5 号，取 1—6 号权重平均值	2346±36	2363±53	－20
舍弃 5、9、12 号，取其他权重平均值	2353±27	2372±47	－11

综合上述碳 -14 测定的材料，除北京考古所所测年代略微偏晚一些外，其余所测数据显示年代，虽略有早晚之分，但和我们推断的年代是十分接近的，特别是文物保护研究所所测 12 个数据，经舍弃求权重平均值以后，和我们推断的就更为接近。很显然，一系列碳 -14 测定的结果，证明我们判断正确。

正因为曾侯乙墓的年代得以确认，这就为东周墓葬研究，特别是对春秋战国之交一些墓葬的研究，提供了一个新的断代标尺。这样，对订正已发掘的某些墓葬的年代起着重要作用。下面就一些在时代上有争议的墓葬，通过此墓的材料，来做进一步考订。

（1）寿县蔡侯墓：我们在前面分析曾侯乙墓的年代时，曾用蔡侯墓的年代以资佐证。反过来，曾侯乙墓属于战国早期既然是可信的，那么，随葬器物接近曾侯乙墓而同时又显得较为古朴（分析见前）的蔡侯墓，其年代定为春秋晚期，也同样得到了有力的旁证。

（2）山西长治分水岭 269、270 号墓：发掘者认为应该属于春秋晚期或战国早期，从其出土文物的器型与纹饰来看，均应早于曾侯乙墓，如簠的斜腹壁大，直腹壁小，罍缶的最大径较曾侯乙墓的盥缶矮，并没有圆凸堆形饰；编钟的形态也要早于曾侯乙墓编钟（如甬钟的甬均较曾侯乙的短，269 号墓钟的甬占通身长的 35%；曾侯乙钟的甬占通长的 44%。钟甬的发展趋势就是由短而长的），铜方壶也较曾侯乙的古朴。这两座墓应比曾侯乙墓早，它们的一些器物又和寿县蔡侯墓接近，因此应定为春秋晚期较为适宜。

（3）长沙浏城桥 1 号楚墓：发掘者认为属于春秋晚期，也有人认为属于战国早期。与曾侯乙墓相比，两墓所出的一些文物有极为近似之处。如浏城桥 1 号墓出土的Ⅱ式铜鼎，据发掘报告描述，其形制为附耳、圜底、蹄足，盖上有三个作卧式水牛形的小纽，与曾侯乙墓所出同型的铜鼎相似。漆木器中的俎、几、木鼓等更为接近。兵器中的短柲铜戈、积竹兵器杆等也较近似。浏城桥 1 号墓的Ⅰ式陶壶与曾侯乙墓的陶缶也很相似，戳印圆圈纹是它们的共同风格。曾侯乙墓出土铜镞 4 000 余件，可分 19 种型式，却没有浏城桥 1 号墓那种短锋、长身、长铤之镞。这种镞在战国中后期甚为流行，说明是种晚出型式。浏城桥 1 号墓出土的铜戟，内部拐弯，这也是一种晚出型式，而此种戟，在曾侯乙墓中也不见。浏城桥 1 号墓以仿铜陶礼器为主，除了规格比曾侯乙墓低以外，盛行陶礼器也正是偏晚的作风。有些陶礼器如Ⅰ式鼎、簠等，与曾侯乙墓的同类器形有些接近，而另一些器物如Ⅱ式鼎、束腰大平底升鼎、簋就和曾侯乙墓的同类器物有较大的距离而与较晚的墓接近。浏城桥 1 号墓的Ⅱ式陶壶，已出现铺首壶的过渡形态，其盖已具日后铺首壶的形式，肩腹凸起的纽，也在向兽面衔环过渡，而铺首壶也是战国中期后流行的风格，这些情况，说明浏城桥 1 号墓应比曾侯乙墓稍晚或基本同时，定为战国早期是恰当的，定为春秋晚期则难以成立。

同时，我们在湖北当阳、江陵一带也看到一批这样的墓，陶器盛行戳印纹，没有彩绘，陶器上没有出现铺首衔环，这一类墓和浏城桥 1 号墓时代相当，应定为战国早期墓。

（4）信阳长台关 1 号墓、江陵望山 1 号墓：这两座墓，有人认为属春秋墓，也有人认为属于战国晚期墓。拿这两座墓和曾侯乙墓相比，就铜器来说，曾侯乙墓的厚重，纹饰主要为蟠螭纹、龙凤纹，并较繁缛；而此两墓的铜器大部分素面无纹饰、胎薄，清秀，鼎足等均较高。就陶器来说，长台关 1 号与望山 1 号仿铜陶礼器都大为增加，这本身就是时代偏晚的表现，陶器多有彩绘，陶壶（缶）出现有铺首衔环，陶鼎的腿瘦高，有的并加修削，这些也都是较晚的风格。同时，它们所出的束腰平底鼎、簠、簋、盥缶、缶等典型器物的形态，或介于曾侯乙墓与楚幽王墓之间，或更接近于楚幽王墓，如望山 1 号墓的簋、高柄壶形器等即是。从漆器来看，其形制和纹饰都不及曾侯乙墓的庄重古朴，并出现了许多新品种，特别是许多器物上都绘有流云纹，线条更为流畅，给人以新颖之感。从兵器来看，短锋、长身、长铤之镞及内部拐弯之戟甚为流行。这些均说明此两墓应晚于曾侯乙墓而又早于楚幽王墓，应该定为战国中期。至于此两墓本身之间，因为它们所出土的铜器、陶器、漆器等的器型、纹饰、风格均极为接近，只是长台关 1 号墓没有望山 1 号如前述一些更近楚幽王墓的器物，所以长台关 1 号墓可能略早于望山 1 号墓。

由于曾侯乙墓时代的确定以及上述一些墓葬时代的订正，我们也就可以更清楚地看到一些器物的发展演变规律。如铜器，由春秋时期的繁缛花纹、器身厚重，到战国中期以后，就慢慢转为素面、胎薄、较轻、很少有铭文。铜壶的圈足明显地加高，在楚文化的范围内，鼎足也明显地加高。然而曾侯乙墓食具箱内有两件铜鼎，腹较浅、腿较高，是根据食具箱的专门要求——腿下卡放铜盒而专门设计制作的，这两件鼎腿的加高显然与战国中晚期鼎腿加高风格的变化是有本质区别的。而此两件鼎腿膝部及盖纽上之纹饰，又和此墓的其他鼎是同一风格的。故不能据此来否认或混淆其风格的变化。

从陶器的其他变化看，战国早期盛行戳印的圆圈纹，中晚期以后盛行彩绘。在楚文化系统，鼎足在早期有些朝外弯撇、较矮，中期以后慢慢加高，弯撇程度也渐变小，有的鼎足加以修削、变小，有突棱。而在中原地区，鼎足越变越矮，中山国王墓所出的鼎腿就很矮，这是截然不同的特点。陶簠的变化和铜簠有些近似，愈往后直腹壁加大，耳变小甚至到无。而壶（缶）的变化尤为明显，早期的颈较粗矮，腹一般也较矮，腹的最大径在腹中部偏下，圆底内凹或矮圈足；盖上或肩部的环纽透穿；中期以后，颈部变细加高，腹部亦增高，腹最大径上移，出现铺首衔环，多为假圈足。晚期颈部显得细长，腹最大径移至肩部，盖和肩部的环纽变小，多不穿透，有的变为假圈足平底，有的变为高圈足。

由此可见，曾侯乙墓时代的确定，在研究考古断代以及东周时代墓葬的演变发展上，有着重要的意义。

第十章　擂鼓墩2号墓的墓主身份与年代

1981年8月，湖北省考古工作者在随州市西郊、曾侯乙墓之西约100米处又发掘了擂鼓墩2号墓，出土了青铜编钟36件，石编磬12具，以及青铜重礼器50多件，此外，还有玉器、车马器，总共2 000余件文物。① 这是湖北省继曾侯乙墓之后，又一个重要的考古收获。

曾侯乙墓文物的出土，震惊了中外，尤其是其中的64件编钟，件件都能发音，而且一件能发出两个不同的乐音，至今能演奏出古今中外多种乐曲，令人叹为观止。也正因此，曾侯乙墓发掘以后，在学术界引起极大的关注，有些问题也引起了热烈的讨论。最主要有两个问题：曾侯乙墓所处的战国早期，当时江汉流域最强大的国家是楚国，楚国的势力此时已北至河南、东至安徽、南至湖南，当时的随州附近，无疑应属楚国的范围，现在曾侯乙墓这么精美的文物出来了，几乎所有的铜器上都有"曾侯乙乍（作）时（持）用终"的铭文，说明确属曾侯乙所有。若不是曾国相当强大、相当富有，就不会有这么多精美的文物。因此，这就不能不提出一个问题：在强大的楚国范围内，难道还允许存在一个强大的曾国吗？楚与曾到底是什么关系？

另一个问题，从文献记载看，古代汉水中游即现在随州附近，只有一个随国。随的地名就是由此而来。所谓"汉东之国随为大"（《左传·桓公六年》），但从历年的考古发现，这一带只发现有铭文为"曾"的铜器，而从未发现过铭文为"随"的铜器。因此有学者认为，曾国即是随国，并认为曾侯乙墓的发掘，就解决了这个曾随之谜。还有学者根

① 刘彬徽，王世振，黄敬刚．湖北随州擂鼓墩二号墓发掘简报［J］．文物，1985（1）；随州市博物馆．随州擂鼓墩二号墓［M］．北京：文物出版社，2008．

据1933年安徽寿县楚幽王墓内所出土的“曾姬无卹”壶，考证曾国一直到战国中期仍然存在。但也有不少学者反对这些说法，这就在学术界引起了激烈的争论。都希望能再挖出一个古墓，出土一些重要文物，从而有利于以上问题的解决。

现在擂鼓墩2号墓挖出来了，2号墓出土的文物能否解决以上问题呢？这又是学术界所关心的问题。因此，对这座墓也需认真研究和讨论。

首先，要讨论一下2号墓墓主的身份。

这座墓出土的青铜礼器中有9件侈耳、束腰、大平底鼎，在蔡侯墓中，这种鼎自铭为“𩱧”，因此我们叫它升鼎；大鼎1件，即通常所说的镬鼎，口径达0.5米；盖鼎6件；小口鼎1件。同时出土有方座簋8件，簠4件，盥缶、圆缶、方壶、壶、豆各2件，大鬲1件，小鬲9件，甗、盘、匜、炉、方盖豆各1件。这一套青铜礼器，基本上都是重器。其中的九鼎八簋，按照周的礼制，更是重器中的重器，只有最高级的贵族才能使用。周代各级贵族的用鼎制度，以升鼎为中心，故此升鼎又称为“正鼎”。通常讲按礼制用鼎几件，都是指的正鼎数。此墓的九鼎，正是正鼎。《公羊传·桓公二年》何休注：“礼祭：天子九鼎，诸侯七、卿大夫五、元士三也。”结合考古实际，我们看到这一记载基本上是正确的。两周之际的虢太子墓，用鼎7件。① 春秋中期偏晚的楚令尹墓，即淅川下寺2号墓，用鼎7件。② 春秋晚期的蔡侯墓，用鼎7件。③ 春秋战国之际的吴王夫人墓，即河南固始侯古堆1号墓，用鼎9件。④ 战国早期曾侯乙墓，用鼎9件；战国中期偏晚的中山国王墓，用鼎9件。⑤ 战国

① 中国科学院考古研究所．上村岭虢国墓地［M］．北京：科学出版社，1959．

② 河南省丹江库区文物发掘队．河南省淅川县下寺春秋楚墓［J］．文物，1981（1）；河南省文物研究所．淅川下寺春秋楚墓［M］．北京：文物出版社，1991．

③ 安徽省博物馆．寿县蔡侯墓出土遗物［M］．北京：科学出版社，1956．

④ 固始侯古堆一号墓发掘组．河南固始侯古堆一号墓发掘简报［J］．文物，1981（1）．

⑤ 河北省文物管理处．河北省平山县战国时期中山国墓葬发掘简报［J］．文物，1979（1）．

晚期的楚幽王墓，用鼎9件。[1] 由以上资料，我们不难看出，春秋初期，基本上是按“天子九，诸侯七”的鼎制的，进入战国以后，诸侯也使用九鼎了。由此可见，能使用九鼎的墓，墓主身份是相当高的，至少应当是诸侯。

从随葬的乐器看，此墓保存编钟36件，其中长枚大甬钟8件，无枚甬钟28件。长枚的大钟鼓部纹饰有两种：一种为兽面纹，一种为浮雕人物与神兽的画面，一人左右手操蛇，骑于一有翼的怪神（兽）上，生动别致，在历年出土的编钟纹样中属罕见（图10-1）。最大的一件，高近1米。靠近编钟，还出土石编磬12具。因墓保存条件不好，其他琴瑟鼓笙，全部都腐烂了，只留下一青铜的建鼓座。按照周的礼制，能够使用编钟编磬的，是很高级的贵族。而编钟等乐器的摆设也是有规定的，《周礼》：“正乐悬之位，王宫悬，诸侯轩悬，卿大夫判悬，士特悬，判其声。”郑玄注：“乐悬谓钟磬之属悬于笥虡者。郑司农云：宫悬，四面悬；轩悬去其一面；判悬又去其一面；特悬又去其一面。四面，像宫室四面有墙，故谓之宫悬；轩悬，三面其形曲。”此墓虽然没有下葬钟架，从出土情况看，南面编钟两行，共29件，一件套一件倒地放置；西面编钟7件，有两件大钟是竖着放的，另外5件也是倒地放置的。这一情况和曾侯乙墓排列成曲尺形是近似的。此墓的编磬就出在编钟之旁，如果演奏时也是这么放置，那是很困难的，只有把编磬扩开，这样一来，就和曾侯乙墓一样是三面悬，即文献中诸侯用的轩悬了。从数量看，曾侯乙墓编钟共64件（外加楚惠王送的镈钟1件），编磬32件；虢太子墓编钟9件，外加铜钟1件，没有编磬；淅川下寺楚令尹墓甬钟26件，石磬13件；蔡侯墓甬钟12件，编钟9件，编镈8件，共29件，没有编磬；侯古堆1号即勾吴夫人墓，编镈8件，编钟9件，没有编磬；而此墓出编钟36件，编磬12件，仅次于曾侯乙墓，超过以上君侯，由此亦可见是够得上诸侯墓等级的（图10-2）。

① 李景聃．寿县楚墓调查报告［M］// 田野考古报告：第一册，上海：商务印书馆，1936.

图 10-1　擂鼓墩 2 号墓编钟出土情况

图 10-2　擂鼓墩 2 号墓青铜器出土情况

从棺椁看，此墓虽然只留痕迹，却仍然可以看出其规模。木椁长5.35米，宽5.10米，木椁内有棺（痕）二具，主棺成东西向放置，长约3.3米，宽2米余，外棺原来可能为铅锡嵌木板的结构，并附有鸟形、鱼形、方形的铜片装饰，可想见，当年是很富丽堂皇的。椁室内还有陪葬棺（痕）一具，成南北向放置，长约2米余，宽0.7米—0.8米。从木椁来看，虽然比曾侯乙墓小，但并不算规模很小的墓，与以上所举一些君侯墓比较起来，墓坑和椁只比淅川下寺2号墓及蔡侯墓略小，而比虢太子墓、侯古堆1号墓大，然棺却比以上墓的均要大得多（详见表10–1），仅这一点也足见其规模。和这些君侯比较起来，还有一个特点，这些墓几乎都有陪葬棺或殉葬人，尽管陪葬者多寡不一，最多的如曾侯乙墓，有21人；次为侯古堆1号墓，有17人；少者如蔡侯墓、擂鼓墩2号墓，均只有1人，但都用人来陪葬（或殉葬）这一点是共同的。进入战国时代以后，用人来陪葬的，多是较高级的贵族。由这一点亦可见擂鼓墩2号墓墓主身份不低。

综上所述，此墓的墓主应当属诸侯。为了更能说明问题，下面将以上所举数墓详情列表如下：

表 10-1　擂鼓墩 2 号墓与发掘的东周君侯墓等对比表

墓号	方向	墓的长宽深（米）	棺椁（米）	青铜礼器（件）	乐器（件）	备注
虢太子墓 M1052	0°	口：5.8×4.25 — 2 底：4.9×3.2 — 13.3	椁：4.78×3.08×1.2 内椁：2.4×1.24×？ 棺：2.08×0.56×？	鼎 7　鬲 6　甗 1　簠 6　豆 1　壶 2　小罐 1　盉 1　盘 1	铜钟 1 编钟 9	
下寺 M2	79°	口：9.6×6.5 底：9.2×6.5 — 3.0	椁：7.7×4.5×1.8 棺：2.4×1.14 2.3×0.93	鼎 15（其中升鼎 7）　簠 2　鬲 2　浴缶 2　隮缶 2　盘 1　匜 1　鉴 1　舟 1	甬钟 26 石磬 13	此墓早期被盗
蔡侯墓	10°	口：8.45×7.10 底：— 3.35	棺：2.4×0.8	鼎 18　鬲 8　小口鼎 1　匕 15　勺 2　簠 8　簋 4　敦 2　豆 2　箛 2　方壶 2　尊 3　盉 1　鉴 1　奠缶 4　盥缶 2　圆鉴 2　方鉴 2　盘 4　盆 3　瓢 4（其中升鼎 7）	甬钟 12 编钟 9 编镈 8	其他尚有车马器、兵器、玉器等
侯古堆 M1	87°	口：12×10.5 底：10.8×9 — 16	椁：5.2×4.3×2.2 内椁：2.76×2.20 棺：2.4×0.96×0.98	鼎 9　盉 1　簋 4　罍 1　壶 2　舟 2　炉 1　三足带盖壶 1　匜 1　盒 1　杓 2	编钟 9 编镈 8 （其他乐器未计）	此墓早期被盗，其他尚有车马器、肩舆、漆木器、玉器、陶器
曾侯乙墓	180°	不规则， 口、底：21×16.5	椁不规则： 东西最长 19.65 南北最宽 15.7 外棺：3.2×2.1×2.19 内棺：2.49×1.27×1.32	鼎 20　鬲 10　甗 1　小口鼎 1　匕 14　鼎形器 10　簠 8　簋 4　盖豆 1　豆 2　大缶 2　盥缶 4　冰鉴 2　鉴 2　尊盘 1　罐 1　连座壶 2　提链壶 2　匜鼎 1　盘 1　匜 2　勺 3　炉盘 1	编钟 65 编磬 32 （其他乐器未计）	此外尚有大量兵器、车马器、玉器、漆木器等

续表

墓号	方向	墓的长宽深（米）	棺椁（米）	青铜礼器（件）	乐器（件）	备注
长台关M1	东	口：14.5×12.3—10.35	椁：8.9×7.58×2.5	鼎5 敦2 壶2 盘1 匜1 奁2 镜1 炉1 匕6 高足壶2 三足敦1 提梁壶1 盉1 箕1	编钟13（其他鼓等未计）	此外尚有陶器、漆木器等
擂鼓墩M2	90°	残口：7.3×6.9 底：6.2×6.2—1.4	椁：5.35×5.10 棺：3.3×2	鼎16 小口鼎1 甗1 鬲10 簋8 簠4 壶2 方壶2 仿2 盥缶2 圆缶2 豆2 方盖豆1 盘1 匜1 炉1	编钟36 编磬12	此墓早期被盗，其他尚有车马器、玉器

从上表不难看出，此墓的确够得上诸侯级别。因为墓坑条件不好，尸骨仅留下三枚牙齿，其他骨架全已腐烂，故此无法鉴定墓主是男还是女。从随葬品来看，没有下葬兵器，却出土许多玉器，因此墓主很可能是女性，有可能是国君的夫人。

其次，讨论一下这座墓的年代。此墓仅在一件簠的盖身部分，发现有内容相同的铭文"盛君萦之卸（御）簠"。因为墓内仅这一件器物有铭文，就很难判断其归属，有可能是墓主人的，亦有可能是别人送给墓主的，还有可能是通过别的途径来的。若上述推断可靠，即墓主为女性，则亦有可能为陪嫁品。陪嫁品亦有可能是其父兄为她做的，也有可能是其先君先祖的。因此，单凭这一器物上的铭文，难以判断墓主及年代，所以要另找途径，即考古界经常采用的据出土器物的组合、形制、纹饰，进行类比来判断其时代。

此墓出土器物的组合为鼎、簋、簠、壶、盥缶、圆缶、鬳瓦、小口鼎、匜。这是东周时期所常用的组合，如江陵楚墓器物的组合关系就为鼎、簠（敦）、缶（壶）、镳壶（小口鼎）、盘、匜。这一种组合关系和曾侯乙墓、长沙浏城桥 1 号墓、江陵望山 1 号墓乃至楚幽王墓，均很接近。这样，先把它定为战国阶段的墓，应是无疑义的。

既已定在战国，就阶段来说仍然有早晚之别。这就涉及一些具体器物的演变了。如此墓所出的陶鬲，在楚国境内这种陶鬲是常见的，有人称之为"楚式鬲"，这种鬲在战国早期，腿往外撇；到战国中期，腿就内收了，而此墓所出鬲腿是内收的。又如此墓所出的一种圆壶，这种圆壶到战国中期以后，圈足就加高；到楚幽王的时候，这种壶的圈足就加到了最高。本书第四章中论述过，这种壶肩腹铺首衔环的出现，是战国中期以后的事情，到目前为止，尚未发现战国早期此类器物有铺首的。而此墓的壶已有了铺首，圈足也加高了，这就不可能早到战国早期。盘、匜的形态也是偏晚的风格，如果拿它们和战国早期的曾侯乙墓及战国晚期的楚幽王墓相比，这类器物和楚幽王墓要接近些，而和曾侯乙墓相距稍远。当然也还有一些器物如盖鼎、簋、簠、盥缶等，和曾侯乙墓又是较接近的，这就反映出这座墓和曾侯乙墓有较为接近的地方，然而相去尚有一定的距离。在制作和纹饰上也同样反映出这样的一些特征。如曾侯乙墓的青铜器均较厚重，纹饰除了龙纹、凤纹、镂空以外，主要还有蟠螭纹和蟠虺纹；但此墓的铜器，有的虽也有这样的纹饰，但不少铜器上有的已为素面（不加饰），有的仅施少数几道弦纹；此墓铜器，虽也有较厚重的，但不少的铜器胎均较薄，这些都是战国中期以后出现的由繁到简的特征。如信阳长台关1号墓，江陵望山1号、2号楚墓，所出土的铜器就正是这样：薄胎、素面。

总之，通过以上对比分析，这个墓的时代应属战国中期。同时，上面也论述到，它有的地方接近曾侯乙墓，有的地方又还保留有较早的风格，如有的器较厚重，仍有繁缛花纹等。这样，它就比战国中期偏晚的一些墓，如出土越王勾践剑的望山1号墓要早，可能属于战国中期的早段。

其三，需要进一步讨论的是，这座墓既属战国中期的诸侯墓，那么，它应是楚王墓还是曾侯墓呢？

它不可能是楚王墓，因为战国中期的几个楚王，除楚怀王客死于秦以外，文献上没有记载楚王是死在外地的，因此，楚王都应该是葬于楚郢都（即现在江陵纪南城）的附近，从江陵地面调查及考古发掘情况看，纪南城附近确实有许多楚国的高级贵族墓，只是对一些特大型的楚墓还没有进行发掘。战国中期，即楚怀王以前，楚是相当强大的，用苏秦的话来说："地方五千里，带甲百万，车千乘，骑万匹，粟支十年。"楚是如此强盛，故楚王墓的规模至少不应亚于曾侯乙墓。而此墓与曾侯乙墓相比，差别很大，因此不可能是楚王墓。

那么，有没有可能是楚灭掉曾以后，封于此地的楚封君墓呢？也不太可能。因为楚的封君必须承认楚王是最高统治者，那么只有楚王才能用九鼎八簋，封君是不可能用的。从考古材料也完全可以看出这一点：用九（升）鼎的，只有楚幽王墓，用七鼎的，只有楚令尹（淅川下寺2号）墓。可见，从春秋到战国楚的高级贵族用青铜升鼎是很严格的。已发掘的楚墓中，明确为楚封君墓的，有新蔡葛陵 1001 号墓，即平夜君成的墓，此墓被盗，破坏严重，无法对比，还有江陵天星观 1 号墓，墓主是邸阳君番勅。此墓青铜礼器被盗，原下葬有编钟、编磬。编钟为纽钟，22 件，大部分被盗，仅留下 4 件。编磬已分化，原件数不明。天星观 1 号墓盗扰严重，无法与之对比。河南信阳长台关 1 号墓比天星观 1 号墓规模稍大，随葬文物差不多，估计亦有可能属楚之封君墓。此墓出青铜礼器，鼎 5，壶 2，匜、敦 2，盘 2，提梁壶、盉、炉，箕、匜均只有 1 件。[①] 墓的规模虽比擂鼓墩 2 号墓大，但青铜礼器少，并没有九鼎八簋。由此可见，擂鼓墩 2 号墓既出九鼎，就不应是楚的封君墓，只可能是一个小国的国君墓。就时代来说，它和天星观 1 号墓及长台关 1 号墓相差不远，但墓坑与木椁的规模，相差很大，由此可见，作为楚的封君墓比此墓更有气魄！

另外，此墓还有一些地方也和楚墓有别。如楚墓靠近木椁均填青膏（白膏）泥，而此墓不用；楚墓的主棺放于中室，从不放置一旁，此墓的主棺偏放于椁室的北部，当中主要放置礼器；楚墓的随葬器物，喜欢用敦，用盉，此墓也没有。所有这些，都说明此墓不是楚墓，故不会是楚的封君墓。

这座墓最大的可能是曾侯或曾侯夫人墓。因为它邻近曾侯乙墓，相距仅 100 米，应属曾国陵寝的范围。从随葬器物看，许多与曾侯乙墓极为相近或者有一脉相承之处，这一点虽在上面已经述及，但为了说明问题，不妨稍作详细阐述。

从青铜礼器的组合看，主要器类都是相同的，只是数量多寡、制作精美与否以及时代早晚，可能略有差别，下面列表 10-2 进行对比：

① 河南省文物研究所．信阳楚墓［M］．北京：文物出版社，1986．

表 10-2　擂鼓墩 1、2 号墓随葬青铜礼器对比表

单位：件

墓号	升鼎	盖鼎	大鼎	小口鼎	甗	大鬲	小鬲	簋	簠	方壶	盥缶	圆鉴	盘	匜	盖豆	豆	炉	炉箕	缶
1号墓	9	9	2	1	1	1	9	8	4	2	4	2	1	2	1	2	1	1	2
2号墓	9	6	1	1	1	1	9	8	4	2	2	1	1	1	1	2	1	1	2

从表中可以看出，主要礼器的配置很相似。当然还有的器物是曾侯乙墓仅有而此墓没有的，如匜鼎、尊盘、冰鉴、卢盘、鼎勾、匕、斗等；也有个别为此墓所有而曾侯乙墓没有，如方豆、钫等。

除了组合极为相似外，有些器物的主要器形，或器物上的一些主要附饰，也是极为相近的，如升鼎均为立耳外撇、束腰、敞口、大平底，盖鼎不只整个器形相似，盖上的水牛形纽，更是如同出一范。方壶上的龙形耳、小口鼎上的提链风格也极为类似，甗、簠、盥缶，器型上也极为接近，盥缶、盖鼎上的纹饰也可在曾侯乙墓铜器上找到原型。

由此可见，此墓不可能是楚墓，而它与曾侯乙墓如此相近，器形、组合如此相似，因此，此墓属曾侯或曾侯夫人墓，极有可能是曾侯乙晚死的妻妾或曾侯乙后代之墓。

1933 年，刘节考证安徽寿县楚幽王墓所出“曾姬无卹”壶，为楚宣王二十六年所做，这不只证明楚、曾联姻，关系密切，还证明了曾国一直到战国中期都存在。擂鼓墩 2 号墓文物的出土，也证明了刘节论证的可信。不过，这座墓若与曾侯乙墓相比，不只规模小，文物数量少，而且质量也较差，时代较晚，可见曾侯乙在世时，曾国还较强大，而到此时，明显地看出它已相当衰败或处于灭亡的边缘了，曾国在这之后不久也可能被楚国所灭。

现在我们回到本节开始时提出的两个问题：第一个问题，即战国的早中期，在强大的楚国面前，在现在的随州一带，是否允许一个国家存在？当时确实还存在一个曾国，这一点已为考古材料证实，应是无疑

义的了。那么，楚为什么还允许曾存在并还相当友好呢？只有把曾解释为随才好理解。这就涉及第二个问题，公元前506年，吴师攻破楚之郢都，楚昭王逃到了随国，吴要随侯交出楚王，随国答道："世有盟誓，至于今未改。若难而弃之，何以事君？"从这一条史料我们至少可以看出这样两个事实：（1）当时随相当强大，敢于抵制吴师；（2）随世代和楚友好，正因为"世有盟誓"，才敢于站出来保护楚王。正因为随国救了楚昭王，保住了楚国，楚昭王自不应说，是很感激随的，楚昭王之后，两国仍友好相处了相当长的时期。这样，楚昭王的儿子楚惠王就为曾侯乙铸了镈钟，曾国的女儿嫁到了楚国，也才有"曾姬无邺"壶的出现。随州擂鼓墩2号墓文物的出土，正反映了直到战国中期曾国即随国还仍然存在的历史事实。

第十一章　墓葬材料反映的若干问题研究

第一节　蜀墓乎？楚墓乎？——蜀楚关系新探索

1980年，四川新都发掘了一座大型的战国木椁墓，此墓棺椁保存完整，形制特殊，出土大量的青铜礼器、兵器、工具，还出土了一些陶器、漆器和玉饰器等。因此墓带墓道，椁外填白膏泥，出土器物有楚墓常见的器物组合：鼎、敦、缶和铭文器“邵之飤鼎”等，因此有人认为是“典型的楚文化墓葬”。①又因墓坑较大，椁有九室，出土青铜礼器多，且有巴蜀特有之器：釜、釜甑、鍪和巴蜀式兵器并且器物上有“巴蜀图语”，因此又有人认为其可能是蜀王墓。②还有人认为此墓以巴蜀文化为主体，兼有中原文化和楚文化的因素。③学术界一些专家，纷纷发表意见，可见这座墓受到高度的重视。之所以会如此，是因为它汇集了楚、巴蜀、秦、中原诸文化的因素，反映了诸国之间，特别是楚与巴蜀之间的关系。

要研究新都木椁墓（下简称新都墓），首先必须判断它的年代。这一点是十分重要的，只有年代定准了，才好去推断蜀地的其他墓葬，也才好与其他地域相同时代的墓葬去进行类比。有的同志把其他地域不同时代的墓葬拿来类比，显然是不能说明问题的。新都墓的时代，发掘者认

① 沈仲常．新都战国木椁墓与楚文化［J］．文物，1981（6）；徐中舒，唐嘉弘．古代楚蜀的关系［J］．文物，1981（6）．

② 四川新都战国木椁墓［J］．文物，1981（6）．

③ 宋治民．关于蜀文化的几个问题［J］．考古与文物，1983（2）；孙智彬．新都战国木椁墓文化因素剖析［J］．江汉考古，1986（1）．

为“可能是战国早中期之际，也可能是在秦灭巴蜀（前329）以前”，[①] 宋治民认为属战国前段，[②] 李学勤认为“应介于擂鼓墩1号墓和望山1号墓之间，可能与后者更靠近一些”。[③] 还有的笼统称为战国墓。

究竟哪一种较合理呢？只有仔细分析出土遗物方能得出明确的结论。前面已经提到，出土器物中，有一部分的组合、形制、纹饰和楚器相似，如李学勤所说，应属楚文化的范畴，还有一部分属典型的蜀器。既如此，楚器应与相应的楚墓、蜀器应与相应的蜀墓（巴蜀墓）方好进行比较。从当前来说，楚墓发掘较多，各个时期都有较典型的墓，拿它们去进行对比，比较容易把握住新墓的时代。李学勤提出应在擂鼓墩1号墓与望山1号墓之间，这一意见是正确的。然擂鼓墩1号墓属战国早期，即公元前433年左右，而望山1号墓的时代应在战国中晚期之际，即公元前300年左右，这二者之间相隔有100多年，距离较大。介于这二者之间还有两座有代表性的墓，即长沙浏城桥1号墓与擂鼓墩2号墓，长沙浏城桥1号墓比擂鼓墩1号墓略晚，但比擂鼓墩2号墓要早。擂鼓墩2号墓上一章已论述，属战国中期早段，这一种排列，从事楚文化研究的同志大多数意见是一致的，那么拿新都墓和这两座墓来进行比较又如何呢？我们看到，新都墓有些器物与浏城桥1号墓有一定的距离，而与擂鼓墩2号墓却极为接近。如新都墓所出四件仿邵氏牛纽盖鼎、Ⅰ式甗、盥缶（原简报称缶）、匜等风格均极为相似，这也就说明新都墓与擂鼓墩2号墓的时代是接近的。而新都墓所出之铜敦已近望山1号之形态，所出之Ⅰ式铜壶（应称缶）已是假圈足平底，所出之Ⅱ式甗，下部之鬲呈平裆，足明显增高，还出短锋长身之镞，又出Ⅲ式纽扣形小带钩，这些又都是战国中期晚段以后所常见之器，因此新都墓应晚

① 四川新都战国木椁墓［J］. 文物，1981（6）.

② 宋治民. 关于蜀文化的几个问题［J］. 考古与文物，1983（2）；孙智彬. 新都战国木椁墓文化因素剖析［J］. 江汉考古，1986（1）.

③ 李学勤. 论新都出土的蜀国青铜器［J］. 文物，1982（1）.

于擂鼓墩 2 号墓，应属战国中期晚段，比望山 1 号墓早。

新都墓中出土的蜀器和其他蜀墓比较情况又是如何呢？成都百花潭中学 10 号墓，根据宋治民等学者研究，定为战国早期，[①] 李学勤也同意这种看法，那么新都墓是否比百花潭墓晚呢？恰是如此，如属于早期特征的尖底奁形器和大单耳的鍪均只见于百花潭墓，而不见于新都墓，又如铜兵器，形式多样的戈、矛，两墓都同出，而铜钺，百花潭为弧刃，钺身上下两端平直，銎为六方形，而新都墓钺身呈束弧腰，銎已呈椭圆形，新都墓的钺和涪陵等地战国晚期（或秦墓）的已较接近。当然，总体来看，百花潭与新都墓许多文物形制作法、纹饰都相似，它们应相去不远。上按楚文化系列推断新都墓应为战国中期晚段，百花潭墓应为战国中期早段可能更适宜。在重庆涪陵、四川青川，有的墓葬出土有秦的纪年器物，这些墓葬明显属于秦（或秦攻占巴蜀以后），新都墓显然比它们早，如甑，百花潭墓出土的和新都墓出土的均是釜、甑连体一次铸造，晚出的则釜、甑分铸，釜下附有矮三足。四川战国晚期的铜器上常见的“巴蜀图语”图像和符号，如虎纹、长喙鸟头纹和手纹等，在新都墓中均未发现。新都墓中也不见典型的秦器，如矮腿鼎、茧形壶、蒜头壶等，因此，这座墓也显然是在秦灭巴蜀之前。这样新都墓的年代也就更明确，即战国中期晚段，秦灭巴蜀之前。

弄清了新都墓的时代，我们也就可以拿楚、秦、中原等地同时代的墓葬来进行比较，这样才能看出哪些是它本身的特点，哪些是外来因素。

先看最具代表性的江陵地区楚墓，战国中期大型木椁墓有如下特点：墓上有大型封土，墓坑有长斜坡墓道，有多级台阶，墓坑方向（以墓道为准）朝东或朝南。椁有多室，椁盖板横铺，盖板之上铺竹席或芦席。各室之上均有顶板，顶板均较薄。大型墓的棺多层，但不论多至几层，其中必有一棺为悬底棺，一般一椁一棺之墓与单棺墓，其棺也均悬

① 宋治民．略论四川战国秦墓葬的分期［C］// 中国考古学会第一次年会论文集，北京：文物出版社，1979．

底。椁底板竖铺，下设横垫木，大型墓均无壁龛，仅极个别设腰坑。木椁的四周及顶部均填青膏泥（白膏泥）。随葬品既有青铜礼器又有仿铜陶礼器，主要器类与组合有镬鼎、升鼎、敦、壶、簠、缶、小口鼎（汤鼎）、盉（鐎壶）、盥缶、盘、匜等，同时有大量的漆木器和兵器，漆木器中最具特色的有镇墓兽、虎座飞鸟、虎座鸟架鼓等，此外还有车马器、甲胄、丝麻织品、玉饰器等。新都墓和楚墓相比，具备了楚墓的某些特征，如斜坡墓道、椁外填青膏泥；然楚墓不像新都墓一样头向西，也从未发现像新都墓一样的独木棺。而这恰是蜀地墓的特点，如成都西郊战国墓①与蒲江战国墓②等，头均向西，蒲江战国墓亦为独木棺。出土器物中，也没有最能代表楚国高级贵族的铜升鼎。其形态为立耳外侈、敞口、束腰、大平底，下附三兽蹄足。这种鼎从河南淅川下寺贵族楚墓（春秋中晚期）一直到楚幽王墓，在上层贵族墓中从未间断过，有的用不起铜升鼎就用陶升鼎代替，受楚影响很深的蔡、曾也用这种铜鼎作为正鼎。新都墓腰坑中，出土其他鼎，却不出这种鼎，显然与楚有别。当然，新都墓椁室被盗，这种鼎如有，应出在椁室，若这样来解释也未尝不可。然楚墓中常出簠、盉（鐎壶）与小口鼎（即汤鼎或浴鼎）。这在新都墓中也不见，这就不是上述理由所能解释的了。楚墓漆器中独具风格的典型器如镇墓兽、虎座飞鸟和虎座鸟架鼓，新都墓中都不见，就更可见它不是“典型的楚文化墓葬”。然而此墓出土邵氏鼎等典型的楚文物，与鼎、敦、缶、盥缶等典型的楚器物组合，这些又是确确实实的楚文化因素，因此只能说它是含有楚文化因素的墓葬。

再看秦墓，拿新都墓和秦文化墓葬进行比较是较困难的。首先，因为在相同时代（战国中期）秦墓中还没有与新都墓相当身份的墓葬；其次，有些小墓虽可以笼统地称为战国中期，但时代亦难确指。

然而有的同志对秦墓、秦文化进行了探索，③秦墓各个大阶段的一

---

① 四川博物馆．成都西郊战国墓［J］．考古，1983（7）．

② 四川省文管会，浦江县文物管理所．浦江县战国土坑墓［J］．文物，1985（5）．

③ 叶小燕．秦墓初探［J］．考古，1982（1）．

些主要特征，已经基本上弄清了。秦墓的特点有：春秋时期和战国早期与中原地区同时期墓相同，都是长方形竖穴土坑墓，以棺椁为葬具，战国中期，为了放置随葬器物而设的壁龛逐渐普遍，如陕西大荔县朝邑战国墓所见，“已经不是春秋晚期的头龛，而是演进到足龛，边龛和角龛”，[①] 进而发展成土洞的洞室墓。从目前资料看，土洞墓最早见于关中秦墓。洞室墓是秦战国中期以后的主要特征之一。秦墓的方向多为东西向，头多向西。秦墓还盛行二层台，时代稍早的为生土二层台，时代稍晚的，为熟土二层台或生土二层台与熟土二层台混合使用。如凤翔西村41座墓，头向西35座，向北5座，向东1座。除一座没有二层台，一座二层台情况不明外，其余均有二层台。[②]

秦墓另一个显著特点是盛行屈肢葬，双手合抱胸前或腹前，下肢弯曲特甚，胫骨和股骨的夹角一般在40° 以下，甚至相并合，脚后跟紧贴臀部，作跪坐姿式，有的下肢上屈堆于腹前，中原地区少部分墓也有屈肢葬，但屈肢程度轻微，也较自然。秦墓在春秋阶段，一些中下层贵族多用青铜礼器随葬，有的还用奴隶殉葬，然而进入战国以后，用青铜礼器随葬的急剧减少，个别墓虽用青铜礼器，也是器形小、器壁薄，制作粗劣，多是明器。并且在陶器中，仿铜陶礼器鼎、甗、簋、方壶也逐渐减少，而陶生活用器喇叭口壶、鬲（或釜）却逐渐增多。以陶生活用品取代仿铜陶礼器是秦不同于中原也不同于楚的又一显著特征。战国秦墓中，不只青铜礼器少，而且青铜兵器也不多见，只出小件的铜器如带钩等，这和楚墓是最大的不同。有人把秦文化与中原文化画等号，这种看法是不对的，从春秋后期开始，特别是进入战国以后，秦文化和楚文化一样，有它鲜明的个性，不能简单的归于中原文化之列。

秦墓的这些特点在新都墓中有多少体现呢？除了头向西，出釜、甑、鍪等生活用品基本相同以外，其他地方相似的很少。

---

① 陕西文管会，大荔县文化馆．朝邑战国墓葬发掘简报［C］// 文物资料丛刊：第2集，1978．

② 李自志，尚志儒．陕西凤翔西村战国秦墓［J］．考古与文物，1986（1）．

中原地区的墓葬亦为土坑竖穴，大型墓（高级贵族墓）用积石积炭，这一点新都墓和中原不同而和楚同；中原墓葬方向头多向北，这一点新都墓也和中原不同，而和秦同；中原大型墓随葬成套的青铜礼器、乐器，新都墓有中原地区青铜礼器、乐器，主要的器类如鼎、甗、敦、缶、壶、豆、盘、鉴、匜、盥缶、匕、勺、编钟、戈、矛、镞等。仅有少部分器如甗、缶、盥缶、勺、豆、Ⅳ式戈、中原式剑等，和中原地区的同类式器物基本相同或相似。然而这一些器物在秦和楚地亦同时有出土，因此又很难说，一定是受了中原的直接影响，虽然也并不排除直接影响的可能性，但更有可能是通过秦或楚，特别是楚而影响到蜀地的。

通过以上分析、比较，可以看出，真正对蜀地有所影响或影响最大的是楚。看来，在战国中期即秦灭巴蜀以前，楚与蜀地的关系最为密切。

除了楚、秦、中原的影响之外，哪些是新都墓本身或蜀地本身的特点呢？应该说与他地不同之处就是它本身的特点。综合成都、浦江等地的战国墓，可以看出有如下几点：（1）为土坑竖穴木椁墓，方向以西为主。（2）使用独特的狭长独木棺，这种棺目前仅见于蜀地，四川的同志早已指出：这种棺“不是船棺，不能纳入船棺葬系统，更不能以船棺葬乃巴人特有葬俗而把它视为巴人墓葬”，[①] 应该是蜀人特有的葬俗。（3）随葬品除有中原、楚地的青铜礼器外，还有釜、釜甑、鍪等生活用器。这些过去常被认为是秦器，李学勤指出：“近年秦雍城等地的发掘，证明铜鍪等器种在秦地出现要迟到战国晚年。新都出土的鍪、釜、甑，是目前所知最早的此种器物。以往多以为这种器种是秦人特有的，由秦传入巴蜀，恐不一定正确。它们的发祥地可能是巴蜀，秦攻灭巴蜀后北传到秦，再流布到其他地区。”[②] 不出仿铜陶礼器，只出陶生活用品。这是蜀地墓葬的又一特点。（4）随葬有较多的巴蜀式兵器，其中尤以有肩圆刃钺、无胡戈、柳叶形剑、多环耳矛独具特色。（5）多出铜印，印文为

① 四川省文管会，浦江县文物管理所．浦江县战国土坑墓［J］．文物，1985（5）．

② 李学勤．论新都出土的蜀国青铜器［J］．文物，1982（1）．

"巴蜀图语"，兵器和其他器上也常饰"巴蜀图语"和符号，时代稍早的为饕餮纹、牛纹、鼠纹，时代稍晚的为虎纹、手纹等。在釜、鍪等器上饰辫索纹。

此外，新都墓腰坑中，还出土较多的青铜工具，如斧、斤、锛、凿之类，这一现象在中原、楚、秦乃至巴蜀其他墓葬中均极少见。只见于陕西凤翔西村战国秦墓的车马坑中，[①] 而且所出工具的器类与形制也大体相似。正因此，也就有助于探讨新都墓腰坑的性质，有人认为腰坑是楚墓的特点；新都墓使用腰坑，正是受楚文化影响；也有人认为："与其说是受楚的影响或与楚文化相同，还不如说是受秦文化的影响。"[②] 诚然，在楚和秦的个别墓中，确还存有腰坑的现象，然而，主要是承袭殷、西周以来的遗风，腰坑内主要置狗和鹿，情况与新都墓不尽相同。以和新都墓基本同期的楚大型木椁墓——河南信阳长台关1号墓为例，它的腰坑在椁底板之下，置一鹿，不像新都墓腰坑四壁垒以木板，之上还用盖板盖住，宛如一个椁室。室内不是单置一鹿（或一狗），而是存放大量的青铜礼器、兵器与工具。因此，这种腰坑实是一个储藏室或一个地下窖穴。这也是蜀的特点，不能和以往的腰坑混为一谈。

巴蜀文化的这些特点，在新都墓中占据了最主要的地位，其他文化因素和这些比较起来则逊色得多。因此，这是一座典型的蜀文化墓葬，这一点是毫无疑义的。其他文化因素的存在，正说明蜀在与其他各族交往中，受到了它们的影响。关系越密，交往越深，影响也越大。而事实是，影响从来是相互的，近年来，许多出土材料也证明，巴蜀对其他各地也有很大影响。上引釜、甑、鍪影响到秦，并逐步传播到全国，是其中的一例。下面着重就巴蜀对楚之影响加以探讨。从春秋到战国，楚人的主要炊器为陶鬲，江陵纪南城东周遗址及春秋到战国楚墓，也出土有大量的陶鬲。用鬲是楚人的主要特点。而从商代开始，巴蜀一带一直使用圜底器，圜底的陶釜逐渐成为主要之器。在湖北当阳季家湖楚城遗址

① 李自志，尚志儒．陕西凤翔西村战国秦墓［J］．考古与文物，1986（1）．

② 孙智彬．新都战国木椁墓文化因素剖析［J］．江汉考古，1986（1）．

中，[①] 尽管也出鬲，却出土了相当数量的陶釜。显然这是受巴蜀文化的影响。如果单看一种陶釜也许还证据不足，我们拿典型的早期蜀文化遗址——四川新繁水观音遗址 [②] 和当阳季家湖出土的陶器进行对比，问题可能更明了。试列简表如下：

表 11-1　水观音与季家湖遗址出土陶器对比表

	水观音	季家湖
制法	轮制为主，也有模制和手制的	主要为轮制，还有模制、手制
陶色	灰陶最多（尤以夹砂灰陶为多），红陶次之，黑陶最少	灰陶占 50%，红陶占 46.95%，还有一些黑陶或黑衣陶
纹饰	绳纹最多，方格次之，也有几何纹和划纹等	绳纹为主，占 50.46%，素面次之，占 47.43%，还有少量弦纹和几何纹
器形	尖底器为最多，圜底、平底器次之	三足器、圜底器（圜底内凹器）、平底器、圈足器（发现有器座，亦可能有尖底器）

从上表的对比中，可以看出它们是何等的相似。从时间上来说，水观音遗址属殷商，季家湖属东周，从地域上来说，一个在四川中部（偏西），一个在湖北中部（偏西）。时间、地域上似乎隔得太远了。然而，如果了解到这二者之间还有许许多多中间环节，如成都平原广汉中兴场一带的月亮湾、三星堆、成都羊子山，[③] 重庆忠县㽏井沟、巫山大昌坝以及鄂西宜昌地区的红花套、毛溪套、中宝岛都有与水观音遗址同时或稍晚的同类型遗物。[④] 这样就更可以了解到在季家湖出现这些遗物不是偶然的。因此，从西起川西平原，东至鄂中（西）地区，可以说是楚与巴蜀广泛交融的地区。季家湖作为楚的腹心地（东距纪南城仅 35 千米），尚有大量巴蜀文化类型的遗物出现，也就说明巴蜀的影响相当强

① 湖北省博物馆．当阳季家湖楚城遗址［J］．文物，1980（10）．

② 四川省博物馆．四川新繁水观音遗址试掘简报［J］．考古，1959（8）．

③ 赵殿增．巴蜀文化的考古分期［C］// 中国考古学会第二次年会论文集，北京：文物出版社，1983．

④ 林春．宜昌地区长江沿岸夏商时期的一支新文化类型［J］．江汉考古，1984（2）．

烈，它们互相交往活动非常频繁、密切。除此之外，在宜昌地区乃至楚都纪南城附近，巴蜀式兵器多有发现。《宋玉对楚王问》中，“客有歌于郢中者，其始曰下里巴人，国中属而和者数千人”。可见巴人在郢都的确不少，并且巴蜀的歌曲深受当地人民喜爱。在楚与巴蜀的交界地区，像湖南湘西，交往更是密切，如古丈白鹤湾楚墓，[①] 溆浦江口、马田坪战国墓，[②] 有些楚墓中就有巴蜀式兵器和陶器，甚至还有单独的巴人墓或巴人墓与楚墓共处。这些都可以看出楚与巴蜀的相互影响和交融。

在探讨楚与巴蜀关系时，有一个问题值得注意，这就是时间概念。有的同志可能不以为然，我们认为这是需要讨论的。所谓时间概念，按考古界通俗的说法就是上限与下限。对于上限，即巴蜀与楚何时开始交往，这一点目前还难以说清楚，今后随着早期楚文化与早期巴蜀文化的面貌越来越清楚，我们认为这一问题是可以搞清楚的。现在需要着重讨论的是下限，巴蜀文化与楚文化的下限是何时，对这个问题的看法很不一致，特别是对巴蜀文化的下限看法更不一致。有人认为一直到东汉以后，巴蜀文化的因素才逐渐消失，那么巴蜀文化的下限，是否要定到东汉呢？公元前 329 年秦攻占巴蜀（《史记》秦本纪与六国年表载为公元前 316 年，此处采用《四川船棺葬发掘报告》考证之说），[③] 秦攻占巴蜀之后，这一带属于秦，秦统一六国之后，这一带更属于秦；西汉政权建立后，这一带属汉帝国的领导，虽然还保留有某些地方文化特征，但又怎么还能称巴蜀文化呢？对楚也是一样，当楚国被灭之后，有的地方尽管保留有某些楚文化因素，亦不能再称为楚文化。强调这一点，对我们探讨巴蜀与楚文化关系，有着重要的意义，至少可以避开许多混乱，不

① 湖南省博物馆，湘西土家族、苗族自治州文物工作队．古丈白鹤湾楚墓［J］．考古学报，1986（3）．

② 溆浦县文化局．溆浦江口战国西汉墓［C］// 湖南省博物馆．湖南考古辑刊（第 3 期），长沙：岳麓书社，1986；湖南省博物馆，怀化地区文物工作队．湖南溆浦马田坪战国西汉墓发掘报告［C］// 湖南省博物馆．湖南考古辑刊（第 2 期），长沙：岳麓书社，1984．

③ 四川省博物馆．四川船棺葬发掘报告［M］．北京：文物出版社，1960．

致被一些模糊的概念弄混淆。

有人把秦攻占巴蜀以后的一些墓葬，如成都羊子山第 172 号墓，[①] 冬笋坝与宝轮院墓葬[②]（宋治民同志认为应该属于秦代或秦攻占巴蜀以后的墓葬，[③] 我很同意这种看法），作为典型的巴蜀墓葬和楚文化相比，这显然是有问题的。因它们或多或少都含有秦文化因素。还有人把秦和汉在成都建立的漆器工业作坊，打上“成市泡”或“成市草”等字样的漆器，说成是巴蜀文化之器，拿这些器和楚漆器相比，说“巴楚漆器相互影响颇多”，就更令人费解了。同样，当江陵一带在公元前 278 年被秦占领之后，这一带也是秦的统治范围，此时的交流，就不再同于以前是不同的国别、不同的族属、不同文化的交流，而是在同一政权统治下不同地域的交流，这两种交流显然有着本质的区别。

秦对巴、蜀、楚的占领，都有着同样的意义，标志着分裂的、各自为政的局面结束。然而，秦对这三国的具体做法是不一样的。首先对巴采取怀柔政策，《后汉书 · 南蛮西南夷列传》：“及秦惠王并巴中，以巴氏为蛮夷君长”，即秦与巴的上层统治者相联合，巴缴纳一定赋税，基本上不变更其统治与风俗，秦还利用巴的兵力伐楚，《华阳国志 · 巴志》载：“司马错率巴蜀众十万……浮江伐楚，取商于之地为黔中郡。”看来巴对秦反抗较少，秦也对巴较信任。秦灭蜀时受到蜀的激烈反抗，蜀王被秦军杀害，蜀的余部有的南逃，[④] 蜀王的后裔被封为蜀主，“更号为蜀侯”，先后三个蜀侯均被诛杀，“但置蜀守”。

正因蜀的不断反抗，秦对蜀不放心，为了加强其统治，“以张若为蜀国守，戎伯尚强，乃移秦民万家实之”。[⑤] 而秦对楚的行动，显然来得更剧烈，因它当时的主要敌人是楚，所以秦占领楚地之后对楚破坏更严

① 四川文物管理委员会. 成都羊子山第 172 号墓发掘报告［J］. 考古学报，1956（4）.

② 四川省博物馆. 四川船棺葬发掘报告［M］. 北京：文物出版社，1960.

③ 宋治民. 略论四川战国秦墓葬的分期［C］// 中国考古学会第一次年会论文集，北京：文物出版社，1979.

④ 王有鹏. 犍为巴蜀墓的发掘与蜀人的南迁［J］. 考古，1984（12）.

⑤ 《华阳国志 · 蜀志》。

重。下一节将要论述公元前 278 年拔郢之后，不只郢都被彻底摧毁，而且江陵一带生产力遭极大破坏，人口急剧减少，楚人几近被斩尽杀绝。这样一来，也就可以看出：秦占领巴、蜀、楚以后，巴所保存的东西最多，蜀次之，楚（至少江陵一带）最少，或基本没有保存。然不论巴地保存了多少原来的因素，也不会完全是原来的面貌。

对巴和蜀两种文化因素，要完全分开显然是十分困难的。不过有一些现象也确实值得注意。现在已初步判明为蜀的一些墓，如新都、蒲江、成都西郊战国墓，这些墓椁的四周都填以白（青）膏泥，并用鼎壶等常见楚器随葬，而这种现象却不见得与楚靠得更近，属于巴的涪陵地区等的一些战国墓，这一现象怎么解释呢？很多同志已经指出：蜀国后期的统治者不是蜀人，而是来自荆楚地区的开明氏，这就很自然地带来了楚人的文化。因而这些墓有较多的楚文化因素，就不难理解了。[①] 当然，这是一种很好的解释，但学术界还有不同看法。[②] 即算如此，一定还有其他条件，仅仅有这一点还是不够的。据文献记载，庄跻入滇，当了滇王，然并未改变当地的风俗。楚国还有不少有名人物，到别国当了上层统治者，如入吴的伍子胥、伯嚭，帮越复国的范蠡、文种等，却并未改变当地的风俗（至少考古发现未能反映）。那么，其他的条件是什么呢？通过上述材料的分析，回到当时的历史条件进行思索，也许有所启发。

根据《后汉书·南蛮西南夷列传》的记载，巴的发源地在湖北清江流域，它受楚的逼迫与侵犯，只有一步步向西转移。进入四川以后，慢慢就和蜀的势力发生了冲突。蜀为了对付巴，只有求救于楚，楚、蜀也就很自然的结成了联盟，因此蜀、楚的关系，自然要比巴、楚关系密切。为了对付巴（后来为了对付秦），楚派出各种人员到蜀来进行援助，

① 四川省博物馆，新都县文物管理所．四川新都战国木椁墓［J］．文物，1981（6）；陈显双．成都西郊战国墓［J］．考古，1983（7）．

② 叶小燕．试论巴蜀文化的铜器——兼论巴蜀文化与中原文化的关系［M］// 中国考古学研究，北京：科学出版社，1986．

楚的风俗习惯也就带到了蜀。秦兴起后，先是威胁到蜀，蜀能找到依靠对付强秦的只有楚。当秦、楚矛盾日益尖锐的时候，秦能争取到对付楚的很自然的也只有巴。上述很多材料也正揭示和证明了这一点，在这种情况下，蜀、楚为了自身利益，共同对付强秦，自然要加强蜀、楚联盟，故蜀与楚的关系也就更加密切。新都墓所处的时代，正是楚、蜀双方加强联盟的关键时刻，在这种情况下，新都墓中出现了一些楚器也就不足为奇。这只不过是一种大胆的设想与推测，如果这一点能够成立，对研究和探讨蜀、楚关系不无益处。

第二节　承秦制？承楚制？——秦对郢的彻底破坏

在江陵发现和发掘了大批的楚墓，又发现和发掘了为数不多却又能说明问题的秦汉墓。这在本书第四章第三节已进行了详细对比论述，通过对这一些楚墓与秦汉墓的对比研究，就能揭示出“楚—秦—汉”这一段历史中的若干问题。这里提出两个问题进行探讨。

第一，秦占领郢都后，是按秦的制度、风尚来改变楚的习俗，还是楚的习俗使秦的制度、风尚为之改变呢？换句话说，究竟是秦影响楚的多？还是楚影响秦的多？究竟是谁的文化在江陵这一带占据主导地位？

正确的回答是前者。秦占领郢都后，江陵的习俗就基本上按秦的制度、风尚改变过来，楚所遗留的影响是微不足道的，秦墓的材料反映得十分清楚。楚墓一些非常明显的特征，秦墓不具备，在秦墓里反映出来的主要是秦墓本身的特征。如楚墓方向很有规律，大中型墓多向东或向南，小墓多向南；大中型墓均有封土、台阶、墓道。小型墓中的稍大者也有台阶、墓道。江陵的秦墓就截然不同，方向没有规律，而且基本上没有墓道和台阶。楚墓绝大多数用悬底棺，棺内用竹（芦）席裹尸，而秦墓普遍用长方盒状棺，悬底棺绝迹，棺内一般不用竹（芦）席裹尸，棺底常铺一层草木灰。楚墓普遍用鼎、敦、壶或鼎、簠、缶之类的仿铜陶礼器，而秦墓陶礼器少，普遍用釜、盂、甑、瓮、罐、壶之类的实用陶器。楚墓普遍采用青铜兵器随葬，铜剑尤多，而秦墓中基本上没有兵器。最能反映楚思想意识也最具楚墓特点的如镇墓兽、虎座鸟架鼓、虎座飞鸟等，在秦墓中均未发现。楚的特点不见了，秦的特点则鲜明地突现出来了。

这一切说明了什么呢？我们认为，这只能说明两个问题，一是秦对被占领区统治和控制的严厉和牢固，即被占领区的一切包括政治制度、思想意识到风俗习惯，都必须秦化。二是秦拔郢对郢都一带的彻底破坏。郢都是楚国政治、经济、文化的中心，相当繁华。秦拔郢以后，这一带改为秦的南郡。但南郡的治所并不在江陵，这由云梦秦简南郡守腾的文书最后有“别书江陵，布以邮行”两句可证。如果南郡治所设在江陵，就无需“别书”，也无劳“邮行”了。因此秦拔郢以后，江陵甚至也不是南郡的政治、经济、文化中心了。纪南城内的考古也证实，战国以后，接着没有秦汉地层堆积，也就是郢都实际上被白起彻底地摧毁了，整个城市沦为废墟。正因此，纪南城内的凤凰山成了一片秦汉墓地。

我们说对江陵这一带破坏很彻底，还从下列方面可以看出来：

一方面，人口突然急剧减少。前文已指出，自 20 世纪 60 年代以来，配合农田基本建设和水利工程，在江陵发现了大量的楚墓。特别是纪南城的周围，凡属稍高的岗地、山丘，几乎都有楚墓发现，但是秦墓非常少。累计起来，在江陵所发现的墓葬中，90% 以上为楚墓，只有不到 10% 的属于其他时代的墓葬。所发掘的数千座墓中，属于秦或秦汉之际的墓葬仅 50 余座。楚墓为什么这么多，秦墓为什么这样少？其中一个原因是楚在这里统治时间长，秦统治时间短。然而仅仅这一点尚不足以完全说明问题，如果拿江陵跟其他一些地方去进行比较，有些现象就更明显了。如在湖北宜城、鄂城以及湖南长沙等地的一些墓地，在楚国墓葬之后，接下来还有秦汉墓葬，它们从时代上可以延续下来，当中并没有间断。而在江陵就不一样，如在雨台山墓地，共发掘了 558 座墓，时代虽有早有晚，却全是楚墓。也就是说，公元前 278 年以后，就没有人去埋葬了。又如在张家山墓地，这里共发现、发掘了几百座墓葬。楚墓占绝大多数，也有西汉及其以后的墓葬，但没有发现秦墓。在别的几十处墓地中，除凤凰山一处和沙市关沮一座秦墓[①]以外，其他墓地亦均未发现秦的墓葬。这一现象只能说明，江陵一带原来非常密集的人口陡然地减少了。

人口急剧减少的原因，当然是多方面的，如有的人死于战争，有的人随楚王北迁，有的人逃亡，还有的人被秦人掳走或屠杀了。《史记·秦始皇本纪》载："秦每破诸侯，写放其宫室，作之咸阳北坂上。……所得诸侯美人钟鼓，以充入之。"又说："徙天下富豪于咸阳十二万户。"其中必包括不少的楚人。秦对郢都的破坏十分彻底，贾谊在《过秦论》中论述秦为什么迅速覆亡时就提到："堕名城，杀豪俊……"，郢都自然在它的重点破坏之列，江陵这个时期的墓葬就反映了这一历史事实。

另一方面，生产力受到极大破坏。在楚国墓葬里，我们看到，楚国的制漆工业是相当发达的，有长期的历史，有自己的体系和风格，公元前 278 年以后，秦的风格就完全不一样。秦墓中没有楚墓中最常见的镇墓兽、虎座飞鸟、虎座鸟架鼓等，也没有楚墓中常见的方耳环，而只有晚期楚墓出现的一种椭圆耳杯。秦器较楚器小巧精致。楚漆器的图案常以菱形几何纹、旋涡纹、云纹、点纹等为主；秦器却以鱼头纹、树叶纹、鸟兽纹、云气纹为主。秦墓中还出现了一些生活用品，如盂、扁壶、圆盘，这些又在楚墓漆器中未见。在秦的基础上发展起来的西汉初期的漆器，其品种和风格与秦器大体相似，而与楚器有较大差别。在楚国的漆器上，几乎没有文字；而在秦和西汉前期的漆器上，常有烙印或针刻的文字。凤凰山几座西汉墓的漆器上，有"成市草""成市洀"的字样。"成市"应即"成都市府"的简称，说明这些漆器根本不是江陵本地产的，而是从较远的成都市府贩来的。这就不能不提出一个问题：楚国都城附近制漆业那么发达，为什么还要从成都去运漆器来呢？仔细研究一下江陵秦墓出土的漆器，会发现它们也可能是从成都运来的。如

① 湖北省荆州市周梁玉桥遗址博物馆．关沮秦汉墓简牍［M］．北京：中华书局，2001．

凤凰山 70 号墓一件有针刻“廿六年左工㝡（最）元”字样的铜扣漆盂，这种扣器最早见于成都羊子山战国晚期墓，这时成都一带应早已属秦了。因此，江陵出的这件扣器完全有可能是从成都运来的。

从秦到西汉初期，本来制漆工业非常发达的郢都一带，却不能制漆了，漆器还得从外地运来，这说明了什么呢？只能说明秦攻占郢都后，这一带的制漆业和其他行业一样，受到了彻底的摧残，一直到西汉前期仍然没有恢复起来。有人推测，楚国的工匠可能完全被秦人掳走了，因此江陵一带就丧失了生产漆器的能力，这一推测应该是合理的。

不仅制漆业遭破坏，丝织业的情况也差不多。从江陵马山 1 号墓可以看出，楚国的丝织业是相当发达的，不只是产品数量、品种多，而且制作精良，色彩丰富。织物的品种，计有绢、锦、罗、纱、丝、绦等。每一个品种内，又织法多样，色彩纹样各异。仅绢一类，就有白、褐、紫、红、黑、黄等色。此外，还有大量的刺绣。在其他的楚墓里，丝麻织品保存情况虽然不好，但多少能见到一些残片。望山 2 号墓的竹简遣策里，所记的衣衾等丝织品也非常多。然而在保存较好的江陵秦墓里，却连丝织品的影子都见不到。在云梦秦墓里，虽然有的漆木器、竹简保存极好，但丝麻织品残片却极少。从出土情况来看，秦墓的丝麻织品就远没有楚墓的多，也远没有楚的好。到西汉初期，情况又不一样了。尽管在江陵发掘的西汉初期墓也不多，有的墓却保存有极好的丝织品，其他的墓也多少能见到一些丝织品的残片。这一现象能说明什么问题呢？我们认为只能这样解释：在楚的郢都一带，丝织业是相当发达的；秦拔郢以后，当地丝织业遭到了彻底的破坏；到汉初，经过较长时期的休养生息，丝织业首先是养蚕业才慢慢恢复过来。

还应当注意到，江陵西汉初期即文景时期的一些墓里所出的丝织品，无论品种和色彩都与长沙马王堆 1 号汉墓所出的一些丝织品非常近似，而且马王堆 1 号汉墓也出有“成市草”“成市泡”的漆器，这说明它的漆器也是从外地运去的。既然江陵西汉墓的丝织品又与马王堆 1 号汉墓的非常近似，那么，江陵的这些丝织品也有可能是从外地运来的。诚如此，则江陵经过秦的破坏，一直到西汉初期生产力还没完全恢复过来。由此，也就可以看出：秦对江陵这一带的破坏是多么严重。总之，秦拔郢以后，江陵一带生产力不是在发展，而是停顿甚至大大地倒退了。

第二，江陵既有楚墓，又有秦墓和西汉前墓，那么，从这些墓葬里反映出来的究竟是汉承秦制还是汉承楚制呢?

所谓“汉承秦制”或“汉承楚制”属于政治范畴，应该从政治制度上去给予回答。然而，仔细对比这几批墓葬，却也可以反映出一些问题。

西汉前期墓与楚墓及秦墓比较起来，与楚的距离较大，而与秦的距离较小。如棺的形状及棺内装殓、铺垫，与楚很不一样，而与秦较一致；随葬品的基本组合如陶器，楚为鼎、敦、壶或鼎、簠、缶，外加镳壶、盘、匜、豆、罍，秦为釜、盂、甑、瓮、罐、壶，西汉初为仓、灶、釜、盂、甑、瓮、罐、壶；又如漆木器，秦和西汉前期墓均不见楚常用的镇墓兽、虎座飞鸟等，而且都是生活用器，形状、纹样也基本相同，只是西汉的品种更多一些，制作更精细一些而已。

随葬很多青铜兵器是江陵楚墓的又一个特点。但在秦墓里，几乎没有兵器，这与秦自商鞅变法以后，禁止私人斗殴的政策分不开，又与秦统一六国后，“收天下兵，聚之咸阳，销以为钟鐻”[①]的政策分不开。在江陵凤凰山秦墓里，不见兵器，应该是这一政策执行的结果。西汉前期墓里，亦不见兵器，应该说是西汉继续执行了秦的这一政策的结果。

总之，江陵西汉前期墓从埋葬制度到随葬品基本上沿袭秦制。如最能反映楚思想意识的仿铜陶礼器、镇墓兽等，在西汉前期墓里皆无。相反，西汉前期墓却保留了秦的风俗和秦的特征，如漆木器等的品类和图案花纹。

在楚国的故地推翻了秦的统治之后，西汉王朝从上至下主要都是楚人，为什么没有把楚过去的一套风格恢复过来，却按秦的风格办事？一

① 《史记·秦始皇本纪》。

个简单的道理是：西汉王朝并不等于楚王朝，西汉王朝的主要统治者虽然大都是楚人，但他们的政权和他们执行的政策并不是楚政权和楚政策的延续，而是新政权随着时代前进按照时代要求制定的新政策。刘邦进军关中，就与关中父老约法三章，无意触动秦的制度与风俗习惯。汉军攻破咸阳以后，萧何最关心的是秦的户籍与典章方册，“何独先入收秦丞相御史律令图书藏之”。[①]楚汉战争时期，韩信对刘邦说：“……大王之入武关，秋毫无所害，除秦苛法，与秦民约法三章耳，秦民无不欲得大王王秦者。于诸侯之约，大王当王关中，关中民咸知之。大王失职入汉中，秦民无不恨者，今大王举而东，三秦可传檄而定也。”[②]试想在这种情况下，刘邦又怎么会去改变秦的制度和风俗习惯呢？刘邦等尽管是楚人，这时却受秦人欢迎，说明他们代表秦人的利益，这也正是适应了时势的需要。项羽毁秦宫，招致秦人痛恨。刘邦吸取项羽的教训，只除秦苛法，而不变民俗，做法也比项羽聪明一些，所以刘邦能深得民心。

问题仍然要回到江陵这一带来。秦朝已被推翻了，为什么不恢复楚制呢？难道这一带的楚人没有这样的愿望了吗？对于这一点还要作一些分析，我们认为只能从两个方面来理解：其一，从公元前278年拔郢到公元前207年秦亡，已经历了七十多年，秦的风俗在这一带可能被当地百姓所接受，习以为常了。秦亡后，已没有必要改回楚制去了。其二，基于上面已论述的第一点，即秦拔郢以后，对江陵一带进行了彻底的摧残，当地剩下的楚人很少，或者在当地已不起主要作用，这样实际上也没有必要把楚制再搬回来了。西汉统治阶级并没有极力推行楚制和楚俗，当地的居民也没有这个要求，在这种情况下，在江陵西汉初期墓中反映出来的就是因袭秦制而不是因袭楚制。

---

① 《史记·萧相国世家》。

② 《史记·淮阴侯列传》。

附　　录

一、专著和图录

刘节．楚器图释［M］．北京：北平图书馆，1935．
商承祚．长沙古物闻见记［M］．南京：金陵大学中国文化研究所，1939．
蔡季襄．晚周缯书考证［M］．石印本，1944．
安徽省博物馆筹备处．安徽省博物馆筹备处所藏楚器图录：第一集［M］．1953．
楚文物展览会．楚文物展览图录［M］．北京：北京历史博物馆，1954．
史树青．长沙仰天湖出土楚简研究［M］．上海：群联出版社，1955．
罗福颐．长沙仰天湖与杨家湾古墓出竹简摹本并附录［M］．晒兰本，1955．
商承祚．长沙出土楚漆器图录［M］．北京：中国古典艺术出版社，1957．
安徽省文物管理委员会，安徽省博物馆．寿县蔡侯墓出土遗物［M］．北京：科学出版社，1956．
中国科学院考古研究所．长沙发掘报告［M］．北京：科学出版社，1957．
河南省文化局文物工作队．河南信阳楚墓出土文物图录［M］．郑州：河南人民出版社，1959．
商承祚．信阳出土楚竹简摹本［M］．晒兰本，1959．
湖北省博物馆．随县曾侯乙墓［M］．北京：文物出版社，1980．
湖北省博物馆，北京工艺美术研究所．战国曾侯乙墓出土文物图案选［M］．武汉：长江文艺出版社，1984．
湖北省博物馆，曾侯乙编钟复制研究组．曾侯乙编钟的复制研究［M］．武汉：湖北省博物馆，1984．

湖北省博物馆，华润艺林有限公司．湖北随州擂鼓墩出土文物［M］．北京：中国文物展览馆，1984．
李零．长沙子弹库战国楚帛书研究［M］．北京：中华书局，1985.
湖北省荆州地区博物馆．江陵马山一号楚墓［M］．北京：文物出版社，1985．
湖北省荆州地区博物馆．江陵雨台山楚墓［M］．北京：文物出版社，1984．
河南省文物研究所．信阳楚墓［M］．北京：文物出版社，1986．
湖北省博物馆．曾侯乙墓［M］．北京：文物出版社，1989．
湖北省文物考古研究所．江陵九店东周墓［M］．北京：科学出版社，1995．
湖北省文物考古研究所．江陵望山沙冢楚墓［M］．北京：文物出版社，1996．
湖北省宜昌地区博物馆，北京大学考古系．当阳赵家湖楚墓［M］．北京：文物出版社，1992．
河南省文物研究所，河南省丹江库区考古发掘队，淅川县博物馆．淅川下寺春秋楚墓［M］．北京：文物出版社，1991．
湖南省博物馆，湖南省文物考古研究所，长沙市博物馆，等．长沙楚墓［M］．北京：文物出版社，2000．
湖北省荆沙铁路考古队．包山楚墓［M］．北京：文物出版社，1991．
湖北省文物考古研究所，荆门市博物馆，襄荆高速公路考古队．荆门左冢楚墓［M］．北京：文物出版社，2006．
随州市博物馆．随州擂鼓墩二号墓［M］．北京：文物出版社，2008．
河南省文物考古研究所．新蔡葛陵楚墓［M］．郑州：大象出版社，2003．
湖北省文物考古研究所，襄阳市文物考古研究所，襄阳市襄州区文物管理处．襄阳陈坡［M］．北京：科学出版社，2013．

二、论述和资料

（一）综合论述

江先．评“长沙出土楚漆器图录”［J］．考古通讯，1956（3）．
饶惠元．安徽省文物管理委员会等著：“寿县蔡侯墓出土遗物”［J］．考古通讯，1958（1）．
陈直．《长沙发掘报告》的几点补正［J］．考古，1961（5）．
高至喜．评《长沙发掘报告》［J］．考古，1962（1）．
王红星．湖北枣阳市九连墩楚墓［J］．考古，2003（7）．
贾汉清，武家璧，杨开勇，等．湖北荆州望山桥一号楚墓发掘简报［J］．文物，2017（2）．
湖北省荆州地区博物馆．江陵天星观1号楚墓［J］．考古学报，1982（1）．
梁野．发掘报告《曾侯乙墓》出版［J］．瞭望周刊（海外版），1990-04-02．
于杰．战国时代的墓葬形制［J］．考古通讯，1957（4）．
陈公柔．士丧礼、既夕礼中所记载的丧葬制度［J］．考古学报，1956（4）．
沈文倬．对“士丧礼、既夕礼中所记载的丧葬制度”几点意见［J］．考古学报，1958（2）．
孙文青．观春秋楚申公墓中新出舞器——箭［J］．学术月刊，1957（7）．
孙作云．我国考古学界的重大发现，信阳楚墓介绍——兼论大“镇墓兽”及其他［J］．史学月刊，1957（12）．
郭沫若．信阳墓的年代与国别［J］．文物参考资料，1958（1）．
顾铁符．有关信阳楚墓铜器的几个问题［J］．文物参考资料，1958（1）．
袁荃猷．关于信阳楚墓虎座鼓的复原问题［J］．文物，1963（2）．
贾峨．再谈信阳楚墓悬鼓及鼓簴的复原问题［J］．文物，1964（9）．

陆懋德．长沙出土的楚镜研究［N］．光明日报，1953-11-04．
李正光．略谈长沙出土的战国时代铜镜［J］．考古通讯，1957（1）．
李蔚然．评“略说长沙出土的战国时代铜镜”一文［J］．考古通讯，1958（1）．
吴铭生．长沙楚墓出土的漆器［J］．文物参考资料，1957（7）．
徐则林．试谈长沙出土战国漆器工艺图案［J］．文物参考资料，1957（7）．
杨宗荣．战国漆器花纹与战国绘画［J］．文物参考资料，1957（7）．
周世荣．略谈长沙楚墓中彩绘陶图案［J］．文物参考资料，1958（11）．
吴铭生．长沙市郊战国墓与汉墓出土情况简介［J］．文物参考资料，1956（4）．
高至喜．湖南古代墓葬概况［J］．文物，1960（3）．
顾铁符．长沙 52 · 826 号墓在考古学上诸问题——全国基本建设中出土文物展览内容介绍之一［J］．文物参考资料，1954（10）．
叶定侯．长沙楚墓出土“雕刻花板”名称的商讨［J］．文物参考资料，1956（12）．
林寿晋．东周式铜剑初论［J］．考古学报，1962（2）．
周庆基．关于弩的起源［J］．考古，1961（11）．
石志廉．“楚王孙㲋（鱼）”铜戈［J］．文物，1963（3）．
殷涤非．关于寿县楚器［J］．考古通讯，1955（2）．
郭沫若．由寿县蔡器论到蔡墓的年代［J］．考古学报，1956（1）．
陈梦家．寿县蔡侯墓铜器［J］．考古学报，1956（2）．
郭佳．湖北地区古墓葬的主要特点［J］．考古，1959（11）．
高至喜．记长沙、常德出土弩机的战国墓——兼谈有关弩机、弓矢的几个问题［J］．文物，1964（6）．
高至喜．试论湖南楚墓的分期与年代［C］// 中国考古学会第一次年会论文集（1979）．北京：文物出版社，1980．
谭维四，等．随县曾侯乙墓发掘的主要收获［C］// 中国考古学会第一次年会论文集（1979）. 北京：文物出版社，1980.
彭浩. 楚墓葬制初论［C］// 中国考古学会第二次年会论文集（1980）. 北京：文物出版社，1982.
高应勤，王光镐. 当阳赵家湖楚墓的分类与分期［C］// 中国考古学会第二次年会论文集（1980）. 北京：文物出版社，1982.
高至喜. 从长沙楚墓看春秋战国时期当地经济文化的发展［C］// 中国考古学会第二次年会论文集（1980）. 北京：文物出版社，1982.
李昭和. “巴蜀”与“楚”漆器初探［C］// 中国考古学会第二次年会论文集（1980）. 北京：文物出版社，1982.
陈耀钧. 试论江陵楚墓的特点［J］. 江汉考古，1980（2）.
陈振裕. 略论九座楚墓的年代［J］. 考古，1981（4）.
陈振裕. 谈虎座鸟架鼓［J］. 江汉考古，1980（1）.
郭德维. 楚墓出土虎座飞鸟初释［J］. 江汉论坛，1980（5）.
顾铁符. 随国、曾侯的秘奥［M］// 湖北省社会科学院历史研究所. 楚文化新探. 武汉：湖北人民出版社，1981.
湖南省博物馆. 新发现的长沙战国楚墓帛画［J］. 文物，1973（7）.
熊传新. 对照新旧摹本谈楚国人物龙凤帛画［J］. 江汉论坛，1981（1）.
张立娟. 长沙楚帛画是龙凤不是夔凤［N］. 光明日报，1981-03-09（3）.
刘敦愿. 试论战国艺术品中的鸟蛇相斗题材［J］. 湖南考古辑刊：第 1 集，1982.
萧兵. 引魂之舟——楚帛画新解［J］. 湖南考古辑刊：第 2 集，1984.
刘彬徽. 楚国彩绘木雕屏小考［J］. 江汉考古，1980（2）.
刘彬徽. 江陵楚墓出土龙凤纹铜尊［J］. 江汉论坛，1980（6）.
滕壬生. 天下第一双皮手套（江陵滕店一号墓出土）［N］. 长江日报，1983-05-14.
中山大学中文系古文字研究室楚简整理小组. 江陵昭固墓若干问题的探讨［J］. 中山大学学报：社会科学版，1977（2）.
吕荣芳. 望山一号墓与越王剑的关系［J］. 厦门大学学报：哲学社会科

学版，1977（4）.
陈振裕．望山一号墓的年代与墓主［C］// 中国考古学会第一次年会论文集（1979）．北京：文物出版社，1980.
方壮猷．初论江陵望山楚墓的年代与墓主［J］．江汉考古，1980（1）.
陈振裕．勾践铜剑和楚越关系［J］．江汉论坛，1980（1）.
随县擂鼓墩一号墓发掘的重要收获［N］．湖北日报，1978-10-03（3）.
曾昭岷，李瑾．随县擂鼓墩一号墓年代、国别问题刍议［J］．武汉师院学报（哲学社会科学版），1979（4）.
裘锡圭．谈谈随县曾侯乙墓的文字资料［J］．文物，1979（7）.
黄翔鹏．古代音乐光辉创造的见证——曾侯乙大墓古乐器见闻［J］．人民音乐，1979（4）.
黄翔鹏．先秦音乐文化的光辉创造——曾侯乙墓的古乐器［J］．文物，1979（7）.
王健民，梁柱，王胜利．曾侯乙墓出土的二十八宿青龙白虎图像［J］．文物，1979（7）.
华觉民，郭德维．曾侯乙墓青铜器群的铸焊技术和失蜡法［J］．文物，1979（7）.
张振新．曾侯乙墓编钟的梁架结构与钟虡铜人［J］．文物，1979（7）.
郭德维．曾侯乙墓并非楚墓［J］．江汉论坛，1980（1）.
程欣人．古殳浅说［J］．江汉考古，1980（2）.
祝建华，汤池．曾侯墓漆画初探［J］．美术研究，1980（2）.
顾铁符．随县战国墓几件文物器名商榷［J］．中国文物，1980（2）.
华觉明．曾侯乙编钟簨虡构件的冶铸技术［J］．江汉考古，1981（S1）.
贾陇生，林瑞，满德发，等．用激光全息技术研究曾侯乙编钟的振动模式［J］．江汉考古，1981（S1）.
林瑞，王玉柱，华觉明，等．对曾侯乙墓编钟的结构探讨［J］．江汉考古，1981（S1）.
叶学贤，贾云福，周孙录，等．化学成分、组织、热处理对编钟声学特性的影响［J］. 江汉考古［J］. 1981（S1）.
周春生，余志堂，邓中粦. 曾侯乙墓出土鱼骨的初步研究［J］. 江汉考古，1981（S1）.
顾铁符. 从随县曾侯乙墓看封建制度下的杀殉问题［J］. 江汉考古，1981（S1）.
郭德维. 曾侯乙墓中漆箧上日月和伏羲、女娲图像试释［J］. 江汉考古，1981（S1）.
方酉生. 有关曾侯乙墓的几个问题［J］. 武汉大学学报：社会科学版，1981（6）.
郭德维. 随县曾侯乙墓的年代——与曾昭岷、李瑾同志商榷［J］. 武汉师范学院学报：哲学社会科学版，1980（Z1）.
顾铁符. 随县曾侯乙墓无隧解［J］. 考古与文物，1980（1）.
曾昭岷，李瑾. 随县擂墓断代补论——兼答郭德维君［J］. 武汉师范学院学报：哲学社会科学版，1982（2）.
杨宽，钱林书. 曾国之谜试探［J］. 复旦学报：社会科学版，1980（3）.
童忠良. 百钟探寻——擂鼓墩一、二号墓出土编钟的比较［J］. 黄钟，1988（4）.
郑荣达. 试探先秦双音编钟的设计构想［J］. 黄钟，1988（4）.
于书吉. 古编钟的音频特性［J］. 黄钟，1988（4）.
陈善钰. 曾侯乙墓研究论文目录索引［M］// 曾侯乙墓，北京：文物出版社，1989.
郭德维. 江陵楚墓论述［J］. 考古学报，1982（2）.
郭德维. 楚墓分类问题探讨［J］. 考古，1983（3）.
彭浩. 江陵马砖一号墓所见葬俗略述［J］. 文物，1982（10）.
王光镐. 当阳赵家塝楚墓略析［J］. 江汉考古，1983（1）.
陈振裕，杨权喜. 襄阳山湾五座楚墓的年代及其相关问题［J］. 江汉考古，1983（1）.
舒之梅，何浩. 仰天湖楚简“邧阳公”的身份及其相关问题——与林河

同志商榷 [J]. 江汉论坛，1982（10）.
高至喜. 论长沙浏城桥一号墓和杨家湾六号墓的年代 [J]. 湖南考古辑刊：第 1 集，1982.
吴铭生. 资兴旧市战国墓反映的楚越文化关系探讨 [J]. 湖南考古辑刊：第 1 集，1982.
林河. 从楚简考证侗族与楚、苗之间的关系 [J]. 贵州民族研究，1982（1）.
雷从云. 楚式镜的类型与分期 [J]. 江汉考古，1982（2）.
熊传新. 湖南发现的古代巴人遗物 [J]. 文物资料丛刊：第 7 集，1983.
金则恭，张双百，胡德兴. 长沙县出土春秋时期越族青铜器 [J]. 湖南考古辑刊：第 2 集，1984.
熊传新. 长沙新发现的战国丝织物 [J]. 江汉论坛，1975（2）.
孙机. 深衣与楚服 [J]. 考古与文物，1982（1）.
熊传新. 长沙出土楚服饰浅析 [J]. 湖南考古辑刊：第 2 集，1984.
金则恭. 湖南东周时期铜戈的分期及有关问题 [J]. 湖南考古辑刊：第 2 集，1984.
黄展岳. 试论楚国铁器 [J]. 湖南考古辑刊：第 2 集，1984.
陈振裕. 楚国的竹编织物 [J]. 考古，1983（8）.
张剑. 从河南淅川春秋楚墓的发掘谈对楚文化的认识 [J]. 文物，1980（10）.
李零. “楚叔之孙倗”究竟是谁——河南淅川下寺二号墓之墓主和年代问题的讨论 [J]. 中原文物，1981（4）.
陈伟. 淅川下寺二号楚墓墓主及相关问题 [J]. 江汉考古，1983（1）.
高崇文. 春秋楚墓特征及其形成诸因素初探 [J]. 中原文物，1985（1）.
张亚初. 淅川下寺二号墓的墓主、年代与一号墓编钟的名称问题 [J]. 文物，1985（4）.
张剑. 略论河南淅川下寺春秋墓的葬制特点 [C] // 楚文化研究论文集，郑州：中州书画社，1983.

顾铁符．信阳一号楚墓的地望与人物［J］．故宫博物院院刊，1979（2）．
赵世纲．信阳长台关一号墓的年代与国别［J］．考古与文物，1983（4）．
叶小燕．中原地区战国墓初探［J］．考古，1985（2）．
王世民．中国春秋战国时代的冢墓［J］．考古，1981（5）．
蒋廷瑜．从银山岭战国墓看西瓯［J］．考古，1980（2）．
沈仲常．新都战国木椁墓与楚文化［J］．文物，1981（6）．
郭德维．试论江陵地区楚墓、秦墓、西汉前期墓的发展与演变［J］．考古与文物，1983（2）．
陈振裕．试论湖北战国秦汉漆器的年代分期［J］．江汉考古，1980（2）．
郭德维．关于寿县楚王墓椁室形制复原问题［J］．江汉考古，1982（1）．
胡顺利，郭德维．寿县楚王墓椁室形制复原问题讨论［J］．江汉考古，1983（3）．
沈仲常．新都战国墓出土铜印图象探源［J］．江汉考古，1982（2）．
涂高潮．略谈黄陂鲁台山东周墓［J］．江汉考古，1982（2）．
陈耀钧，院文清．“镇墓兽”略考［J］．江汉考古，1983（3）．
胡顺利．淅川下寺二号楚墓墓主小议［J］．江汉考古，1984（3）．
陈耀钧．浅谈江陵楚墓出土的青铜剑［J］．考古与文物，1984（2）．
郭德维．戈戟之再辨［J］．考古，1984（12）．
彭邦炯．带矛车害与古代冲车［J］．考古与文物，1984（1）．
王恩田．河南固始“勾吴夫人墓”——兼论番国地理位置及吴伐楚路线［J］．中原文物，1985（2）．
赵青云，傅振伦．关于固始侯古堆一号墓［J］．中国历史博物馆馆刊，1984（6）．
黄运甫．略谈淅川毛坪楚墓的分期及其特征［J］．中原文物，1982（1）．
顾铁符，张亚初，等．关于淅川下寺楚墓［J］．中国历史博物馆馆刊，1984（6）．
蒋廷瑜，蓝日勇．广西出土的楚文物及相关问题［J］．江汉考古，1986（4）．

杨权喜．襄阳楚墓与楚国势力的扩展［J］．江汉考古，1986（2）．
杨权喜．楚灭六国的实物例证——楚邓鄀蔡徐吴六国铜器同出于一个墓地［J］．文物天地，1986（5）．
张中一．衡阳市苗圃古墓的文化内涵及有关问题［J］．考古，1986（3）．
孙智彬．新都战国木椁墓文化因素剖析［J］．江汉考古，1986（1）．
高至喜．楚人入湘的年代和湖南越楚墓葬的分辨［J］．江汉考古，1987（1）．
曹淑琴，殷玮璋．寿县朱家集铜器群研究［C］// 苏秉琦．考古学文化论集（一），北京：文物出版社，1987．
刘翔．论黄君孟铜器群［J］．江汉考古，1988（4）．
王少泉．襄樊市博物馆收藏的襄阳山湾铜器［J］．江汉考古，1988（3）．
王从礼．楚墓葬制分析［J］．江汉考古，1988（2）．
王红星．包山楚墓墓地试析［J］．文物，1988（5）：32-34．
王红星．略论包山墓地发掘的考古学价值［J］．江汉考古，1988（2）．
彭浩．“镇墓兽”新解［J］．江汉考古，1988（2）．
蓝日勇．银山岭战国墓并非楚墓说［J］．江汉考古，1988（4）．
陈振裕．湖北楚墓综述［C］// 湖北省考古学会论文选集（一），1987．
王善才．鄂东楚墓综述［C］// 湖北省考古学会论文选集（一），1987．
张胜琳，张正明．上古墓葬头向与民族关系［C］// 湖北省考古学会论文选集（一），1987．
高至喜．再论湖南楚墓的分期与年代［C］// 楚文化研究会．楚文化研究论集：第一集，武汉：荆楚书社，1987．
曹桂岑．淮阳楚墓论述［C］// 楚文化研究会．楚文化研究论集．第一集，武汉：荆楚书社，1987．
曹传松．澧水下游楚文化的分期及其相关的两个问题［C］// 楚文化研究会．楚文化研究论集：第一集，武汉：荆楚书社，1987．
盛定国．益阳楚墓辨析［C］// 楚文化研究会．楚文化研究论集：第一集，武汉：荆楚书社，1987．

郭德维．楚国的“士”墓辨析［C］// 楚文化研究会．楚文化研究论集：第一集，武汉：荆楚书社，1987．

何浩，宾晖．盛君萦及擂鼓墩二号墓墓主的国别［C］// 楚文化研究会．楚文化研究论集：第一集，武汉：荆楚书社，1987．

马全．马鞍冢楚墓墓主考［C］// 楚文化研究会．楚文化研究论集：第一集，武汉：荆楚书社，1987．

李德文．朱家集楚王墓的形制与棺椁制度［C］// 楚文化研究会．楚文化研究论集：第一集，武汉：荆楚书社，1987．

曹桂岑．战国晚期楚国的埋葬习俗［M］// 河南省考古学会，河南省博物馆，河南省文物研究所．楚文化觅踪，郑州：中州古籍出版社，1986．

李绍连．河南境内楚文化的特点和分期［M］// 河南省考古学会，河南省博物馆，河南省文物研究所．楚文化觅踪，郑州：中州古籍出版社，1986．

欧潭生．信阳地区楚文化发展序列［M］// 河南省考古学会，河南省博物馆，河南省文物研究所．楚文化觅踪，郑州：中州古籍出版社，1986．

张志华，骆崇礼．淮阳马鞍冢墓主考略［M］// 河南省考古学会，河南省博物馆，河南省文物研究所．楚文化觅踪，郑州：中州古籍出版社，1986．

何介钧．战国楚贵族墓葬制的几个问题［M］// 湖南省楚史研究会．楚史与楚文化研究，长沙：求索杂志社，1987．

高至喜．从长沙秦和西汉早期墓葬看楚文化的延续和影响［M］// 湖南省楚史研究会．楚史与楚文化研究，长沙：求索杂志社，1987．

欧潭生．固始白狮子地一号楚墓的年代及其他［M］// 河南省考古学会．楚文化研究论文集，郑州：中州书画社，1983．

骆崇礼，张志华．浅谈淮阳楚墓出土的“越王”剑［M］// 河南省考古学会．楚文化研究论文集，郑州：中州书画社，1983．

宫希成．楚墓中的殉葬现象［J］．文物研究，1986（2）．
杨鸠霞．安徽长丰战国晚期楚墓［J］．考古，1994（2）．
程如峰．长丰杨公战国墓的茔界问题［J］．文物研究，1990（6）．
杨权喜．从葬制看楚文化与中原文化的关系［J］．中原文物，1989（4）．
裴明相．信阳楚墓的主要遗存及其特点［J］．中原文物，1989（1）．
郭德维．曾侯乙墓发掘琐记［J］．文物天地，1989（2）．
白荣金．包山楚墓马甲复原辨正［J］．文物，1989（3）．
张正明．楚墓与楚文化［J］．中原文物，1989（2）．
郭德维．曾侯乙墓墓主内棺花纹图案略析［J］．江汉考古，1989（2）．
刘和惠．关于寿县楚王墓的几个问题［C］// 文物研究编辑部．文物研究：第 5 辑，合肥：黄山书社，1989．
徐少华．包山二号楚墓的年代及有关问题［J］．江汉考古，1989（4）．
刘彬徽．楚墓出土铜器的年代略说［J］．中原文物，1989（4）．
杨权喜．襄阳余岗东周青铜器的初步研究［J］．江汉考古，1990（4）．
瓯燕．战国时期的墓葬［J］．北方文物，1989（3）．
高至喜．从湖南楚墓看楚国的葬制［M］// 湖南省文物考古研究所，湖南省考古学会．湖南考古辑刊：第 4 集，长沙：岳麓书社，1987．
裴安平，吴铭生．湖南资兴旧市战国墓的再研究［M］// 湖南省文物考古研究所，湖南省考古学会．湖南考古辑刊：第 4 集，长沙：岳麓书社，1987．
余秀翠：从曹家岗 5 号墓出土骨贝看春秋时代楚国货币［M］// 湖南省文物考古研究所，湖南省考古学会．湖南考古辑刊：第 4 集，长沙：岳麓书社，1987．
吴铭生．湖南东周时期越人墓葬研究［M］// 湖南省文物考古研究所，湖南省考古学会．湖南考古辑刊：第 5 集，长沙：求索杂志社，1989.
贺刚．论湖南秦墓、秦代墓与秦文化因素［M］// 湖南省文物考古研究所，湖南省考古学会．湖南考古辑刊：第 5 集，长沙：求索杂志社，1989．

李虹．鲁国东周墓葬特点初探［C］// 文物研究：第一集，1985．

（二）考古资料

1. 湖南省

考古研究所湖南调查发掘团．长沙近郊古墓发掘记略［J］．文物参考资料，1952（2）．
长沙和南昌市郊区大批历史文物出土——发掘和保管工作中有严重缺点［J］．文物参考资料，1952（2）．
湖南省文物管理委员会．长沙市郊发现大批战国和西汉时代的文物［J］．文物参考资料，1953（5、6）．
湖南省文物管理委员会．湖南文管会清理长沙仰天湖木椁墓发现大量竹简、彩绘木俑等珍贵文物［J］．文物参考资料，1953（12）．
长沙仰天湖战国墓发现大批竹简及彩绘木俑、雕刻花板［J］．文物参考资料，1954（3）．
李正光．湖南衡阳苗圃蒋家山发现战国及东汉时代墓葬［J］．文物参考资料，1954（3）．
长沙发现保存完整的战国木椁墓［J］．文物参考资料，1954（6）．
衡阳苗圃蒋家山古墓清理简报［J］．文物参考资料，1954（6）．
戴亚东．长沙市南郊发现战国时代铁剑［J］．文物参考资料，1954（7）．
杨桦．长沙北郊发现大型古代木椁墓葬［J］．文物参考资料，1954（10）．
湖南省文物清理工作组清理衡阳市郊古墓情况［J］．文物参考资料，1954（10）．
吴铭生．长沙左家公山的战国木椁墓［J］．文物参考资料，1954（12）．
湖南省文物管理委员会．长沙杨家湾 M006 号墓清理简报［J］．文物参考资料，1954（12）．
湖南省文物管理委员会．湖南常德西郊古墓葬群清理小结［J］．文物参考资料，1955（5）．
罗敦静．湖南耒阳县发现周、汉等时代墓葬及古代石斧［J］．文物参考资料，1955（8）.
文道义. 湖南长沙北郊发现战国至唐、宋时代大批墓葬，省文管会正在进行清理中［J］. 文物参考资料，1955（9）.
李正光. 湖南长沙砚瓦池发现战国木椁墓［J］. 文物参考资料，1955（9）.
李正光. 湖南省文物工作队在长沙市南门外魏家堆附近清理了一批战国至元代墓葬［J］. 文物参考资料，1955（10）.
丝茅冲工作小组. 长沙北郊丝茅冲工地第一工区的古代墓葬［J］. 文物参考资料，1955（11）.
高至喜. 湖南省文管会在湖南株洲清理了八座战国墓［J］. 文物参考资料，1956（1）.
李正光. 长沙、衡阳出土战国时代的铁器［J］. 考古通讯，1956（1）.
湖南省文物管理委员会. 长沙黄泥坑战国、汉、唐宋墓清理简报［J］. 考古通讯，1956（6）.
张鑫如，吴铭生. 长沙黄泥坑第二十号墓清理简报［J］. 文物参考资料，1956（11）.
吴铭生. 长沙战国墓木椁上发现“烙印”文字［J］. 文物参考资料，1956（12）.
吴铭生. 湖南长沙紫檀铺战国墓清理简报［J］. 考古通讯，1957（1）.
吴铭生，戴亚东. 长沙出土的三座大型木椁墓［J］. 考古学报，1957（1）.
吴铭生. 长沙广济桥第五号战国木椁墓清理简报［J］. 文物参考资料，1957（2）.
湖南省文物管理委员会. 长沙仰天湖第 25 号木椁墓［J］. 考古学报，1957（2）.
吴铭生. 长沙发现印“郢”字冥币［J］. 文物参考资料，1957（3）.
周世荣. 长沙黄土岭战国墓的清理［J］. 考古通讯，1957（4）.
李正光，彭青野. 长沙沙湖桥一带古墓发掘报告［J］. 考古学报，1957（4）.
湖南省文物管理委员会. 湖南长沙丝茅冲战国小型木椁墓清理记［J］.

考古通讯，1957（5）.
湖南省文物管理委员会．湖南长沙纸园冲工地古墓清理小结［J］．考古通讯，1957（5）.
张鑫如．湖南长沙砚瓦池古墓的清理［J］．考古通讯，1957（5）.
吴铭生．揭开战国兵器合金的秘密——湖南文管会对楚兵器进行化验［J］．文物参考资料，1957（8）.
罗张．长沙市岳北乡银盆岭出土了大批文物［J］．文物参考资料，1957（11）.
罗敦静．湖南长沙发现战国和六朝的洞室墓［J］．考古通讯，1958（2）.
周世荣．长沙烈士公园清理的战国墓葬［J］．考古通讯，1958（6）.
张中一．湖南长沙陈家大山战国墓葬清理简报［J］．考古通讯，1958（9）.
张鑫如．湖南长沙小林子冲工地战国、东汉、唐墓清理简报［J］．考古通讯，1958（12）.
周世荣．长沙陈家大山战国、西汉、唐、宋墓清理［J］．考古，1959（4）.
文道义．长沙楚墓［J］．考古学报，1959（1）.
高至喜．长沙烈士公园3号木椁墓清理简报［J］．文物，1959（10）.
文道义．湖南常德德山战国墓葬［J］．考古，1959（12）.
高至喜．湖南株洲战国墓清理［J］．考古，1959（12）.
高至喜，刘廉银．长沙市东北郊古墓葬发掘简报［J］．考古，1959（12）.
周世荣，文道义．57长．子．17号墓清理简报［J］．文物，1960（1）.
湖南省博物馆．长沙柳家大山古墓葬清理简报［J］．文物，1960（3）.
湖南省博物馆．长沙市五里牌古墓葬清理简报［J］．文物，1960（3）.
张中一．湖南郴州市马家坪古墓清理［J］．考古，1961（9）.
杨桦．湖南常德德山楚墓发掘报告［J］．考古，1963（9）.
周世荣．湖南湘潭下摄司的战国墓［J］．考古，1963（12）.

湖南省博物馆．长沙浏城桥一号墓［J］．考古学报，1972（1）．
湖南省博物馆．长沙子弹库战国木椁墓［J］．文物，1974（2）．
单先进，熊传新．长沙识字岭战国墓［J］．考古，1977（1）．
周世荣．湖南韶山灌区湘乡东周墓清理简报［J］．文物，1977（3）．
单先进，冯玉辉．衡阳市发现战国纪年铭文铜戈［J］．考古，1977（5）．
周世荣，何介钧．湖南衡南、湘潭发现春秋墓葬［J］．考古，1978（5）．
长沙铁路车站建设工程文物发掘队．长沙新发现春秋晚期的钢剑和铁器［J］．文物，1978（10）．
湖南省博物馆．湖南湘乡牛形山一、二号大型战国木椁墓［M］// 文物编辑委员会．文物资料丛刊（3）．北京：文物出版社，1980．
湖南省博物馆．湖南长沙黄土岭魏家大堆战国墓［M］// 文物编辑委员会．文物资料丛刊（3）．北京：文物出版社，1980．
熊传新，盛定国．湖南益阳战国两汉墓［J］．考古学报，1981（4）．
傅举有．资兴旧市春秋墓［J］．湖南考古辑刊：第 1 集，1982．
黄纲正．长沙五里牌战国木椁墓［J］．湖南考古辑刊：第 1 集，1982．
张欣如．溆浦大江口镇战国巴人墓［J］．湖南考古辑刊：第 1 集，1982．
吴铭生．湖南资兴旧市战国墓［J］．考古学报，1983（1）．
杨桦．长沙工农桥一号战国楚墓［J］．文物，1983（6）．
熊传新，向开旺，汤宗悟，等．湖南溆浦马田坪战国西汉墓发掘报告［J］．湖南考古辑刊：第 2 集，1984．
盛定国．益阳羊舞岭战国东汉墓清理简报［J］．湖南考古辑刊：第 2 集，1984．
高中晓，袁家荣．湖南慈利官地战国墓［J］．湖南考古辑刊：第 2 集 1984．
冯玉辉．衡阳市苗圃五马归槽茅坪古墓发掘简报［J］．考古，1984（10）．
熊传新．长沙树木岭战国墓阿弥岭西汉墓［J］．考古，1984（9）．
汪国飞．临澧县又发现一楚墓群［N］．人民日报，1985-07-04．

郑元日．耒阳春秋、战国墓［J］．文物，1985（6）．
刘廉银．常德县官山战国墓清理简报［J］．考古，1985（12）．
盛定国．益阳楚墓［J］．考古学报，1985（1）．
吴铭生，贺刚．古丈白鹤湾楚墓［J］．考古学报，1986（3）．
湘乡县博物馆．湘乡县五里桥、何家湾古墓葬发掘简报［J］．湖南考古辑刊：第3集，1986．
熊传新，吴铭生，李科威，等．汨罗县东周、秦、西汉、南朝墓发掘报告［J］．湖南考古辑刊：第3集，1986．
何介钧，傅举有，郑元日，等．临澧九里楚墓发掘报告［J］．湖南考古辑刊：第3集，1986．
禹经安．溆浦江口战国西汉墓［J］．湖南考古辑刊：第3集，1986．
邢敏建．湘西保靖县四方城战国墓发掘简报［J］．湖南考古辑刊：第3集，1986．
高中晓．慈利县抢救发掘一批古墓［N］．文物报，1987-09-18．
湖南省博物馆．湖南溆浦马田坪战国、西汉墓［M］// 文物编辑委员会．文物资料丛刊（10），北京：文物出版社，1987．
易志如，王柏松，丁志林，等．桃源三元村一号楚墓［J］．湖南考古辑刊：第4集，1987．
陈启家，向开旺．米家滩战国墓发掘简报［J］．湖南考古辑刊：第4集，1987．
刘华兴，曾东生，周光晖．永州市鹞子岭战国墓发掘简报［J］．湖南考古辑刊：第4集，1987．
盛定国．益阳楚墓出土的“巴式”铜戈［J］．湖南考古辑刊：第4集，1987．
李正鑫．华容鲇市镇发现楚墓［J］．湖南考古辑刊：第4集，1987．
龙福连．郴州市出土的战国越人墓［J］．湖南考古辑刊：第4集，1987.
裴安平．湖南澧县新洲一号墓发掘简报［J］．考古，1988（5）．
卞德模．临澧县发掘一座战国大型楚墓［N］．中国文物报，1988-03-

25（2）.
晓华．攸县发现战国透光镜［N］．中国文物报，1988-10-07．
曾志鸿，杨祖沛．溆浦县高低村春秋战国墓清理简报［J］．湖南考古辑刊：第5集，1989．
张一兵．长沙市荷花池1号战国木椁墓发掘报告［J］．湖南考古辑刊：第5集，1989．
向开旺，杨祖沛，申树初．黔阳县黔城战国墓发掘简报［J］．湖南考古辑刊：第5集，1989．
谭远辉，李传发．津市市金鱼岭东周墓葬［J］．湖南考古辑刊：第5集，1989．
湖南省文物考古研究所，慈利县文物保护管理研究所．湖南慈利石板村36号战国墓发掘简报［J］．文物，1990（10）．
郴州地区文物工作队．湖南郴州东周墓发掘简报［J］．文物，1990（10）．
向新民．湖南省耒阳市阴间巷发现战国墓［J］．考古，1990（8）．
王英党．湖南桃源三元村二号楚墓［J］．考古，1990（11）．
胡啸椎．湖南平江县发现春秋早期甬钟［J］．考古，1990（12）．

2. 湖北省

熊亚云．湖北鄂城七里界战国木椁墓清理［J］．考古通讯，1958（8）．
陈上岷．江陵发现战国木椁墓［J］．文物，1959（2）．
角洲，王富国．湖北松滋县清理了一批战国墓葬［J］．文物，1960（7）．
郭德维．省考古队最近（在江陵）清理了一些战国楚墓［J］．文物，1962（2）．
郭德维，刘彬徽．湖北省江陵出土虎座鸟架鼓两座楚墓的清理简报［J］．文物，1964（9）．
程欣人，王富国．湖北松滋县大岩嘴东周土坑墓的清理［J］．考古，1966（3）．
湖北省文化局文物工作队．湖北江陵三座楚墓出土大批重要文物［J］．

文物，1966（5）.
湖北省博物馆发掘小组，荆州地区博物馆小组，江陵县文物工作组发掘小组．湖北江陵拍马山楚墓发掘简报［J］．考古，1973（3）.
郭德维．湖北江陵太晖观楚墓清理简报［J］．考古，1973（6）.
杨权喜．湖北枣阳县发现曾国墓葬［J］．考古，1975（4）.
湖北省博物馆．湖北京山发现曾国铜器［J］．文物，1972（2）.
鄂兵．湖北随县发现曾国铜器［J］．文物，1973（5）.
荆州地区博物馆．湖北江陵藤店一号墓发掘简报［J］．文物，1973（9）.
湖北省博物馆，华中师范学院历史系．湖北江陵太晖观 50 号楚墓［J］．考古，1977（1）.
鄂钢基建指挥部文物小组，鄂城县博物馆．湖北鄂城鄂钢五十三号墓发掘简报［J］．考古，1978（4）.
随县擂鼓墩一号墓考古发掘队．湖北随县曾侯乙墓发掘简报［J］．文物，1979（7）.
随县博物馆．湖北随县城郊发现春秋墓葬和铜器［J］．文物，1980（1）.
卢德佩．湖北省当阳县出土春秋战国之际的铭文铜戈［J］．文物，1980（1）.
王仁湘，程欣人，郭德维，等．湖北宜城楚皇城战国秦汉墓［J］．考古，1980（2）.
荆州博物馆．江陵雨台山楚墓发掘简报［J］．考古，1980（5）.
程欣人．随县涢阳出土楚、曾、息青铜器［J］．江汉考古，1980（1）.
郭德维．随州市擂鼓墩二号墓出土一批重要文物［J］．江汉考古，1981（S1）.
湖北省荆州地区博物馆．江陵天星观 1 号楚墓［J］．考古学报，1982（1）.
李家添，吴绵吉，钟礼强，等．湖北随县新发现古代青铜器［J］．考古，1982（2）.
黄敬刚．湖北随县刘家崖发现古代青铜器［J］．考古，1982（2）.

湖北省宜昌地区文物工作队．当阳金家山九号春秋楚墓［J］．文物，1982（4）．
湖北省宜昌地区文物工作队．湖北当阳县金家山两座战国楚墓［J］．文物，1982（4）．
荆州地区博物馆．湖北江陵马山砖厂一号墓出土大批战国时期丝织品［J］．文物，1982（10）．
荆州地区博物馆．江陵岳山大队出土一批春秋铜器［J］．文物，1982（10）．
黄陂县文化馆，孝感地区博物馆，湖北省博物馆．湖北黄陂鲁台山两周遗址与墓葬［J］．江汉考古，1982（2）．
随州市博物馆．湖北随县安居出土青铜器［J］．文物，1982（12）．
滕壬生．江陵发现战国“丝绸宝库”——马山砖瓦厂一号楚墓发掘简记［J］．江汉考古，1982（1）．
高仲达．湖北当阳赵家塝楚墓发掘简报［J］．江汉考古，1982（1）．
田海峰．湖北枣阳县又发现曾国铜器［J］．江汉考古，1983（3）．
杨权喜．襄阳山湾出土的鄀国和邓国铜器［J］．江汉考古，1983（1）．
杨权喜．襄阳山湾东周墓葬发掘报告［J］．江汉考古，1983（2）．
余秀翠．当阳发现一组春秋铜器［J］．江汉考古，1983（1）．
张吟午，李福新．湖北宜城骆家山一号墓出土青铜器［J］．江汉考古，1983（1）．
熊亚云，丁堂华．鄂城楚墓［J］．考古学报，1983（2）．
王善才，吴晓松．湖北黄州国儿冲楚墓发掘简报［J］．江汉考古，1983（3）．
黄敬刚．随州又出土大批珍贵文物［N］．文汇报，1983-11-16．
黄传懿．江陵马山又发现稀世文物，春秋兵器吴王夫差青铜矛出土［N］．湖北日报，1983-12-31．
江陵县文物工作组．湖北江陵楚冢调查［M］//《考古》编辑部．考古学集刊：第4集，北京：中国社会科学出版社，1984．

杨定爱．江陵溪峨山楚墓［J］．考古，1984（6）．
刘德银．湖北荆州砖瓦厂 2 号楚墓［J］．江汉考古，1984（1）．
王世振．随州擂鼓墩砖瓦厂十三号墓发掘简报［J］．江汉考古，1984（3）．
王从礼．江陵张家山 201 号楚墓清理简报［J］．江汉考古，1984（2）．
大冶县博物馆．大冶县发现一战国墓葬［J］．江汉考古，1984（4）．
杨权喜．襄阳蔡坡战国墓发掘报告［J］．江汉考古，1985（1）．
王毓彤．江陵李家台楚墓清理简报［J］．江汉考古，1985（3）．
刘彬徽、王世振、黄敬刚．湖北随州擂鼓墩二号墓发掘简报［J］．文物，1985（1）．
王家德．湖北秭归又发现一件巴式剑［J］．江汉考古，1985（3）．
朱俊英，陈夏涛．宜昌市前、后坪古墓 1981 年发掘简报［J］．江汉考古，1985（2）．
大冶出土一套楚国青铜砝码［N］．文物报，1986-05-02（2）．
李峻，陈毅刚．丹江口市发现春秋战国墓［N］．文物报，1986-05-16（2）．
王世振．随州均川出土铭文青铜器［J］．江汉考古，1986（2）．
杨定爱．麻城楚墓［J］．江汉考古，1986（2）．
王红星．荆门市包山大冢出土一批重要文物［J］．江汉考古，1987（2）．
阎频．包山大冢珍品撷英［J］．文物天地，1987（6）．
院文清．江陵马山砖瓦厂二号楚墓发掘简报［J］．江汉考古，1987（3）．
杨华．枝江县青山古墓群调查简报［J］．江汉考古，1987（2）．
吴晓松．黄冈罗汉山楚墓［J］．江汉考古，1987（1）．
李峻．丹江水库古墓群发掘简讯［N］．文物报，1987-05-29．
周厚强，李端阳，陈明芳．孝感花园发现战国秦汉墓群［J］．江汉考古，1987（1）．
罗正松．潜江龙湾小黄家台楚墓［J］．江汉考古，1988（4）．
武仙竹．房县桃园发掘出一批东周两汉墓［J］．江汉考古，1988（1）．

陈耀钧．江陵秦家嘴楚墓发掘简报［J］．江汉考古，1988（2）．
杨定爱，韩楚文．江陵马山十座楚墓［J］．江汉考古，1988（3）．
刘森淼，雷兴军．武汉市汉阳县熊家岭楚墓［J］．考古，1988（12）．
文必贵．沙市罗场高家坟楚墓清理简报［J］．江汉考古，1988（2）．
湖北省荆沙铁路考古队包山墓地整理小组．荆门市包山楚墓发掘简报［J］．文物，1988（5）．
吴顺青，徐梦林，王红星．荆门包山2号墓部分遗物的清理与复原［J］．文物，1988（5）．
陈逢新，宋有志．湖北江陵雨台山21号战国楚墓［J］．文物，1988（5）．
余秀翠．湖北枝江县姚家港楚墓发掘报告［J］．考古，1988（2）．
潘佳红．丹江口市肖川战国两汉墓葬［J］．江汉考古，1988（4）．
中国社会科学院考古研究所湖北工作队．湖北郧县东周西汉墓［M］//《考古》编辑部．考古学集刊：第6集，北京：中国社会科学出版社，1989．
赵德祥．当阳曹家岗5号楚墓［J］．考古学报，1988（4）．
江陵县文物局．湖北江陵武昌义地楚墓［J］．文物，1989（3）．
张学武．湖北应山吴店古墓葬清理简报［J］．文物，1989（3）．
湖北省宜昌地区博物馆．湖北枝江姚家港高山庙两座春秋楚墓［J］．文物，1989（3）．
湖北省宜昌地区博物馆．当阳金家山春秋楚墓发掘简报［J］．文物，1989（11）．
阎金安．湖北宜城出土蔡国青铜器［J］．考古，1989（11）．
随州市博物馆．随州东城区发现东周墓葬和青铜器［J］．江汉考古，1989（1）．
江陵县文物局．江陵官坪楚墓发掘简报［J］．江汉考古，1989（3）．
荆门市博物馆．荆门十里砖厂一号楚墓［J］．江汉考古，1989（4）．
湖北省文物考古研究所江陵工作站．江陵纪南城陕家湾楚墓发掘简报［J］．江汉考古，1989（4）．
湖北（宜城）出土春秋车马坑、楚国文化又一大发现［N］．人民日报，1989-11-20（3）．
谭宗菊．湖北当阳县出土的战国青铜器［J］．考古，1990（2）．
宜昌地区博物馆．湖北当阳赵巷4号春秋墓发掘简报［J］．文物，1990（10）．
宜昌地区博物馆．湖北枝江姚家港楚墓第四次发掘简报［J］．文物，1990（10）．
武汉大学历史系考古教研室．湖北麻城栗山岗战国秦汉墓清理简报［J］．考古，1990（11）．
湖北省文物考古研究所．当阳窑湾陈家坡东周墓葬清理简报［J］．江汉考古，1990（1）．
随州市博物馆．湖北随州市安居镇发现春秋曾国墓［J］．江汉考古，1990（1）．
枝江县博物馆．湖北枝江关庙山一号春秋墓［J］．江汉考古，1990（1）．
孝感市博物馆．孝感市天津湖战国墓清理［J］．江汉考古，1990（2）．
安陆市博物馆．安陆发现一批东周时期青铜器［J］．江汉考古，1990（2）．
广水市博物馆．湖北省广水市彭家湾古墓清理简报［J］．江汉考古，1990（2）．
房县博物馆．房县桃园战国两汉墓葬第三次发掘简讯［J］．江汉考古，1990（2）．
湖北省文物考古研究所．江陵雨台山楚墓发掘简报［J］．江汉考古，1990（3）．
湖北省文物考古研究所，谷城县博物馆．谷城过山战国西汉墓葬［J］．江汉考古，1990（3）．
荆门市博物馆．荆门市子陵岗古墓发掘简报［J］．江汉考古，1990（4）．
山人．子陵岗东周墓地性质剖析［J］．江汉考古，1990（4）．

荆门市博物馆．荆门市响铃岗东周遗址与墓地发掘简报［J］．江汉考古，1990（4）．
李兆华．荆门市响铃岗东周遗址与墓地浅论［J］．江汉考古，1990（4）．
崔仁义．子陵岗东周墓的初步认识［J］．江汉考古，1990（4）．

3. 河南省

河南省文化局文物工作队第一队．我国考古史上的空前发现：信阳长台关发掘一座战国大墓［J］．文物参考资料，1957（9）．
贺官保，黄士斌．信阳长台关第 2 号楚墓的发掘［J］．考古通讯，1958（11）．
赵青云．固始侯古堆发掘一座大型陪葬坑［J］．河南文博通讯，1978（3）．
固始县侯古堆大墓发掘组领导小组办公室．固始侯古堆主墓发掘结束［J］．河南文博通讯，1979（3）．
张剑．淅川丹江水库区的文物调查与发掘［J］．河南文博通讯，1979（3）．
河南省丹江库区文物发掘队．河南省淅川县下寺春秋墓［J］．文物，1980（10）．
固始侯古堆一号墓发掘组．河南固始侯古堆一号墓发掘简报［J］．文物，1981（1）．
河南省博物馆，信阳地区文管会，信阳市文化局．河南信阳市平桥春秋墓发掘简报［J］．文物，1981（1）．
刘式今，周到，张逢酉．河南淅川县下寺一号墓发掘简报［J］．考古，1981（2）．
马新常．淅川又发现春秋墓葬［N］．河南日报，1981-03-05（3）．
信阳地区文管会，信阳市文化局．信阳市平桥西三号春秋墓发掘简报［J］．中原文物，1981（4）．
信阳地区文管会，固始县文化局．固始白狮子地一号和二号墓清理简报［J］．中原文物，1981（4）．

欧潭生．春秋早期黄君孟夫妇墓发掘报告［J］．考古，1984（4）．
曹桂岑，骆崇礼，张志华．淮阳平粮台四号墓发掘简报［J］．河南文博通讯，1980（1）．
淅川县博物馆，南阳地区文物队．淅川县毛坪楚墓发掘简报［J］．中原文物，1982（1）．
陆珂．淮阳出土一座楚国大型车马坑［N］．郑州晚报，1981-06-22（4）．
曹桂岑，等．淮阳发现一座大型楚国车马坑［N］．河南日报，1982-09-05（4）．
河南省文物研究所，周口地区文化局文物科．河南淮阳马鞍冢楚墓发掘简报［J］．文物，1984（10）．
河南省文物研究所，淮阳县文物保管所．河南淮阳平粮台十六号楚墓发掘简报［J］．文物，1984（10）．
刘城，等．潢川县发现春申君碑墓［N］．文物报，1985-12-10（2）．
郭移洪、黄克映、张居中．上蔡砖瓦厂战国楚墓清理简报［J］．中原文物，1986（1）．
詹汉清．固始发掘一座大型战国木椁墓［J］．中国文物报，1988-03-18（2）．
信阳地区文管会，信阳市文管会．河南信阳市平西五号春秋墓发掘简报［J］．考古，1989（1）．
信阳地区文管会，光山县文管会．河南光山春秋黄季佗父墓发掘简报［J］．考古，1989（1）．

4. 安徽省

宝楚斋主人．寿县楚器出土记［N］．北平晨报副刊，1934．
李景聃．寿县楚墓调查报告［M］// 田野考古报告：第一册，上海：商务印书馆，1936．
邓峙一．李品仙盗掘楚王墓亲历记［M］// 中国人民政治协商会议安徽省委员会文史资料研究委员会．安徽文史资料选辑：第一辑，合肥：

安徽人民出版社，1964.
寿县古墓清理小组．安徽寿县战国墓出土的铜器群记略［J］．文物参考资料，1955（8）.
马人权．安徽寿县双桥发现战国墓［J］．考古通讯，1956（3）.
葛治功．寿县牛尾岗治淮工地发现战国时代文物［J］．文物参考资料，1957（4）.
殷涤非．安徽亳县曹家岗东周墓发掘简报［J］．考古，1961（6）.
马道阔．淮南市八公山区发现重要古墓［J］．文物，1960（7）.
马道阔．安徽淮南市蔡家岗赵家孤堆战国墓［J］．考古，1963（4）.
安徽阜阳地区展览馆文博组．安徽凤台发现楚国“郢大廥”铜量［J］．文物，1978（5）.
安徽省博物馆．安徽贵池发现东周青铜器［J］．文物，1980（8）.
安徽省文物工作队，繁昌县文化馆．安徽繁昌出土一批春秋青铜器［J］．文物，1982（12）.
怀宁县文物管理所．安徽怀宁县出土春秋青铜器［J］．文物，1983（11）.
杨鸠霞．安徽肥西县金牛春秋墓［J］．考古，1984（9）.
安徽省文物工作队．安徽长丰杨公发掘九座战国墓［M］//《考古》编辑部．考古学集刊：第 2 集，北京：中国社会科学出版社，1983.
寿县博物馆．寿县双桥战国墓调查［J］．文物研究，1986（2）.
余本爱．潜山县彰法山清理一座战国墓［J］．文物研究，1986（2）.
叶波．铜陵凤凰山发现春秋铜器［J］．文物研究，1988（3）.
杨鸠霞．长丰战国晚期楚墓［J］．文物研究，1988（4）.
宋象乾．舒城县秦家桥战国楚墓清理简报［J］．文物研究，1990（6）.

5. 其他省有关资料

江苏省文物管理委员会，南京博物院．江苏六合程桥东周墓［J］．考古，1965（3）.
南京博物院．江苏六合程桥二号东周墓［J］．考古，1974（2）.

吴山菁．江苏六合县和仁东周墓［J］．考古，1977（5）．
苏州博物馆考古组．苏州虎丘东周墓［J］．文物，1981（11）．
吴县文物管理委员会．江苏吴县何山东周墓［J］．文物，1984（5）．
镇江市博物馆．江苏武进孟河战国墓［J］．考古，1984（2）．
刘建国，谈三平．江苏镇江谏壁王家山东周墓［J］．文物，1987（12）．
王立仕．淮阴高庄战国墓［J］．考古学报，1988（2）．
四川省博物馆，重庆市博物馆，涪陵县文化馆．四川涪陵地区小田溪战国土坑墓清理简报［J］．文物，1974（5）．
四川省博物馆．成都百花潭中学十号墓发掘记［J］．文物，1976（3）．
四川省博物馆，新都县文物管理所．四川新都木椁墓［J］．文物，1981（6）．
四川省文物管理委员会．成都战国土坑墓发掘简报［J］．文物，1982（1）．
四川省博物馆．成都西郊战国墓［J］．考古，1983（7）．
四川省文物管理委员会，浦江县文物管理所．蒲江县战国土坑墓［J］．文物，1985（5）．
成都市文物管理处．成都市金牛区发现两座战国墓［J］．文物，1985（5）．
四川省博物馆．四川犍为县巴蜀土坑墓［J］．考古，1983（9）．
四川省文管会，大邑县文化馆．四川大邑五龙战国巴蜀墓葬［J］．文物，1985（5）．
广西壮族自治区文物工作队．广西田东发现战国墓葬［J］．考古，1979（6）．
广西壮族自治区文物工作队．广西宾阳县发现战国墓葬［J］．考古，1983（2）．
广东省文物管理委员会．广东清远的东周墓葬［J］．考古，1964（3）．
广东省博物馆．广东四会鸟旦山战国墓［J］．考古，1975（2）．
徐桓彬，杨少祥，榻富崇．广东德庆发现战国墓［J］．文物，1973（9）．

修订说明

本书1995年由湖北教育出版社出版，已出版二十多年，各地又发掘许多楚墓，此次修订必须补充上去。不过需要说明的是，这次因为时间紧迫，加上楚的地域太广，统计补充的数字，也只能是大体的，粗略的，不会太精准。还有两处我也作了必要的补充，一是关于楚王陵的情况，近年作了一些勘察，对殉葬冢和车马坑进行了试掘，这样，对楚王陵的认识，也就清楚多了，这也恰是本书以前不足的地方，这次能有机会把楚王陵的情况补充进去，也正好弥补了本书的不足。再是近年来又发掘了一些很重要的楚墓，经初步的统计，至少三处：一处是新蔡葛陵楚墓，这是平夜君成的墓葬。平夜君在曾侯乙墓和包山2号墓的竹简中均见到过，为曾侯乙送葬礼的人中，就有平夜君（墓主的先人）。另一处是枣阳九连墩1、2号墓，此两墓的发掘报告尚未公布，从一些报道得知，为夫妻异穴合葬墓，规模宏大，均有十四级台阶，随葬大量青铜礼器（包括升鼎）和编钟等乐器，其中1号墓的大镬鼎，口径82厘米，重400多千克。两墓都有车马坑殉葬真车马，1号墓的车马坑内，有车33辆、马72匹，目前所知仅次于楚王墓，尽管墓主不明，但身份很高，不亚于封君。第三处是襄阳陈坡10号墓，此墓规模也不小，随葬有大量青铜礼器，其中一件鼎上有针刻的“大司马”三字，虽不会是大司马的墓，但应是家族成员的墓。这次修订限于篇幅，不可能对上述三5墓作详细介绍，只扼要作点补充，有的数据如棺椁尺寸等在表格中有所反映。附录中的参考书目，只着重补充了一些发掘报告。

郭德维

2017年5月